포스트모더니즘과 소설 읽기

이인성의 《한없이 낮은 숨결》을 중심으로

김희숙 저

부산대학교출판문화원

책머리에

1980년대와 1990년대 이후의 우리 소설을 이해하기 위해서는 포스트모더니즘에 대한 이해가 선행되어야 한다. 포스트모더니즘은 1980년대 중반 이후 우리나라에 들어왔으며 이후 10여 년간 집중적으로 소개된다. 포스트모더니즘은 초기에는 탈구조주의, 해체비평 등으로 우리문단에 유입되었지만 이는 곧 포스트모더니즘이라는 이름에 흡수된다. 이는 탈구조주의와 해체비평이 지닌 언어학적 · 철학적 토대를 근거로 문학과 예술 전반에 걸쳐 다양한 형태로 나타난다.

포스트모더니즘에 대한 이론적 성과는 어느 정도 이루어졌다고 할 수 있다. 그러나 포스트모더니즘 계열의 작품이 1980년대 이후 창작되었음에도 불구하고 구체적인 작품에 나타난 포스트모더니즘에 대한 연구는 미비하다 할 수 있다. 1980년대 발표된 이인성의 〈낯선 시간 속으로〉(1980), 《한없이 낮은 숨결》(1988), 최병헌의 《냉귀지》(1988), 구광본의 〈복어요리사〉(1989), 김영현의 〈벌레〉(1989), 1990년대 발표된 김수경의 《즈유종》(1990), 하일지의 《경마장 가는 길》(1990), 장정일의 《아담이 눈뜰 때》(1990), 《너에게 나를 보낸다》(1992), 최수철의 《어느 무정부주의자의 사랑》 1~4권(1991), 윤대녕의

〈은어낚시통신〉(1994) 등은 이 계열의 작품에 속한다. 1980년대 후반과 1990년대 초반 우리 문단에 충격을 주었던 작품들이었지만 이 작품들에 대한 연구는 평론이 대부분이다.

포스트모더니즘에 대한 이해를 바탕으로 이 시기의 문학작품을 해석한다면, 난해하다고 일컬어지는 1980년대 이후의 소설에 대한 올바른 이해에 도달할 수 있을 것이다. 나아가 이는 동시대 문화라 할 수 있는 후기산업사회의 문화현상을 이해하여 현재를 능동적으로 살아갈 수 있게 할 것이다. 포스트모더니즘에 대한 이해는 우리를 문화의 소비자이자 창조자가 되게 할 것이다.

포스트모더니즘의 특징이 전반적으로 잘 드러나는 작품은 이인성의 《한없이 낮은 숨결》이다. 이 책은 발표 직후 '전위' 혹은 '실험'이라는 수식어를 얻고, 많은 평론가들의 해석 대상이 되었다. 이는 이 텍스트가 우리 근대문학의 주류였던 리얼리즘이라는 문학적 전통을 따르지 않는 작품이었기 때문이다. 이 텍스트와 유사한 반향을 불러일으킨 책을 문학사에서 찾는다면 이상이 쓴 텍스트라 할 수 있을 것이다. 《한없이 낮은 숨결》의 전위성은 소설은 현실의 재현이어야 한다는 '인체 함'의 방식 대신 새로운 가치관과 소설 쓰기 방식을 제시하는 데서 찾을 수 있고, 이는 포스트모더니즘 소설의 특징이다.

이 책은 모두 3부로 구성되어 있다. 1부는 책의 서론에 해당되는 부분으로서, 연구의 필요성과 목적, 연구의 내용과 방법, 연구 결과의 기대 효과 및 활용 방안에 대해 서술하였다. 책이 독자들의 읽기 혹은 연구에 부합하는지를 선별할 수 있도록 도움을 줄 것이다. 2부는 포스트모더니즘 관련 이론에 대한 소개이다. 포스트모더니즘과 거의 동시에, 혹은 조금 빨리 유입되어 문학 연구에 사용되었던 탈구조주의, 해체론은 포스트모더니즘 문학연구 방법에 혼용되어 사용되는 경우가 많다. 이 이론들에 대한 자세한 소개는 각 이론들을 이해할 뿐 아니라 포스트모더니즘의 개념과 방법을 이해하는 토대가 될 것이다. 탈구조주의, 해체론, 포스트모더니즘을 소개하기 위하여 김성곤, 권택영(역), 김욱동의 저서를 소개하였다. 이 저서들은 탈구조주의, 해체론, 포스트모더니즘을 우리나라에 소개하는 선구적인 역할을 하였을 뿐 아니라 이론들을 자세하고 체계적으로 설명하고 있다. 3부는 이인성의《한없인 낮은 숨결》을 포스트모더니즘 이론으로 읽는 시도를 하였다. 포스트모더니즘 소설에서 보이는 메타픽션과 소설의 죽음, 열린 텍스트와 쓸 수 있는 텍스트, 주체의 소멸과 재현의 불가능, 탈장르와 경계의 붕괴, 상호텍스트성과 저자의 죽음 등의 특징을 중심으로 심도 있게 논의하고자 하였다. 한 텍스트에 나타난 포스트모더니즘의 특징을 다각도로 살펴 보고자 한 것이다.

본 텍스트는 연구 대상 작품을《한없이 낮은 숨결》에 한정하였지만, 이후 포스트모더니즘 작품에 대한 연구가 여러 작품으로 확대되어야 할 것이다. 여러 텍스트에서 포스트모더니즘의 각각의 특징을 살펴보는 것 또한 꼭 필요할 것이다.《한없이 낮은 숨결》에 대한 연구는 다른 포스트모더니즘 작품을 해석하는 데도 유익하리라 생각된다.

연구할 기회를 준 한국연구재단에 감사드린다. 한국연구재단의 지원이 없었더라면 구상만 하고 실천에 옮기지 못한 이 같은 연구가 불가능했을 것이다.

부족한 책이지만 오늘날의 문화, 특히 소설을 이해하는데 동학들 뿐 아니라 일반인들에게 유익하길 바란다.

차례

제1부
서 론

연구의 필요성과 목적

포스트모더니즘은 "좁게는 문학과 예술에 나타난 문화 현상, 넓게는 20세기 후반을 특징짓는 세계관이나 시대정신이다."[1] 포스트모던 시대는 두 가지 중요한 특징을 지닌다. 우선 대서사에 대한 불신이다. 과학과 진보는 대서사를 통해 실현될 것처럼 여겨졌으나 대서사는 실패하였으며 이에 대한 불신으로 나타난 것이 포스트모더니즘이다. 과학은 합의가 아리라 배리를 바탕으로 하며, 괴델의 미결정 원리가 적용된다. 즉 하나의 체계는 그 체계의 외부와 내부에 동시에 속하는 미결정적인 요소를 지님으로써 체계적 완결이 불가능하게 된다. 그리고 완결된 체계가 유지되기 위해서는 메타레벨이 필요하고, 이는 곧 열려진 체계를 만든다. 두 번째는 후기자본주의적 특징이다. 만델은 후기자본주의에서는 이제까지 상품체계(교환 가치 세계)에 지배되지 않았던 영역에까지 교환가치의 논리가 확대된다

1 김욱동, 『포스트모더니즘의 이론』, 민음사, 1997년, 447쪽.

고 말한다. 즉 상부구조의 영역인 지식이나 문화에서조차 컴퓨터나 TV, 비디오 등에 의한 기계화가 이루어짐에 따라 교환가치와 사물화의 논리가 상상력과 정신의 영역에까지 침투하게 된다. 아도르노(Theodor Ludwig Wiesengrund Adorn)가 말한 문화산업이나 리오타르(Jean-François Lyotard)의 지식의 상품화는 모두 이런 현상을 지적한 것이다. 소비사회에서 상품물신화는 마침내 이미지를 지배하는 데까지 이른다.[2]

포스트모더니즘은 탈구조주의, 해체론 등의 철학적 이론을 토대로 한다. 탈구조주의를 논할 때 빼놓을 수 없는 인물은 니체(Friedrich Wilhelm Nietzsche)이다. 니체는 근대이성을 비판함으로써 해체론에 선구적 역할을 했으며, 탈구조주의 논의에 중대한 영향을 끼쳤다. 그는 형이상학, 과학, 이성의 진리인식이 이항대립에 의존함을 지적하고 탈이분법적 유희를 제안했다. 우선 그는 근대이성 비판에 계보학적 전략이나 권력에의 의지 개념을 사용했다. 계보학적 전략은 전통학문과 도덕의 근본 토대인 이성, 논리, 언어를 동일성에 근거한 이항대립의 논리라고 비판한다. 권력에의 의지는 근대이성이 허구적인 자신의 지식을 옹호하기 위하여 형이상학적 도덕이 억압한 권력에의 의지를 전도하여 사용함으로써 허무주의에 빠진다고 비판한다. 그리고 이러한 모순에서 벗어나기 위해서는 탈이분법적 유희[3]가 필요하다고 주장한다. 탈이분법적 유희는 이항 대립적 동일성에서 벗어나 실재의 삶과 만나려는 전략으로 해체론의 '차연(differance)'과 유사하다. 탈구조주의는 푸코(Michel Foucault), 데리다(Jacques

---

2 나병철, 『근대성과 근대문학』, 문예출판사, 2000년, 235~246쪽.

3 나병철, 위의 책, 275쪽.

Derrida), 사이드(Edward W. Said)에 의해 전개된다.

해체론을 주장한 주요 인물은 데리다이다. 데리다는 해체론 이전에 등장한 모든 서양 철학을 이항 대립을 바탕으로 하는 학문이라고 비판한다. 형이상학은 현존/부재, 완결성/미결정성, 의식/무의식, 동일성/차이 등의 이항 대립 체계로 구성된다. 첫째 항은 진리, 순수성, 통일성이라는 이름으로 둘째 항을 억압한다. 그러나 데리다는 형이상학에 억압된 둘째 항이 실제로는 첫째 항보다 더 근본적임을 보여줌으로써 이항 대립을 전복시킨다. 그리고 데리다는 해체론에 근거하여 '차연'이란 신조어를 만들어내다. '차연'은 언어의 의미를 생산하지만 동일성의 의미-기의-는 불가능하므로 언어와 문장들은 기표들의 놀이로 드러남을 의미한다. 데리다에게 글쓰기 혹은 텍스트는 형이상학적 책의 개념과 구분된다. 형이상학적 책은 기표들의 총체성을 기의에 의해 구성된 총제적인 진리에 속박 시키나, 글쓰기의 기표들은 고정된 기의나 지시 대상으로 환원되지 않으며 차이적 관계의 운동으로 나타날 뿐이다. 텍스트 외부에 또 다른 텍스트가 존재하며 그와 같은 간텍스트성은 무한히 계속된다.[4]

1980년대와 1990년대 이후의 우리 소설을 이해하기 위해서는 포스트모더니즘에 대한 이해가 선행되어야 한다. 포스트모더니즘은 1980년대 중반 이후 우리나라에 들어왔으며 이후 10여 년간 소개된다. 포스트모더니즘은 초기에는 탈구조주의, 해체비평 등으로 우리 문단에 유입되었지만 곧 이는 포스트모더니즘이라는 이름에 흡수된다. 포스트모더니즘에 대한 이론적 성과는 어느 정도 이루어졌다고

4 나병철, 위의 책, 277~285쪽.

할 수 있다. 그러나 포스트모더니즘 계열의 작품이 1980년대 이후 창작되었음에도 불구하고 문학작품을 통해 구체적으로 분석한 연구는 드물다. 1980년대 발표된 이인성의 〈낯선 시간 속으로〉(1980), 《한없이 낮은 숨결》(1988), 최병헌의 《냉귀지》(1988), 구광본의 〈복어요리사〉(1989), 김영현의 〈벌레〉(1989), 1990년대 발표된 김수경의 《ᄌᆞ유종》(1990), 하일지의 《경마장 가는 길》(1990), 장정일의 《아담이 눈뜰 때》(1990), 《너에게 나를 보낸다》(1992), 최수철의 《어느 무정부주의자의 사랑》 1~4권(1991), 함정임의 《이야기, 떨어지는 가면》(1992), 이인화의 《영원한 제국》(1993), 윤대녕의 〈은어낚시통신〉(1994) 등은 이 계열의 작품에 속한다. 포스트모더니즘이 우리 문학 작품을 이해하는 이론으로 사용될 때, 난해하다고 일컬어지는 1980년대 이후의 소설에 대한 올바른 이해에 도달할 수 있다. 나아가 이는 동시대 문화라 할 수 있는 후기산업사회의 문화현상을 이해하여 현재를 능동적으로 살아갈 수 있게 할 것이다.

기존의 포스트모더니즘 텍스트에 대한 연구는 포스트모더니즘 계열의 작품을 논의할 때 앞서 언급한 탈구조주의, 해체론 등의 이론들을 부분적으로 가져다 분석하거나, 포스트모더니즘 문화 이론을 작품 분석에 적용하였을 때 나타날 수 있는 형식적 특징들을 연구하는 경우가 많았다. 본고는 1980년대 후반에 발표된 이인성의 《한없이 낮은 숨결》을 포스트모더니즘 이론으로 다각도로 분석하여 포스트모더니즘 책 읽기의 나침반으로 삼고자 한다. 이인성의 《한없이 낮은 숨결》은 연작소설로 포스트모더니즘 세계관과 형식적 특징을 담고 있으나 단독 연구는 많지 않은 편이다. 《한없이 낮은 숨결》에 대한 연구는 4권의 소설집 – 중편 소설집 《낯선 시간 속으로》(문학과 지성사, 1983), 연작소설집 《한없이 낮은 숨결》(문학과 지성사, 1989), 장편소설 《미쳐버리고 싶은 미쳐지지 않는》(문학과 지성사, 1995), 단편소설집 《강 어귀에 섬 하나》(문학과 지성사, 1999) - 과 함께 언급되는 경우가 대부분이었다.

이인성에 대한 기존의 논의는 1980년대부터 꾸준히 있어 왔으나, 1980년대의 논의는 대체로 전통적 소설 기법과 사회 제도에 저항하는 실험 정신을 언급한다. 평론이 주축을 이루며 〈낯선 시간 속으로〉를 해석 대상으로 삼는다. 《한없이 낮은 숨결》에 대한 연구는 1980년대와 1990년대는 주로 평론의 형태로, 2000년 이후에는 학위논문과 소논문의 형태로 발표된다. 물론 앞에서 언급한 것처럼 타 소설과 같이 논의된 것이 많다. 학위논문, 소논문, 평론을 중심으로 발표된 연구들을 살펴보면 다음과 같다.

《한없이 낮은 숨결》에 대한 연구는 크게 세 가지로 나누어 볼 수 있다. 첫째는 전통적 소설 기법과 사회적 관습에 저항하는 실험 정신을 논의한 경우이다. 정과리, 김태환, 이길화, 구지연, 지용신, 홍정희 등이다. 정과리는 「겹으로 놓인 허구」[5]에서 《한없이 낮은 숨결》은 분열된 자아들이 현실에 허구의 탈을 거듭 씌우며 한 불우한 마라토너를 매개로 현실 밑바닥의 광상 속으로 스며드는 과정을 소설화했다고 논한다. 김태환은 「이야기꾼의 자의식」에서[6] '나'(작가/이야기꾼)에 대한 탐구를 시도한다. 여기서 작가는 이야기꾼으로 환원되지 않으며, 다른 한편으로 이야기꾼은 작가의 의도에 완전히 종속되지 않는다. 이길화는 「이인성 소설 연구 - 1980년대 작품을 중심

5 정과리, 「겹으로 놓인 허구」, 《한없이 낮은 숨결》, 문학과 지성사, 1989년, 389~425쪽.
6 김태환, 「이야기꾼의 자의식」, 위의 책, 426~456쪽.

으로」[7]에서 억압을 폭로하는 방식에는 현실을 재현하거나 모방하는 방식도 있지만, 전위의 형식도 현실 비판을 본질적으로 제시할 수 있다고 논한다. 구지연은 「이인성 소설 연구 - 장르 문법의 혼종성을 중심으로」[8]에서 이인성은 장르 문법의 혼종성을 통해 주체를 분열시키는 타자성, 객관적 재현의 허구성을 폭로하는 주관성, 개념적이며 지시적인 언어를 거부하는 반언어와 이성적 질서를 흔드는 비이성적 혼란을 형상화한다고 논한다. 그리고 소설과 사회에 대한 문제의식은 그의 소설이 실험의 극단에서 무의미한 유희에 빠지지 않도록 한다고 말한다. 지용신은 「197,80년대 한국 소설의 글쓰기 의식 연구」[9]에서 메타픽션을 방법적 저항의 글쓰기로 보며, 1990년대 들어와 본격화한 포스트모더니즘과 메타픽션을 선행한 작가들과 어떻게 연관되었는지를 논한다. 홍정희는 「이인성 소설 《한없이 낮은 숨결》의 음조와 어조 - 아도르노의 음악 미학을 경유하여 -」[10]에서 《한없이 낮은 숨결》을 아도르노가 말러(Gustav Mahler)의 음조를 분석한 것을 토대로 분석한다. 이인성 소설에서 시간의 흐름 속에서도 소멸하지 않는 목소리는 다성성으로 존재한다. 다음으로 포스트모더니즘 소설의 양식적 특징을 논의한 연구이다. 김현숙, 진재남, 한정현, 유현성 등의 글이 이에 해당된다. 김현숙은 「이인성 소설의 특성」[11]에서 《한없이 낮은 숨결》을 메타픽션계 실험소설이라 말하며

---

7 이길화, 「이인성 소설 연구 - 80년대 작품을 중심으로」, 중앙대 석사학위논문, 2009년.
8 구지연, 「이인성 소설 연구 - 장르 문법의 혼종성을 중심으로」, 중앙대 석사학위논문, 2013년.
9 지용신, 「197,80년대 한국 소설의 글쓰기 의식 연구」, 한남대 박사학위논문, 2014년.
10 홍정희, 「이인성 소설 《한없이 낮은 숨결》의 음조와 어조 - 아도르노의 음악 미학을 경유하여 -」, 『한국언어문학』68집, 2019년.
11 김현숙, 「이인성 소설의 특성」, 『한국문화연구원논총』61, 1992년.

이 작품의 특징을 개별 작품의 상호 관련성, 서술자의 의식 분화, 작가와 독자의 관계에서 찾고 있다. 진재남은 「이인성 소설의 탈서사성 연구」[12]에서 이인성 소설의 탈서사성은 주체의 탈주, 서사구조의 해체, 언어의 일탈 등으로 나타난다고 분석한다. 한정현은 「이인성 소설 연구」[13]에서 《한없이 낮은 숨결》은 메픽픽션, 탈서사성, 몽타주 등의 특징이 드러난다고 논한다. 유현성은 「이인성 소설의 해체주의 연구 - 1980년대 문학담론과 관련하여」[14]에서 《한없이 낮은 숨결》을 해체주의 담론으로 분석한다. 이 소설은 독자라는 주체를 수용미학적 견지에서 담론 주체로 다룬다. 또한 언어의 해체와 재구성을 통하여 인식을 지연시키고 이는 주체와 타자 간의 관계를 재인식하게 만든다. 전승화는 「사무엘 베케트(Samuel Beckett)의 〈나는 아니야 *Pas moi*〉와 이인성의 〈한없이 낮은 숨결〉」[15]에서 이인성은 다양한 형식 실험을 한 작가로 글쓰기에 있어 유령을 드러낸다고 논한다. 문장 부호가 유령을 지시하고 소환하며, 단어와 같은 극적 효과를 나타내는데 이는 로고스 중심의 글쓰기를 해체하는 역할을 한다. 세 번째로 《한없이 낮은 숨결》을 소통의 문제를 중심으로 논의한 글들이 있는데, 우찬제, 이예령, 노대원, 홍정희의 글들이 이에 해당된다. 우찬제는 「청중은 있는가?」[16]에서 《한없이 낮은 숨결》은 작가와 청중이 기술텍스트적 관계에 도전하여 실패하는 과정을 역동적으

12 진재남, 「이인성 소설의 탈서사성 연구」, 고려대 석사학위논문, 2011년.

13 한정현, 「이인성 소설 연구」, 동국대 석사학위논문, 2017년.

14 유현성, 「이인성 소설의 해체주의 연구 - 1980년대 문학담론과 관련하여」, 건국대 석사학위논문, 2018년.

15 전승화, 「사무엘 베케트의 〈나는 아니야 Pas moi 〉와 이인성의 《한없이 낮음 숨결》의 문장부호를 통해 살펴본 두 텍스트의 유령성」, 『외국문학연구』83, 2021년.

16 우찬제, 「청중은 있는가?」, 『한국문학이론과 비평』29, 2005년.

로 담론화 하고 있다고 논한다. 이예령은 「마조히즘적 글쓰기의 수사학적 특성 연구-이인성의 《한없이 낮은 숨결》을 대상으로」[17]에서 마조히즘적 글쓰기는 독자의 독서에 의해 축소된 작가들이 그 축소를 전제로 하여 전략적 제휴를 맺는 글쓰기 방식이라 밝힌다. 작가와 독자의 관계는 대등하며 서로 간섭하는 사랑의 관계이다. 노대원은 「이인성 소설 《한없이 낮은 숨결》의 수사학적 연구 - 〈당신에 대해서〉의 대화적 담화를 중심으로」[18]에서 첫 번째 단편 〈당신에 대해서〉를 대상으로 소설을 분석한다. 〈당신에 대해서〉에 지향하는 대화주의적 담화를 독자 지향적 담화와 메타 담화적 여담의 자기반영성이라 특징짓는다. 또한 「이인성 소설에 나타난 소통의 불안 - 《한없이 낮은 숨결》, 《미쳐버리고 싶은 미쳐지지 않는》을 중심으로」[19]에서 《한없이 낮은 숨결》에 나타나는 소통의 문제를 논한다. 작가와 화자 · 인물 간의 예술적 소통, 실제 작가와 실제 독자 사이의 타인과의 소통, 분열되고 해체 된 정체성 간의 소통 등을 중심으로 소통이 이루어짐을 논한다. 홍정희는 「이인성 소설의 환상 연구」[20]에서 작가와 독자는 환상을 통해 직접 소통한다고 논한다. 작가와 독자는 무언의 소통을 기반으로 독서 시점과 창작 시점 사이의 시차를 넘어 '무위의 공동체'를 이룬다.

---

17 이예령, 「마조히즘적 글쓰기의 수사학적 특성 연구 - 이인성의 《한없이 낮은 숨결》을 대상으로」, 서강대석사학위논문, 2015년.

18 노대원, 「이인성 소설 《한없이 낮은 숨결》의 수사학적 연구 - 〈당신에 대해서〉의 대화적 담화를 중심으로」. 『비교한국학』21집, 2013년.

19 노대원, 「이인성 소설에 나타난 소통의 불안 - 《한없이 낮은 숨결》, 《미쳐버리고 싶은 미쳐지지 않는》을 중심으로 -」, 『문학치료연구』45, 2017년.

20 홍정희, 「이인성 소설의 환상 연구」, 한양대 박사학위논문, 2019년.

연구의 내용 및 방법

포스트모더니즘이 소설 텍스트에 어떻게 드러나는지를 살펴 보고자 한다. 이를 위해 포스트모더니즘 텍스트에서 흔히 발견되는 메타픽션, 탈장르, 상호텍스트성 등의 특징들을 살펴볼 것이다.

포스트모더니즘 작가들은 메타픽셔 혹은 자기반영적 소설을 즐겨 쓴다. 이들은 소설을 통해 현실을 모방하기보다 소설 텍스트 내부 세계를 반영하고 작가의 창작 행위 자체를 비춘다. 모더니즘이 플롯을 해체한 반서사적 소설이었다면 메타픽션은 소설의 형식 자체를 전복시킨 반소설의 혁명이다. 슈케닉(Ronald Sukenick)은 작품집 『소설의 죽음』(1969)에서 소설 장르에 대해 일종의 사망 선고를 한다. 현실과 허구 사이의 경계를 무너뜨리고, 소설이 현실의 모방이라는 전통적 관습을 파괴함으로써 소설은 현실을 재현하는 것이 아니라 글쓰기의 과정일 뿐임을 드러낸다. 소설은 독립된 창작물이라기보다 다른 글쓰기와의 연관 속에서 다시 쓰인 것이며 현실 역시 고정된 실체가 아니라 누군가에 의해 쓰인 일종의 글쓰기이다. 따라서 소설과 현실의 관계는 재현 관계가 아니라 언어로 된 텍스트와 현실로 된 텍스트 사이의 간텍스트성이 드러날 뿐이다. 이 같은 소설은 현실이 열려진 체계로서의 불확정성을 지니므로 완결된 형식을 부여할 수 없다. 그 대신 여러 종류의 글쓰기가 가능하며 그 글쓰기는 서로 해체되거나 뒤섞일 수 있다.

포스트모더니즘에서 소설의 죽음은 작가들이 소설의 미학을 거부할 뿐 아니라 소설을 다른 문학 장르와 혼합하게 하여, 탈장르화를 추구하게 한다. 소설 분야에 있어서 탈장르화 현상은 우선 장편소설과 단편소설의 경계가 붕괴되는 점에서 드러난다. 장편소설에 포함시키기도, 단순히 단편소설집이라 범주화하기도 애매한 작품이 창작되는데, 이를 픽션이라 부르기도 하고 연작소설이라 부르기도 한다.[21] 모더니즘 작가들 또한 이러한 작품을 창작하였으나 포스트모더니즘 계열의 픽션 혹은 연작소설은 각 작품들 간의 유기적 통일성이 모더니즘 작품들보다 한결 덜하다. 다음으로 소설이 비문학장르와 관련을 맺는 경우이다. 포스트모더니즘 소설은 실제 삶의 영역으로 깊이 침투하여 그것을 소설화하고자 한다. 그리하여 소설과 비평의 구분, 소설과 역사의 구분, 소설과 자서전의 구분이 무의미하게 된다. 즉 픽션과 논픽션, 허구와 사실, 또는 의식과 현상 세계 사이에 놓여 있던 경계를 붕괴시킨다.

포스트모더니즘 문학에서 나타나는 상호텍스트성은 포스트모더니즘의 특징 중 하나라 할 수 있는 탈중심화 또는 탈정전화 현상과 관련된다. 포스트모더니즘은 권위와 중심에 대한 도전을 중요한 출

21 김욱동, 앞의 책, 320쪽.

발점으로 하므로, 작가들의 텍스트는 근본적으로 다른 텍스트들과 상호관련 될 수밖에 없다. 상호텍스트성은 기원이나 영향 관계를 연구하는 전통적인 문학연구와는 본질적인 면에서 다르며, 역사적 사실의 규명보다 주어진 텍스트에 대한 해석에 관심을 갖는다. 상호텍스트성은 텍스트와 텍스트, 주체와 주체 사이에 일어나는 모든 지식의 총체이다. 상호텍스트성은 '저자의 죽음'과 무관하지 않다. 상호텍스트성에 의하면 저자는 독창성을 상실한 채 오직 기존의 텍스트에 의존하여 텍스트를 생산하므로 독창성을 지닌 작가는 없다. 롤랑 바르트(Roland Barthes)는 「저자의 죽음」(1968)이란 논문에서 저자는 텍스트의 기원, 의미의 근원, 해석의 권위자가 아니라고 말한다. 나아가 그는 글쓰기는 모든 목소리, 모든 기원을 파괴하는 공간이며, 주체가 사라지고 모든 정체성이 상실되는 음화라고 말한다. 저자의 죽음은 저자와 작품의 관계를 변화시킨다. 저자와 작품은 아버지와 자식, 신과 인간의 수직 관계에서 형제나 자매의 관계처럼 동일한 선상에 존재하는 수평적 관계가 된다. 이로 본다면 저자의 창작 행위는 발화 행위 이외의 의미를 지니지 못하며, 저자가 전달하고자 하는 메시지보다는 그것을 전달하고자 하는 매체인 언어가 중요하게 간주된다. 또한 저자의 죽음으로 독창적인 텍스트가 존재하지 않게 되고 저자는 창조자의 위치에서 단순히 사전 편집자의 위치로 바뀐다. 바르트에 의하면 텍스트는 다양한 글들이 뒤섞이고 충돌하는 다차원적인 공간이며, 수많은 문화의 중심으로부터 취해온 인용문이다.[22]

---

22 김욱동, 위의 책, 236쪽.

이인성의 《한없이 낮은 숨결》은 이야기꾼인 '나'들과 이야기를 듣는 청자들인 '당신'들, 그리고 이야기 대상인 '그'들의 질문과 고백으로 시작되어 '그 언젠가'의 '우리'를 향해 더듬거리며 나아가는 소설이다. 분열된 자아들은 현실에 허구의 탈을 거듭 씌우며 '한없이 우울한 마라토너를 매개로 해 현실 밑바닥의 광상 속'을 찾아 든다.[23]

《한없이 낮은 숨결》은 메타픽션이다. 메타픽션으로서의 첫 번째 특징은 자기반영성으로 드러난다. 《한없이 낮은 숨결》은 소설 쓰기 과정에 대한 소설로 독자 소환, 글쓰기 재료 착상, 소설 쓰기, 해체적 읽기 등의 과정을 서술하고 있다. 두 번째 특징은 현실과 허구의 경계가 붕괴된다는 점이다. 텍스트는 세 겹의 형태[24]를 띤다. 현실 안에 허구의 이름이 있고, 또 그 안에는 현실이 들어 있으며, 그것들은 허구를 생성시키고 변화시킨다. 또한 현실 안에 놓인 허구가 감싼 현실들이 허구를 증폭시킨다. 메타픽션 소설이 현실의 재현을 해체하는 것은 전통적인 소설 양식을 파괴하는 것이다. 그러므로 반소설적이라 할 수 있다. 이런 유형의 소설은 글쓰기 과정 자체만을 서술한다. 슈케닉은 《소설의 죽음》(1969)에서 우리는 위대한 작품이 아니라 유희적인 작품을 필요로 한다고 말한다. 작품은 독자들도 즐길 수 있도록 누군가가 즐겨온 게임이다. 소설 속 작가도 허구를 "문자를 매개로 한 상상적 연극놀이"라고 말한다. 작가는 독자인 당신에게 소설을 읽는 것은 '놀이'라고 말한다. 소설은 "당신의, 당신에 의한, 당신을 위한 놀이"이다.

---

23 정과리, 앞의 글, 399쪽, 424쪽.

24 정과리, 위의 글, 425쪽.

《한없이 낮은 숨결》은 롤랑 바르트가 말한 '쓸 수 있는 텍스트'로서 열린 소설이다. 저자는 독자를 허구의 공간으로 불러들이며, 저자와 독자가 함께 소설을 써 간다. 저자와 독자의 만남은 시간적 차원, 공간적 차원에서 열려 있다. 《한없이 낮은 숨결》은 롤랑 바르트가 말하는 「저자의 죽음」을 실천한다. 그는 저자를 신과 동일한 입장에 놓지 않고, 저자가 죽었을 때 비로소 글쓰기는 시작된다고 말한다. 저자는 창조자의 위치에서 편집자의 위치로 바뀌고 텍스트는 상호텍스트성의 공간이며, 수많은 인용문의 연속으로 이루어져 있다.[25] 《한없이 낮은 숨결》의 저자는 자신이 가진 얼마 되지 않는 능력 중의 하나인 자르고 나누고 묶고 접붙이는 짓을 되풀이하면서, 결국은 한편의 밋밋하고 재미없는 요약물을 만든다고 말한다. 그리고 우리는 소설의 뼈대만을 겨우 들었을 뿐, 소설의 진실은 열려진 상태이다. 텍스트 안에 흩어져 있는 '나'들은 작가의 이야기꾼에 지나지 않고 언어 안에 한 주체가 고정되어 있지 않은 분열된 형태를 취한다. 저자는 내 속에 들어있는 모든 나를 파헤치는가 하면 당신들을 분열시켜 당신들의 '그/그녀'들을 만나게 하기도 한다.

《한없이 낮은 숨결》은 탈장르화 된 텍스트이다. 텍스트는 모두 12편으로 구성되어 있으며, 이는 단순히 단편소설을 모아놓은 단편집도, 각 소설이 '장'의 역할을 하는, 유기적인 관련이 밀접한 장편소설도 아니다. 이 소설은 메타픽션 특유의 자의식이나 자기반영성이 거의 모든 소설에 나타나는 시리즈로 된 연작소설이다. 그리고 이 텍스트의 탈장르화 현상은 소설이 다른 문학·비문학장르와 관련을

25 김욱동, 앞의 책, 230~236쪽.

맺는 것으로도 나타난다. 두 번째 소설인 〈나의 자기 진술, 당신의 심문에 의한〉은 자서전의 형태를, 세 번째 소설인 〈당신 자신인 당신을 향한 물음들〉은 연극적 형식을, 5번째 소설인 〈그때 그를 당신도 보았다면〉은 신문기사의 내용을 그대로 인용한 후 비평하는 형태를 띤다. 6번째 소설인 〈어느 허구에 관한 사실〉은 신문 기사의 내용을 그대로 가져오고, 7번째 소설인 〈그는 왜 그럴 수밖에 없었을까〉는 카메라 기법으로 썼으며, 마지막 소설인 〈다시 그를 찾아갈 우리의 소설 기행〉은 '후기' 란 부제를 단 비평문의 형태를 띠고 있다. 문학, 비문학을 망라하고 다른 장르와 혼합된 형태를 띠고 있는 탈서사화 된, 장르 혼합적 작품이라 할 수 있다.

연구 결과의 기대 효과 및 활용 방안

포스트모더니즘이 본격적으로 대두되기 시작한 것은 제2차 세계대전 이후이다. 히틀러의 나치주의, 유태인의 대량 학살, 나가사키와 히로시마의 원자탄 투하는 인류와 세계에 대한 두려움과 공포를 갖게 하였고 이로 인하여 많은 예술가들은 전 시기와 달리 절대성보다는 상대성을, 일원론보다는 다원론을, 독단주의보다는 관용주의를 받아들이기 시작하였다. 그리고 이와 같은 세계관을 담을 수 있는 새로운 예술의 가능성을 탐색하게 되었고, 총체성 대신에 불확정성을 기본 이념으로 하는 포스트모더니즘을 추구하게 되었다. 일반적으로 포스트모더니즘이란 용어는 문학과 예술, 철학, 정치 · 사회, 자연과학 등에 나타난 후기자본주의적 현상을 논하는 것이었다. 포스트모더니즘이란 용어가 본격적으로 문학에 도입된 것은 1960년대와 1970년대이다. 레슬리 피들러(Leslie Aaron Fiedler), 이합 핫산(Ihab Hassan), 수전 손탁(Susan Sontag), 리처드 포이리어(Richard Poinier)와 같은 비평가들과 이론가들이 문학과 문화 현상-이성과 합리성의

붕괴-을 가리키는 용어로 사용하면서 널리 유행하기 시작하였다.[26]

포스트모더니즘은 20세기 후반부터 우리들의 모든 삶의 영역에 침투하여 이제는 하나의 문화 형식으로 자리한다. 딕 헵디지(Dick Hebdige)는 포스트모더니즘이라는 용어나 개념이 사용되는 대상, 현상, 맥락을 다음과 같이 소개한다.

> 실내장식, 빌딩 디자인, 영화 줄거리, 레코드나, '스크래치' 비디오 또는 텔레비전 광고나 도큐멘터리의 제작, 그러한 매체 사이의 '상호 텍스트적' 관계, 패션 잡지나 비평 저널의 레이아웃트, 인식론에 있어 반(反) 목적적 경향, '존재형이상학에 대한 비판', 감정의 일반적인 약화, 중년기에 직면한 전후 베이비 붐 세대의 집단적 울분과 병적인 투사 심리, 반영성의 '곤경', 일련의 수사적 비유, 표층적 현상의 증가, 새로운 단계에 접어든 상품 숭배, '이미지'나 기호 또는 스타일에 대한 매력, 문화적 · 정치적 · 실존적 파편화나 위기의 과정, 주체의 '탈중심화', '메타내러티브에 대한 불신', 권력/언술의 다원주의에 의한 단일한 권력축의 대치, 의미의 내파(內波), 문화적 계급질서의 붕괴, 핵에 의한 인류의 멸망 위험에 대한 공포, 대학의 쇠퇴, 소형화된 새로운 기술의 기능과 효과, '미디어'나 '소비' 또는 '다국적' 단계로의 광범위한 사회적-경제적 변화, 비배치성의 상실감, 또는 시간적 좌표를 대신하는 공간적 좌표.[27]

우리는 포스트모더니즘을 이해하지 않고서는 예술, 학문, 과학 기술, 정치 · 경제 · 사회 분야에서 일어나는 변화와 혁신에 능동적으로 대처하며 살아가기 힘들다. 그러므로 포스트모더니즘을 현대의 문

26 김욱동, 위의 책, 21쪽, 27쪽.

27 Dick Hebdige, 「Postmodernism and 'The Other Side'」, *Journal of Communication Inquiry 10*, Summer 1986, p.78: 김욱동, 위의 책, 51쪽 재인용.

화현상으로 보고 그 현상들을 파악할 수 있는 단초들을 연구하는 일은 우리 시대를 이해하는 일인 동시에 현재의 우리 모습을 바로 보는 작업이 될 것이다.

당대의 문화 현상을 가장 잘 대변하는 것 중의 하나는 소설 장르이다. 소설은 그 기원에서부터 현실과 필연적인 관계가 있었기 때문이다. 리얼리즘이 외부 현실 속에서 총체성을 추구하여 이를 텍스트에 구현하려 한 것이나, 모더니즘이 현실을 사물화 · 파편화된 것으로 인식한 후 이를 텍스트의 기법으로 가져와 형식적 총체성을 구현하려 한 것 모두 당대의 현실 혹은 현실 인식과 유관하다. 포스트모더니즘 또한 파편화된 현실 자체가 이미 단일한 관점으로 포착하기 어려워졌다는 인식에 따라 진리를 향한 복수적인 관점들의 연계를 추구한다. 그러므로 소설 장르는 당대의 현실을 내용 혹은 형식으로 담고 있는 문화 형식이라 할 수 있다.

포스트모더니즘 소설을 연구하는데 이인성의 《한없이 낮은 숨결》을 대상으로 삼고자 한다. 이인성이 쓴 《낯선 시간 속으로》(1983), 《한없이 낮은 숨결》(1989), 《미쳐버리고 싶은 미쳐지지 않는》(1995), 《강 어귀에 섬 하나》(1999) 네 편 모두는 포스트모더니즘 계열의 작품이다. 전위와 실험 작가라는 수식어를 달고 연구되었던 이인성의 소설은 프랑스 포스트모더니즘 계열의 영향을 받았다. 《낯선 시간 속으로》는 포스트모더니즘이 우리나라에 들어온 초기에 발표된 것으로 평자들의 연구가 많이 진행되었다. 《미쳐버리고 싶은 미쳐지지 않는》, 《강 어귀에 섬 하나》는 1990년대에 창작된 것으로 1980년대의 난해하고 실험적인 메타소설과는 그 경향을 조금 달리한다. 이는 외국의 경우 1960년대에 본격적으로 풍미하였던 포스트모더니즘이 1980년대가 되면서 포스트리얼리즘으로 성격을 달리하였고, 이것이 우리나라에는 각각 1980년대와 1990년대에 유행하게 된 것과 유사하다. 이런 차원에서 본다면 포스트모더니즘을 본격적으로 시도하고 있는 소설이 《한없이 낮은 숨결》이라 볼 수 있다. 이 소설의 해석을 통해 포스트모더니즘이 어떤 양상으로 드러나는지를 파악한다면 이는 포스트모더니즘 소설 전반을 해석하는 데 활용될 수 있을 것이다.

나아가 이는 1990년대 이후에 나타나는 포스트모더니즘 계열의 소설 읽기에도 유익하리라 생각한다. 1990년대 나타나는 포스트리얼리즘은 넓게는 포스트모더니즘에 포함시킬 수 있다. 포스트리얼리즘은 메타소설과는 달리 서사성이 부활된다. 그러나 리얼리즘과는 달리 불확정적인 현실 인식에 토대를 두며, 이같은 현실을 열려진 글쓰기 형식 속에 담으려 한다. '불확정적인 인식'이란 우리의 인식이 현존에서 차이(차연)로, 즉 의식적인 주체-현실에서 무의식적인 주체-현실로 이동함에 따라 생긴다. 또한 그러한 불확정적인 체계는 총체화 할 수 없는 다원적 영역으로 이루어져 있다. 이전에는 현실에서의 폭력과 착취에 맞서는 일이 주요 과제였지만 이제는 문학, 지식, 자연, 무의식, 상상력의 종속화에 대한 해방이 핵심과제가 된다. 과거에는 본질적인 모순인 자본-노동, 제국주의-식민주의를 중심으로 총체적 인식이 필요했지만 지금은 세분화된 각 영역에 대한 다원적 인식이 요구된다. 즉 탈중심화된 다원적 영역에 대한 복수적 전망의 연계가 필요하다.[28] 그리고 포스트모더니즘 소설에서는 거대서

28 나병철, 앞의 책, 256~259쪽.

사보다 미세한 개인적 삶을 주제로 삼는다. 이는 삶의 불확정성과 다원적 전망을 전제로 생산되었기 때문이라고 볼 수 있다.

포스트모더니즘은 문학과 예술 전반에 나타난 문화 현상이라 할 수 있다. 그리고 이는 나아가 20세기 후반을 특징짓는 세계관이나 시대정신이다. 포스트모더니즘은 다국적 자본과 시장을 기반으로 하는 정보화 사회인 후기자본주의 사회에서 우리의 문화와 불가분의 관계를 맺고 있다. 따라서 그것을 부정하는 것은 우리를 현실의 영역 밖으로 몰아내 능동적인 삶을 살지 못하게 할 것이다.

제 2 부

포스트모더니즘 관련 이론

『해체비평이란 무엇인가』(Vincent B. Lietch, 권택영 역)와 전복

1. 서론
2. 기호학과 해체론
3. 텍스트성과 간텍스트성의 여러 형태들
4. 비평적 독서와 글쓰기
5. 결론

1. 서론

텍스트란 무엇인가? 해석은 무엇인가? 현대해체론은 전통적인 것을 거의 모두 전복시켜 기호, 언어, 텍스트, 문맥, 저자, 역사의 역할, 해석 방법, 비평의 형식들에 관한 기왕의 관념들을 문제 삼는다.

해체 비평의 가능성은《일리아드》에서부터 찾을 수 있다.《일리아드》에는 징조를 다르게 해석하는 폴리다마스와 헥토르가 등장한다.

> 막 배수로를 건너려 할 때 새 한 마리가 그들 앞에 나타났다. 왼쪽 편으로 높이 날고 있는 독수리였는데 발톱은 아직도 살아서 꿈틀대는 핏빛의 거대한 뱀을 움켜쥐고 있었다. 그 뱀은 아직 전술을 잊은 것은 아니어서 뒤로 몸을 꿈틀대더니 가슴과 목을 잡고 있는 독수리를 힘껏 쳤고 물린 아픔으로 인해 독수리는 뱀을 땅으로 떨어뜨렸다. 뱀은 싸움터 한가운데로 떨어졌고 독수리는 날카롭게 소리를 지르며 강풍 너머로 날개를 치며 떨어져 갔다.[29]

폴리다마스는 징조를 비유로 해석하여, 독수리가 자신의 먹이를 해치기는 했지만 승리하지 못한 것과 마찬가지로 트로이군도 그리스군에게 해를 입힐 수는 있겠지만 배수로를 건너는데 결국 재난을 입으리라고 말했다. 그러나 헥토르는 기호를 비유로 해석하는 대신, 아이리스 여신이 전한 제우스의 약속을 믿는다. 제우스는 "너희들에게 강한 좌석을 가진 배에 이를 때까지, 해가 지고 축복의 어둠이 내리 덮일 때까지 사람들을 죽일 힘을 주겠다"[30]고 약속하였다.

두 사람은 텍스트를 달리하여 징조에 대한 해석이 달라졌다. 그런데 제우스의 담화를 텍스트로 삼은 헥토르는 자신의 말로 중계하여 해석하기까지 한다. 제우스의 보증은 '해가 지면' 끝나게 되어 있는데, 헥토르는 '위대한 제우스의 약속을 믿읍시다'라고 주장할 뿐 중요한 단서를 제외시켰다. 이는 진실은 미끄러져 새어버리고 본래의 텍스트가 회복될 수 없음을 보여준다. 새의 기호가 부재하는 신의 음성을 대체하는 것처럼, 헥토르의 신임을 얻은 해석이 돌이킬 수 없는 제우스의 텍스트를 대체한다.

징조는 어떠한 위기를 밝히는데 주요한 요소이다. 그러나 어떤 궁극적 의미도 어느 정도는 오염된 것이며 자의적일 수밖에 없다. 징조와 그 징조의 잠재적 의미 사이에는 틈새가 존재한다. 그리고 또 하나의 틈새가 부여된 의미와 실제 현실 사이에 가로놓여 있다. 이 두 틈새들이 어떤, 혹은 온갖 해석이 가능한 공간을 형성한다. 이 틈을 메꾸는 것, 해석을 수행하는 것이 필연적으로 수사학자와 예언자[31]

---

29 호머, 《일리아드》 12장, 계몽사, 1994년: 빈센트 B. 라이치 지음, 권택영 옮김, 『해체비평이란 무엇인가』, 문예출판사, 1988년, 14쪽, 재인용.

30 호머, 위의 책 11장. 위의 책.

의 역할이다.

해체비평은 《일리아드》를 통해 우리가 살펴본 것처럼 텍스트에 대한 해석과 관계된다. 해석은 토대를 어디에 두느냐에 따라 달라지며, 진실은 미끄러진다. 그러므로 절대 진리는 없으며, 기왕에 해석의 토대로 자리매김하던 것은 다른 텍스트에 의해 전복된다.

2. 기호학과 해체론

2.1. 토대의 전복

현대해체론은 기호학을 비판하면서 시작한다. 자크 데리다는 『기술학』(1967)에서 소쉬르, 레비-스트로스를 비판한다. 이후 1971년에 출판된 한 대담인 「*Position*」[32]과 1975년의 「*La Facteur de La Vérité*」[33]에서는 라캉(Jacques Lacan)의 정신분석이론을 비판한다. 소쉬르(Ferdinand de Saussure)는 20세기 기호 과학의 아버지이며, 라캉은 그의 정신분석이론에서 소쉬르를 계승한다. 레비-스트로스(Claude Lévi-Strauss) 또한 인류학의 기획을 소쉬르의 영향 하에 두고 있다.

---

31 호머 또한 어떤 의미에서 예언자이며 수사학자이다. 그는 《일리아드》에서 플리다마스와 헥토르가 하던 것과 유사하게, 구전되어 내려오던 이야기를 자신이 해석하여 고대 영웅 서사시 《일리아드》를 집필한다. 그는 구전 텍스트를 의뢰하고, 틈새를 메꾼다. 이야기꾼은 복수이며 텍스트는 중계된 것이다.

32 Jacques Derrida, *〈Positions〉*, *《Diacritics》*, Winter, 1972, 2: 35~43, Spring, 1973, 3: 33~46: 빈센트 B 라이치 지음 · 권택영 옮김, 앞의 책, 49쪽 각주 4) 96~147.

33 Jacques Derrida, *「La Facteur de La Vérité」*, *《Poétique》*, 1976, 21: 96~147: 빈센트 B 라이치 지음 · 권택영 옮김, 위의 책, 50쪽 각주 5) 재인용.

소쉬르의 자의적인 기표나 라캉의 부유하는 기표, 레비-스트로스의 내용이 없는 신화소등은 소쉬르의 기호학과 맥락을 같이 한다.

데리다는 구조언어학이 의식적이며 철저하게 음성학적 토대 위에서 구축되었음을 비판한다. 구조언어학은 언제나 드러난 소리와 로고스를 연구할 뿐 쓰인 부호나 흔적은 버림을 받는다. 말하기는 찬양되고 글쓰기는 비난 받는다. 왜냐하면 소쉬르는 글쓰기가 유발하는 왜곡의 문제를 일종의 내적 언어 형식 속에 가두고 수용하려 하기 때문이다. 소쉬르에게는 기표조차 청각 이미지이다. 쓰인 기표는 말해진 기표에서 파생되는 것이며 그것의 대리물이다. 글쓰기에서 우리는 기표를 얻지만 이 기표는 그 이전의 일차적 기표인 드러난 소리로 나타낸다. 즉 음성중심주의는 구조언어학을 지배하고 규정짓는다. 그럼에도 소쉬르의 텍스트는 무심결에 드러난 소리가 아니라 쓰인 부호가 언어 분석에 적합한 요소일 것이라는 가능성을 열어 놓는다.

글쓰기는 언어의 기원이다. 글쓰기는 언어를 초월하고 그것을 앞서며 그것을 함축한다. 글쓰기는 이차적 정교화라기보다 언어의 근거이다. 글쓰기는 이미 확립되어 있는 단위의 수단이 아니라 그러한 단위들을 구성하는 생산양식이다. 글쓰기는 차이 짓기, 말 만들기, 거리두기와 같은 의미이다. 글쓰기는 발화된 말을 전달하는, 음성적이고 알파벳 부호를 가리키는 이성 중심적 글쓰기와 언어를 생산하는 일차적 과정을 가리키는 기술학적 또는 후기구조주의적 글쓰기를 구분해야 한다. 새로운 의미는 전통과의 별리를 요구한다. 온갖 지배적 양극은 다음과 같이 수정된다. 글쓰기/목소리, 쓰인 부호/드러난 소리, 침묵/소리, 비존재/존재, 글쓰기/음성적 부호, 무의식/의식 등으로 나뉜다. 이에 의하면 비존재는 존재에 앞서고 존재의 바탕이 되며 바로 그 자체가 존재이다.

데리다가 존재와 비존재의 관계를 글쓰기의 문맥 내에서 재정식화 하는 것을 가능하게 하는 것은 '차이'이다. 목소리의 비존재인 글쓰기가 존재, 즉 변별화하는 언어로의 진입을 낳는다. 글쓰기는 가장 원초적인 변별 행위이다. 이 소리 이전의 과정이 작용함에 따라 언어를 개시하고 의식을 부여하며 존재를 성립시킨다. 이처럼 비존재는 존재에 선행하고 글쓰기는 언어 이전에 온다.

데리다는 '기호'의 자리에 '흔적'을 배치한다. 신비하며 감지할 수 없는 흔적은 글쓰기의 힘이며 글쓰기를 형성한다. 이는 실체가 있다기보다 무(無)에 가까운 것으로서 감지할 수 없으며 기술학의 이론적 단위이다. 글쓰기의 가장 깊은 부위에서 작용하며 그 전체 행위에 침투되어 그것을 움직이며 어느 곳에서나 존재하지만 결코 만져지지 않는다. 데리다의 흔적은 기호의 미세한 수준에서 발견되는 글쓰기의 독특한 효과를 설명한다. 흔적은 관계들로서의 기능을 가지므로 자리를 바꿀 수도 제거하거나 고립시킬 수도 없다. '되어감'이라는 과정에서 존재하는 가장 근본적인 변별화이며 신기루 효과와 같다. 흔적은 기호에 거주하며 기호를 구성하는 온갖 가능한 관계들의 총합이다. 거의 즉각적으로 다른 역할과 상이한 가치를 지니고 원흔적과 문자소, 글자, 차이, 글쓰기에 나타난다. 글쓰기는 단지 일반적인 흔적의 대표들 가운데 하나일 뿐, 그것이 흔적 자체인 것은 아니다. 기호학에서 기술학으로 가는 추세는 '단어→기호(기의/기표)→음소(신화소)→변별적 특징→흔적→원흔적'과 같이 점점 작은 단위로 나가는 경향을 보인다.

데리다는 라캉이 이성중심적이고 음성중심주의적 체계 안에서 작업한다고 비판한다. 그는 헤겔(Georg Wilhelm Friedrich Hegel), 훗설(Edmund Husserl), 하이데거(Martin Heidegger)로부터 되살려낸 전통적인 현상학적 개념들에 의존하고, 프로이트(Sigmund Freud)의 텍스트들을 단순화 시킨다. 또한 소쉬르의 기호를 이용하여 글쓰기를 축소시킨다. 그러나 데리다는 라캉이 기표의 수수께끼 같은 텍스트 행위에 주의를 기울이는 가운데 해석적 의미주의를 완화시키는 것을 긍정적으로 본다. 그리고 라캉은 기표를 저자의 삶과 역사에 제한시키던 전통 비평과 달리 텍스트를 저자에게 귀속시키지 않는다고 칭찬한다. 그는 라캉의 '미끄러지는 기의', '부유하는 기표'에서 보이는 라캉의 기표의 논리를 칭찬한다.

문제는 라캉이 부유하는 기표 속에서도 기의를 분석하고자 하는 것이다. 그는 포우의 단편에서 내용이 공개되지 않은 채 남아있는 편지를 부유하는 기표로서 기능한다고 언급하는 동시에, 편지의 진실을 평가하고 상술한다. 그리하여 유동적인 기표의 완전한 텍스트 활동을 무시하도록 강요한다. 따라서 텍스트는 전언으로, 과정은 산물로, 기표는 기의로 바뀐다.

라캉의 기획 전체는 모든 기표들 중 가장 높은 기표로서 남근을 향한다. 즉 그것은 초월적 지위를 점하며 모든 기의들의 기표이다. 초월 기표의 독특한 효과는 해석과정과 진리를 밝히고 목소리의 중요성, 기표의 도주를 체계적으로 집중시키며 통제한다는 점이다. 초월 기표로서의 라캉의 남근은 스스로 의미화의 족쇄에 속하면서 그 연쇄를 가능케 한다. 남근은 정신분석 치료의 대화에서 나타나는 로고스이다.

본질적으로 라캉은 글쓰기의 현장, 흔적의 부유, 쓰인 것은 생산, 서사의 기능 등을 간과하거나 억압한다. 이러한 기술학적 문제들은 이성중심주의 체계의 전체적 논리와 은밀한 필요성에 의해 억압된다. 데리다는 라캉이 주장한 초월기표를 취소시키고자 한다.

데리다는 1966년 존스 홉킨스 대학에서 구조주의를 비판하는 강연을 했을 때 클로드 레비-스트로스의 구조주의를 비판하면서 해체론의 시대를 열었다. 레비-스트로스에 대한 공격은 『기술학』에서도 계속한다.

데리다는 레비-스트로스가 '말하기 대 글쓰기'를 구분하고, 이렇게 구분하는 것의 가치를 결코 의심하지 않는다고 말한다. 소쉬르 비판에서처럼 데리다는 다시 한 번 글쓰기는 좁은 의미의 글쓰기가 나타나기 훨씬 이전, 말하기 그 자체를 개진하는 차연 혹은 원 글쓰기에서 이미 존재한다고 말한다.

자연에 드러난 상처와 균열, 분열, 공간은 원초적인 차이들과 변별이라는 도저에 있는 가름대들의 예를 제공한다. 숲속에 있는 깎이고 새겨진 길 또는 통로는 거리두기와 차이, 글쓰기의 존재를 입증한다. 남비크라와의 영토를 가로질러 난 통로는 열림, 공간, 차이, 글쓰기의 존재를 입증한다. 남비크라와의 문화에 글쓰기가 존재한다는 사실은 두말 할 것도 없다. 이 사회의 모든 사람이 고유명사를 가지고 있는 것은 모든 사람이 분류 체계 내에서 구분됨을 증명한다.

그럼에도 레비-스트로스는 해체론을 향해 나아가고 있다. 예컨대 자연/문화, 말하기/글쓰기, 내재성/외재성, 순진/타락, 진리/거짓이라는 물려받은 이항 대립 개념에 의존하지만 아주 흔히 전통적 대립을 버린다. 이성 중심적 전통과 후기 구조주의 사이에 존재하는 경계 지점에 머물면서 레비-스트로스는 새로운 비판적 담화인 해체론적 해석학을 지향한다.

레비-스트로스에게서 데리다가 경탄하는 것은 중심, 기원, 고정 주체, 절대 원칙을 계획적으로 포기한 것이다. 레비-스트로스는《신화론》(1964~1971)의 서문에서 "신화가 지닌 통일성은 결코 경향적이며 투시적인 수준을 벗어나지 못하며 신화의 상태나 특별한 순간을 반영하지 못 한다. 이것은 해석하고자 하는 의도에 의해 창출된 상상력의 결과이며, 이 기능은 신화에 통합된 형태를 부여하고 이것이 반대쪽 개념들의 혼동 속으로 와해되는 것을 방지한다"고 말한다. 해석에서 중심화 된 구조의 목적은 반대되는 요소들의 분해 작용을 억제하는 것이다. 구조는 체계 내의 요소들이 자유롭게 부유함으로써 와해되는 것을 막는다.

데리다가 보기에 레비-스트로스는 경계선에 위치한다. 구조의 중심 기능으로서 초월 기표가 전복되고는 있지만 놀이의 붕괴 작용은 저지되며 머뭇거리다 마침내 구조는 중심화된 것으로 나타난다.

2.2. 전복의 확장

1967년 데리다는『기술학』과『글쓰기와 차이』, 그리고『말하기와 현상』이라는 세 권의 해체론 저서를 출판했다. 1960년대 초 데리다는 훗설과 하이데거의 현상학에 관심을 쏟았다. 데리다는 이들의 세련된 '현존'의 형이상학과 '존재'의 존재론에 대한 해체론적 되받아 읽기를 산출했다.

훗설은 그의 전체 기획을 살아있는 현존재에 위치시켰다. 즉 '현존으로서의 존재'를 강조했다. 이 근거 위에서 현존하는 자아에 의한 자아의 감지 또는 직관이 작동한다. 훗설은 자기 현존의 원초적 구성이 매개나 어떠한 의미화의 작용 없이도 발생한다고 주장한다. 순수한 또는 이상적인 자기 현존적 존재, 순수 존재가 언어보다 앞선다. 순수 존재의 원초적 침묵에 뒤이어 언어는 순수 존재의 자기 현존을 표현하고 구체화한다. 그러나 이는 이차적인 침전 작용 속에서 묻혀버린다. 태초부터 현존 속에 언어에 선행하여 결정된 '존재'가 있는 것이다. 이는 이성중심주의 전통을 벗어나지 않으며, 원초적 차이를 억압하는 것이다. 그러나 데리다는 살아 있는 현존재로서의 자기 현존을 이루는 순수한 차이는 처음부터 자기 현존 속으로 차이에서 잠정적으로 축출된 온갖 불순물을 끌어들인다고 말한다. 살아 있는 현존재는 자신과 다른 것들과 보류적 흔적의 가능성 속에서만 존재할 뿐이다. 그것은 언제나 이미 하나의 흔적이다.

훗설이 자기 현존을 꿈꾸는 곳에서 데리다는 차이와 흔적을 목격한다. 글쓰기는 존재론을 침범하는 것이다. 데리다의 요지는 원초적 변별화를 드러내는 힘이 존재와 현존을 움직이고 생산한다는 것이다. 살아 있는 현존재는 차이와 거리두기, 흔적의 효과이다. 이는 현존의 철학인 현상학이 차이를 뒤늦은 형상으로 만든 것과는 반대다.

데리다는 '차연'이란 용어를 만들어 낸다. 차연은 세 가지 의미를 갖는다. 첫째는 '다르다'이다. 이는 본성이나 질, 형태에 있어서 같지 않거나 닮지 않다는 의미이다. 둘째는 '흩뜨리다'이다. 이는 흩뿌리다, 퍼뜨리다의 의미이다. 셋째는 '연기하다'의 의미이다. 이는 늦추다, 미루다는 의미이다. 첫째와 둘째는 공간적 의미임에 비해 셋째는 시간에 있어서의 차이를 가리킨다.

차연은 특정 순간에 도처에 있는 우주적인 힘, 우주 내의 모든 실체와 개념에 침투하는 본질적인 변별화를 이끄는 원초적 힘으로 나타난다. 물론 이 힘은 부정적이라 할 수 있는데 이것이 주로 모든 것의 소리 없는 붕괴와 분할을 통해서 자신을 드러내기 때문이다. 아무도 이것에 선행하지 않는다. 차연에 내재된 근본적인 우회나 연기는 우리가 사유 속에서 차연으로 하여금 기원, 현존, 생산, 주(主) 개념이나 단어로 나타나지 못하게 한다. 과정도 산물도 아닌 차연은 아무것도 아니다. 차연이 우리 시야에 들어올 때는 거리두기, 흔적, 글쓰기 등의 대리물을 낳는다. 우리에게 차연은 새로운 이름들로 나타나며, 이들은 일단 부상했다가 곧 사라진다.

기호는 부재하는 현존을 지시한다. 우리는 대상을 제시하는 대신 기호를 택한다. 우리는 지시물을 내놓는 것을 연기하거나 늦춘다. 여기에 차연의 특징적인 연기의 구조와 차이(기표와 기의 그리고 기의와 지시물 간의) 형태가 들어오며 현존의 윤리를 붕괴시킨다. 기호는 실질도 현존도 없으며 차이들의 놀이만이 있을 뿐이다. 차연은 기호에 침입해 자기 현존적인 기호가 아니라 흔적으로서의 기호의 작용을 가능케 한다.

하이데거에게 있어서 언어는 '존재'가 들어서는 장소이다. 세계 내 존재의 본질적인 조건으로서 말하기와 주장하기, 듣기, 경청하기, 주의 기울이기, 그리고 침묵하기에서 형태가 드러나는 언어는 '존재'로 하여금 처음으로 그와 같은 모습이 되도록 한다. 그러므로 언어는 존재 자체의 도래이며 출현이다.

『존재와 시간』(1927)은 언어가 생각하면서 인간에게 존재에 대해 이야기한다는 것을 드러내고자 한다. 언어와 사유는 단순히 드러냄으로써 존재에 관해 이야기한다. 존재 자체는 언어와 사유 내에서 그리고 언어와 사유를 통하여 추상적이며 파악할 수 없지만 궁극적이며 신비하게 현존하는 어떤 것으로 나타난다. 존재의 진리가 언어로 들어오면 사유가 이 언어에 접근한다. 언어와 사유는 가장 엄밀한 순간에 존재의 무(無)를 드러낸다. 그렇다면 존재란 무엇인가? 존재는 존재자들 가운데 멈출 수 있는 어떤 실존 자질이 아니다. 그럼에도 존재는 어떠한 존재자보다도 더 존재자 속에 있다. 그러나 무화(無化)가 본질적으로 존재 자체 내에서 발생하기 때문에 우리는 존재를 존재자들 가운데 하나의 존재자로 볼 수 없다. 이처럼 어느 곳에서나 있으면서도 더욱 감지할 수 없는 비실재 또는 개념, 흔적, 가능성이 존재이다.

사유는 언어와 마찬가지로 실체화된다. 사유는 고도로 추상적이고 근본적인 존재론적 행위이다. 하이데거에게 있어서 순수한 사유는 거인으로 나타난다. 사유는 어떤 특정 사유인을 넘어서거나 그보다 앞서거나 그와 동떨어진 것으로 생각된다. 그리고 사유는 존재에 관해 이야기 한다. 존재는 언어 내에 거주하므로 거인은 언어 내에서 언어를 통해 언어로써 존재에 접근한다. 사유의 가장 이상적인 형태는 '시'이다. 시는 존재로 하여금 현존하며 자리를 차지하고 빛이 날 수 있게 한다. 시는 존재에게 거주할 장소와 이름을 주는 것이다.

시란 무엇인가? 하이데거는 시를 최초의 건설 행위, 최초의 이름 짓는 행위로 기술한다. 시는 처음으로 존재자와 모든 사물의 본질적인 이름을 짓는다. 존재를 드러내고 실존의 기초를 세우면서 시인은 하늘의 신과 땅의 인간 사이에 있다. 이 사이라는 틈새를 점거한 채 시인은 이름을 부여하지만 이미 알려진 기존의 것에 이름을 불렀던 아담과 같지 않다. '사이'로부터 나온 시는 최초의 수립이며 개시이고 기초이다. 시가 수행하는 존재 작업은 진리의 표출이다. 그리고 진리는 '존재물이 드러나는 것'이다. 만일 작품 속에 특정한 존재물의 베일이 벗겨지고 그 존재물이 무엇이며 어떻게 구성되었는가를 드러낸다면 거기에 진리가 출현한다.

인간과 시간의 관계는 무엇인가? 하이데거의 사유에서 존재의 역사성은 함정에 빠지기, 실존성, 사실성으로 드러난다. 이 특징들은 인간을 세계와 공동체 내에 위치시키고 자신과 사회의 공통 운명 속으로 끌어들인다. 존재는 시간 속에서 시간과 더불어 시간을 통해 거주한다. 인간이 세계 속의 존재가 되는 순간은 '경과' 또는 '함정'이다. 그리고 인간은 미래의 잠재적 가능성과 더불어 실존하므로 미래를 눈앞에 그리고 계획한다. 이런 순간은 '실존성'이라 할 수 있다. 또한 자신의 존재 뒤에 놓여 있는 사건들과 자신의 통제를 벗어난 과거의 사건들이라는 개인적인 역사로부터 인간은 현재와 미래의 행로를 향하여 내던져지는데, 이를 '사실성'이라 한다.

하이데거는 《존재와 시간》에서 존재론의 역사를 파괴할 것을 요청한다. 궁극적으로 하이데거의 파괴 임무는 역사를 창조적으로 보존하기 위한 노력이다. 자명하면서도 실체를 갖지 못한 진리의 저장소인 전통은 권위와 지배의 역할을 수행하는 가운데 진리가 자리 잡는 진정한 원천과 원초적 경험으로서의 접근을 막는다. 따라서 파괴는 부정적인 행위이면서 동시에 긍정적인 행위이다. 부정적으로는 현대의 기획에 진정 유용한 재료들을 찾아 전통적으로 신성하게 여겨지던 많은 것들을 불태우고 날려버린다. 긍정적으로는 가치 있는 것으로 선별된 재료들을 선별함으로써 전통을 새로이 한다.

현대의 파괴적 텍스트는 이전의 다른 텍스트들에 접근하여 그 텍스트들로부터 출발한다. 하이데거적 텍스트는 문학적 잔해를 포함한다. 망치와 양동이를 들고 하이데거는 현재의 목적을 위해 옛날의 기념물들을 조각낸다. 과거의 흔적들은 의도적으로 보존코자 하는 그의 반구조적 작업을 통해서 뿐 아니라 교묘하게 서구어에 내재하는 형이상학적 사유 자체의 고요하고 넘치는 구조화를 통해서 그의 작업에 스며든다.

3. 텍스트성과 간텍스트성의 여러 형태들
– 문학과 전통에 관한 현대 이론들

3.1. 문학의 진리

3.1.1. 전통의 파괴와 문학의 존재

1970년대 중반 이래 《경계2: 포스트모던 문학 저널》은 파괴적 시학과 해석학을 옹호하며 미국에서 하이데거 계열의 비판적 현상학의 추종자들을 끌어들인다.

폴 보베(Paul Beauvais)는 미국에서 최초로 해체론에 관한 박사학위 논문을 뉴욕주립대에서 썼다. 그는 「현대시의 '새로운 문학사': 휘트먼과 스티븐즈, 올슨의 작품에 나타난 역사와 해체」에서 미국의 주요한 시인과 비평가에 대한 파괴적 독서를 시도한 후, 하이데거의 《존재와 시간》에 근거한 파괴적 해석학의 윤곽을 제시한다. 이 해석 이론은 텍스트성과 간텍스트성의 명확한 개념들을 불러낸다. 보베의 생각으로는 언어 자체가 해석이다. 따라서 시를 읽는데 있어서 시어에 구현된 해석적 통찰을 열어 놓는 비평적 작업은 지속적인 파괴를, 즉 전통 또는 한가한 수다로의 물화(物化)에 저항하고 필요한 때에는 이 물화를 폭로하기를 요구한다. 시의 해석은 원초적 해석학을 파괴하는 해석학이 되는 것이다. 또 보베는 문학의 역사를 다른 텍스트들을 파괴적으로 해석하는 텍스트들의 연속으로 본다. 이 같은 간텍스트성은 문학적 사료 편집에 선행한다. 비평적 역사는 이와 같은 구성적 간텍스트성에 주의를 기울임으로써 시 전통의 누적된 가치 있는 통찰을 열어 두어야 한다고 주장하는 것이다.

스파노스(William Spanos) 또한 하이데거의 파괴적 해석학을 개진한다. 스파노스는 전통적인 평면 모형 또는 세계관을 파괴하고 시간 체계를 끌어들인다. 여기서 '파괴'란 '부수다'라는 의미는 아니다. 그보다는 진리를 규명하는 것이고 하이데거가 자신이 서구의 존재-신-학적 전통이라 불렀던 철학 체계와의 대화 가운데 행했듯이 파괴, 즉 평면 이미지의 해체라는 해석 작업을 뜻한다. 파괴적 탐구는 하나의 텍스트를 열고 시간을 끌어들이면서 평면적인 관점을 해체하고 전통 속에 감춰진 존재에 관한 모호하고 막연한 통찰에 불을 밝힌다. 이 탐구는 존재란 실제 시간이 진행함에 따라 존재로 '되어 감'을 발견하고 해석이 존재의 진리를 끊임없이 감추면서 드러내는 경험임을 밝힌다. 파괴적 해석자는 텍스트의 존재 속으로 옮겨 회복 또는 반복의 행위 속에서 자신과 시대를 위해 존재의 진리를 재연한다. 이는 새로운 시작을 가져오며 온갖 위험과 불안을 불러일으킨다. 인간은 끝없는 해석적 실존 속으로 던져지는 것이다.

스파노스는 다음과 같이 말함으로써 그가 하이데거의 추종자임을 말한다. 하이데거의《존재와 시간》속에 표현된 '실존분석학'은 존재론적으로 시간성이 형이상학적 시각에 대한 현상학적 환원, 즉 '사물들 자체로의 회귀'를 요구한다. 이 회귀는 세계-내-존재로서 자신의 본래 지위를 회복한다는 의미이다. 여기 우리는 ① 현존재로서의 해석자가 자신이 내던져져 있음을 발견하는 실제 현실인 원초적 상황, ② 세계-내-존재로서의 현존의 가능성을 드러내는 '이해', ③ 나의 목적으로 보아 중요한 것으로 '이해'를 말하는 것, 혹은 명확히 하는 것 등의 세 가지가 모두 똑같이 원초적이며 근본적으로 시간에 의존하므로 '무'에 근거하지 않거나 근거한다고 말할 수 있다. 즉 '무'에 열려 있다. 세계 속에 내던져진 인간은 자신의 이해와 언어를 통해 시간은 한순간도 끊임이 없으며 실존은 근거가 없는 것이라는 점을 밝힌다. 무(無)와의 대면은 불안과 걱정/관심을 낳는다.

스파노스는 독서의 방법으로 해석적 이해의 순환을 주장한다. 스파노스는 독서를 시간 속에 뿌리내리고, 해석으로 하여금 발견과 폭로가 되게 할 수 있다고 말한다. 해석은 독자/텍스트(시간/형식) 관계에서 산출되는 존재의 의미를 무한히 열어 놓는다. 스파노스는 하이데거뿐 아니라 키에르케고르, 가다머의 개념들도 채택해 시간적 해석을 공간적(혹은 평면적) 해석의 '되돌아 주워 모으기'에 대립되는 개념 '다시 되풀이하기'의 과정으로 제시한다. 전자의 경우는 처음부터 결말을 마음에 두고서 증명을 하느라 텍스트의 언어 경험을 뒤로 거슬러 되풀이하는데 반해, 후자의 경우는 탐구 활동 가운데 단어들의 연속을 앞으로 향하여 되풀이함으로써 텍스트를 회복한다. 이 가운데서 독자는 텍스트의 존재, 궁극적으로는 존재 자체와 대화적 관계 속에 놓인다. 그러므로 텍스트는 하나의 사건이다. 독자의 시간적 지평 안에서 발생하는 사건, 필연적으로 해석으로 경험되는 사건, 현재 속에서 현재를 위해 존재의 시간상을 발견하는 사건이다. 문학 작품은 독자를 참된 열린 활동으로 끌어들여서 그가 끊임없이 의구심과 투시적 자세를 가질 것을 요구한다.

스파노스의 언어 이론은 '실존', '이성', '담론'을 나란히 놓고 똑같이 근원으로 취급한다. 존재나 사유와 마찬가지로 언어도 최초로 실존이 이루어지는 순간에 발생한다. 그럼으로써 단어는 너무도 자주 우리에게 이미지, 그림으로 나타나고 공간화 된다. 그러나 이런 공간화는 파괴되어야 하며, 말로서의 언어가 중요시 되어야 한다.

언어 이론은 텍스트 이론을 결정한다. 문학의 참 존재는 단어들을 시간의 차이를 갖고 듣는 것이다. 문학 텍스트는 시간 속에서 들린 구어이다. 이미지, 인쇄물, 밝혀야 할 대상으로서 단어는 불쾌한 공간의 가면을 쓰고 나타난다. 그러나 순간적인 소리로서 몸과 마음을 통해 살아나는 문학의 단어는 고유하게 시간적 존재로 나타난다. 언어는 말이고 문학은 구어이다.

스파노스의 문학 이론은 독자의 의도성에 크게 의존한다. 스파노스는 저자의 의도를 토론하기보다는 세계-내-존재로서의 독자가 주의 깊고 관심 있게 발견하고 듣는 것을 강조한다. 텍스트의 경험은 어느 곳으로도 나아갈 수 있다. 문학의 진정한 존재는 관심 있고 주의 깊은 '듣기'에 있다.

3.1.2. 파괴 대 해체

파괴적 하이데거와 해체적 하이데거는 현상학 대 후기구조주의이다. 전자는 말하기 또는 존재에 근거를 두는 것으로 스파노스가 대표적으로 이에 속한다. 후자는 글쓰기 또는 언어에 근거를 두는 것으로 자크 데리다와 폴 드 만(Paul de Man), J.힐러스 밀러(J. Hillis Miller), 조셉 N. 리들(Joseph N. Riddle) 등이 속한다.

스파노스의 견해에 따르면 파괴는 끊임없이 새로운 포스트-모던적인 또는 진정 현대적인-문학사의 가능성을 열어 놓는다. 이는 밝힘에 초점을 맞춤으로써 문학 텍스트들의 소진 불가능성, 즉 오독으로서의 문학을 정당화하며 동시에 문학을 형이상학의 극복이라는 더 크고 어려운 임무에 종사시킨다. 다른 말로 하자면 존재를 문학에 봉사하도록 하는 역사의 가능성을 열어 놓는다. 그러나 스파노스는 새로운 문학사를 요구하지만 존재를 문학에 봉사케 하기 보다는 문학을 존재에 봉사케 하고자 한다. 그는 데리다와 논쟁하면서 후기구조주의가 파롤(말하기)을 희생시켜 글쓰기를 찬미하는 것을 공격한다.

파괴 대 해체 간의 논쟁에서 가장 시사적인 점은 언어 이론이다. 말하기 아니면 글쓰기 중 하나만을 원초적 언어로 택한다는 것은 시학, 해석학, 역사 편찬에 관한 모든 이론을 지배하고 결정한다. 스파노스는 말하기에 근거한 문학을 제창한다. 말하기로서의 언어는 자신의 급진적인 시간성을 통해 현존을 배제하며 그렇게 해서 존재의 명확한 출현을 배제하는 것이다. 그러나 언어는 무에 근거하고 있으므로 스파노스는 문학 텍스트는 열어 둔다.

그러나 독자의 의도성은 '근거의 무'를 없애버린다. 진리를 들춰냄으로써 독자는 무를 남기고 변모한 모습이 된다. 배움의 순간에 텍스트의 영원성은 소진되어 버린다. 이때 파괴는 텍스트를 열어 놓지 못하게 하고, 독자는 침착과 안정을 얻게 된다. 스파노스에게 있어 파괴 작업은 대부분 간텍스트성의 파괴적 힘을 무시하게 된다. 이유는 원초적인, 자유로운 말하기로서의 문학 이론을 고수하기 때문이다. 흔적은 의도적으로 가치 절하되고 차연은 부정된다.

3.2. 텍스트의 산종

3.2.1. 존재와 진리를 넘어서 – 간텍스트성으로서의 텍스트성을 향하여

미국인이 쓴 최초의 대규모의 해체 비평서는 1974년에 출판된 조셉 리들의 『뒤집어진 종: 모더니즘과 윌리엄 카를로스 윌리암즈의 역사학』[34]이다. 리들은 문학의 역사와 전통에 관한 이론이 진보한다는 믿음을 가지고 있다. 한 시기의 문학으로부터 다음 시기로 나아감에 따라 변화가 생기고 발전되고 새로운 세계관이 나타난다는 것이다. 특히 모더니즘에서 포스트모더니즘으로 나아가는 과정에서 전형이 달라지고 역사가 개선된다.

리들은 미국의 다른 해체론자들보다 데리다를 더 닮았다. 리들은 데리다적 해체를 수행하고 있으며 텍스트성과 간텍스트성에 관한

34 Joseph N. Riddel, *The Inverted Bell*, Baton Rouge: Louisiana State University Press, 1974, p.308.

다양한 이론들을 전개한다. 리들은 밀러가 자신을 모방이론을 제시하고 있다고 비난한 것에 대하여 반박한다. 리들에게 문학 언어는 근원적인 언어 이전의 것을 변형하지 않으며 언어의 비유는 허구이고 기호는 되풀이된 흔적들이다. '태초에 순수한 노래가 아니라 글쓰기와 언어가 있었다'라고 말하며 그는 글쓰기를 근거로 놓고, 텍스트성 이론을 고수한다.

리들은 밀러를 위시하여 예일 비평가들을 비판한다. 밀러는 데리다를 봉쇄하였고, 하트만(Geoffrey H. Hartman)과 블룸(Harold Bloom)은 차이들의 놀이와 지시어의 종말 둘 다를 거부함으로써 텍스트성을 부인하였다. 한마디로 예일 해체론은 위대한 작가와 작품, 전통을 보존하고 다시 성전으로 임명한다. 그들은 문학 언어와 텍스트에 특권을 부여하고, 저자들은 살아 있는 천재로서 보존한다. 그들은 전통에 권위를 부여함으로써 해석에 한계를 부여한다.

리들은 간텍스트성을 텍스트성과 결합시킨다. 즉 그는 문학 텍스트는 이전 텍스트들에 의해 환원 불가능하게 침투된다고 믿는다. 현재의 텍스트 속에서 숨 쉬는 이전 텍스트들은 억제할 수 없는 그 이전 선배들의 놀이의 장에 현재의 텍스트를 열어놓는다.

간텍스트는 텍스트를 스스로부터 분열시킨다. 기표와 기의들 간의 틈, 텍스트와 간텍스트 간의 틈은 지배적인 차이들의 놀이가 이루는 무수한 틈새를 벌려 놓는다. 정확히 말하면 리들은 기표와 간텍스트를 똑같이 원초적이며 구분할 수 없는 실재로 놓는다. 기표는 처음부터 간텍스트적이다. 하나의 문학 작품이 많은 기표들로 이루어졌기 때문에 숨 쉬고 있는 차이들의 양과 다양성은 헤아릴 수 없다. 텍스트는 무한하다. 전체적으로 보아 전통적인 주체 찾기와 의미론적 읽기가 드러내는 것은 바로 '의미 조합'의 무한한 가능성이다. 그러므로 문학의 진리는 미망이다. 텍스트에는 언제나 무수한 차이들의 파괴적 놀이만이 있을 뿐이다. 무한한 의미가 텍스트의 표면을 가로질러 퍼져 나간다. 산종이 진리를 대신하는 것이다.

3.2.2. 텍스트의 시학으로부터 쾌락 이론으로

1950년대 후반에서 1960년대 후반까지 롤랑 바르트는 문학의 기호학적 구조주의의 강력한 신봉자였다. 그는 구조주의와 마르크스주의를 채용해 부르주아적 생활양식과 물화된 사유를 공격했다. 그러나 1960년대 후반 그는 프랑스의 다른 지도적 지식인들과 함께 『텔 켈』지를 중심으로 해체론적으로 방향을 선회한다. 그의 후기구조주의적 작업을 잘 보여 주는 저서는 《S/Z》(1970)이다.

「저자의 죽음」(1968)에서 롤랑 바르트는 텍스트와 간텍스트에 대한 후기 구조주의적 관점들을 요약한다. 특히 그는 저자와 독자의 개념을 재고하고 수정하며 '글쓰기는 모든 목소리, 모든 기원의 파괴'라고 주장한다. 저자는 더 이상 작품 뒤의 유일한 목소리, 언어의 유일한 수단, 유일한 기원이 아니다. 텍스트의 통일성은 그 기원이 아니라 목적지에 있다. 우리는 독자의 시대에 들어선다. 독자의 탄생은 저자의 죽음을 대가로 해야 한다.

바르트는 저자의 권위적 지위와 권력을 전복시키고 새로운 문필가의 지위와 힘을 대치한다. 저자가 책 이전에 존재하며 책을 위해 사유하고 고통 받고 살아가며 자신의 작품에 대해 자식에 대한 아버지의 관계처럼 선행한다면 문필가는 텍스트와 동시에 태어나며 결코 글쓰기에 앞서거나 그것을 능가하는 존재가 아니다.

텍스트는 시인의 과거 경험을 전달하기보다는 수행 과정으로 전개되면서 문필가의 삶이나 의식을 향한 접근을 허락하지 않는다. 오히려 독자가 읽어 가는 순간에 텍스트를 활성화 시키는 수행 비평 이론이 중요시된다. 글쓰기는 과정이기 때문이다. 하나의 텍스트는 수많은 문화층에서 추출되었으며 대화와 패로디, 대결 등의 상호 관계 속으로 들어가는 다양한 글쓰기들로 이루어져 있다. 우리가 진리나 기원이 없는 세계와 기호들의 자유로운 놀이를 받아들일 때 인본주의적 인간을 넘어선다. 텍스트성을 앞세우고 저자를 살해하며 역사와 전통을 간텍스트성으로 바꾸어 버린다. 그리고 독자를 찬미한다. 작품은 의미의 산종을 위해 폭발한다.

바르트의 작업에 뚜렷이 드러나는 원색적 급진주의는 『텔 켈』의 해체론을 예일 해체론으로부터 구분 짓는다. 예일 비평가들은 저자를 살려둔다. 그러나 이들은 산종에 굴복하며 텍스트성을 받아들인다. 또한 미국의 관점에서 볼 때 『텔 켈』지를 중심으로 한 해체론은 정치적 저항이라는 측면에서 예일 해체론자들과 뚜렷이 구분된다. 저자의 사망을 제시하면서 바르트는 문학과 비평에 관한 이론을 지배하고 영향을 미치는 경험론, 합리론, 개인주의, 실증주의 그리고 자본주의 등의 연계된 사악함을 폭로한다.

「작품에서 텍스트」(1971)를 쓸 때 바르트는 텍스트 이론을 일곱 개의 명제로 정리한다.

1. 전통적인 '작품'과는 달리 텍스트는 전적으로 언어 생산의 활동 가운데에서 경험된다.

2. 모든 장르와 관습적인 위계질서를 넘어서 텍스트는 합리성과 읽을 만한 형태가 취하는 제한과 규칙들에 대항한다.
3. 텍스트는 중심을 결정하거나 종결될 수 없는, 철저히 파괴적인 기표들의 자유로운 놀이를 통해 기의를 무한히 연기시킨다.
4. 이름도 없고 추적할 수도 없는 간텍스트적 인용과 지시, 반향음, 문화적 언어들로 이루어진 텍스트는 피할 수 없이 수많은 의미를 산출하며 진리가 아니라 산종을 낳는다.
5. '저자'의 날인은 더 이상 부성(父性)이나 특전을 상정하지 않고 오히려 어설프다. 저자는 텍스트의 기원도 종결도 아니고 그저 손님으로서 텍스트를 방문할 수 있을 뿐이다.
6. 텍스트는 소화된 게 아니라 협동의 장에서 독자에 의해 열려지고 숨을 쉰다. 즉 탄생된다.
7. 텍스트는 유토피아와 성적 쾌락과 연결되어 있다.

바르트는 마르크스적 문화 비평에서 기호학적 구조주의로, 거기서 『텔 켈』의 해체론으로, 다시 쾌락적 해체론으로 나아간다. 또 그가 사유하는 대상도 역사와 진리에서 유효성과 진리로, 다시 부분적 텍스트성과 산종, 그리고 마지막으로 무한한 텍스트성과 쾌락으로 변모한다.

바르트 이론에서 간텍스트성은 온당하거나 통제된 의미의 횡포와 맞서 싸우기 위한 장치이다. 그러므로 간텍스트성은 역사적 납골로서, 문화적 이념의 산물로 나타나기도 하고 또 한편으로는 비판적 해체를 위한 진술적 장치로서 나타난다. 첫 번째 역할에서는 감옥처럼 보이고 두 번째 역할에서는 열쇠처럼 보인다. 『텍스트의 쾌락』은 이항 대립으로부터 데리다적 해체를 향한 탈출을 권장하는데 그 길은 비결정인의 산출을 통해서이다. 그리고 이는 간텍스성의 세 번째 역할이다. 《롤랑 바르트》라는 자서전은 와해를 보여 준다.

후기 구조주의에서는 극단적으로 자아를 해체한다. 해체적 주체라는 개념은 저자와 독자, 비평가에게 모두 적용된다. 어떤 의미에서 차연과 자유로운 놀이, 산종이라는 세력들이 궁극적으로 자아에 영향을 미치고 자아를 텍스트화 시킨다. 바르트는 『S/Z』에서 간텍스트성에 관해 계속 암시하면서 그것을 독자의 자아로 확장시킨다. 독자 혹은 주체 내에 텍스트와 약호들의 복합체가 숨 쉬며 독자의 주체 속으로 침입한 간텍스트성은 그 봉쇄된 자아를 와해시킨다. 또한 바르트는 작품 속에 등장하는 인물들의 안정된 자아도 손상시킨다. 본질적으로 해체론은 주체를 언어의 산물로 본다. 합리적인 구성체라는 자아는 실상 기표들의 놀이로부터 탄생하는 것이다. 즉 나는 모순된 것이 아니라 흩어져 있다.

바르트는 『텍스트의 쾌락』에서 니체를 인용한다. "우리는 해석하는 사람이 누구인가라고 물을 권리가 없다. 그것은 열정으로서 존재하는('존재'가 아니라 과정, 되어 감), 권력을 향한 의지의 한 형태인 해석 자체이다." 독서 행위는 열정으로서 존재하며 이 '되어 감'의 과정은 주체(존재)를 넘어선다. 바르트는 이에 대해 주체는 미망이 아니라 허구로서 되돌아오며 자아의식은 하나의 고안물, 즉 가장 진귀한 허구라고 규정짓는다.

바르트에 의하면, 독서는 쾌락의 한 형태이다. 독자에 따라 서로 다른 텍스트가 산출된다. 쾌락의 독자에게 텍스트는 의미와 성(性)의 자유로운 놀이를 허락하며 완벽한 자유를 향해 열린다. 독자와 의미는 무한을 향해 산종된다. 텍스트가 산종을 시작함에 따라 저자의 자아뿐만 아니라 독자의 자아도 와해된다. 그리고 자아의 상실은 오르가즘이다.

바르트는 『S/Z』에서 쓰는 텍스트와 읽는 텍스트라는 두 종류의 텍스트를 언급한다. 쓸 수 있는 텍스트는 독자가 문필가와 더불어 쓸 수 있는 텍스트이다. 이 텍스트의 기표들은 무한을 향해 움직이며 이 텍스트의 쾌락은 오르가즘이다. 그러나 읽는 텍스트는 생산되는 것이 아니고 단지 소비된다. 이 텍스트는 기의들의 구조 또는 고정된 의미의 유형들로 존재한다.

3.2.3. 지시의 경계가 무너지다

1970년대가 끝나기 몇 주 전 예일 비평가들은 『해체론과 비평』이라는 자신들의 선언서를 출판했다. 여기서 하트만은 "텍스트의 문자로부터 분리 가능한 정신 또는 의미로 생각했던 모든 것이 '간텍스트성의 영역' 내에 머물게 된다"고 말한다. 그는 간텍스트성을 종결의 상태로 산출하고 의미를 타협시키는 교활하고 유혹적인 포섭의 힘으로 묘사한다. 그는 텍스트성을 두 가지로 특징짓는데 첫 번째는 다의적이며 따라서 알레고리적인 것이고 두 번째는 비의미적 즉 읽을 수 없는 것 따라서 아이러니적인 것이다.

누가 지시물을 훔쳤는가? 데리다이다. 데리다로부터 기표는 지시물이 없게 된다. 지시물이 없는 상태에서 기표들이 대기를 을러댄다. 그 결과 세계는 무한하며 경계선도 없는 텍스트가 되어 버리고 우주는 도서관이 된다. 데리다는 예일 선언서에서 텍스트는 이제까지 자기에게 부과되었던 모든 한계-글쓰기에 대립되는 모든 경계-를 뛰어넘는다고 말한다. 말하기, 삶, 실재, 역사 등 지식의 전 영역과 육체든 정신이든 의식적이든 무의식적이든 정치, 경제 등등을 넘어선다. 이는 흘러넘침과 같은 것이다.

두 개의 텍스트가 있는데, 이는 낡은 텍스트와 새로운 텍스트이다. 낡은 텍스트는 제목, 경계, 서명(저자), 시작, 끝, 전체적 통일성, 제한된 내용을 갖고 있다. 그리고 이 텍스트의 틀 바깥에는 지시적 영역이 있다. 새로운 텍스트는 1960년대 말(1967년 경) 이래 주목을 받는 텍스트이다. 이 텍스트는 낡은 경계선과 틀, 구분, 한계에 손을 대고 훼손시킨다. 즉 변화시키고 망가뜨린다. 그러므로 텍스트의 정체는 변화된다. 모든 경계의 흘러넘침은 우리로 하여금 텍스트에 관해 재고해 보도록 강요한다. 텍스트는 변별의 그물망을 가지며 이것이 지나치게 되면 모든 경계를 복잡하게 만들며 찬란하게 풍요해지는 과정에서 경계들을 배가시키고 더 작게 나눈다.

데리다가 말하는 텍스트는 새로운 텍스트이다. 그에 의하면 텍스트는 증명된 것에 대한 작업도 없고, 모든 경계선과 모든 뼈대, 모든 날카로운 테두리(단어)를 없애버림으로써 텍스트의 개념을 텍스트 외적 영역 전체로 확장시켰다. 그리고 세계를 하나의 도서관으로 변형시키는 결과를 가져왔으며 변두리와 경계의 이론적, 실체적 체제를 한 번 더 철저히 검토하려 했다는 원래의 의도마저 깨닫지 못하게 하였다.

경계의 문제는 새롭게 가면을 쓴 차이의 문제이다. 모든 경계선 또는 한계, 구분, 뼈대, 여백은 하나의 실체나 개념을 다른 것으로부터 분리시키는 선이다. 즉 모든 경계는 차이를 낳는다. 텍스트의 산종 놀이를 억제하는 유일한 방법은 외적인 제약(경계)을 가하는 것이다.

넘치는 텍스트성과 간텍스트성은 지시의 영역을 침범한다. 우리는 지시물의 자리에서 끊임없이 다른 변별적 흔적들을 가리키는 변별적 흔적을 목격한다. 그리하여 지시물의 자리에 흔적이 대신 들어선다.

3.3. 역사의 (간)텍스트화

3.3.1. 글쓰기로서의 역사

1970년대를 통해 헤이든 화이트(Hayden White)는 역사 기술의 시학과 해석학, 즉 역사적 해석학과 저술에 대한 메타 분석학을 발전시킨다. 그에 따르면 언어적 담론으로서의 역사는 흔히 특별한 구성 양식을 선호한다. 하나의 역사 텍스트는 로맨스나 비극, 희극, 또는 풍자로 연출될 수 있다. 이에 관계되는 이념들은 차례로 무정부적, 급진적, 보수적, 그리고 자유주의적 관점들이다.

사가(史家)는 선택과 배열의 과정을 거치며 여러 형태의 플롯, 설명, 그리고 이념들을 산출해 낸다. 이들 생산물들은 피할 수 없는 해석의 결과이다. 해석은 최소한 세 가지 방식으로 역사 기술에 개입하는데, 첫째가 서술 기법의 선택이라는 미학적 측면, 둘째가 설명들의 선택이라는 인식론적 측면, 그리고 셋째가 재현될 이념적 암시를 현재 사회 문제의 파악에 도움이 되도록 유도해 내기 위한 전략적 선택이라는 윤리적 측면이 그것이다. 그러므로 역사가 독자에게 이를 때에는 이미 삼중으로 해석된 것이다. 즉 메타 역사적인 해석 작용이 텍스트를 결정하는 것이다.

화이트는 언어 이론에 근거를 두고 역사에 대한 자신의 역사를 만든다. 우선 특정 분야를 사고의 대상으로 다듬거나 구성해야 하는 생성 행위는 본질적으로 언어적이다. 역사가는 그 분야를 공정히 분석하기에 앞서 대상을 상상하고 자신의 해석 스타일을 미리 정한다. 네 개의 비유 양식인 은유, 환유, 제유, 그리고 아이러니가 이에 관련된다. 비유 양식은 역사 분야에서 온갖 개념 이전의 재료들을 주조하고 그것에 정보를 부여한다.

궁극적으로 화이트는 모든 역사를 글쓰기로 파악한다. 역사는 비유적 구성물에 연유되며 하나의 장르 양식을 전개시키기 때문이다. 화이트는 역사 텍스트의 놀이는 엄격히 제한한다. 그는 비록 진리를 찬미하지는 않지만 산종은 싫어한다. 기호에 손을 대지 않는다. 이 같은 측면에서는 그의 작업은 구조주의적이며 자아를 고수한다.

3.3.2. 전통 그려 내기

미국 해체론자인 헤롤드 블룸은 '시적 오독'에 관한 4부작에서 문학 비평 이론에 심리학과 전통이라는 위협받는 문맥을 되살림으로써 궁극적으로 데리다와 드 만에 대립되는 기묘하면서도 독특한 단일체를 만들어낸다. 그러는 과정에서 문학적 간텍스성에 관한 주요한 탐구자가 된다.

블룸의 역사적 관점의 초점은 계몽주의 이후 영미 주요 시인들이다. 그는 영향에의 불안을 검토한다. 블룸은 「가르침의 장」에서 간텍스트적인 전통 이론의 기반을 마련한다. 계몽주의 이후 시기의 젊은 시인은 나이 든 시인의 힘에 사로잡히며(선택), 그에 따라 두 시적 비전 간의 합의가 발생하고(성약), 그에 대립하는 영감이나 뮤즈의 선택이 뒤따르며(경쟁), 그 다음에는 해방된 젊은 시인이 스스로 진정한 시인의 참된 모습으로 나타난다(육화). 결국 후배 시인은 선배를 너그럽게 재해석하고(해석), 궁극적으로 새롭게 재창조한다(수정). 블룸은 이러한 시적 자아의 형성은 이드에 자리하는 무의식적이며 피할 수 없는 곳에서 일어난다고 묘사한다.

블룸은 모든 텍스트는 간텍스트적이라고 말한다. 어떠한 텍스트의 근거도 언제나 다른 텍스트이기 때문이다. 그러므로 시란 존재하지 않고 간시만이 존재한다. 또한 자아는 시어에 앞서므로 수사학은 시적 의지에 기꺼이 종속된다.

블룸은 텍스트 이론을 한정적으로 수용한다. 그는 시가 정신도 사물도 아니고, 어휘로 가득 찬 우주에서 재생 가능한 원형도 아니고 중심의 균형을 잡은 건축물도 아니다. 시는 끊임없이 변화하는 방어적 과정이며 시 자체가 독서행위라고 말한다. 그러나 블룸은 자신이 이성중심주의자임을 인정한다. 그는 시인의 '시적 권능에의 의지'가 텍스트의 흔들리는 의미화를 바로 잡는 '초월 기표'로 작동한다고 말한다. 이 의지의 문맥은 역사적 간텍스트이다. 해체된 자아가 역사와 무의식에 의해 텅 비어 갈지라도 마침내는 의지와 공격적 자세를 취한다.

블룸은 프로이트의 열 가지 방어 기제를 여섯 가지로 개조한다. 반동 작용, 자아에 등을 돌리거나 자기 학대적이 되는 해소·고립·퇴행, 억압, 승화, 순응, 방출 등은 시 속에서 특수한 비유로 나타난다. 하나의 비유는 하나의 방어 기제를 구현한다. 이들 비유는 아이러니, 제유, 환유, 과장/곡언, 은유, 정유이다. 우리가 시를 읽거나 쓸 때 비유 양식들 속에 편입된 방어 기제들은 우리에게 이미지로 나타난다. 그리고 특수한 방어 기제와 비유, 이미지들은 일련의 수정을 만든다. 수정되는 비율들, 즉 관계들은 각각 클라나멘, 테레사, 케노시시, 대모나이제이션, 아스케시스, 아포프레이즈이다. 클라나멘은 선배로부터 등을 돌리는 과정을 암시하고, 테레사는 선배를 완성시키는 수정 운동이며, 케노시스는 선배와의 관련에 있어서 마음을 비움을 가리킨다. 그리고 대모나이제이션은 선배가 품고 있는 현존하지만 '낯선' 요소의 추출에 대한 반대 혹은 찬미를 뜻하며, 아스케시스는 선배에 대항해 성스러운 고독을 획득하려는 자기 정화의 노력을 기울이는 것이고 아포프레이즈는 흘러넘치는 도제 시기의 잔영처럼 선배의 신비스런 귀환을 가리킨다.

블룸은 시 텍스트와 그것을 해석하는 행위에 불연속성과 차이를 끌어들인다. 차이가 주는 효과는 그의 가장 근본적인 개념인 오독을 강화하고 그것에 권위를 부여한다. 오독은 본질적으로 정확한 반복이나 확인이 불가능하며, 동일성이라는 것은 노예이며 죽음인 반면 차이는 자유이며 활력이므로 이 시인과 저 시인 사이, 비평가와 텍스트 사이에 존재한다. 그의 수정주의 변증법은 시 내부, 그리고 시와 시의 관계에 존재하는 차이의 엇갈리는 놀이를 기술하고자 한다. 일종의 해석들로서 '오독의 지도'는 의미를 회복하도록 꾸며진 해석의 과정을 보여주고 있다.

간텍스트성에 관한 그의 개념화를 보자. 블룸에게 문학사는 무엇보다도 강한 인격들이 충돌하는 드라마이다. 하나의 간시는 정신적인 전장이지만 비인격적이며 이질적인 흔적들의 대결장은 아니다. 간텍스트성은 제한을 받으며 심리전이 된다. 또한 '가르침의 장'은 근원적인 정착화와 억압의 순간, 즉 간텍스트성이 태어나는 순간을 보여준다. 이 순간은 어떤 완벽한 텍스트의 창조보다 앞선다. 하나의 텍스트는 심리적인 산물이다.

시적 자아는 프로메테우스적이다. 나중에 이루어지는 간텍스트의 배경에는 보통 이상의 강한 주체가 싸울 태세를 갖춘 채 자리 잡고 있기 때문이다. 영향에 대한 불안을 쥐고 자신의 방어 기제를 작동시키면서 문학사를 거부 또는 수정하는 영웅(주체)은 자신의 일부를 추려내고 읽기 시작한다. 낭만시인의 성공적인 자아는 그 의지력과 숙명에 있어서 사탄에 비유되고 불굴의 의지를 가진 현대 시인은 결국 해체된 주체의 또 다른 변형이다. 그리고 방어는 인간 의지로 텍스트의 중심이다.

3.3.3. 역사의 담론

1960, 70년대를 통해 미셸 푸코의 방대한 기획은 르네상스 이후 서구 문화의 심층을 들추어낸다. 그는 전통적 역사 서술을 분해하며, 집요하게 불연속성과 차이를 '역사'에 도입한다. 후기구조주의자에 속하는 그는 늘 보편 규칙이 아닌 우연성을, 심층이 아닌 표층을, 통일성이 아닌 다양성을, 토대가 아닌 결합을, 정체성이 아닌 차이를 강조한다.

푸코의 역사적인 관심은 고전주의 시대로부터 19세기 문화로 변천하는 시기에 쏠린다. 그는 각 시기의 인식론적 영역이라 할 인식소를 특수한 학문 분야와 그 분야의 담론 행위의 안목으로 제시한다. 그는 정신의학, 임상의학, 인문과학, 행 형학, 성 과학에 대한 개별 연구를 수행함과 동시에 폭넓고 연속적인 시대사 대신 한 시대의 여러 가지 파편들을 제시한다. '이성의 진보', '시대정신', '통일된 가설', '지배적 세계관' 대신 불연속적인 담론의 현장들만 있을 뿐이라고 주장한다.

푸코는 대부분의 문학사 형태를 담론이라는 개념 안에 놓는다. 그는 어떤 특별한 대상과 개념들이 담론에 나타나며 어떤 규칙이 그것들을 가능케 하는가를 알고자 한다. 다양한 배제의 규칙과 실제 배제 행위는 담론에 적용되어 누가 말을 해도 좋은가, 어떤 것이 말해질 수 있는가, 어떻게 말해질 것인가를 체계적으로 지시한다. 그러므로 담론 행위는 선택과 배제를 지시하는 변천하는 역사적 규정들을 만든다. 담론 행위는 네 가지 발단 단계를 거친다. 긍정성, 인식론화, 과학성, 형식화라는 발단들이다. 본질적으로 이들 단계는 시초의 개별화와 자율성으로부터 성숙한 제도로 바뀌는 단련의 과정을 보여준다.

문법적, 논리적으로 말해질 수 있는 것과 실제로 말해지는 것 사이에는 언어학이나 논리학 또는 고대 역사 어느 것으로도 해명될 수 없는 시기적 담론의 전체 영역이 존재하는데, 이는 '문서보관소'이다. 이는 동일하며 분화되지 않은 담론의 묶음이 아니라 고도로 분화된 진술문들의 형성과 변형의 보편 체계이다. 우리에게 문서보관소는 '타자' 즉 차이로 나타난다. 우리 자신의 문서보관소를 밝혀내는 것은 불가능한데 우리는 이들 규칙 안에 자리 잡고 있기 때문이다. 다른 시기의 문서보관소를 성공적으로 검토할 때 우리는 간접적으로 우리 자신의 거리와 가치를 입증할 수 있다. 문서보관소 이론은 기원이나 운명 등의 개념을 무화시키며 우연과 불연속성을 찬미한다. 결국 이 이론은 문화적인 지식과 역사에 관한 적극적인 무의식의 위치를 결정짓고 그에 이름을 붙인다.

푸코는 역사에서 변형이 서로 다르게 일어나는 유형들, 관습적인 여러 형태의 연속성 대신 차이의 강렬성이 드러나는 것을 강조한다. 푸코는 세 부류의 변형을 찾는데, 파생, 돌연변이, 재배치이다. 파생은 담론내의 의존성과 관계된다. 이는 추론이나 암시, 일반화, 제한, 보충적인 것으로의 전이, 대안이 되는 다른 차원으로의 전이, 요소들의 교환, 배제 또는 포함 등에 의한 변화이다, 돌연변이는 담론 간의 의존성과 관계된다. 이는 경계의 자리바꿈, 말하는 주체의 역할과 지위의 변경, 대상과 관련된 언어 기능의 수정, 새로운 형태의 사회적 순환의 수립, 담론의 기원을 밝히기 등이다. 재배치는 담론 외의 의존성과 관계한다. 이는 위계질서의 역전, 지휘 역할의 변화, 기능의 자리바꿈 등이다.

푸코가 다른 해체론자들과 텍스트성 이론에서 차이 나는 부분은 '문맥'에서이다. 푸코에게는 하나의 텍스트를 산출하거나 분석한다는 것은 필연적으로 그것을 어떤 역사적 혹은 문서보관소적 그물망 속에 놓는 것이다. 푸코의 기표는 인식소의 통제된 교환 속에서 기능한다. 그는 제한 이론을 수행하며 역사적 문맥을 담론으로 제한한다. 그리하여 푸코의 담론 이론은 완전히 체계화된 간텍스트성 이론을 수반한다. 푸코는 전통적인 원천을 추구하거나 관련된 암시를 관습적으로 귀속시키거나 전래하는 영향을 증명하려는 대신 문맥의 강력하면서도 피할 수 없는 구조 양식을 밝히는 형성과 변형의 체계적 규칙을 고고학적으로 전개시킨다.

기록보관소를 탐구하고자 했던 푸코는 이를 초기에는 고고학이라 했다가 나중에 계보학으로 이름을 바꾼다. 고고학의 분석 대상은 한 학문 분야의 규제된 담론을 이루는 한정된 범위의 텍스트들이다. 고고학은 한 시기의 담론 행위를 지배하는 규칙들의 보편 체계를 찾는다. 어떤 시기와 어떤 사회가 표현 가능성, 보존, 기억, 재생, 도용의 한계와 형태를 규제하기 위해 어떤 규칙들을 가졌는가를 기술한다.

고고학은 비판적 양태에 있어서 해체론과 유사하다. 불연속성을 방법론의 축으로 채택하는데, 불연속성은 역사에 관한 낡은 개념과 이론들을 전복시키기 때문이다. 이는 역사적 과정과 운동 속에서 발생하는 수많은 방해와 제한을 전면에 드러내고 파편화를 낳는다. 푸코는 서구 문화의 안정된 기반에 균열과 불안정성, 틈새를 다시 드러내고자 한 것이다. 구체적으로 보면『지식의 고고학』에서 푸코는 학문의 주체가 지닌 욕망, 언어 형태, 행위, 신화의 규칙들을 탈중심화시킴으로써 주체를 해체한다. 인간이 자신의 담론이 어떻게 형성되었고 변형되었는지, 즉 인식소의 작동 규칙을 해명할 수 없다는 것을 보임으로써 인류 역사의 알려지지 않은 통제와 불연속성을 드러내 '인간'을 탈중심화 시키고 의식을 물리친다.

고고학의 중요한 또 하나의 분석 방법은 '차이'이다. 푸코는 자신의 전체 방법론적 실천을 차이의 분석이라 칭한다. 푸코는 인식소를 지식의 집합도 아니고 통일된 사유 양식도 아니며 빗나감, 틈새, 분산의 공간으로 요약하면서 자신의 문화 모델을 차이들의 적극적인 상호 작용 한가운데 놓는다. 그는 전통적인 역사 안에서 주어진 시기에 지식의 가능한 산종을 규정하는 동시적 차이와 변형, 그것의 위계 질서, 종속성, 차원 모두를 결정하는 연속적 차이들에 대한 분석을 대치시킨다.

차이는 공간과 시간(동시적인 것과 연속적인 것) 이론 저변에 깔려 있다. 또한 차이는 탐구와 분석 방법들을 지시한다. 마지막으로 차이는 전통적인 역사 기록을 조직하는 변증법적 이분법을 파괴하기 위한 도구로 기능한다. 차이를 풀어놓기 위해서는 모순, 변증법, 부정 없는 사상, 빗나감을 받아들이는 사상, 분열이 그 도구인 긍정적인 사상, 다중 사상, 즉 유사함으로 인해 한정되거나 제한받지 않은 유목민적이며 흩어진 사상, 어떤 교육적 모델에 순응하지 않고 미해결의 문제들에 달려드는 사상이 요구된다.

푸코는 『성의 역사』의 첫째권인 『지식을 향한 의지』에서 사회를 통제하기 위해 지식을 사용하는 권력의 작용과 기제를 철저히 파헤친다. 권력은 획득되는 것도 소유되는 것도 아니다. 그것은 명확히 겉으로 보이는 경제적, 성적, 지적, 정치적, 감정적 영역을 포함해 인간 실존의 모든 영역에 연루된 관계들의 자리바꿈 놀이에 의해 수많은 지점들로부터 야기된다. 권력은 상부 구조가 아닌 저변 구조의 산물로서 사회적 관계 모두를 가로질러 산종된다. 권력 의지는 의도적이지만 비주체적인 것으로서 권력을 만들어낸 사람이나 지휘하는 사람이 있을 수 없다. 그러나 권력으로부터의 탈출은 불가능하다. 이 권력의 장 안에는 적대자, 표적, 혁명가, 타협자, 희생양 등 한 무리의 반대되는 입장만이 가능하다. 권력은 어디에나 퍼져 있으며 모든 것에 스며든다. 그것은 억압적일 뿐 아니라 생산적이기도 하다. 그리고 권력에 외부나 상부란 없다.

4. 비평적 독서와 글쓰기 - 해체전략들

4.1. 보환

데리다는 『기술학』에서 루소 읽기를 한다. 『기술학』은 두 부분으로 나누어진 텍스트이다. 전반부는 이성 중심적 체계에 관한 폭넓은 이론적 고찰을 보여주고, 후반부는 루소의 『언어의 이론에 관한 시론』에 나타난 형이상학의 형태를 면밀히 검토한다. 여기서 데리다는 혁신적인 독서전략을 발전시킨다. 글쓰기라는 문제 틀이 흔적, 차연, 거리두기를 불러일으키고 기호, 진리, 현존 등 전통 가치들을 붕괴시킨다는 것을 루소의 글에서 비평의 기준으로 삼는다. 루소의 글은 글쓰기에 대한 음성 중심, 이성 중심적 사고를 강렬히 옹호하기 때문이다.

『기술학』에서 중요하게 등장하는 개념은 '보환'이다. 보환이란 무엇인가? 많은 저술가들과 철학자들은 '자연/문화'라는 대립을 상정하거나 사용한다. 그리고 머지않아 문화는 자연의 자리를 차지하게 된다. 문화는 두 가지 방식으로 보환된다. 즉 문화는 자연에 첨가되며 자연을 대치한다. 동시에 그것은 잠재적으로 유해하면서 한편으로는 이롭다. '자연/문화'라는 대립 구조는 다른 전통적인 대립들인 '건강/질병', '순수/오염', '선/악', '대상/재현', '동물성/인간성', '말/글' 등에서 되풀이 된다. 각 쌍에서 첫 번째 개념이 시간적으로 앞선다. 두 번째 실체는 첫 번째 것에 대한 보환물로 나타난다. 첫 번째 개념이 특권적이거나 더 나은 상태 또는 실체를 이룬다.

데리다는 보환되지 않은 본래의 자연물은 없다고 말한다. '자연/문화'라는 대립을 역전시키고 전복시킴으로써 보환이라는 개념의 발생과 이것이 루소의 텍스트에 어떻게 작용하는가를 추적한다. 자연과 문화를 해체시키면서 문화가 자연을 보환하는 것이 아니라 자연이 언제나 이미 보환된 실체라는 것을 보여준다. 데리다는 '자연'이라는 개념을 '삭제 하에 두는-지우면서도 보존하는', '언제나 이미-형이상학적 개념에도 보환이 이미 존재했음' 아래 두는 전략을 택한다.

보환성은 인성의 상황으로도 볼 수 있다. 자연인에게는 어떤 결핍이 있으며 그것을 훈육과 학습으로 극복하기 때문이다. 보환의 작용은 인간의 전제 조건이다. 그것은 본질적인 우연성 또는 근원적 부속물이라고까지 할 수 있다. 사회와 교육, 말하기, 성, 인간 본질의 가능성, 경제학, 정치, 역사 등은 보환적인 가능성들이다. 그러나 보환은 본질성을 갖지 않는다. 동물성이란 보환성의 놀이를 내세우지 않고 동시에 그에 의해 침해되지 않는 삶, 그러니까 차연이 없는 삶이다. 보환이란 차연의 또 다른 이름으로 현존도 부재도 아니며 무(無)이다. 보환의 과정은 이미 현존에 침투해 있는 것이다. 보환성의 도식은 제 언어들의 기원이다. 그리고 보환물을 통해 무한한 연쇄의 필연성이 생긴다.

보환이란 틈새를 비집고 들어가는 '나의 것'이다. 여러분들이 글로부터 어떤 형식이나 의미를 찾아낸다면 그것은 나를 보충하는 것이며 하나 또는 그 이상의 층을 더 얹어 놓는 것이다. 이로 보면 보환은 무한한 연쇄를 가져온다. 우리는 이미 보환된 총체를 다시 한 번 보환한다. 따라서 순수 실체, 오염되지 않은 사물, 직접적인 현존, 원래의 대상, 분열되지 않은 기원 등은 필연적으로 허구이다.

보환의 곤혹스러운 면은 그것이 실체와 본질성을 결하고 있다는 것이다. 보환 자체는 흔적, 차연, 글쓰기와의 친연성을 보인다. 보환

역시 결정 불가능한 것이기 때문이다. 보환은 인지되지 않은 채 작가와 철학자들의 텍스트 내에서 작용한다. 이 비결정적인 요인은 철학과 문학의 이항대립 속으로 편입되는 것을 피하면서도 그러한 대립물 속에 거주하고, 제3항으로 포함되는 것을 거부하면서도 그런 대립 구조들을 거부하고 파괴한다.

보환은 해체의 산물이며, 이성 중심 시대의 사유 양식을 넘어 선다. 그러나 이는 전통의 종결을 극화하고 그것을 와해시키기 위해 전통적 자료들을 사용한다. 해체론은 전통적이고 수동적인 독서 진술들을 사용해 한 작품의 안정된 진리를 해독하는 것을 목표로 하나 수수께끼 같은 비결정인들을 능동적으로 생산하여 이와 같은 진리들을 문제시하고 전복시키고자 한다. 즉 해체의 재료는 전통 내에 있다. 전통적 비평은 이성중심주의의 무수한 기제를 다듬는데 주력했지만 비판하지는 못했다.

데리다는 이 같은 점을 지적한 후 텍스트성 이론을 재검토한다. 전기에 그려진 실제 사건, 역사와 현상에 드러나는 진짜 일어난 일, 형이상학적 실체가 보여주는 참모습, 이 모든 것들은 텍스트 속에 그대로 재현되는 것은 아니다. 즉 텍스트에는 풀려야 할 수많은 앙금이 남아 있다. 그리고 이는 독서의 현실이라는 간텍스트성 속에서 다시 이루어져야 한다. 이로 보면 '해체적 독서는 일종의 생산'이다. 텍스트성과 간텍스트성에 입각한 텍스트의 전복은 비결정인-예컨대 보환의 흔적-의 생산을 통해 안정되어 보이는 텍스트와 전통을 불안하게 만들기 때문이다. 해체적 생산물은 필연적으로 또 하나의 텍스트가 되며, 해체적 독서의 최종 생산은 결코 최종적인 것일 수 없다. 그것은 다시 또 지워지기 직전의 최종일 뿐이다.

4.2. 알레고리와 오독

드 만은 『맹목과 통찰』, 『독서의 알레고리』 등에서 해체적 독서 개념들을 산출해 낸다. 드 만은 비평적 글쓰기는 독서 경험의 기술이라는 측면에서 통시적이며, 그것은 비유적 언어에 의존한다고 말한다. 그리고 비평적 서술이 통시적이며 비유적(허구적)인 한에 있어서 그것은 '알레고리'적이라고 말한다. 비평적 글쓰기는 어떤 문학 텍스트의 단순한 반복, 확인, 재현이 될 수 없다. 또한 비평 텍스트와 문학 텍스트 사이에는 차이 또는 비유에 따른 틈새가 들어선다. 시를 말하고 시와 관계를 가지는 경우 비평적 글쓰기는 독자적이며 거리를 갖는 일련의 이미지 즉 독서의 알레고리로 나타난다. 그러므로 비평적 글쓰기는 언제나 진리와 허구에 대한 스스로의 언어적 유희 안에 사로잡혀 있으므로 알레고리적 텍스트라 할 수 있다.

드 만은 '읽을 수 없음'이라는 자신의 경험을 '오독'이라는 이론으로 정립한다. 오독은 문학 비평의 필연적이고 불가피한 구성물이기 때문에 비평의 역사는 스스로를 조직적인 실수의 서사로 구성한다. 비평가뿐 아니라 어떤 저자에 의한 어떠한 독서도 궁극적으로 그 텍스트를 통제하거나 한정지을 수 없다. 왜냐하면 언어의 수사성을 결정하는 문법이 자의적으로 작용할 때 저자의 전적인 계몽이나 통제는 있을 수 없기 때문이다. 해체 작업에서 텍스트가 자기 해체적이라 할 경우 그 말은 저자도 스스로를 해체한다는 뜻이다. 텍스트는 저자(또는 비평가)가 의식하든지 못하든지 간에 언제나 이미 해체되어 있다.

드 만은 문학 텍스트의 인식 요소를 저자가 아니라 언어에서 찾는다. 드 만이 비평을 쓸 때 주체는 흔히 그 문장에서 사라진다. 언어가 저자의 자리에 서는 것이다. 어떠한 해체도 이미 해체된 것에 대한 해체이다. 그러나 드 만은 지시성을 포기하지 않는다. 그는 늘 지시성을 문제시하고 훼손시키며 폭발시키지만 그러면서도 그것을 보존하는 것이다. 또한 드 만은 간텍스트성에 가장 주의를 덜 기울인다. 그는 선배들의 영향이나 텍스트에 작용하는 결정적인 문화 세력들에 초점을 맞추는 경우가 드물다.

드 만은 역사 기술을 허구라고 생각한다. 예일 선언에 실린 그의 논문은 "행동, 단어, 사상, 텍스트, 그 어떤 것도 그에 앞서거나 뒤따르거나 어느 곳에 존재하는 어떤 것과의 긍정적인 혹은 부정적인 관련 속에서 일어나지 않고 제멋대로 일어나는 사건이며, 그것은 죽음의 힘과도 같이 막무가내"라고 우리에게 경고한다.

4.3. 측면의 춤

힐러스 밀러는 1960년대 말에 해체론을 선택한다. 그는 비결정인들의 생산보다는 수사학적 분석을 선호하고, 자기 해체적 텍스트 개념과 알레고리적 양식에 의존한다.

밀러의 생각으로 모든 해석은 잘못된 해석이다. 텍스트는 많은 잠재적인 오독을 허락한다는 점에서 읽어낼 수 없고 결정될 수 없다. 텍스트를 읽는 밀러의 전략 중 하나는 중요한 단어의 의미를 그 어원적인 뿌리까지 추적해 들어가는 것이다. 그는 주개념의 표면적인 안정성을 닫힌 체계로부터 계속 엇갈리는 미로 속에 옮겨 놓는다. 이러한 의미론적 산종의 효과는 텍스트의 뿌리를 뽑아 무한한 해석의 가능성과 논리적 · 변증법적 질서 짓기의 무용성을 드러낸다.

밀러는 독서 행위의 생산물을 '나락 속에 눕기'라 이름 지으며 독서 과정 전체를 '옮겨가는 춤 혹은 측면의 춤'이라 말한다. 이미 자리바꿈이 일어난 비유의 지점으로부터 다른 지점으로 끝없이 옮겨가는 이 운동의 이름은 '알레고리'이다. 이야기하기 즉 삶의 경험을 말로 옮겨 놓기는 그 경험에 생긴 균열을 읽거나 쓰려는 것이다. 서사는 직접성으로부터 이 영원한 균열을 시간에 따라 옮겨가며 행하는 알레고리화 작용이다. 드 만에게 빌려 온 알레고리 이론은 모든 독서와 글쓰기에 있어서 차이와 거리두기의 역할이 중요하다고 주장한다, 이 같은 미끄러짐은 끊임없이 흐르는 시간과 수사성(또는 텍스트성) 때문이다.

밀러가 말한 측면의 춤은 해석의 과정에 드러나는 움직임에 대한 비유이다. 텍스트는 수평으로 이루어진다. 다시 말해 어떤 것도 특권을 부여받지 못한다. 어떤 기원이나 종말, 초점, 우선적 요소, 권위적 원칙도 없다. 텍스트의 참된 해석이나 의미란 없으며 오직 좀 더 중요하거나 덜 중요한 연결이 있을 뿐이다. 따라서 해체의 춤은 반복의 구조를 갖는다. 하지만 이런 반복은 차이에 의해 풀려나고 아무것도 남지 않는다.

밀러에게서 해체 작업은 지배적인 전통적 형이상학의 자리에 차이의 전통을 대치함으로서 전통을 재정의 하여 위계질서를 전복시킨다. 해체비평은 성문화된 전통에 도전하는 가운데 불법화된 전통이 억압되었음을 밝혀내어 두 전통 간의 틈새를 넓히는 방향으로 작업한다.

4.4. 들뢰즈와 가타리의 분열증적 분석

몇몇 후기구조주의자들에게 있어 욕망은 푸코에게 권력이 그런 것처럼 신비하면서도 파괴적이며 만연한 리비도의 생산력으로 나타난다. 욕망은 '비결정인'으로서 데리다의 해체이론에서 '차연'과 유사하다. 가타리(Pierre-Félix Guattari)는 욕망은 다른 형태들을 왜곡시키는 것이 아니라 그것들을 분리, 변화, 수정하고 조직하며 그런 다음 내버리는 어떤 것이라고 말한다. 중요한 것은 욕망이 텍스트의 형식에서 뿐 아니라 심리적 · 사회적 · 제도적 형태 속에서도 나타난다는 사실이다. 담론을 통해, 또 담론을 넘어서 욕망은 세계를 변화 · 수정 · 조직하며 결국 불가피한 정치적 결과를 낳는데 이것은 주의 깊은 정치 비평을 요구한다. 욕망에 관한 프랑스 후기 구조주의 작업 중 가장 중요하고 영향력 있는 것들 중의 하나는 질 들뢰즈(Gilles Deleuze)와 펠릭스 가타리의 『반오이디푸스』(1972)이다. 이 책은 새로운 분석 양식인 분열증적 분석을 수립한다.

들뢰즈와 가타리는 『반오이디푸스』에서 "파괴하라, 파괴하라, 분열증적 분석의 임무는 파괴를 목적으로 한다. 즉 무의식의 완전한 장소, 일종의 소파 수술이다"라고 말한다. 여기서 욕망은 무의식을 사회 분야에 연결시켜주는 기계이자 생산의 기능을 한다. 리비도는 흐름과 단절로 이루어져 있다는 의미에서 기계와 같다. 욕망의 기제들은 리비도의 흐름을 차단시킨다. 이런 기제들은 엄밀한 의미에서 기계인데 그것은 이들이 차단과 흐름, 그에 관련된 파장과 입자, 연합적 흐름과 부분적 대상 등에 의해 진행되며 횡적인 연관과 포괄적인 분리, 다중의 결합을 초래하고 그에 따라 선택과 분리 및 잔여물을 생산하기 때문이다. 욕망은 생산인 것이다.

욕망의 기계와 생산은 질량의 차원이 아니고 분자의 차원에서 이루어진다. 욕망의 흐름, 아니 그보다는 흐름과 단절에서 운반되는 분자나 원소들은 부분적 대상이다. 이들은 일시적인 관계와 조합 속으로 들어오지만 결코 총체성이나 통일을 이루지는 않는다. 리비도적인 흐름, 즉 부분적 대상의 자율성은 분자들의 자유로운 놀이를 생성시키고 보증하는데, 여기서는 통일성이나 총체성이 아닌 다양성과 파편화가 이질적인 결합과 포괄적 분리를 형성한다. 이런 우연한 조합과 구성은 언제나 선택적이며 불완전하다. 강렬한 기계적 연관은 끊임없이 자유로운 다양성을 생산하고 증가시킨다.

무의식이 어떤 사회 분야에 귀속되고 투하될 때 그것은 과도한 투하, 반대 투하, 불투하의 상호작용을 유발한다. 이들 동요는 모두 두 개의 극점 사이에서 발생한다. 하나의 극단은 분자를 종속시키는 커다란 집합 또는 질량 구조를 수반(약호와 영토화)하며, 또 다른 극단은 구조를 전복(약호와 영토의 탈출) 시키는 미세한 다양성과 부분적 대상들을 포함한다. 두 개의 극단은 집단/단일, 구조/요소, 영토화/탈영토화, 한계/흐름, 노예화/탈출, 권력/전복. 약호화/탈약호화, 질량/분자 등이다. 편집증과 분열증은 무의식적 욕망과 그것이 사회로 투하되는 것이 겉으로 드러나는 경계를 가리킨다.

『반오이디푸스』는 정신분열증이 곧 현실이 엮어지는 과정이라고 주장한다. 실존하는 이 순수한 흐름은 구조, 약호, 체계, 공리를 통해 구속된다. 이 흐름은 영토화와 총체화를 겪는다. 정신분열증은 환자의 산책, 그의 거룩한 방황은 정신분열증의 경향과 떨어져 나감, 약호를 벗어나는 과정에서 세계를 창조한다. 그의 흐름이 영토를 벗어나 새로운 영토를 생성시킬 때, 이것은 그에게 순수한 발견이며 마지막 모습이다. 정신분열증 환자는 우리 시대의 혁명가이며 진실한 인물이다.

들뢰즈와 과타리에게 있어 무의식 내의 부분적인 대상들은 부모나 가족 관계를 나타내지 않는다. 무의식의 요소들은 오이디푸스적 인물이나 신화에 앞서며 결코 그것으로 환원될 수 없다. 『반오이디푸스』 전체를 통틀어 들뢰즈와 과타리는 오이디푸스적 가족의 제국주의에 대한 공격을 퍼붓는다. 오이디푸스적 가족은 욕망의 생산을 영토 속에 묶고 약호로 만든다. 오이디푸스는 모든 무의식적 과정을 지배하는 초월 기표로서 분석적 질서와 이해 가능성을 보증하며 해석의 의미와 의의를 확고히 한다.

사회적 기제는 물건과 봉사, 여성과 아이, 군인과 무기, 가축과 씨앗, 권력과 정치, 정보와 기록, 생산과 소비를 만들어낸다. 원시적, 야만적, 문명적 사회라는 세 개의 사회적 기제는 이런 흐름들이 서로 다르게 집합된 것들이다. 첫 번째 사회는 지구의 몸 전체 위로 흐르는 흐름을 약호화 하는 저변의 영토적 기제이고, 둘째는 독재자의 몸 전체 또는 그의 장치인 원초 국가 위로 흐르는 흐름을 과대 약호화 하는 초월적인 황제적 기제이다. 셋째는 자본, 즉 화폐의 몸 전체 위로 흐르는 흐름을 암호 해제하는 현대의 내재적인 기제이다. 네 번째 형태인 보편적 잠재성은 각 사회에 항상 따라다니는 것으로 '기관이 없는' 임상적인 정신분열증의 우주적 몸체이다. 이 사회체는 흐름의 완벽한 암호 해제와 철저한 영토 해제를 초래한다.

자본주의와 정신분석학, 이 둘은 생산 일반의 활동을 발견하고 부추긴다. 이 생산은 재현을 넘어선다. 노동과 리비도는 암호와 영토에서 벗어나 정신분열증의 과정을 따라 흐른다. 사유재산과 사유화된 가족이 필연적인 억압으로, 가공적인 재영토화로써 나타난다. 정신분석학은 자본주의에 속하며 자본주의에 이바지한다. 정신분석학은 해방을 촉진하기보다는 현대 자본주의의 억압행위를 더욱 조장하며 가족을 만능의 틀로서 채택한다.

해체론적 분열증적 분석학은 구조주의를, 특히 라캉 형태의 구조주의를 파기한다. 이 분석학은 공공연히 모든 해석학을 나무란다. 이는 욕망의 흐름을 해방시키고자 하며, 이런 점에서 이것은 바르트를 닮았다. 이것은 또한 리비도의 분열증적 흐름으로 하여금 모든 경계와 장벽을 넘어서도록 부추기는 점에서 데리다와 닮았다. 또 모든 질량 구청체를 해소시키기 위해 분자의 힘을 해방시키고자 하는 점에서는 푸코적이다. 또 혁명을 진행시키고자 하는 점에서는 텔 켈적이다. 또 자유로운 놀이의 유쾌한 행위 속에 실존의 신비한 에너지를 찬미하고자 하는 점에서는 니체적이다.

5. 결론

해체적 해석은 고대영웅서사시인 『일리아드』에서부터 발견할 수 있지만, 해체 비평은 기표에서 지시물을 없앤 데리다에서부터 시작되었다고 할 수 있다. 기표는 단어들의 경계가 되지 못하여, 하나의 실체나 개념을 다른 것으로부터 분리할 수 없게 되었다. 그리고 이는 말하기, 삶, 실재, 역사 등 모든 영역에서 진리를 차연, 흔적, 산종으로만 파악할 수 있게 하였다. 이로 인하여 전통적으로 로고스, 진리 등을 중시하던 이성중심주의, 음성중심주의 사고는 전복되었다.

데리다는 소쉬르 · 라캉 · 레비스트로스 등의 기호학에서 이미 이분법의 해체가 보이며, 훗설과 하이데거에게서 해체가 확장된다고 논증한다. 데리다의 해체주의는 미국의 예일비평가들에게 영향을 미쳐 미국에서는 1960년대와 1970년대 초, 텍스트 분석의 한 방식으로서 해체론이 폴 드 만과 J. 힐러스 밀러, 조셉 N. 리들과 헤롤드 블룸의 글에 나타났다. 이들은 데리다의 혁명 사단이었음에도 불구하고 교의적인 데리다주의를 노골적으로 드러내지는 않았다. 한편으로 프랑스에서는 롤랑 바르트가 1960년대 후반 『텔 켈』지를 중심으로 해체론으로 방향을 선회한다.

예일 비평가들의 해체론은 바르트의 『텔 켈』의 해체론과 저자, 정치적 지향의 측면에서 구분된다. 예일 비평가들이 산종에 굴복하며 텍스트성을 받아들임에도 불구하고 저자를 살려두고 잘 짜인 텍스트에 주로 관심을 가진다. 반면, 롤랑 바르트는 저자의 죽음을 주장하며 문학과 비평에 관한 이론에 영향을 미치는 경험론, 합리론, 개인주의, 실증주의, 그리고 자본주의 등의 사악함을 폭로한다.

해체 비평은 전복된 독서와 글쓰기 방법을 주장하는 철학적 토대를 제시할 뿐 아니라, 근대 이성과는 다르게 사물과 언어를 보는 세계관을 갖게 한다. 나아가 해체론적 해석은 탈중심화를 가져와 중심과 주변의 경계를 무화시키고 다양성과 공존을 중시하는 사고로 나아가게 한다.

『탈구조주의 이해』(김성곤 편)의 책읽기와 글쓰기 탐색

1. 서론

탈구조주의는 영어 'poststructualism'에서 'post'를 '이후' 혹은 '탈피'로 해석하여 붙인 명칭이다. 'post'를 '후기'로 해석한다면 '후기구조주의'란 이름이 더 적합할 것이다. 『탈구조주의의 이해』(김성곤 편)에서 'poststructualism'을 '탈구조주의'란 명칭으로 부르는 것은 이 사조의 본질이 구조주의의 계승에 있다기보다 초월과 극복에 있다고 보았기 때문이다.

탈구조주의는 1960년대 말에 등장하여 서구문단과 학계에 강력한 영향력을 행사했다. 그것은 복합적인 요소들로 이루어져 있고, 각기 다른 비평가들이 대거 참여하고 있으며, 그 성격이 다소 모호하고 파악하기 어려워 그 특성을 한두 마디로 정의하기 힘들다. 그러나 탈구조주의는 60년대 말의 시대 상황을 가장 잘 드러내주고 있는 대표적인 지적 사조이므로, 그 사조가 무엇을 지향하고 그것의 가능성과 한계가 무엇인지에 대한 탐구가 필요하다.

본 저서는 김성곤 교수가 주도한 대학원 세미나의 연구 결과이다. 김성곤 교수가 쓴 「탈구조주의의 문학적 의의와 전망」을 비롯하여 탈구조주의 사조의 전개에 있어서 빼 놓을 수 없는 데리다, 푸코, 사이드의 이론, 탈주조주의적 책읽기의 실례들을 수록하고 있다.

2. 탈구조주의의 문학적 의의와 전망

탈구조주의를 이해하는 첩경은 구조주의와의 본질적인 차이점을 먼저 아는 것이다. 탈구조주의는 구조주의의 내부에서 스스로의 잘못을 발견한 사람들에 의해 시작되었기 때문이다.

구조주의의 기본 특성은 한마디로 말하면 첫째, '언어'를 모든 체계의 기본으로 상정하고 둘째, 개개의 특성보다는 그것들의 근간을 이루는 어떤 체계나 문법인 '구조'의 발전에 더 관심을 갖고 있다는 점이다.

그러므로 구조주의자들은 겉으로 드러난 것보다는 그 근저에 숨어 있는 어떤 공통된 체계나 법칙을 찾으려 한다. 이는 구조주의의 거장인 롤랑 바르트, 레비-스트로스, 토도로프(Tzvetan Todorov), 쥬네트(Gérard Genette), 야콥슨(Roman Jakobson)에게 공통적으로 발견된다. 이들은 특정 텍스트의 해석보다는 문학의 일반적 법칙을 더 중요시하며, 그 심층구조를 찾아낼 수 있는 신화나 동화 또는 공상 소설이나 탐정소설들을 즐겨 자신들의 분석 대상으로 삼았다.

그리하여 구조주의는 다음과 같은 특징들을 지닌다. 첫째, 개개의 텍스트들의 특성과 가치는 무시한 채 전체적인 구조만을 중시하여 전체주의적 독선을 보여 준다. 둘째, 구조주의는 보편적인 구조, 문법, 구문 또는 방식을 찾아내고 수립하려는 과정에서 경직된 과학 이론이 된다. 따라서 모든 경험적 리얼리티와의 연계성을 포기한다. 셋째, 구조주의는 하나의 구조, 하나의 체계를 분리해 내는 과정에서 필연적으로 역사를 무시하는 비역사적 태도를 보인다. 넷째, 자아나 주체의 개인의 사유를 인정하지 않고 모든 것을 객관화시키는 비인본주의적 · 비실존주의적 태도를 보여 준다. 다섯째, 구조는 곧 모든 것의 기원이나 센터가 되며 개체에 대해 특권을 부여받은 존재가 된다. 여섯째, 언어의 가능성을 믿어 모든 것의 근본이 언어 체계로 설명될 수 있다고 믿는다. 언어 체계는 곧 기호 체계이므로, 구조주의는 기호학적 특성을 띠게 되었고 더 나아가 기호의 재현 능력을 결코 의심하지 않았다.

구조주의의 이러한 특성들은 스스로의 해체 요인으로 작용했다. 탈구조주의는 구조주의가 구축해 놓은 구조를 구조주의의 내부에서 해체 또는 탈구축하고자 한다. 탈구조주의는 구조주의의 여섯 가지 특징을 해체하면서 시작한다.

1. 전체적인 '구조'보다는 '개체'의 존엄성과 자유를 인정한다.
2. 사고의 경직화 및 문학과 학문의 과학화를 배격하며 인본주의적 태도를 지향한다.
3. 역사의 중요성을 인정하고 역사에 대한 새로운 관심을 표명하며, 과거를 향수가 아닌 탐색의 대상으로 취급한다.

4. 자아와 주체를 중요시한다.
5. 절대적인 진리나 센터나 근원의 독선과 횡포를 거부하며 이분법적 사고방식으로부터 탈피하여 '타자'를 인정하고 포용한다.
6. 모든 기호와 그것들의 재현능력을 불신한다.

탈구조주의는 의미란 본질적으로 불안하다는 것을 발견하면서 비롯되었다. 탈구조주의자들은 기호가 더 이상 확실한 것이 아니고 의미 역시 유동적이고 일시적으로 유보된 상태일 뿐이며, 따라서 시니피에와 시니피앙 사이에는 이을 수 없는 단절이 있다는 사실을 깨달은 사람들이었다.

자크 데리다는 「인문과학의 언술행위에 있어서의 구조, 기호, 그리고 유희」라는 논문에서 구조주의자들의 '구조'나 '기호'라는 개념은 의미의 '센터'가 '현존'하고 있음을 전제로 하고 있다고 주장한다. 그러나 데리다는 의미의 센터가 '완전한 현존'으로 존재하고 있다는 생각은 다만 환상일 뿐이라고 말한다. 절대적인 진리는 하나의 환상이고 자취이며, 또 대체물일 뿐이다.

의미의 센터에 대한 서구 형이상학의 욕망과 확신을 가장 극명하게 보여주는 예는 '말 중심주의(logocentrism)'이다. 서구의 형이상학은 언제나 글보다는 말을 더 중요시했는데, 그 이유는 말은 사고의 근원에 더 가까우므로 직접적인 '현존'의 속성을 갖고 있지만, 글은 반복(인쇄나 중판)을 통해 그 의미가 달라질 수 있는 말의 오염된 형태라고 생각했기 때문이다. 루소는 말을 직접적인 생산적인 성관계에, 그리고 글을 간접적이고 비생산적인 자위행위에 비유하면서 글은 말의 타락한 형태이며 위험한 보충이라고 주장했다. 그러나 데리다는 자위행위야말로 대상에 대한 강렬한 상상과 이룰 수 없는 대상에 대한 강렬할 욕망으로 인해 글쓰기의 속성을 잘 나타내 주는 것이라 주장한다. 또한 언어란 말이나 글 모두 현존의 완전한 재현이 불가능한 일종의 글쓰기 즉 본원적 글쓰기라고 말함으로써 말/글의 서열 제도를 없애버렸다.

데리다는 '차연(différance)'이란 산조어를 만들어낸다. 프랑스어인 'différer'는 '다르게 하다'와 '지연시키다'의 두 가지 의미를 가지고 있다. 공간적 개념인 '차이'는 언어(말과 글 모두)와 그것이 재현하려는 것과의 숙명적인 차이를, 그리고 시간적 개념인 '지연'은 언어가 재현하려는 현존의 끝없는 유보를 의미한다. 즉 하나의 텍스트 속에서 어느 한 요소의 의미는 그것이 연결과 맥락에 의해 그 텍스트 내의 다른 요소들과 상호 연결되어 있기 때문에, 결코 완전히 현존할 수 없게 된다. 따라서 그것의 의미는 영원히 '차이'를 갖게 되며 끝없이 '유보'되는 것이다.

이 같은 생각에서 '상호텍스트성' 또는 '범텍스트성' 이론이 비롯된다. 또한 아버지(텍스트나 의미)에 의해 파종되었으나 수태하지도 못하고 아버지에 의해 회수되지도 못한 채 흩어져 있는 아들(요소나 말)의 상태를 가리키는 '산포(dissemination)'라는 신조어가 만들어진다. 데리다는 이항대립 사이의 경계를 넘나들면서 서로가 서로의 '보충과 대체'가 되는 새로운 상호 보족적 관계가 필요하다고 주장한다.

데리다의 해체 전략은 전통이나 말 중심주의 밖에서의 괴리가 아니고, 그 내부에서 그것들이 구축해 놓은 것들을 근본으로부터 해체시킨다. 전통에 반대하기 위해서는 결국 전통의 약점을 바로 그 전통의 언어를 빌어 해체하는 방법밖에 없다는 결론이다. 그러므로 데리다의 전략은 미묘하고 정교한 내부로부터의 해체 작업이며, 그가 해체를 통해 추구하는 것은 닫힌 체계 내에서 단순히 지배받는 대상물이 되기를 거부하고 시간적 공간적 경계를 초월함으로써 가능해지는 '열린 사고'와 '열린사회'라고 할 수 있을 것이다.

절대적인 진리와 센터와 근원이 유보되어 있는 현 상태는 작가들에게 유희(사고의 유희, 언어의 유희)를 유발시키며, 현실은 곧 꿈의 속성을 띠게 된다. 곧 절대적 진리의 유보는 해석의 불가능을 의미한다. 이는 현대소설에서 유희적인 요소가 많이 발견되며, 리얼리티와 픽션의 구별은 어려워졌고, 모호하거나 열린 결말을 제시해서 독자들로 하여금 해석 행위에 참여하도록 하는 이유가 된다.

데리다가 '텍스트의 밖이란 없다'라고 주장하며 모든 것을 텍스트와 언어의 문제로 귀결시킨 것과는 달리, 푸코는 '글쓰기'란 곧 복합적인 힘을 창조하는 행위이고, '텍스트'란 곧 이 복합적인 힘들이 권력 투쟁을 벌이는 장소라고 생각했다. 따라서 그는 텍스트는 결코 그것을 산출해낸 역사적 · 사회적 요인들로부터 고립되어 혼자 존재할 수 없으며, 저자 역시 단순히 글을 쓰는 개인이 아닌 당대의 언술 행위에 동참하는 사회적 · 정치적 존재라고 생각했다.

「저자란 무엇인가?」라는 글에서 푸코는 지식과 권력과 억압 사이의 함수 관계를 보여 준다. 즉 푸코는 지식이 어떻게 당대의 지배 이데올로그와 결탁하고, 그런 다음 어떻게 스스로를 합법화시켜 나가면서 언술의 힘을 행사하는가에 주목했다. 푸코가 말하는 '언술 행위'는 지식과 권력이 담합하여 만들어 놓은, 그래서 우리의 사고 체계를 지배하는 말하기와 글쓰기라고 할 수 있다.

푸코는 '공식적 언술 행위가 오랫동안 소외시켜온 '소외된 언술 행위'에 관심을 가졌다. 푸코는 우선 인류 역사를 통해 스스로 이성적이고 정상적인 것을 규정하는 규칙들이 자신들과 상치되는 다른 모든 것들을 제외시키고 침묵시켰다는 점에 주목했다. 사람들은 누구나 지배 체계의 언술 행위 속에서, 그리고 보이지 않는 법칙들과 규제들의 '보관소(archive)'가 내리는 지시 속에서 글을 쓰게 되며, 그것을 거부할 경우엔 제도적 권력에 의해 제외되고 침묵당해 왔다. 푸코의 『광기와 문명』은 권력이 행사해 온 보호 감호와 분리 정책에 주목하여 인류 역사에 있어서 이성이 어떻게 광기를 제외시키고 침묵시켜 왔는가를 말하고 있다. 제레미 벤담이 설계한 '파놉티콘'은 권력이 개인을 얼마나 잔인하게 억압할 수 있는가를 보여준다.

권력과 지식의 결탁과 제도적 폭력 · 억압에 대한 문제는 정신 병원, 형무소, 복지원, 고아원, 학교, 정부, 성 등의 모든 사회제도에 해당한다. 비평가의 작업은 교묘히 편재해 있어 보이지 않는 지배 언술 행위를 탐색해 내는 것이다. 이를 위해서는 '인식소'라고 부르는, '매 시대의 문화적 특성을 나타내주는 언어에 의해 계시된 앎'을 깨달아야 한다.

푸코는 계보학적 탐색을 통한 새로운 발전과 새로운 인식을 제안한다. 그것은 고정되고 절대적이고 일원적인 종래의 사고 체계를 버리고 유동적이고 상대적이고 다원적인 열린 태도를 갖는 것을 의미한다.

에드워드 사이드는 『오리엔탈리즘』에서 텍스트는 고고한 고립에서 벗어나 보다 더 세속화되어야만 한다고 주장한다. 세속화란 텍스트의 현실인식과 역사의식, 그리고 텍스트와 현실 세계와의 긴밀한 연관을 의미한다. 세계는 곧 하나의 텍스트가 되며, 그 텍스트 속에서 일어나고 있는 모든 일은 곧 현실 세계의 리얼리티가 된다. 그리고 비평이란 곧 현실의 문제점을 탐색하고 파악하며 극복하려는 적극적인 '의지'가 되고 기존의 권위주의적이고 절대적인 지배적 가치 체계에 도전해서 새로운 가치 체계를 창출해 보려는 강렬한 '의도'가 되며, 인류 역사의 형성에 활발하게 참여하는 새로운 '시작'이 된다.

사이드의 『시작: 의도와 방법』은 '근원'의 개념에 도전하여 그것의 근본을 흔들어 놓은 다음, 그 대신 새로운 '시작'의 개념을 제시한다. 시작 이론이 갖는 중요성은 그것이 그동안 인류 역사를 주도해 온 지배적 언술 행위-즉 우리가 진실, 근원, 기초, 센터, 그리고 절대라고 믿어 온-의 군림과 횡포에 저항하여, 그것과는 다른 언술 행위를 찾아내고 인정하며 또 창조해 낸다는 것이다.

사이드에 의하면 '구심점이 없는 원, 그리고 출구가 없는 미로'는 곧 우리로 하여금 근원에 대한 신뢰나 향수를 버리고 새로운 '시작'을 시도하도록 해준다. '근원'이 신적 · 불변적 · 억압적 · 권위적 · 특권적 · 절대적 · 고정적 · 전통적이고 신성한 것이라면, '시작'은 인간적 · 가변적 · 해방적 · 저항적 · 평등적 · 상대적 · 주기적 · 혁신적이고 세속적인 것이라고 할 수 있다. 사이드의 '시작'은 '정신의 틀이자 일종의 일이고 의식'이며, 이는 글쓰기에서부터 시작된다.

사이드의 '시작 이론'은 '세속적 비평' 또는 '세속적 텍스트' 이론과 연결된다. 사이드는 『오리엔탈리즘』에서 시작 이론의 좋은 예를 보여 주고 있다. 지식이 어떻게 결탁하여 동양에 대한 서양의 편견을 절대적 진리로, 보편적 학문으로, 그리고 지배적 언술 행위로 만드는데 공헌했는가를 추적한다. 『오리엔탈리즘』은 한마디로 '동양에 대한 서양의 편견'을 의미한다. 이 책에서 제시하고 있는 것은 국수주의적 · 배타적 태도는 동서양을 막론하고 바람직하지 못한 것이며, 중요한 것은 지배 문화로부터 추방되고 제외된 '타자'의 발견과 인식과 안정이다. 그리고 이를 위해서는 역사적 · 현실적 · 정치적 · 사회적 인식이 수반되어야 한다.

1982년에 출판된 『세계와 텍스트와 비평가』의 서론은 「세속적 비평」이란 제목이 붙어 있다. 이 글에서는 비평가를 텍스트의 단순한 해석자가 아닌, 현실과 상황의 창조자로, 그리고 비평을 지배 문화에 대한 하나의 반대 행위, 발견 행위 또는 인식의 시작 행위로 파악하도록 해준다. 지배 문화로 정해 놓은 소위 신성화된 고전이나 마스터텍스트를 거부하며 오히려 지배 문화가 제외시켜 온 것들의 가치를 재평가한다. 사이드는 그동안 지배 문화가 헤게모니를 쥘 수 있었던 이유는 타자의 차별 때문이었다는 점을 지적하며, 이제는 그 제외된 문화-곧 차이-에의 주목을 요청한다.

사이드의 이런한 성찰은 '파생과 제휴' 이론으로 발전된다. 전자는 태생으로 인한 자연적인 결속을, 즉 순종 · 공포 · 사랑 · 존경 같은 자연적 형태의 권위를 의미한다면, 후자는 조합 의식 · 동의 · 동료의식 · 직업적 경의 · 계급 · 지배 문화의 헤게모니와 같은 후천적이고 초개인적인 결속들을 의미한다. '파생'에서부터 '제휴'로 가는 과정은 사이드에 의하면 자연에서 문화로 전이해 가는 것과도 같다. 특히 '제휴'의 경우 그것은 자칫 또 하나의 지배 문화를 형성할 가능성이 있으며, 그 한 예가 바로 학계 속에 안주해 현실로부터의 도피성을 쌓고 있는 현대문학비평의 경우가 된다.

탈구조주의는 문학의 발전[35]에 다음과 같이 공헌했다. 우선 탈구조주의는 모든 절대적 의미의 안정된 근원을 교란시키고 해석의 불가능함을 시사하며 모든 결론을 유보시키고 있다. 그리고 그것은 '차이'를 인식하고 불확실성과 불안을 있는 그대로 포용하며, 지배 문화로부터 제외된 '타자'를 인정한다. 그것은 또한 지배 체제나 지배 구조에 의해 억압받는 '개체'의 해방을 외치며 경직된 사고의 틀에서 벗어나 '열린사회'를 지향한다. 끝으로 탈구조주의는 역사의식과 현실의식을 중시하며 현재와 역사, 그리고 언어와 이데올로그 사이의 대화를 시도한다.

3. 데리다, 푸코, 사이드의 문학이론

3.1. 자크 데리다의 이론과 실제

최인환은 「데리다의 해체이론의 전략과 한계」에서 데리다의 탈구조주의를 포함한 해체이론을 혁명적 이론이라 말한다. 그는 근원, 중

35 탈구조주의는 미국의 예일 학파에 의해 수용되었다. 폴 드 만의 '눈뜲'과 통찰, 힐러스 밀러의 '크레타섬의 미로', 헤롤드 블룸의 '영향의 불안', 제프리 하트만의 '해체론적 글쓰기와 책읽기' 등은 탈구조주의 이론이다. 그리고 프랑스에서도 탈구조주의는 확대되어 갔다. 줄리아 크리스테바의 심리 분석에 기초한 언어 이론과 페미니즘적 접근, 라캉의 주체의 중요성에 대한 강조 등은 이에 해당된다.

심, 현존에 대한 확고한 믿음을 무너뜨리고, 글보다 말을 중시하는 '이성중심주의(logocentrism)'를 정면에서 부정했다.

데리다의 해체 전략[36]은 해체의 대상이 되는 텍스트의 약점을 찾아내거나, 텍스트의 조직 속에 쌓여서 가라앉아 있는 의미의 잊히고 잠들어 있는 침전물을 끄집어내는데 있다. 이에는 한 작가가 다른 작가의 저작에 대해 오독한 부분, 혹은 저자가 말하려고 하다가 흐지부지해 버릴 때 생긴 애매함도 속한다. 비평가는 세목에까지 신경을 써야 하며 무엇보다도 꼼꼼한 독서를 해야 한다.

데리다가 행한 푸코의 『광기의 역사』에 대한 해체[37]를 통해 데리다의 해체 전략을 살펴보자. 그는 저자가 한 저서를 집필할 때 의도한 바와 막상 실제 저서에서 객관적으로 드러나는 모습 사이에 생기는 괴리를 추적한다. 푸코는 『광기의 역사』에서 우선 광기 그 자체의 역사를 쓰려고 시도했다. 광기가 모든 의미에서 자신의 책의 주체-즉 주체 · 일인칭 화자 · 저자이고 자신에 대해 말하는-이기를 원했다. 다음으로 이성에 억눌려 온 광기의 침묵을 파헤치는 고고학적 작업을 하려고 했다. 이에 대해 데리다는 푸코가 쓴 '침묵의 고고학'이란 표현을 해체한다. 푸코는 자신이 공격 대상으로 삼는 이성의 언어를 빌리지 않고 '고고학'이론을 전개하려 하지만, 역사라는 개념은 항상 이성적이었기 때문에 이성에 반(反)하는 역사는 결코 쓰일 수 없

---

36 최인환은 「데리다의 해체 이론의 전략과 한계」(앞의 글)에서 데리다가 푸코, 데카르트를 해체한 전략을 소개한 후, 다음 장에서 데리다의 해체 이론 속에 스스로를 해체하려는 성향이 있음을 'différence', '『기술학』', '유희'를 통해 논증한다. 본 고에서는 푸코, 데카르트를 통해 보인 데리다의 해체 전략만 소개하기로 한다.

37 Jacques Derrida, *Writing and Difference*, trans. Alan Bass, Chicago: University. of Chicago Press, 1978.

다. 먼저 의문을 제기했어야 했던 것은 '역사', '근원'이라는 말의 의미이다. 다음으로 데리다는 푸코가 이성과 광기의 분할의 역사를 쓰려 한다고 지적한다. 데리다는 분할의 역사에 대해 쓰려는 것은 분할에 앞서 통합된 상태의 '원초적 현존'을 역으로 입증하는 꼴이 되며, 이는 형이상학적 몸짓에 다름 아니라고 말한다. 푸코는 순수한 광기의 역사를 집필하려 했지만 결국 '광기의 역사의 역사성'에 대한 연구로 귀착되고 말았다. 세 번째의 해체는 데카르트가 『수상록』에 대한 독서를 위해 쓴 라틴어 'sed forte'(그러나 아마도)라는 단어이다. 푸코는 데카르트를 잘못 해석하여 데카르트가 감각적 오류 및 꿈을 광기와 확연히 구분하였다고 논한다. 그리고 이에 대한 해석의 단서가 되는 것이 'sed forte'라는 단어이다. 데카르트는 'sed forte'를 역접의 접속사로 사용하여 감각적 오류와 광기를 구분하기 시작하였다는 것이다. 그러나 데리다는 'sed forte'는 역접의 접속사가 아니라 대전제의 강조는 그대로 유지한 채 어조만 조금 낮추는 수사학적 장치로 보아야 한다고 해석한다. '모든 감각이 우리를 속일 수도 있'지만 '그래도 의심할 수 없는 것들이 많이 있다'고 위안을 주는 듯한 말로 읽어야 한다는 것이다. 데리다는 데카르트 자신은 광기 자체에는 관심도 없고 감각적 오류와 광기를 구분하지도 않았으며 이를 처음으로 갈라놓은 사람이 푸코라고 비판한다.

데리다는 레비-스트로스를 해체[38]하면서 '텍스트가 이미 스스로를 분해'했음을 보여주는 해체 전략을 쓴다. 레비-스트로스는 자연/문명의 이분법을 나누고, 보편적이고 사회 규범에 의존하지 않는 것

38 자크 데리다, 「인문학의 언술행위에 있어서의 구조와 기호 그리고 유희」, 『탈구조주의의 이해』, 민음사, 1988년, 291~294쪽.

은 자연에 속하고 반대로 사회를 통제하는 규범 체계에 의존하는 것은 모두 문명에 포함된다고 규정한다. 그런데 이분법으로 설명하기 어려운 '골칫거리'를 만나는데, 이는 '근친상간금지'이다. 근친상간은 어디에서나 발견되는 보편적인 현상이므로 자연의 속성을 갖고 있지만 또한 '금지'라는 말은 사회적 규범이 전제된 말로 문명에도 속하게 되므로 이분법으로는 설명하기 어렵다. 즉 레비-스트로스의 구조인류학 속에는 이론의 핵심인 이분법을 해체하는 요소가 들어 있는 것이다. 데리다에 의하면 '근친상간금지'는 자연과 문명의 대립물이 아니라 각자가 상대방의 'différance'이다.

정문영은 「해체이론과 핀터의 《생일 파티》」라는 글에서 데리다의 해체 이론과 극 이론으로 《생일 파티》의 해체를 시도한다. 데리다는 『글쓰기와 차이』의 제6장과 제8장에서 아르또의 '잔혹극'의 이론을 빌어, 진정한 무대의 회복과 새로운 연극언어의 창조를 논한다. 데리다는 서구 형이상학의 근간이 되고 있는 아리스토텔레스의 미메시스 미학에 근거한 삶의 모방, 재현으로서의 연극은 해체되어야 한다고 말한다. 대신 미래의 연극은 삶의 재현이 아니라 삶 그 자체가 되어야 한다. 왜냐하면 전통적인 무대는 대사, 즉 말을 중시하는 '로고센트리즘(logocentrism)'에 의해 주도되기 때문이다. 그리고 이 같은 무대는 창조자로서의 저자, 노예화된 해석자로서의 연출자와 배우, 수동적으로 받아들이는 관객으로 구성되어 있으므로 신학적이라 할 수 있다. 그러나 미래의 무대는 창조적인 자유를 회복하여야 하며, 이를 위해 '최초의 재현의 닫힌 공간, 힘, 또는 생명의 최초의 현시'를 재건해야 한다. 최초의 재현은 텍스트, 대사, 신, 부친에 대한 반역으로부터 시작될 수 있다.

이런 의미에서 데리다는 진정한 대사는 대사를 없애는 것이 아니라, 다만 특권을 빼앗고 다른 무대요소와 동일한 입장에 두어야 한다고 말한다. 대사는 하나의 '사물'로서 존재해야 하며 논리적이고 사변적인 속성은 축소되어야 하는 것이다. 이는 아르또의 'glossopoeia', 프로이트의 꿈 단계에서의 대사와 같다. 무대에서의 대사는 말을 억압하는 것으로서가 아니라, 꿈속에서 갖는 의미의 중요성을 말에 부여하여, 시각적인 상형 문자와도 같은 대사 본연의 신비한 마력과 가능성을 회복해야 하는 것이다.

핀터의 극은 비평가나 관객이 궁극적으로 의미하는 바를 분명히 알 수 없게 만든다. 그리고 이는 핀터 자신의 언어에 대한 회의에서 비롯된다. 핀터의 언어는 지시어와 지시대상이 상통하지 않고 요소들이 서로 끊임없이 변화, 대체되면서 어떤 요소도 절대적으로 정의될 수 없고, 모든 요소들과 뒤얽혀 있으며, 또 그 자취가 끊임없이 어어져 있는 거미줄 같다. 데리다가 기표는 지시대상과 차이가 나므로, 표현된 언어를 '자취'로 보는 것과 동일하다. 언어는 현존과 부재의 상호작용의 자취로서만 가능한 것이다.

핀터의 《생일 파티》에 등장하는 노부부인 피터와 메그가 해변가에 있는 하숙집 식당에서 나누는 대화는 '결핍'을 가리기 위한 아무런 의미 없는 말들의 연속, 반복이다. 그들의 대화는 아무런 사실도 전달해 주지 못하는 무의미한 말들로 불안한 분위기를 조성한다. 여기에는 대리 아들 스탠리의 근친상간의 죄의식이 중요하게 작용한다. 이런 상황에서 이 집에 위협적인 외부의 힘을 상징하는 골드버그와 맥칸이 오게 된다. 이들은 스탠리와 '말싸움'을 하면서 스무고개 놀이와 같은 질문공세를 퍼붓는다. 서로 모순되고 대답이 불가능한, 언어유희와 같은 질문들은 스탠리를 해체한다. 스탠리는 그의 사회적, 성적 역할을 박탈당하고, 인간성을 상실하게 되며, 마침내 생일 파티의 장님 놀이를 통해서 완전히 동물의 상태에 이르게 된다. 극 중의 이러한 놀이는 데리다가 의미하는 꿈속에서의 대사와 같은 기능을 지닌다. 놀이는 또한 신화적이며 의식적인 성격을 지녀 스탠리는 '제2의 탄생'을 하지 않을 수 없게 된다. 그러나 이 탄생은 '지옥으로의 재탄생'이다. 새로운 인간으로 태어난 그는 신사가 되지만, 언어능력을 상실하고 짐승의 소리밖에 낼 수 없는 동물이 되어 골드버그와 맥칸과 함께 떠난다.

《생일 파티》에서 골드버그는 '센터'로서의 역할을 한다. 그러나 골드버그 역시 극 후반부로 가면 불안과 공포감을 드러낸다. '찬탈자의 역할을 했던 골드버그가 그 역시 빼앗긴 자'[39] 임이 드러나는 것이다. 실재한다고 믿는 센터가 사실은 부재이며, 환상일 뿐이다.

3.2. 미셸 푸코의 역사관과 실제

김번의 「미셸 푸코의 역사관」에는 푸코의 역사 서술 방법으로서 고고학과 계보학을 논의한다. 푸코는 『지식의 고고학』에서 기존의 역사를 전체 역사로, 반면에 고고학은 일반 역사로 명명한다. 기존의 역사는 하나의 중심을 형성하고 그 둘레로 모든 현상들을 끌어다 붙이는 전체화하는 역사이다. 그것은 연속성, 인과율, 목적론 등의

---

39 J. Pesta, 「Printers's Usurpers」, ed Arthur Ganz, Pinter: *A Collection of Critical Essays,* Englewood Cliffs: Prentice-Hall, Inc, 1972, pp.123~135.

개념에 깊이 물든 역사를 의미하는 것으로 사상사가 대표적이다. 그러나 역사는 방산의 공간으로서 갖가지 현상들이 어느 한 곳을 향해 결집되거나 그와 유사한 관계 구조를 드러내지 않고 단지 흩어져 있다. 데리다의 텍스트성 개념이 푸코의 역사 개념에 해당된다고 볼 수 있다.

푸코가 역사에서 주목하는 것은 파열과 불연속의 현상이다. 푸코는 『사물과 질서』에서 말과 사물 사이에는 시니피에와 시니피앙처럼 건널 수 없는 커다란 간극이 놓여 있다고 한다. 각 시대의 인문 과학은 자신의 언술 행위의 전략에 의거해 사물의 세계에 일련의 폭력적 행위를 가함으로써 지식 체계와 세계관을 만들어 왔다.

그는 '설정하는 주체'와 그것에 내재하는 언어관을 해체함으로써, 주체와 중심의 설정 위에 이루어진 역사가 어떻게 독재적인 힘으로 우리의 역사 이해를 지배하는가 하는 점에 주목했다. 그가 '반기억(count-memory)'을 강조하는 것도 그와 같은 역사가 우리 기억의 머릿속에 각인되는 위험을 철저히 경계하는 것이다.

역사에서 전통, 영향, 진화, 정신, 작용 등과 같은 것이 제거되고 나면 역사의 장은 데리다가 말한 텍스트성의 공간이 된다. 푸코는 이 공간이 내부에서 발견되는 한 묶음의 규칙 즉 에피스테메에 의해 맥락지어질 수 있는 것으로 보았다. 에피스테메는 한 시대의 언술 행위, 그리고 그것으로 이루어지는 지식의 체계를 가능하게 하는 인식 혹은 지식의 구조로 한 시대에 하나만 있고 또한 당대의 언어 사용자에 의해서는 인식되지 않는 선험이다. 여기에서 '어째서 다른 것이 아니고 저 특수한 진술이 나타나게 되었는가'를 파악해야 한다. 푸코의 언술 행위 이론은 1970년의 『언술 행위의 질서』를 기점으로 변화를 보인다. 여기에서 언술 행위 체계는 권력의 행사 양태와 동전의 양면처럼 밀접하게 고찰된다. 즉 언술 행위는 법칙에 따라 자율적으로 이루어지는 것이 아니라 사회적 실천 행위로 인식된다.

그의 역사 인식에도 변화가 뒤따라, 고고학은 계보학으로 대체된다. 1971년에 푸코가 발표한 「니체, 계보학, 역사」는 새로운 방법론으로 계보학을 제시한다. 계보학은 우선 기존의 역사가 품고 있는 기원에 대한 갖가지 환상들을 무너뜨린다. 그는 거창한 개념은 물론 사소한 사실까지도 철저히 역사의 움직임 속에서 파악한다. 절대적 의미, 제도, 또는 권위는 그 계보학을 추적함으로써 실상을 적나라하게 드러내어 그것들이 허상이며 가면에 불과함을 폭로한다. 우리가 인간의 신성한 탄생을 보여줌으로써 인간의 절대성을 일깨우려고 기원을 찾으면 그 입구에 원숭이가 서 있는 것을 보게 된다는 니체 인용은 그가 하는 해체 작업의 면모를 보여 준다.

고고학이 역사에서 배제되거나 주변으로 밀려난 국부적 사실들을 찾아내고 복원하는 방법론이라면, 계보학은 그러한 작업을 토대로 이제까지 '종속되어온 지식'을 이용하는 전술이다. 계보학은 질서가 없고 단편적인 작업들로 이루어진다. 그것은 '효과 지향의 역사'로 이론이나 체계에 신경 쓰지 않고 지식 체계와 결부된 권력의 행사 양태를 드러내는 효율성을 염두에 둔다.

푸코는 해체 작업 이후 권력에의 의지에 유의한다. 불변적인 것, 근원적인 것들이 해체된 터에 각각의 권력 의지가 진리의 체계로 내세우는 것은 나름의 지배를 위한 해석에 불과하다. 현실은 언술 행위에 의해 반영된다기보다 오히려 언술 행위에 의해 구성되므로, 하나의 해석은 현실에 대한 해석이 아니라 다른 해석들에 대한 또 하나의 해석일 뿐이다. 이처럼 모든 해석이 근거가 없으므로 어느 해석이 다른 해석보다 올바르다고 말할 수 없다. 우리의 자아는 존재론적으로 상이한 해석들로 이루어진 텅 빈 통합체뿐이고 단지 역사의 움직임 속에서 지배 전략의 일환으로 규정된다. 그러므로 중요한 것은 누가 권력을 행사하는 것이 아니라 권력의 섬세한 메커니즘이 어떻게 작동하는가, 권력이 지배를 위해 사용하는 구체적인 기술과 전술은 어떠한 것인가를 살피는 것이다. 파놉티콘의 구조는 보이지 않는 권력의 존재가 눈에 드러나는 권력보다 훨씬 더 절대적인 지배력을 갖는다는 것을 말해 준다.

푸코는 반역사가의 역사가라고 할 수 있다. 그는 역사를 비판하고 해체하는 역사를 썼고, 그것을 이론화하는 작업도 병행했다. 그가 기존의 역사에 반대하는 태도를 취한 것은 복잡하고 이질적인 현상과 움직임으로 가득 찬 역사를 연속적인 단선으로 파악하는 것이 폭력적이고 전제적임을 뚜렷이 인식했기 때문이다.

한기옥은 「미셸 푸코의 세계관적 전망-'주체' 개념을 중심으로」에서 구조주의에서 '주체'가 사라지고 구조를 작동시키는 규칙을 중시여긴 것과는 달리, 푸코는 구체적인 사회적 실천의 조망 하에 '주체'의 문제를 제시한다고 말한다.

푸코는 주체에는 두 가지 의미가 담겨 있다고 말한다. 즉 능동적인 행위와 사고의 주체라는 뜻과 어떤 조건이나 다른 존재 혹은 기구에 의해 지배되는 존재로서의 주체라는 뜻이 동시에 공존한다는 것이다. 그러나 이러한 의미는 사회적 실천의 과정 속에서 점차 후자의 의미로 기울어지게 된다.

푸코는 주체의 대상화 과정을 세 가지 양식으로 제시한다. 첫째 양식은 '분리의 관행'이다. 인간 주체는 자기 내부에서, 혹은 다른 존재로부터 구분 과정을 대상화한다. 즉 대상화와 범주화 과정에서 인간 주체는 공간적 구획에 한정됨으로써 특정한 사회적 · 개인적 정체성을 부여받는다. 두 번째 양식은 '과학적 분류'로 불린다. 이는 근대 자본주의와 함께 발전한 제반 과학을 통하여 인간의 정신적 · 물질적 삶을 시간적 · 공간적으로 구획화 함으로써 사회적 · 개인적 활동에 있어서 인간을 제반 과학과 훈육으로 형성되는 세밀한 그물망 속에서 포착하고자 한다. 세 번째 양식은 '주체화'라 불리는 것이다. 이는 주체의 대상화 과정이 주체의 적극적인 자기 형성 과정이라는 점에서 앞의 두 양식과 구별된다. 자아 형성 과정은 길고 복잡한 '계보학'을 갖고 있는데, 이는 인간 자신의 몸, 영혼, 사고, 그리고 행위에 대한 다양한 작용을 통해 일어난다. 그러므로 주체화 양식은 익명의 권력 혹은 권위적 인물의 매개를 통해 스스로 수행하는 주체의 대상화 과정과도 같다.

주체의 문제는 권력과 지식의 문제와 불가분의 관계에 있다. 그러나 푸코는 마르크스와는 달리 권력의 문제를 계급 간의 문제로 파악하지 않고 다양한 권력의 원천을 설정함으로써 권력의 주체가 누구냐는 문제를 의미 없는 질문으로 만든다. 푸코는 권력을 제도나 구조, 특정한 힘이 아니라 주어진 사회 내의 복잡하고 전략적인 상황에 부여된 명칭이라 정의한다.

지식의 고고학은 텍스트에 영향을 준 사회적 · 문화적 · 정치적 요인을 그리고 텍스트와 권력과의 결탁 등을 캐내는 작업이다. 푸코의 권력 구조에서 계급 문제는 핵심적인 자리를 차지하지 못하며 권력의 원천은 계급적 관계에서뿐 아니라 얼마든지 존재할 수 있다고 본다. 그러므로 지식과 권력의 보이지 않는 관계에 대항하는 투쟁에서 투쟁의 주체와 극복 대상 및 그 방법이 불투명하게 나타난다. 이런 맥락에서 에드워드 사이드는 푸코를 비판한다. 푸코에게는 그람시가 투쟁에 참여한 정치적 노동자의 전망에서 행한 헤게모니, 역사적 블록, 그리고 모든 관계의 총체에 대한 분석과 유사한 어떤 것이 결핍되어 있다는 것이다. 푸코는 변혁의 주체를 명확히 설정하지 않음으로써 사회상을 주체의 힘으로는 대항하기 힘든, 본질적인 실체로 보는 암울한 전망을 보여 준다.

손정희는 「푸코의 계보학적 접근에 의한 바셀미 작품의 한 해석-〈우리 아버지의 우시는 모습〉과 〈나와 미스 맨디블〉의 경우」에서 절대적인 센터의 부재 상황에 대한 인식을 기호 문제와 관련하여 바셀미의 작품을 통하여 고찰한다.

1971년 푸코는 「니체, 계보학, 역사」를 발표한다. 그에 의하면 계보학은 전통적인 역사적 방법과 '오리진'을 향한 탐색을 거부하며 그 목적은 '단조로운 확정된 것의 밖에 있는 사건들의 특징'을 기록하는 것이다. 이것은 고귀한 오리진 대신에 미천한 인간의 시작을 설정하는 것이다. 이에 따르면 오리진은 불가피한 상실의 지점에 놓여 있게 되며, 과거로의 탐색은 가계의 탐색이 된다. 그리고 가계에의 탐색은 이전에는 부동의 것으로 인식되던 것을 흩어 놓고, 또한 통합된 것으로 생각되던 것을 분해시키며, 일관성 있다고 상정되었던 것의 이질성을 보여 준다. 그리하여 계보학적 접근은 오리진 또는 명백히 드러나는 의도성 대신에 특정 사건들, 역사적 운동들 속에 작용하고 있는 힘의 관계들인 권력과 지식의 상보적 관계들을 밝혀낸다.

도널드 바셀미의 〈우리 아버지의 우시는 모습〉는 '한 귀족이 마차를 타고 거리를 달려가다가 우리 아버지를 친 사건을 소개하는 것으로 시작한다. 뒤의 이야기는 화자가 이 사건의 진상과 아버지라는 인물의 성격을 밝혀내고자 하는 과정이다. 그런데 아버지의 죽음에 대한 추적이 진행되어갈수록, 동시에 일어날 수 없는 상충되는 정보를 제공받게 되어 진실은 점점 더 미궁 속으로 빠져든다. 마차 주인이 귀족인지 아닌지, 잘못이 아버지 쪽에 있는지 아닌지 확실한 것은 아무것도 없다. 이러한 혼란은 '아버지에 대한 회상 장면'이 섞여들면서 더욱 가중된다. 과거의 어느 날 침대에서 울고 계신 아버지의 모습을 보았던 기억이 반복적으로 떠오르는데, 그 사람이 누구인지에 대한 확신이 없다. 또한 회상을 통해 아버지의 다양한 모습이 희화화되어 나타나는데, 이는 그의 죽음뿐 아니라 인물의 성격도 애매모호하게 보이게 한다. 결국 아버지의 죽음의 진실을 찾아가는 과정은 '그러한 절대적 진리가 존재하지 않다'에 도달하게 된다. 우리 앞에 전개되는 모든 기호에는 고정된 의미를 부여할 수 없으며 절대적 진리, 센터, 오리진이 사실상 존재하지 않으므로 해석은 얼마든지 다양한 가능성을 지닌다.

〈나와 미스 맨디블〉에는 실제로는 35살의 성인이나 11살로 취급되어 초등학교 6학년 교실에 앉아 있게 된 조셉을 통해 시니피앙과 시니피에의 간극을 이용하는 권력의 기술을 보여준다. 조셉은 두 번의 중요한 기호를 오독함으로써 궤도를 이탈하고 초등학교 교실에서 재교육을 받는다. 그가 오독한 첫 번째 기호는 '아내 기호'이다. 그는 브랜다가 지닌 '성 · 매력 · 부드러움 · 향기 · 요리'를 아내 기호로 해석하여 브랜다와 결혼하나 그 기호는 현실화되지 않는다. 두 번째는 보험 회사에 다니던 그가 '곤란할 적에는 언제나 도와 드립니다'라는 사훈이 지닌 숨겨진 의도를 파악하지 못해 해고당한다. 즉 조셉은 시니피앙과 시니피에 사이의 차이를 읽어내지 못한 것이다. 그래서 그는 제도의 폭력에 의해 성인 사회의 부적격자로 낙인 찍혀 초등학교 교실에서 재교육을 받게 된다. 거기에서 그는 주어진 기호를 믿도록 그리고 삶의 약속들이 현실화된다고 믿도록 교육 받았음을 깨닫는다. 그러나 그는 '기호가 오독되다'는 것을 교육받지는 않았다. 사실상 조셉은 과거로 되돌아가는 경험에서 표면 밑에서 진행되고 있는 어떤 음모를 감지하고, 이름 붙일 수 없는 힘이 속임수를 행사하고 있음을 막연히 의심한다.

3.3. 에드워드 사이드의 이론과 실제

이인규의 「에드워드 사이드의 비평적 의의에 대하여」는 에드워드 사이드의 비평 이론을 해체주의의 새로운 흐름으로 제시한다.

푸코의 '탁월한 미국인 제자'로 푸코의 영향을 크게 받았고 데리다에 대해서도 정통했던 사이드는 현대 서구 비평 이론이 '텍스트성의 미궁'에 빠져 현실과 유리된 채 역사 인식을 결여하고 있으며 형식적이고 내적이며 지적인 방법론으로 흐르고 있다고 비판한다. 이에 반해 에드워드 사이드는 텍스트와 비평의 세속성을 역설한다. 텍스트는 가장 순수한 형태조차 항상 주위 상황과 시간, 공간, 그리고 사회 속에 얽혀 있는 방식으로 존재한다. 즉 그것은 세상 속에 존재하며 세속적이라는 것이다.

그러나 사이드는 진리 부재에 대해 상반된 태도를 보이는 니체 · 데리다와 인문주의자들과는 달리 변증법적 태도를 취한다. 우선 전통적인 진리의 개념이나 신성한 오리진 등을 부인하고, 해석의 자유로운 가능성과 비평적 상상력의 자유로운 발휘를 추구하는 점에서는 해체주의자의 입장이다. 그러나 그는 데리다 류의 비평이 가지는 비세속성, 즉 현실의 아픔과 문제들에 부딪쳐 해결하려는 태도가 소극적이고 해체 이후의 새로운 가능성을 제시하지 못하여 끝없는 해체를 되풀이 하는 것은 위험하다고 말한다.

사이드는 이에 대한 극복 방안으로 '시작 이론'과 '세속적 비평 이론'을 제시한다. '시작'은 변화를 의미하는 부단한 시작이다. 시작은 오리진과는 달리 한 번만 존재하는 어떤 성취가 아니고, 끊임없이 반복되는 시도이며 의도 아래 끊임없는 방법을 개발해 냄으로써 끊임없는 변화를 시도하는 역사적 행위이다. 그러므로 시작은 전통이나 기존의 질서와는 의도적인 거리와 차이를 유지한다. 우리가 현실 상황을 역사적 맥락 위에서 인식하고 새로운 가치를 시도하는 것-창작하고 비평 행위를 하는 것- 이 바로 시작의 원리이다. 따라서 '세속적'이란 말은 전통과 오리진, 절대 진리, 독선적 가치 판단과 강요 등을 거부하는 상대론적 인식과 현실의 아픔에 대한 진지한 관심과 새로운 의미와 가치를 생성시키고자 하는 실천적 태도를 유지하는 인문주의적 인식을 포용한다.

다음으로 텍스트와 현실의 관계에서도 변증법적 인식을 보여준다. 비평가는 텍스트를 그것의 주변 상황으로부터 분리할 수 있어야 할 뿐 아니라, 그 분석해낸 것들을 그것들이 유래된 사회 현실과 삶에 다시 연결시키고 집합 시킬 수 있어야 하는 것이다. 이로 보면 텍스트는 세상에 수동적으로 존재하는 것이 아니라 '그 자신을 세상에 위치시킴'으로써 해석 행위에 제한을 부여하는 능동성을 지니게 한다. 즉 텍스트는 자신을 생성시킨 현실에 대해 역으로 그것을 재형성시키는 힘을 행사하기도 한다.

사이드의 변증법적 비평 태도는 『오리엔탈리즘』을 통해 구체적으로 확인된다. 『오리엔탈리즘』은 동양에 대한 서구의 지식 체계가 어떻게 언술행위로서 형성되었고 동양을 허구화하면서 서구의 지배권과 우월성을 정당화해왔는가를 파헤치고 있다. 이는 서구의 전통적 사유에 대한 새로운 해석을 보여주는 '세속적 비평'과 '시작'이론을 구체화한다. 18세기 후반 나폴레옹의 이집트 원정에서부터 서구적 인식 틀과 '상상적 지형도'에 의해 동양은 규정되고 재현된다. 19세기가 되면 교과서적이고 도식적으로 오리엔탈리즘이 확립되고 이는 동양에 대한 실제 경험조차 이미 교육된 지식에 의해 제한되고 규정되게 한다. 사이드는 『오리엔탈리즘』을 통해 서구 지식인들이 일관되게 동양을 서양에 대비하여 미개하고 비이성적이며 무지한, 열등한 대상으로서 묘사한다고 비판한다. 그리고 이는 실재하는 동양의 역사와는 다르다. 오리엔탈리스트에 의해 창조된 동양은 허구의 동양의 존재에 불과하다.

두진숙은 「에드워드 사이드의 사상과 이론」에서 사이드의 『시작: 의도와 방법』, 『오리엔탈리즘』, 『세계, 텍스트, 비평가』의 핵심을 이루고 있는 '시작', '텍스트', '비평'을 설명한다.

사이드의 '시작'이론은, '반복'과 '독창성'의 변증법적 산물이다. 사이드는 반복의 개념을 18세기 사상가 비코에게서 빌려온다. 비코는 『새로운 학문』에서 역사란, 까닭 없이 우연히 발생하는 것이 아니라, 가변적이기는 하지만 그래도 영속성 있는 인간의 정신, 인간성에 의해 행해지는 순환으로 파악하였다. 그러나 순환을 되풀이하면, 그 이전의 것과 완전히 똑같을 수 없고 차이가 있게 마련이다. 따라서 반복은 유사성과 차이의 속성을 둘 다 갖게 된다. 비코에 따르면, 독창성이란 근원적인 공백과 지속적인 반복 사이의 차이라 할 수 있다.

사이드는 독창성이란 플라톤적 이상으로서 존재하던 상태에서, 좀 더 크고 다양한 변화의 형태로 되어가는 상태로 바뀌었다고 말한다. 그리하여 글쓰기의 무한한 목표는 영원한 해석이 끝나지 않을 성서(Bible)가 되었다. 글쓰기가 이렇듯 과정의 상태에 놓이게 됨에 따라 글쓰기의 이미지도 독창적인 새김에서 유사한 글쓰기로 변화되었고 작가들도 스스로를 홀로 시작하는 사람에서 이미 시작된 것 안에서의 작업자로 바꾸어 인식하게 되었다. 따라서 작가들의 관심은 독창적으로 글을 쓰는 것보다 '다시 쓰기' 쪽으로 기울어지게 되었다.

현대 작가들은 연속에서의 위치를 쉽게 수락하지 못하고 선행한 것과 더불어 편안히 있지 못하고 끊임없이 변형을 꿈꾼다. 그러므로 사이드는 글쓰기를 한 곳에 머무르거나 정착할 수 없는 '방랑자'의 이미지로 묘사한다. 이는 암호화. 해독, 산포의 끊임없이 변하는 삼각형으로, 해체주의자들의 상호텍스트성 이론과 맥락을 같이 한다. 상호텍스트성 이론은 문학의 독창성이란 존재하지 않으며 모든 문학은 상호텍스트적이라고 주장한다. 따라서 특정한 한 작품은 분명하게 한정된 경계선을 가지지 못하고 주위에 몰려 있는 작품들 속으로

부단히 흩어진다.

글쓰기에 있어서의 권위 역시 같은 장소에 머무르지 못하고 방랑자인 글쓰기와 더불어 방황하는 성질을 지닌다. 따라서 작가의 책임이란 그 이전의 것과 새로운 것 사이의 조화적 유희를 통제하는 일이 되었는데, 그 유희는 항상 출발점에 서 있고 완전히 작가의 손에 달려 있다.

사이드에게 '시작'이란 수동적인 의미의 근원과는 달리 한번만 존재하는 성취라기보다는 끊임없이 반복되는 시도이며, 끊임없는 의도 하에 끊임없는 방법을 개발해냄으로써 끊임없는 변화를 시도하는 역사적인 행위이다. 또한 시작이란 차이를 만들어내는 행위이므로 어떤 급진적인 사고나 혁신도 타당화 시켜 준다. 시작이란 앞에서 살펴본 '반복' 속의 독창성과 일맥상통한다. 시작에서의 하나의 촉진제는 '의도'이다. 의도는 시작으로 하여금 언어를 통해 형태를 취하게 하고 의미를 만들어내는 일에 참여할 것을 종용한다. 작품 전체와 연결시켜 볼 때 시작 의도는, 그 안에서 작품을 발전시키는 창조적 포용성이다.

텍스트는 다른 모든 문화처럼 사회 속의 정치적, 경제적, 사회적 제약을 받고 있다. 지식인들은 자신이 속한 사회의 바깥에 존재하는 고립되고 소외된 목소리들이자, 한 문화의 헤게모니에 대해 중요한 반향을 제시해주는 그 사회 안의 목소리이기도 하다. 그리고 비평적 정신이란 역사에 대해 풍부한 지식을 갖고 주변의 사회 환경을 잘 인식하여 구별해낼 수 있는 분석적 능력을 의미한다. 사이드는 비평가의 태도로 가장 중요한 것은 저항과 거리감이라 주장한다.

세속성이나 상황성은 의미를 만들어낸다. 그리고 그것을 전달하는 과정에서 텍스트의 한 부분으로 존재한다. 그러므로 텍스트는 스스로가 해석에 구속을 가하지 않을 수 없다. 또한 세상의 상황에 의해 텍스트의 해석은 이미 시작되었다고 볼 수 있다. 텍스트는 자기 내부의 상황뿐 아니라 텍스트가 방출되는 그 사회의 언술 행위와도 끊임없이 협동하고 있다. 그래서 푸코는 텍스트란 사회화 과정이며 사회의 일부이고 사회의 힘에 의해서 쓰이는 사회적 작업임을 강조하며, 작가란 한 개인이라기보다는 한 사회 속에서 어떤 언술행위가 특징지어지도록 하는 차원에서 이해되어야 한다고 주장한다. 모든 텍스트는 본질적으로 다른 텍스트를 몰아내고 그 자리를 대신 차지하려고 끊임없는 투쟁을 벌인다. 그리고 그 자리를 차지한 텍스트들은 그 사회의 언술 행위와 협력하여 하나의 이데올로그를 만들어내 막강한 권위를 휘두르고 끊임없이 구분을 만들어내며 권력을 형성한다.

사이드는 텍스트가 맺고 있는 문화와의 관계를 중시한다. 텍스트는 텍스트 안의 상황뿐 아니라 텍스트가 방출되는 그 사회의 언술행위와도 관련되기 때문이다. 이 같은 상황에서 비평가들이 가져야할 임무는 비판적 의식, 즉 '저항'이다. 비평의 정체성은 그 사회를 지배하고 있는 문화나 사상, 방법, 조직 등과의 '차이'에서 찾을 수 있다. 한 사회의 지배적 시스템은 그 사회의 전체적인 경험을 다 규명한다고 할 수 없기 때문이다. 비평이란 아직 제도화되어 표출되지 않은, 다른 행위나 의도를 대신하며 그 사회 내에서 표현되지 않은 잠재적 공간에 속한다.

윤지관의 「뿌리찾기와 제3세계적 인식-에드워드 사이드의 『오리엔탈리즘』」은 오리엔탈리즘은 무엇인지, 그것은 헤게모니와 어떻게 관련되는지를 밝힌다.

사이드의 『오리엔탈리즘』의 일차적 의의는 팔레스타인을 포함한 아랍에 사는 수난당한 형제들의 외침을 대변한다는 것이다. 또 다른 의의는 그 같은 공감에 보편적 의미를 부여하고, 나아가 철저한 자료 분석을 통해 그 공감의 존재 방식, 역사적 · 정치적 조건, 그 같은 조건과 인간 본성 사이의 관련 등을 객관적으로 이해하려했다는 것이다. 그리고 궁극적 의의는 하나의 언술 행위로서의 오리엔탈리즘이 형성 · 발전되어 이미 서구나 동양의 사회구조나 의식 구조 속에 깊이 침투해 있음을 지적한 것이다.

사이드가 말하는 오리엔탈리즘은 무엇인가? 그것은 동양을 하나의 실체로 보지 않고 서구적 시각으로 창작해 내고, 그에 따라 이루어진 언술 행위 혹은 학문 체계 · 제도 등을 통틀어 일컫는 말이다. 한마디로 동양에 대한 서구의 인식은 서구인의 상상의 이데올로그를 통해 만들어진 것이다.

오리엔탈리즘을 그 기원에서부터 살펴보면 고대로까지 거슬러 올라간다. 그리이스 · 로마 시대를 거쳐 기독교 시대에 이르기까지 동양 특히 근동을 보는 서구의 시각은 거의 상상에 의존하여, 동양과 유럽을 일관된 방식으로 극화하였다. 그리고 18~19세기에 이르러 제국주의의 동양 침략이 본격화되면서 현실과 결탁하여 확대 재생산되었고, 이는 유럽중심주의로 자리 잡았다. 그리고 이러한 오리엔탈리즘의 형성과 발전에는 현실적 권력 내지 힘이 작용했고, 거의 모든 서구인이 이 영향 아래서 전적으로 자유로울 수 없었다. 이에는 식민 통치자, 위정자, 학자뿐 아니라 위대한 작가들까지 포함된다.

사이드는 오리엔탈리즘을 권력과 지식의 관계 및 헤게모니의 문제에 대한 철학적 고찰로 발전시킨다. 오리엔탈리즘은 객관적 진리라는 탈을 벗고 일반적인 언술 행위임을 밝히고자 한 것이다. 언술 행위로서 오리엔탈리즘은 체계적인 기율을 가지고 동양을 계몽 시대 이래로 정치 · 사회 · 군사 · 이념 · 과학 분야에서 상상적으로 다스리고 지어내기까지 하였다. 그리하여 동양에 대해 글을 쓰거나 사고하거나 행동하는 누구라도 오리엔탈리즘에 입각한 태도를 지녔다. 한 예로 키신저를 들 수 있다. 키신저는 세계를 개발국과 개발도상국으로 이분하고, 전자는 외적인 것을 실제 세계로 후자는 내적인 것을 실제 세계로 본다고 말한다. 이는 후자가 뉴튼을 겪지 못했기 때문이며, 따라서 전자에 속하는 사람들은 위기가 오기 전에 국제 질서를 구성해낼 의무가 있다고 역설한다.

사이드는 『오리엔탈리즘』에서 '오리엔탈리즘'을 해체하고, 그것이 단순히 고정된 구조 혹은 기호임을 부정한다. 그리고 이 같은 태도에는 휴머니즘이 동반된다. 다시 말해 '우리/그들' 혹은 '우리/그것' 사이의 이분법적 대립을 해소시켜, 비인간화된 두 대립 항들을 각각 생명 있는 개체로 환원한다.

4. 탈구조주의적 책읽기의 실례들

송문근은 「탈구조주의와 포스트모더니즘에 구현된 역사와 역사의식」에서 탈구조주의와 포스트모더니즘의 이론가들과 작가들이 역사에 대해 갖는 새로운 시각을 제시한 후, 바스의 《연초도매상》과 쿠버의 《공개화형》을 통해 구체적으로 분석한다.

탈구조주의자와 포스트모더니스트들은 역사가 복원될 수 있다는 관념을 거부한다. 그들은 하나의 질서 속에 이미 확립되어 있는 고정되고 절대적인 것으로서의 역사의 개념에 근본적으로 회의와 불신을 제기한다. 나아가 역사 또한 일종의 허구의 구조물에 불과할 뿐이라고 주장한다. 그러므로 그들은 전통적으로 인식론적 기반이라 할 수 있는 리얼리티 또는 진리를 새롭게 해석한다. 이는 '의미의 중심 없는 우주' 혹은 데리다의 '초월적 의미의 부재'라는 관념에 근거한다.

데리다는 로고센트리즘에 맞서, 글뿐만 아니라 말도 의미와 의도 사이에 거리와 차이와 단절이 있음을 보여준다. 그럼으로써 절대, 진리, 오리진, 또는 센터의 부재를 입증하고자 한다. 이와 동일한 맥락에서, 그는 언어로 표현할 수 있는 절대적 진리가 부재하기 때문에 우리가 흔히 존재한다고 믿는 것은 다만 일종의 환상, 자취, 또는 유사일 뿐이라고 지적한다. 따라서 언어가 포착하고 표현하려는 절대적 진리 또는 의미는 언제나 유보되어 있으며, 그 결과 리얼리티나 사실로서 제시된 것도 항상 픽션이거나 은유일 뿐이라는 가능성이 생겨난다.

이처럼 리얼리티가 일종의 픽션으로 간주됨에 따라 역사 또한 지금까지 누려왔던 목적론과 본질이라는 형이상학적 근거를 상실한다. 역사가 순수한 객관적 사실들의 집합체라는 소박한 개념은 더 이상 받아들여지지 않고, 이제 역사는 아무런 연관성 없이 흩어져 있는 무수한 파편과도 같은 사건들에 의미와 통일성을 부여하기 위해 선별, 추상화의 과정을 통해 조립되고 창출된 일종의 허구적 구조물이다. 역사는 누군가에 의해 쓰인 허구적 구조물이며, 당대 지배 계급의 이데올로그에 의해 글로 형성된 조직적인 힘인 '언술 행위'이다.

푸코의 역사에 대한 새로운 해석과 그러한 해석을 뒷받침해주는 방법론으로서의 고고학적 · 계보학적 접근 방식은 사이드에 의해 계승 · 발전되어 '시작 이론'으로 그 모습을 드러낸다. 그리고 사이드는 이를 토대로 『오리엔탈리즘』을 통해 서양에 의해 투사되고 꾸며진 동양의 모습과 역사를 거부하고 실재하는 것으로서의 동양에 대한 참된 인식의 정립을 시도한다.

사이드는 '시작 이론'에서 '시작'의 개념을 '오리진'과 대비시킨다. 후자가 전통적 · 절대적 · 신성하고 신적이라면, 전자는 혁신적 · 상대적 · 세속적 · 인간적이라 할 수 있다. 또한 후자가 불변적이라면, 전자는 가변적이고 창조적이며 역동적이다. 즉 '시작'은 절대이며 진리라고 믿어온 '오리진'에 대한 근본적인 회의, 전통이나 기존의 질서와 의도적인 거리와 차이를 유지하려는 태도, '오리진'의 보수성과 독단적인 횡포에 대한 저항, 그리고 스스로의 창조력과 상상력을 자유스럽게 펼쳐보려는 의지이다. 그러므로 '시작'은 유일한 진리로서 여겨져 온 '오리진'의 유효성을 부정하고, 또 하나의 역사를 창조하려는 저항적이고 급진적인 방위라고 할 수 있다.

우리는 한편으로 인간 역사를 통해 지식과 권력이 맺어온 관계를 추적하여 어떻게 허구적 관념들이 리얼리티 혹은 진리로 위장되고 변형되었는지를 밝혀야 한다. 다른 한편으로 그러한 위장과 변형을 거쳐 객관적인 사실로서 정립된 공시적인 역사 밑에 매몰되어 있는 또 하나의 보다 참된 역사를 발굴하여 재조명해야 한다.

바스(John Barth)의 《연초도매상》은 1690년대 메릴랜드의 개척민들과 그들의 삶의 실상을 오늘의 시점에서 재구성한 작품이다. 바스가 이 작품에서 형상화한 메릴랜드의 모습은 초기에 이주민들이 표방했고 그 이후 미국 역사에서 신화화되었던 '신예루살렘'과는 엄청난 간극을 보이고 있다. 바스의 텍스트에 형상화된 메릴랜드는 주인공 에덴이 이상향으로 생각했던 것과는 달리 추악하고 어두운 땅이다. 거의 모든 등장인물들이 정치적 음모에 연루되어 있을 뿐 아니라, 카톨릭이나 청교도와 같은 종교까지 정치적 싸움을 자행한다. 목사들은 하녀를 임신시키고 끝내는 창녀로 타락시키는가 하면, 미첼은 유럽으로부터 아편과 창녀를 수입하여 그것을 신대륙에 보급시킨다. 《연초도매상》은 공식적인 역사의 페이지 밑에 숨겨져 있던 17세기 메릴랜드의 어두운 현실을 재현한 것이다. 그리고 이는 역사와 역사적 진실에 대한 바스의 독특한 태도의 산물이다. 그는 역사에 대해 어떤 확정적인 해석을 적용하길 거부하고, 그 대신 역사와 역사적 진실에 대한 자유로운 유희를 예술로서 형상화 했다. 그에 의하면 역사적 진실은 발견되고 재구성되어야 할 의식의 대상이다.

쿠버(Robert Coover)의 《공개 화형》은 역사에 기록된 공적 영역에 대한 탈구조주의적이고 포스트모던한 인식의 산물이다. 쿠버는 '로젠버그 사건'을 중심 이야기로 설정하는데, 이는 그가 역사에 포함된 픽션적 성격을 파헤치는데 관심을 가졌기 때문이다. 텍스트에서 '로젠버그 사건'을 획책하는 것은 샘이다. 샘은 '양키 행상인 또는 교활한 인물'로 미국의 상징으로 제시된다. 그는 미국은 '명백한 운명'을 가졌다고 주장한다. 명백한 운명은 미국은 신의 은총에 의해 만들어진 나라이므로 자유와 평화를 유지하기 위해선 전 세계가 미국의 지배 아래 있어야 한다는 것이다. 그러나 이는 실행과정에서 매우 부정적인 형태를 띠게 되어, 세계평화를 위한 것이 아니라 단지 자신의 이익을 위해 작동되는 허구적 이데올로그에 불과하게 된다. 샘이 로젠버그 사건을 획책하는 것은 이러한 상황을 토대로 한다. 샘은 로젠버그 부부를 원자폭탄의 비밀을 팬텀에 넘긴 것으로 조작하여 공개화형 시킨다. 그들이 그 같은 일을 하지 않았음은 텍스트에 여러 가지로 암시되어 있다. 우선, 그들이 유죄라는 데 결정적인 제보를 한 골드라는 인물은 알콜 중독자일 뿐 아니라 습관성 거짓말쟁이이다. 또한 로젠버그의 죄를 입증하기 위해 제시되는 물증도 에델이 그린 원자폭탄의 개략적인 스케치 한 장에 불과하다. 나아가 그들이 무죄라는 것은 그들을 유죄로 만드는데 적극적인 역할을 담당한 사람들의 독백과 언급에서도 잘 드러난다. 닉슨은 기록물이란 어떠한 의미에서건 그것을 기록한 사람의 주관적인 시각에 의해 채색되므로 일종의 허구라고 말한다.

박봉희는 「존 바스의 《카이메라》연구-〈페르세우스 이야기〉에 나타난 '반복'의 문제」에서 글쓰기 전략으로서의 '반복'의 문제를 제시한다. 존 바스는 1967년 발표한 논문 「고갈의 문학」에서 '소설의 죽음'은 '어떤 형태의 고갈', '어떤 가능성의 소진'의 문제라고 말한다. 그리고 이에 대한 해결 방안을 《카이메라》 중 〈페르세우스 이야기〉를 통해 간명하게 보여 준다. 영웅 페르세우스가 자신의 영웅성을 파악해야만 하는 실존적 딜레마는 새로운 소설의 가능성을 찾지 못하면 작가의 생명을 유지할 수 없는 소설가 바스의 딜레마와 평행을 이룬다.

〈페르세우스 이야기〉의 중심 사건인 페르세우스의 과거 탐사 과정은 글쓰기 전략과 연결된다. 그리고 이는 '반복'의 개념과 유관하다. '반복' 개념은 비코에 의해 본격적으로 정립되었다. 비코는 정사에 비해 야사의 중요성을 인식하였다. 즉 그는 신성한 기원보다 인간적인 시작을 강조하였다. 또한 역사를 반복의 질서로 파악하였고 우리의 뿌리를 발견하기 위해서는 과거로 거슬러 올라가야 한다고 보았다. 여기서 우리가 돌아가야 할 과거는 기원이 아니라 시작이다. 이후 비코의 이론은 니체, 푸코, 들뢰즈에게 영향을 미친다. 니체는 전통이라는 위계질서의 권위를 부정하고 새롭고도 비직선적인 언술행위를 시작하라고 말한다. 푸코는 계보학에서 과거의 역사를 파헤쳐[40] 돌발적이고 우연적으로 보이는 사건들을 파악해내고 역사의 신체의 상태, 즉 강점과 약점은 무엇이고 질병은 무엇인가를 진단하고자 한다. 들뢰즈는 '반복'의 개념을 플라톤적 개념과 니체의 개념으로 대비하여 전자가 미리 설정된 유사나 동일성을 기초로 하여 차이를 생각하는 것이라면, 후자는 근본적인 차이의 산물로서 유사성과 심지어 동일성까지 생각하도록 요구할 것이라 논한다.

페르세우스의 과거 탐사를 두 벌의 벽화의 순서를 따라 살펴보자.

---

40 푸코는 힘과 지식의 언술 행위는 그 시대의 진실을 창출한다고 말한다. 그리고 이와 관계된 것을 '아카이브(archive)'라 한다. 아카이브란 언급될 수 있는 것에 대한 규율, 독특한 사건으로서의 진술의 출현을 주관하는 제도이다. 우리는 우리 시대의 아카이브는 알 수 없고 고고학적 방법을 동원해 과거의 아카이브를 고찰한다(김성곤 편, 앞의 책, 245쪽).

순서	잉태 ~ 왕국 형성	40살 ~ ?, 반복	차이
A	탑에 갇힌 다나에, 제우스가 황금비를 내려 아기를 잉태케 함	페르세우스는 안드로메다와 두 번째 신혼여행을 떠날 준비	다나에 대신 안드로메다 등장, 어머니와 결혼할 수 없음
B	아기 페르세우스와 어머니 다나에, 강에서 건져져 국왕인 폴리텍티스에게 보내짐	페르세우스와 안드로메다는 풍랑에 난파된 후 다노스에게 구조됨	다노스, 페르세우스의 젊은 시절의 이미지, 근본적으로는 차이 있음
C	페르테세우스는 아테네의 도움을 받아 메두사의 머리를 베러 감	페르세우스는 고깔 쓴 여인(새로운 메두사)의 전언을 들은 후 혼자 여정을 시작	메두사의 진실을 알게 됨
D	페르세우스는 삼도천의 님프의 소재를 알아 냄	트리톤 호수, 페르세우스는 그레에를 속이려다 호수에 빠짐	과거와는 달리 무장이 불필요
E	페르세우스는 메두사를 무찌를 장비를 구함	호숫가, 페르세우스는 날아가는 그레에를 쳐다 봄	과거의 단순 반복이 무위
F-1	북방, 페르세우스는 낮잠을 자고 있는 메두사의 목을 벰	고깔 쓴 여인, 페르세우스에게 자신이 메두사임을 밝힘	메두사는 페르세우스를 칼리사에게 데려감
F-2	서방, 페르세우스는 아틀라스를 석화(石化)시킴	페르세우스, 칼릭사를 떠남	페르세우스, 빈 칸의 글씨들을 채워야 함
F-3	조파, 페르세우스는 시터스를 무찌르고 안드로메다를 구함	조파, 페르세우스는 다노스를 죽이고 안드로메다를 떠나보냄	메두사를 포옹

※ '잉태~왕국 형성기'는 '40 살 이후'의 변화와 비교했을 때 화소가 더 추가되어 있다. 'F-4: 조파, 페르세우스는 안드로메다의 어머니의 반대에도 불구하고 그녀와 결혼함.', 'F-5: 조파, 페르세우스는 결혼 도중 파이너스와 싸움을 벌이고 이들을 석화시킴.', 'F-6: 세리포스, 페르세우스는 다나에를 구하고 폴리텍티스를 석화시킴.', 'F-7: 라리싸 경기회, 페르메세우스가 던진 원반이 할아버지 아크리시우스에게 명중됨.', 'G: 아고스, 페르세우스는 안드로메다와 왕국을 형성.'

첫 번째 벽화는 그가 잉태되는 순간부터 왕국 형성 시까지 그의 인생에서 중요한 사건들이다. 두 번째 벽화는 40 살의 그가 자신의 과거 행적을 더듬는 순간부터 시작된다. 두 번째 벽화는 대응되는 첫째 벽화와 놀랄 만큼 반복의 요소를 많이 지니고 있다. 두 벌의 벽화에 그려지는 수많은 반복의 요소는 외견상 페르세우스가 40년 전의 출발점에서 다시 시작하는 것처럼 보인다. 그러나 많은 유사성에도 불구하고 둘 사이에는 간극이 존재한다. 특히 페르세우스가 아내 안드로메다와 관계를 맺은 다노스를 죽이는 순간은 페르세우스가 과거의 자아를 버리고, 과거의 반복을 끊는 순간이다. 페르세우스는 과거와 작별하고, 새로운 현실인 메두사와 포옹한다.

페르세우스가 〈페르세우스 이야기〉에서 행하는 작업은 바스가 신화를 토대로 〈페르세우스 이야기〉를 쓰는 작업과 평행을 이룬다. 페르세우스가 현재의 문제를 해결하기 위해 자신의 잉태의 순간으로 거슬러 올라갔듯 바스는 소설의 죽음이라는 당면 문제, 새로운 가능성에 대한 문제의 열쇠를 얻기 위해 이야기의 기원이라 할 수 있는 신화로 거슬러 올라간 것이다.

5. 결론

탈구조주의는 근대의 이성중심주의를 해체함으로써 문학비평에 있어 절대적인 진리나 센터, 근원의 독선과 횡포를 거부하게 하였다. 그리하여 절대적인 의미의 안정된 권위는 교란되고 해석은 불가능해졌으며 모든 결론은 유보되었다. 또한 '차이'를 인정하고 불확실성과 불안을 있는 그대로 포용하며, 지배문화로부터 소외된 '타자'를 인정한다. 그것은 또한 지배 체제나 지배 구조에 의해 억압받는 개체의 해방을 외치며 '열린사회'를 지향한다.

탈구조주의 시대를 연 데리다는 '말 중심주의(phonocentrism)'보다 '글쓰기'를 강조하며, 말/글의 서열제도를 없앴다. 차연, 산종 등의 신조어를 만들어냈으며 '해체적 책읽기'를 시도한다. 데리다는 푸코를 해체하면서 자신의 주장을 위해 내세운 표현 속에 모순된 내용이 들어있으며, 레비-스트로스를 해체하면서 텍스트가 스스로를 해체했음을 논증한다. 핀터의 《생일파티》는 스탠리가 센터로서 자리했던 메그-스탠리에게 오이디푸스적 죄의식을 불러일으킴-를 부정하고 새로운 센터로 기능하는 골드버그를 따라가지만 골드버그 역시 하나의 환상에 불과할 뿐임을 깨닫는다.

푸코는 텍스트를 권력 투쟁의 장이라 주장한다. 텍스트는 역사적 · 사회적 요인들로부터 고립되어 존재할 수 없으며, 저자 역시 당대의 언술 행위에 영향을 받기 때문이다. 푸코는 '공식적 언술 행위'가 오랫동안 침묵시켜온 '소외된 언술 행위'에 관심을 가짐으로써 지식과 권력이 상호 관련됨을 증명한다. 바셀미(Donald Barthelme)의 〈우리 아버지의 우시는 모습〉과 〈나와 미스 맨디블〉은 절대적 센터는 부재하며, 기호에도 권력이 작용하여 의미 해독에 영향을 미침을 볼 수 있다.

에드워드 사이드는 텍스트는 고고한 고립에서 벗어나 세속화 되어야 한다고 주장한다. 세계는 하나의 거대한 텍스트이며 텍스트 속에서 일어나는 일은 현실 세계의 리얼리티가 된다. 그리고 비평은 적극적 의지로서 지배적 가치 체계에 도전해서 새로운 가치 체계를 창출하려는 '의도'가 되며, 인류 역사의 형성에 참여하려는 새로운 '시작'이 되는 것이다. 『오리엔탈리즘』은 서구 비평가들의 전통적 자세를 해체하고 동양적 관점에서 서술한 텍스트이다. 동양은 실재하는 모습으로서가 아니라 서양에 의해 왜곡되고 허구화된, 열등한 존재로 텍스트에 존재한다.

『포스트모더니즘의 이론』(김욱동 저)에 나타난 포스트모더니즘의 개념과 본질

1. 서론
2. 포스트모더니즘의 개념
3. 포스트모더니즘의 양상
4. 포스트모더니즘의 형식적 특성
5. 포스트모더니즘과 대중문화
6. 결론

1. 서론

포스트모더니즘은 한마디로 정의내리기가 힘들다. 다원성과 상대성 그리고 비결정성이 기본 원칙이기 때문이다. 포스트모더니즘을 정의 내린다면 정의라는 울타리 안에 포함되어 있는 내용보다 정의 밖에 배제될 내용이 더 많을 수도 있다. 뿐만 아니라 포스트모더니즘은 어느 한 상태로 남아 있지 않고 서로 다른 시간, 서로 다른 공간에 따라 각각 다른 양상을 보이기 일쑤이다. 나아가 포스트모더니즘은 개념과 본질이 정확히 규명되기도 전에 일상어가 되어 버려 문제는 한결 복잡해진다. 포스트모더니즘은 예술가들의 구체적 작품보다 비평가들과 이론가들의 이론으로 먼저 자리 잡았다. 즉 포스트모더니즘은 예술 운동으로 자리 잡기 전에 먼저 비평가의 용어가 되어버렸던 것이다.

이 같은 이유에서 김욱동은 『포스트모더니즘의 이론』을 집필한다. 포스트모더니즘을 체계적으로 논의하여 포스트모더니즘의 지형학을 작성하고자 한 것이다. 그래서 『포스트모더니즘의 이론』은 무엇보다 포스트모더니즘의 개념과 본질을 규명하는 것을 중요한 목표로 삼고, 주관적인 가치 평가를 배제하고 문제를 보다 객관적으로 기술한다.

포스트모더니즘에 대한 저자의 관심과 노력은 이전에도 『포스트모더니즘의 이해』(문학과 지성사, 1990년), 『포스트모더니즘과 예술』(청하, 1991년), 『포스트모더니즘과 포스트구조주의』(현암사, 1991년), 『모더니즘과 포스트모더니즘』(현암사, 1992년)로 이어져왔다. 또한 『포스트모더니즘의 이론』(민음사, 1992년) 이후에 저술한 『포스트모더니즘』(민음사, 2004년)은 연구 대상을 문학 · 철학 · 사회 이론으로 확대시켜 포스트모더니즘이 각 분야에 어떻게 나타났는지에 대한 전반적인 고찰을 시도한다.

2. 포스트모더니즘의 개념

포스트모더니즘을 우선 용어에서부터 살펴보겠다. '포스트모던'이란 용어는 단순히 '후근대' 또는 '후현대'를 가리키는 표현이다. 즉 포스트모더니즘은 적어도 시간적 추이라는 관점에서 볼 때 모더니즘 다음, 더 구체적으로 말하면 제2차 대전 이후 본격적으로 대두되기 시작한 현상을 가리킨다. 그러나 모더니즘 다음에 활약한 작가들이나 예술가들 모두를 포스트모더니스트로 범주화하지 않고, 오직

20세기 후반에 작품 활동을 하였거나 또는 현재 작품 활동을 하고 있는 작가들과 예술가들 가운데 특정한 사람들에게만 붙여야 한다.

'포스트(post)'에는 '후시성'뿐 아니라 '가치 전도'의 의미도 포함한다. 브라이언 맥헤일(Brian G. McHale)은 '포스트'에는 단절이나 이탈의 의미가 내포되어 있다고 주장한다. 맥헤일은 『포스트모더니즘과 소설』(1987)에서 '포스트'라는 접두어에는 '후시성'이라는 의미보다 논리적이고 역사적인 '결과'의 요소를 강조하는 의미가 있다고 주장한다. 즉 포스트모더니즘은 모더니즘 다음에 생겨난 현상이라기보다 오히려 모더니즘으로부터 비롯된 현상이라는 것이다. 또한 캘리네스큐(Matei Calinescu)는 포스트모더니즘의 '포스트'라는 접두어는 모더니즘에 대한, 그리고 모더니즘의 일시성과 부정의 변증법에 대한 무의식적 찬사처럼 보인다고 말한다. 모더니즘이 항상 자신의 붕괴를 열망하는 이상, 포스트모더니즘은 모더니즘적 상상력의 가장 전형적인 산물 중 하나이다.

모더니즘과 포스트모더니즘의 상호관련성은 네 가지로 나누어 볼 수 있다. 첫째는 계승적 관계이다. 실존주의적 위기의식과 소외감이나 고립감과 같은 주제의 관점에서 본다면 포스트모더니즘은 모더니즘과 크게 다르지 않다. 둘째는 발전적 관계이다. 과거의 전통이나 인습으로부터 벗어나 새로운 것을 창안하고자 하는 문학의 급진주의라는 형식적 관점에서 본다면, 포스트모더니즘은 모더니즘 전통이나 이론을 상당 부분 발전시키고 있다. '모든 것을 새롭게 하라'는 모더니즘의 슬로건은 포스트모더니즘에도 적용된다. 마술적 리얼리즘, 누보로망, 서픽션 등은 모더니즘의 실험성을 한 단계 발전시킨 것이다. 모더니즘의 실험성이 일방통행로에 해당된다면 포스트모더니즘의 그것은 막다른 골목에 해당된다. 셋째는 대립적 관계이다. 유기적 구성이나 형식 또는 예술의 자기 목적성에서 본다면 모더니즘 예술 작품은 '잘 빚어진 항아리'나 '언어적 성상'에 비유될 수 있는 반면 포스트모더니즘 작가들의 작품은 유기적 통일성을 거의 모두 부정한다. 이들은 통일성이나 일관성보다는 오히려 편린성이나 임의성 또는 유희성을 받아들인다. 그들의 작품은 '산산조각으로 깨어진 항아리'이고 '언어적 미로'에 해당된다. 독창성이나 창조성 또한 기대하지 않는데, 이는 작가의 죽음이나 문학의 죽음 또는 인간의 죽음 현상을 낳는다. 넷째는 적대적 관계이다. 프로이트가 말한 '억압된 것의 복귀' 현상으로 본다면 포스트모더니즘은 모더니즘과 적대적 관계를 맺고 있다. 포스트모더니즘은 기성 문화에 반기를 드는 청년 문화를 비롯한 반문화, 고급문화에 대항하는 대중문화, 제1세계와 제2세계의 문화에 도전하는 제3세계 문화, 가부장적 남성중심주의에 항거하는 페미니즘 문학, 이성간의 섹스에 도전하는 동성연애 문학 등 탈중심화나 탈정전화 현상이 두드러지게 나타난다.

다음은 문예개념으로서의 포스트모더니즘을 살펴보겠다. 미카엘 쾰러(Michael Köhler)와 이합 핫산(Ihab Hassan)에 따르면 1934년경, 문학이나 예술 개념으로 처음 사용하기 시작하였다. 오니스(Federico de Onis)와 더들리 피츠(Dudley Fitz)는 20세기 초엽 스페인 문화권을 중심으로 대두되기 시작한 시 작품과 관련하여 텍스트에 나타난 모더니즘에 대한 가벼운 반작용 현상을 지적한다.

영국의 아놀드 토인비(Arnold Joseph Toynbee)는 『역사연구』(1934~1961)에서 서구의 역사를 크게 '암흑기, 중세기, 모던, 포스트모던' 네 시기로 구분한다. 여기서 '포스트모던'시기는 합리주의가 붕괴되고 무정부주의가 처음 대두되기 시작한 가장 최근의 역사적 시기이다. 다른 글에서는 중산층이 점차 쇠퇴하고 도시 노동자들이 부상하기 시작한 현상을 '포스트모던'이라고 부르기도 하나 이는 문학사가들이 흔히 '모던'이라고 부르는 용어와 크게 다르지 않다.

미국에서 '포스트모던'이라는 용어는 1940년대 말엽부터 랜덜 재럴(Randell Jarrell)과 존 베리먼(John Berryman) 그리고 찰스 올슨(Charles Olson)과 같은 시인들에 의하여 처음 사용되었다. 1950년대에 어빙 하우(Irving Howe)와 해리 레빈(Harry Tuchman Levin)과 같은 비평가들에 의하여 본격적으로 도입되었다. 하우는 그의 논문 「대중사회와 포스트모던 소설」(1959)에서 제2차 세계대전 이후 약 20년에 걸쳐 활약한 작가들의 작품에는 제2차 세계대전 이전의 모더니즘 작가들과는 변별적으로 구별되는 분명한 특징이 있다고 주장한다. 이들은 실험적 기교를 사용하지 않은 채 다분히 전통적 리얼리즘 수법을 사용하는데(네오-리얼리즘), 이를 '포스트모던 소설'이라 할 수 있다. 해리 레빈은 「모더니즘이란 무엇인가」(1960)라는 논문에서 1960년대부터 대두되기 시작한 새로운 문학의 조짐이나 경향을 막연히 지칭하여 '포스트모던'이라고 불렀다. 이는 반지성의 저류가 표층으로 표현된 것이다.

포스트모더니즘이란 용어가 보다 본격적으로 문학에 도입된 것은 1960년대와 1970년대 들어오면서부터이다. 레슬리 피들러(Leslie Aaron Fiedler), 이합 핫산, 수전 손탁(Susan Sontag), 리처드 포이리어(Richard Poinier)와 같은 비평가들과 이론가들이 문학과 문화 현상에 나타나는 '이성과 합리성의 붕괴'를 가리키는 용어로 사용하면서 널리 유행하기 시작하였다. 피들러는 「새로운 돌연변이종」(1965)에서

'새로운 비이성주의자'로 불리는 작가들은 지식보다는 비전, 논리보다는 환각을 중시하며 거의 정신분열증에 가까운 증세를 보인다고 말한다. 이들은 모더니스트들과는 대조적으로 대중문화에 남다른 관심을 보인다. 특히 그들은 탐정소설과 공상과학소설이라는 새로운 문학 장르, 그리고 '외설미학'이라는 새로운 미학을 탄생시켰다. 존 바스(John Barth)는 「고갈의 문학」(1968)에서 모더니즘이나 포스트모더니즘이라는 용어를 명시적으로 사용하고 있지 않지만, 모더니즘 문학은 이제 완전히 '고갈'되거나 '소진'되었다고 주장한다. 여기서 '고갈'은 어떤 형식의 고갈 또는 어떤 가능성의 극도의 탕진을 의미한다. 그러나 고갈이나 소진 또는 피로는 절망의 원인이 된다기보다 오히려 새로운 가능성이나 소망의 원인이 된다. 그리고 이를 대변하는 작가로는 '보르헤스(Jorge Luis Borges)'를 꼽을 수 있다. 보르헤스는 기교적인 면에서 현대적인 예술가이다. 바스는 이러한 입장을 「소생의 문학」(1980)에서 재천명한다.

역사적으로 볼 때 포스트모더니즘이 본격적으로 대두[41]되기 시작

---

41 토인비는 『역사연구』에서 포스트모던의 시작을 1875년경으로 잡는다. 그러나 이는 서구 문명사와 문화사를 구별하는 역사적 용어일 뿐 문학과 예술과는 직접적인 관련성이 없다. 에르네스트 만델(Ernest Ezra Mandel)과 프레드릭 제임슨(Fredric Jameson)은 다국적 자본주의로 이행되는 1940년대에 시작되는 것으로 간주한다. 리처드 롤런드(Richard Rowlands)와 맬컴 블래드베리(Malcolm Bradbury)는 일본이 미국의 진주만을 습격한 1941년에, 피터 개러비티(Peter Carravetta)는 미국이 일본의 히로시마와 나가사키에 원자폭탄을 투하한 1945년 8월 6일에 포스트모더니즘이 시작되었다고 주장한다. 찰스 뉴먼(Charles Newman)은 미국 내에 통화가 가장 팽창되기 시작한 1946년 봄을, 래리 맥캐프리(Larry McCaffery)는 존 F. 캐네디(John Fitzgerald Kennedy)가 암살된 1963년 11월 22일을, 찰스 쟁크스(Charles Alexander Jencks)는 모더니즘의 상징 건물인 세인트 루이스의 프루이트-아이고우 주택 건물이 다이너마이트에 의해 폭파된 1972년 7월 15일 오후 3시 32분을 포스트모더니즘이 시작한 때로 본다. 토니 태너(Tony Tanner)는 미국의 소설가 윌리엄 개스의 작품 《인식》이 출판된 1955년경-제임스 조이스(James Augustine Aloysius Joyce)의 《피네건의 경야》, 장-폴 사르트르

한 것은 제2차 세계대전 이후이다. 1940년대 말엽과 1950년대 초엽 인간의 역사는 새로운 전환기를 맞고 있었다. 아돌프 히틀러의 나치주의의 절대 권력과 유태인의 대량 학살, 나가사키와 히로시마의 원자탄 투하로 말미암아 전 인류 멸망에 대한 공포감, 무차별한 자연환경의 파괴, 폭발적인 인구증가와 그에 따른 기아에 대한 두려움 등 서구의 정신세계는 위기를 맞고 있었다. 많은 예술가들이나 사상가들은 전(前) 시기와 달리 절대성보다는 상대성을, 일원론보다는 다원론을, 독단주의보다는 관용주의를 받아들이기 시작했다.

리얼리즘뿐 아니라 모더니즘에도 적지 않은 불만을 지니고 있던 많은 작가들과 예술가들은 전자 매체가 압도하는 후기산업사회에서 살아남을 수 있는 새로운 예술의 가능성을 탐색하게 되었다. 그들의 관점에서 보면 21세기를 바로 눈앞에 둔 세기말적 상황에서 문학은 더 이상 편협하고 폐쇄적인 모더니즘의 테두리 안에서 안주할 수만은 없었다. 그리고 아시아와 아프리카의 소수민족 운동, 여권운동이나 동성애 운동, '타자'로서 억압받아 온 주변부 문화, 정보매체의 발달 등과 같은 고도로 발달된 과학과 기술은 포스트모더니즘의 발생과 밀접한 관련이 있다.

일반적으로 포스트모더니즘은 문학과 예술을 포함한 문화 현상, 철학적 현상, 정치-사회 이론적 현상, 자연과학 현상 등의 관점에서 논의될 수 있다. 철학이나 역사이론에서는 포스트구조주의로, 정치영역에서는 포스트마르크스주의로, 사회이론의 경우에는 포스트산

(Jean-Paul Sartre)의 《구토》, 사뮈엘 베케트(Samuel Barclay Beckett)의 《머피》 또한 이때 출간됨-을 포스트모더니즘이 시작된 시기로 간주한다, 윌리엄 해밀턴(William Hamilton) 등은 T.S 엘리어트(Thomas Stearns Eliot)가 사망한 1965년 1월 4일을 포스트모더니즘의 기점으로 잡는다(김욱동, 앞의 책, 24~26쪽).

업사회로, 경제이론에서는 포스트포드주의로 불린다.

포스트모던 철학자들은 진리나 지식에 어떤 절대적이고 확실한 근거가 존재한다고 굳게 믿는 철학적 입장에 의문을 제기한다. 이들은 정초주의(定礎主義)나 본질주의를 신봉하지 않는다. 이는 프랑스에서 1960년대 말엽부터 대두되기 시작한 포스트구조주의에 의하여 가장 잘 대변된다. 롤랑 바르트(Roland Gérard Barthes), 자크 데리다(Jacques Derrida), 미셸 푸코(Michel Foucault), 자크 라캉(Jacques Lacan), 질 들뢰즈(Gilles Deleuze), 펠릭스 가타리(Pierre-Félix Guattari) 등이 이들에 속한다. 이들은 실재를 총체적이고 통일적으로 파악해 온 전통적인 철학자들과는 달리 실재를 편린적이고 이질적이며 다원적인 것으로 파악하고자 한다. 또한 실재의 본질뿐 아니라 더 나아가 그것을 파악하는 주체에 대해서도 매우 회의적인 태도를 보인다. 인식 주체인 '나'를 인정하지 않음으로써 이성에 기초하는 '존재의 형이상학'을 해체하고 있다. 이들에 따르면 주체는 어디까지나 지리멸렬한 무의식적 충동이나 욕망의 집합에 지나지 않는다. 이는 '주체의 상실', '주체의 죽음', '인간의 죽음', '휴머니즘의 죽음'과 관계된다. 포스트모던 철학은 흔히 '거대이론'으로 번역되는 '메타내러티브'에 대해서도 회의하고 불신한다. 료타르(Jean-François Lyotard)는 메타내러티브의 대표적인 예로 헤겔(Georg Wilhelm Friedrich Hegel)의 정신의 변증법, 마르틴 하이데거(Martin Heidegger)의 의미의 해석학, 칼 마르크스(Karl Marx)의 변증법적 유물론, 또는 애덤 스미스(Adam Smith)나 데이비드 리카도우(David Ricardo)의 자본주의 이론 등을 들고 있다. 데리다를 비롯한 해체주의자들 또한 로고스중심주의를 완전히 해체하고자 한다.

포스트모더니즘은 사회과학 분야에서도 힘을 행사한다. 에르네스트 만델(Ernest Ezra Mandel)은 『후기자본주의』(1978)에서 서구 자본주의를 시장 자본주의, 제국주의적 독점 자본주의, 그리고 다국적 자본주의로 분류한다. 그리고 각각의 자본주의는 리얼리즘, 모더니즘, 포스트모더니즘과 같은 문화적 특징을 지닌다. 다국적 자본주의라고 부르는 20세기 후반에 나타난 여러 가지 새로운 조짐이나 징후 중 대표적인 것은 제조업의 쇠퇴와 서비스업의 증대이다. 프랑스의 '상황주의' 이론가 중 한 사람인 기 드보르(Guy Debord)는 현대사회는 구체적인 물질 생산품보다 이미지 생산품이 가장 발전된 형태의 상품이 된다고 말한다.

포스트모더니즘은 정치구조에서도 잘 나타난다. 고전적 마르크스가 붕괴되고 대두한 포스트마르크스주의가 이를 잘 대변한다. 이는 1980년대를 통하여 영국에서 발행되는 잡지 『오늘의 마르크스주의』에 잘 나타난다.

> 좌파가 '새로운 시대'와 타협할 수 없는 한 그것은 오직 주변부에서 삶을 영위하지 않으면 안 된다. …(중략)…'새로운 시대'의 중심부에서는 대량 생산의 포드주의적 경제에서 컴퓨터와 정보 기술 그리고 로봇학에 기초를 둔 보다 가변적이고 새로운 포스트포드주의적 질서에로의 이항이 이루어진다. 그러나 이 '새로운 시대'는 이러한 경제적 변화 이상을 의미한다. 우리가 살고 있는 세계는 지금 다시 창조되고 있는 것이나 다름없다. 대량 생산, 대량 소비, 이른바 '대형(大型)'이 지배하는 국가, 교회로 길게 뻗어가는 주거지, 그리고 단일 민족 국가는 이제 쇠퇴 일로에 놓여 있다. 이러한 과정을 통하여 우리 자신의 정체, 자아의 개념, 우리 자신의 주관성이 변형되고 있다. 한 마디로 말해서 우리는 지금 새로운 시대로 이행하고 있는 중이다(「Introduction」, 『*Marxism Today*』, October).

포스트모더니즘은 자연 과학의 영역에도 나타난다. 포스트모던 과학은 안정성보다는 불안정성을, 객관성보다는 주관성을 추구한다. 예를 들면 르네 톰(René Thom)은 '격변이론'에서 안정된 세계 개념에 도전하고, 토마스 쿤(Thomas Samuel Kuhn)은 '패러다임' 이론을 통해 과학의 현실성을 비판한다. 그에 따르면 과학적 발견은 다분히 우연이나 추측, 심지어는 신비적 관념에 의하여 생겨나는 산물이며, 이 또한 어디까지나 패러다임의 전이의 결과에서 비롯되는 것에 지나지 않는다. 따라서 어떤 영역에서건 가치나 덕성은 상대적이며 수사학적 특징을 지닌다.

3. 포스트모더니즘의 양상

포스트모더니즘은 네오-리얼리즘, 누보로망, 초소설, 미니멀리즘과 맥시멀리즘 등과의 관련성을 살펴보아야 한다.

우선 네오-리얼리즘과 포스트모더니즘과의 관련성을 살펴보자. 1940년대 말엽과 1950년대 영미소설은 모더니즘에서 포스트모더니즘으로 이행하는 일종의 징검다리 역할을 하였다. 제2차 세계대전을 전후로 그 이전에는 모더니즘이, 그 이후에는 포스트모더니즘이 지배적인 사조로 등장하였다. 리얼리즘 전통은 20세기를 통하여 반리얼리즘 전통에 속하는 알랭 로보-그리예의 누보로망이나, 라틴 아메리카의 마술적 리얼리즘으로 이어졌다.

미국 소설의 거장들은 대부분 1940년대에 사망하였고, 예술적 공백기에 유태인 계통의 작가들이 나타났다. 1940년대와 1950년대 유럽과 미국을 풍미한 지배적인 시대정신이나 에토스는 한마디로 '신자유주의'이다. 아서 M. 쉴레진저(Arthur Meier Schlesinger)는 『핵심적 중심』(1949)에서 신자유주의란 정치적 역사적 회의주의를 첨예하게 깨닫고 있으면서도 동시에 초월적 확실성에 대한 갈망을 포기하지 않는 세계관을 말한다고 주장한다. 특히 여기에는 정치적이고 역사적인 확실성보다는 도덕적 성찰을 더 중요시 한다. 영국의 리비스(Queenie Dorothy Leavis)와 미국의 트릴링(Lionel Mordecai Trilling)은 다양성과 가능성이 소설 장르에서 가장 잘 구현될 수 있다고 믿고 이를 리얼리즘 전통에서 찾았다. 그들에게 신자유주의와 문학적 리얼리즘은 동의어나 다름없었다. 이는 문학사에서 보면 조지 엘리어트(George Eliot)의 도덕적 리얼리즘과 가장 가깝다고 할 수 있고, '네오-리얼리즘'이라 불린다.

네오-리얼리즘은 제2차 세계대전 이후의 미국소설에서 가장 두드러지게 나타났다. 이 당시 출판된 미국 소설들은 한편으로는 1910년대와 1920년대에 풍미하던 모더니즘의 실험성을 점차 극복하였다. 다른 한편으로는 1930년대와 1940년대의 경제 대 공항을 맞으면서 새롭게 각성된 사회의식이나 이데올로기적 확실성을 지향하기 시작하였다. 그들은 허무주의를 거부하고 될 수 있는 대로 삶으로부터 예술을 만들어내고자 하였다. 대니얼 파크는 「솔 벨로우(Saul Bellow)와 현대적 전통」(1974)에서 벨로우를 비롯한 미국의 유태계 소설가들이 보다 리얼리즘적 소설 형태로 복귀하고 있음을 주목한다. 벨로우는 구체적인 역사성에 기반을 둔 채 휴머니즘적 측면을 강조하였다. 그는 허무주의를 거부하고 될 수 있는 대로 삶으로부터 예술을 만들어내고자 하였다. 피들러와 하우는 이 당시의 미국의 유태계 작가들을 포스트모더니스트들로 범주화한다.

윌리엄 V. 오크너(William Van O'Connor)는 1950년대 활약한 영국 작가들을 포스트모더니스트들로 범주화한다. 이들은 휴머니즘과 신자유주의의 특징을 지닌다. 윌리엄 V. 오크너는 『새로운 대학 제사들과 모더니즘의 종말』(1963)에서 제2차 세계대전 이후 활약한 영국 작가들을 '새로운 대학 제사들'이라 부른다. 이들은 엘리자베스 1세(Elizabeth I)(1533~1603)의 재임 기간 동안 활약한 대학 출신의 젊은 문인 그룹을 가리킨다. 오크너는 현대 영국 작가들이 다분히 휴머니즘적 특징을 지니고 있는 점에서는 엘리자베스 시대에 활약한 문인들과 유사하다고 주장한다. 이들은 미국의 유태계 작가들과 마찬가지로 모더니스트들 텍스트에 나타나는 소외와 고립보다는 평범하고 일상적인 삶, 그리고 책임성 있는 일상인의 문제에 한결 큰 관심을 보인다. 이들은 모더니스트들보다 스타일에 있어서는 덜 실험적인 반면 내용에 있어서는 그들보다 사회적 주제에 더 많은 관심을 보인다.

피들러와 하우(Irving Howe), 그리고 오크너는 포스트모더니즘을 오직 휴머니즘의 회복이라는 관점에서 파악하고자 한다. 그러나 포스트모더니즘은 모더니즘과 마찬가지로 여전히 휴머니즘과는 큰 차이가 있다. 그러므로 미국의 유태계 작가들과 영국의 '새로운 대학 제사들'을 포스트모더니스트로 범주화한다면 여러 가지 문제가 야기된다.

일군의 이론가들은 1950년대 프랑스에서 풍미하던 누보로망이나 레이먼드 로널드 슈케닉(Raymond Ronald Sukenick)이 주창한 '서픽션', '초소설' 등을 포스트모더니즘의 범주에서 제외시키는 오류를 범한다. 누보로망이나 서픽션은 인과 관계에 기초를 둔 전통적인 플롯이나 내러티브를 모두 해체하고 일상생활에서 쉽게 볼 수 있는 작중인물에 별다른 관심을 가지지 않는다. 이 같은 측면으로 보면 이들은 다분히 반휴머니즘적이다.

린다 허천(Linda Hutcheon)은 대표적으로 누보로망이나 서픽션을 포스트모더니즘 범주에서 제외한다. 그녀는 역사성과 텍스트성이라는 일견 모순되고 상충되는 관점에서 포스트모더니즘을 파악하고자 한다. 그녀는 많은 이론가들과는 달리 역사성과 재현성을 강조한다. 허천은 포스트모더니즘의 가장 전형적인 형태로 '사료적 메타픽션'을 창안한다. 사료적 메타픽션은 '강렬하게 자기반영적인 동시에 역설적으로 역사적 사건과 인물을 주장하는, 우리에게 잘 알려진 대중소설'을 말한다. 그것은 한편으로는 역사적 사건이나 인물을 재현하는 동시에 다른 한편으로는 텍스트 내부의 메카니즘에 관심을 갖는다. 사료적 메타픽션 작가들은 실제 역사에서 작중 인물과 사건을 취해오지만 그것들을 단순히 객관적으로 기술하기보다는 오히려 왜곡시키거나 허구화시키는 경향이 있다. 역사와 스토리, 사실과 허구를 구별하지 않는 그들은 역사가 언어로 구성된 내러티브의 한 형식에 지나지 않는다는 점을 강조한다.

사료적 메타픽션은 엘리트 예술과 대중 예술 사이에 놓여 있던 경계선을 붕괴시킨다. 우선, 자기반영성이나 패러디 또는 아이러니와 같은 형식상 실험성을 강조하는 점에 있어서는 엘리트주의적 특징을 지닌다. 다음으로 탐정소설이나 서부개척소설, 공상과학 소설과 같은 주변장르에 관심을 기울인다는 점에 있어서는 대중적인 특징을 지닌다. 또한 개성의 표현이나 독창성, 예술적 자율성을 인정하지 않는다는 점에 있어서나, 역사 · 사회학 · 신학 · 정치학 · 경제학 · 철학 · 기호학과 같은 거의 모든 학문과 밀접한 관련을 맺어 다원성과 상대성을 지닌다는 점에 있어서도 포스트모더니즘과 유관하다.

이를 전제로 린다 허천은 역사성을 무시한 채 텍스트의 기교성을 강조하는 자기반영적 문학 작품을 포스트모더니즘과 변별적으로 구분한다. 프랑스의 누보로망, 『텔켈』 그룹의 작가들, 이탈리아의 네오-아방가르드, 미국의 서픽션은 자기반영성을 대표하는 가장 전형적인 작품이다. 이들은 모더니즘이 극단적으로 발전된 형태에 지나지 않으며 '얼트러-모더니즘(ultra-modernism)'이라 할 수 있다. 포스트모더니즘 소설은 자기반영성에 탐닉하지 않은 채 구체적인 역사적인 사건과 사회적 공간 안에 존재해 있는 현실 세계와 어떤 방법으로든지 관련을 맺어야 한다.

맥헤일은 유리 티니야노프(Юрий Николаевич Тынянов)와 로만 야콥슨(Roman Jakobson)의 '지배소' 개념을 빌려 모더니즘과 포스트모더니즘의 특징을 지적한다. 모더니즘은 인식론적 지배소에, 포스트모더니즘은 존재론적 지배소에 의하여 특징 지워 진다. 즉 모더니즘 소설은 딕 히긴스가 제기한 질문들, '내가 일부를 이루고 있는 이 세계를 어떻게 해석할 수 있는가? 그리고 이 세계 안에서 나의 존재는 과연 무엇인가?'라는 질문을 전경화 시킨다. 그리고 포스트모더니즘 소설은 '포스트-인식론적'이라고 부르는 질문들, 즉 '우리가 살고 있는 이 세계는 과연 어떤 세계인가? 우리 자신 가운데 누가 그것을 수행할 수 있는가?'와 같은 질문들을 중요하게 취급한다. 또한 문학 텍스트 자체의 존재론 또는 그 텍스트가 투사하고자 하는 세계의 존재론에 심각한 의문을 제기한다. 맥헤일은 누보로망을 인식론적 모더니즘에서 존재론적 포스트모더니즘으로의 이행을 보여주는 소설로 보고 이를 포스트모더니즘의 범주에서 제외시키고자 한다. 또한 탐정소설을 가장 대표적인 모더니즘 장르로 간주한다.

린다 허천, 맥헤일 등의 이론에 따르면 누보로망, 탐정 소설 등은 포스트모더니즘에서 제외된다. 그러나 누보로망은 여러 가지 측면에서 포스트모더니즘 문학과 유사하다. 우선 로브-그리예(Alain Robbe-Grillet)는 『누보로망을 위하여』(1963)에서 '누보로망은 과거의 모든 문학 전통과 결별'하고자 한다고 주장한다. 여기서 그가 말하는 과거의 문학전통은 리얼리즘뿐 아니라 모더니즘도 포함된다. 그는 새롭게 대두되기 시작한 유형의 소설을 누보로망, 즉 '새로운 소설'로 부르며, 누보로망 작가들이란 제2차 세계대전 이후 변화한 새로운 인간관계를 표현하는데 가장 적합한 새로운 형식을 추구하는 소설가들이라 말한다. 로브-그리예는 누보로망은 문학의 영원성을 거부하며, 창작행위와 비평행위를 변별적으로 구분하지 않는다는 점에서 모더니즘과 다르다고 말한다. 다음으로 뤼시엥 골드만(Lucien Goldmann)은 『소설 사회학을 위하여』(1964)에서 서구 자본주의를 자유주의적 자본주의, 제국주의적 자본주의, 소비 사회적 자본주의로 나누고 누보로망은 세 번째 단계와 관계된다고 주장한다. 포스트모더니즘은 1945년 이후 비로소 시작된 소비 사회적 자본주의의 특징이 심미적 지배소가 된다. 이는 모든 가치가 오직 교환 가치로 축소되고 대상 세계가 인간 세계를 지배하는 이른바 물화 현상이 최대한으로 발전하는 단계로 비정치적이고 비인간적인 특징을 지닌다. 그리고 골드만은 로브-그리예를 반휴머니즘적 특징을 지닌 작가로 분류한다. 로브-그리예 작품은 그 자체의 구조와 법칙을 지니고 있는 반자율적인 사물 세계의 출현으로 특징 지워 진다. 그는 인간 심리와 인간의 상호관계보다 물화된 사물 세계에 더 큰 관심을 갖는다. 로브-그리예의 경우 '실재는 오직 사물의 구조와 속성을 통하여 표현될 때만 다시 발견될 수 있다.'

서픽션도 누보로망과 마찬가지로 포스트모더니즘에서 제외되어 왔지만 타당하지 않다. 서픽션은 전통적인 소설 양식을 거부한 채 허구적 위치를 과시하고 자의식적 입장을 견지한다는 점에서 포스트모더니즘의 기본 입장과 상당히 비슷하다. 페드먼(Raymond Federman)은 「서픽션 선언문」(1975)[42]에서, 서픽션은 '소설의 가능성을 탐색하고자 하는 소설, 소설을 지배하는 전통에 도전하는 소설, 인간의 왜곡된 실재의 비전 대신에 인간의 상상력에 대한 신념을 끊임없이 새롭게 해주는 소설, 인간의 합리성보다는 인간의 비합리성을 드러내주는 소설'이라 말한다.

서픽션 소설에서 흔히 나타나는 현상 중의 하나는 '작중 인물의 탈허구화'[43](래리 맥카프리(Larry McCaffery))이다. 서픽션 작가들은 흔히 자신의 작품에 작중 인물로 등장함으로써 자서전적 요소를 사용하거나, 친구들이나 동료 작가들을 작중 인물로 사용하기도 한다. 즉 작가는 흔히 허구적 인물로 변모한 반면, 작중 인물들은 자주 허구적 위치에서 탈피하여 보다 현실적인 실제 인물들로 변모한다. 그러나 허구화된 작가의 개인적 삶은 진정한 의미의 자서전과는 상당히 거

---

42 Federman, "Surfiction: Four Proposals in Form of Introduction", in *Surfiction: Fiction Now and Tomorrow*, ed. Raymond Federman, Chicago: Swallow Press, 1975.

43 Larry McCaffery, "Introduction", in *Postmodern Fiction: Bio-Bibliograpahical Guide*, Westport, Conn: Greenwood Press. 1986, pp.21~22.

리가 멀다. 슈케닉의 작품과 관련하여 티머시 다우 애덤스가 지적하고 있듯이[44] 삶의 인위성과 소설의 인위성을 강조하기 위하여 전통적인 자서전의 재현적 모방을 사용하는 대신에 허구적 구성물 안에서 개인의 사실적인 삶을 살고자 하는 생각은 슈케닉의 소설 이론에서 없어서는 안 될 필수적인 요소이다. 서픽션 작가들은 어디까지나 애덤스의 표현대로 '모방 자서전 작가'에 지나지 않으며 그들의 작품은 '모방 자서전'에 지나지 않는다. 그들은 소설이라는 허구적 공간의 테두리 안에서 유희를 즐기고 있을 뿐이다.

미니멀리즘이란 '더 작은 것이 많다' 또는 '작은 것이 아름답다'는 심미적 원칙에 기초를 두고 있는 예술 전통을 말하며, 맥시멀리즘은 이와는 반대로 '더 많은 것이 더 많다' 또는 '큰 것이 아름답다'는 심미적 원칙에 기초를 두고 있는 예술 전통이다.

존 바스(John Simmons Barth)는 1970년대부터 유행하기 시작하였으며 주로 사실주의적 전통에 입각한 채 간결하면서도 완곡한 수법을 사용하는 새로운 유형의 미국 단편 소설의 경향을 가리켜 미니멀리즘이라 부른다. 미니멀리즘은 최소한의 노력으로 최대한의 효과를 얻는다는 경제 원칙에 입각한다. 절제와 응축, 그리고 경제성을 가장 핵심적인 서술 전략으로 삼으며 흔히 '부재의 소설'로 불린다. 미니멀리즘 작가들은 어휘나 문장 구조 또는 수사학에 있어서는 말할 것도 없거니와 작중 인물이나 플롯 또는 행위 등에 있어서도 경제 원칙을 적용한다. 프레드릭 R. 칼(Frederick R. Karl)은 미니멀리즘 작

44 Timothy Dow Adams, "Obscuring the Muse: The Mock Autobiographies of Ronald Sukenick", *Critique* 20, 1978, pp.27~39.

가들은 불필요하다고 생각되는 부분을 과감하게 생략함으로써 더 많은 효과를 얻고자 시도한다고 주장한다. "흔히 작가는 그가 전개하는 노선이 아니라 그 노선을 초월하여 존재해 있는 것, 즉 현재 상태처럼 그렇게 지배적이지는 않지만 어쩌면 그보다 더 의미 있는 것을 참조점으로 삼는다. …(중략)… 플롯은 물론이고 연속적인 내러티브 전개, 틀에 박힌 일상적인 성격 형성이 약화되거나 또는 전적으로 파괴된다."[45]

플롯의 측면에서 보면 플롯은 없거나 매우 빈약하다. 즉 미니멀리즘 작가들은 구체성이 결여되어 있는 추상적이고 막연한 이야기를 즐겨 구성한다. 따라서 미니멀리즘 작품에는 인과 관계에 따른 논리적이고 짜임새 있는 플롯보다는 오히려 에피소드에서 흔히 볼 수 있는 산만하고 느슨한 플롯을 많이 사용한다. 또한 중심적인 내러티브에서 일탈하는 곁 플롯이 중심적인 플롯보다 오히려 더 중요하게 취급된다. 플롯과 관련하여 신화가 복합적으로 사용되는 대신 단일한 신화가 일관성 있게 사용된다. 그리고 이러한 플롯이 전개되는 시간과 공간 역시 최소한으로 축소되어 나타난다. 바슬미(Donald Barthelme)의 《죽은 아버지》나 《백설공주》(1967), 그리고 브로티건(Richard Brautigan)의 《미국의 송어낚시》(1967)에서 찾아 볼 수 있다.

작중인물이나 성격 형성의 경우에도 축소 지향적 성격이 많이 나타난다. 작중 인물들의 수가 적거나, 아예 이름도 없이 우화처럼 별명만 사용되는 경우가 적지 않다. 배경도 예외가 아니다. 공간적 배경은 미국에서 잘 알려져 있지 않은 서부나 남부의 작은 주에 위치해

45 Frederick R. Karl, *American Fiction 1940/1980*, New York: Harper and Row, 1985, p.384.

있는 소읍들이나, 도시의 초라한 교외들이 작품의 중심적인 지리적 배경으로 등장한다. 또한 시간적 배경도 최소화한 채 주로 당대에서 일어나는 일상적 사건을 취급한다. 현재 시제를 주로 사용하는 것도 이와 관계된다. 언어의 사용도 최대한 경제적으로 절제한다. 경우에 따라서는 오히려 침묵을 지향한다. 어휘는 추상적 단어보다 짧고 친근한 단어를 사용하고, 형용사구나 부사구와 같은 수식어, 또는 의미를 한정하는 표현을 될 수 있는 대로 억제하여 사용한다. 뿐만 아니라 통사적인 측면에서 보면 생략구문이나 파편적인 문장을 사용하고, 복문이나 중문보다 단문을 즐겨 사용한다. 그리고 단순하고 소박한 비유나 수사법이 사용되며 등장인물들이 주고 받는 대화 역시 스타카토와 같은 반복적이고 단속적인 표현이나 상투적인 표현이 많다.

바슬미는《백설공주》에서 작중 인물 댄을 통하여 '일상어의 포괄적 효과'에 대해 말한다. 일상어의 포괄적 효과는 '이를테면'이나 '말하자면'이라는 표현처럼 말과 말 사이에 끼워 사용하는 표현에서 비롯되는 효과를 말한다. 이 표현은 '잡동사니'나 '속임수'라고 불리는 '끼워 넣기'나 '채워 넣기' 수법이다. 이 수법은 '무한정한' 특성과 '진흙'과 같은 특성을 지닌다. 바슬미에 의하면 인간이 사용하는 언어는 '쓰레기 현상'의 전형적인 모델로 간주될 수 있다. 바슬미의 관점에서 보면 미니멀리스트들은 쓰레기 현상을 거부한 채 오직 필요불가결한 최소한의 언어만을 효과적으로 사용하고자 한다.

맥시멀리즘은 긴 역사적 퍼스펙티브를 가지고 있다. 그러나 독자적인 소설 유형으로 발전한 것은 미니멀리즘과 마찬가지로 제2차 세계대전 이후, 특히 1960년대와 1970년대에 크게 유행하였으며, 1980

년대까지도 그 힘을 떨치고 있다. '빅 북'이나 '토탈 소설' 또는 '메가-소설' 등으로 불려왔으며, 광범위한 분야에 걸쳐 폭넓은 지식을 지향한다. 일종의 백과사전적 성격을 띠며, 과학과 기술 · 심리학 · 인류학 · 철학 · 역사 · 종교 · 문화 등 사실상 거의 모든 지식이나 학문 분야를 취급하는 경향이 있다. 최근 개디스(William Thomas Gaddis)의 《인식》(1955)과 핀천(Thomas Pynchon)의 《중력의 무지개》(1973)의 이해를 돕기 위한 독자 지침서도 출간되었다. 이는 이러한 작품들이 인접 학문 분야와 밀접한 상호텍스트적인 관련성을 맺고 있음을 보여 준다.

맥시멀리즘 소설은 무엇보다도 물리적인 면에서 상당히 길이가 길고 규모가 크다. 확대 지향적 성격을 지니고 있기 때문이다. 플롯은 미로와 같이 복잡다단하다. 하나 이상의 플롯이 사용되며, 신화의 사용에 있어서도 하나 이상의 신화가 서로 복합적으로 뒤얽혀 사용되는 경향이 있다. 등장인물의 수효는 미니멀리즘 소설과는 비교도 할 수 없을 만큼 많다. 그리고 작중 인물의 성격 형성이 대단히 복잡하고 미묘하게 이루어진다. 사건이 전개되는 시간적 · 공간적 배경도 미니멀리즘 소설에 비해 한결 구체적이다. 언어는 장식적이고 수사적인 스타일을 즐겨 사용한다. 18세기와 르네상스 시대 그리고 고대 희랍시대의 풍자가들로 거슬러 올라가는 '해박한 재사' 전통에 기초하고 있는 맥시멀리즘 작가들은 어휘는 라틴어나 희랍어에서 파생된 말을 사용하고 통사론에 있어서는 복문이나 중문을 자주 사용하여, 고양된 표현이나 길이가 길고 난해한 문장을 즐겨 쓴다. 바슬미가 일상어의 특징어로 파악하는 '무한정적인' 특성과 '진흙과 같은' 특성, 즉 언어의 '쓰레기 현상'을 가장 핵심적인 장치로 사용한다.

문제는 미니멀리즘과 맥시멀리즘을 포스트모더니즘에 포함시킬 수 있는가이다. 두 유형은 몇 가지 공통점을 지닌다. 첫째, 이 두 유형의 소설은 그것이 창조된 문화와 매우 밀접한 관련을 맺고 있다. 이들은 후기 산업사회의 한 특징인 '쓰레기 문화'를 잘 반영해 준다. 둘째, 미니멀리즘이 유행한 원인은 바스의 지적대로 제2차 세계대전 이후 정치적 · 문화적 · 사회적 현실 때문이다. 그는 베트남 전쟁의 후유증, 1973~1976년 사이의 에너지 위기와 이에 따른 과소비의 반작용, 작문과 독서 기술의 저하, 독서에 할애할 수 있는 시간의 감소, 반어적이고 블랙 유머적인 우화주의나 학구적 지적 풍토 또는 바로크풍의 선배 작가들에 대한 반작용, 상업과 정치 광고 산업에 대한 반작용 등의 요인이 미니멀리즘의 유행을 가져왔다고 주장한다. 그런데 이러한 현상들은 맥시멀리즘의 경우에도 크게 다르지 않다. 단테(Dante Alighieri)의 《신곡》(1321)이나 라블레(Francaois Rabelais)의 《팡티그뤼엘》(1532)과 《가르강튀아》(1534), 세르반테스(Miguel de Cervantes Saavedra)의 《동키호테》(1605~1615), 괴테(Johann Wolfgang von Goethe)의 《파우스트》(1808), 멜빌(Herman Melville)의 《모비딕》(1851), 조이스(James Augustine Aloysius Joyce)의 《율리시스》(1922) 등은 각 민족의 문화적 현실을 잘 반영해 준다. 셋째, 미니멀리즘은 전통적인 소설과는 달리 연대기적 서술이 무시되거나 소홀히 취급된다는 점에서 맥시멀리즘의 소설과 유사하다. 두 유형의 소설은 미메시스 이론이나 재현성을 거부한다. 두 유형은 러시아 형식주의자들이 말하는 '낯설게 하기' 기법을 핵심적 장치로 사용하여 재현성에 도전하고자 한다. 또한 두 유형의 소설은 서사시적 나열이나 패러디 또는 독백과 같은 다양한 문화적 장치를 통하여 자기반영성을 강조함으로서 반재현성을 강조한다. 이 두 유형의 소설들은 언어에 대한 태도에서는 차이를 보이나, 언어적 유희에 탐닉한다는 점은 공통적이다. 넷째, 미니멀리즘과 맥시멀리즘은 엔트로피적 비전을 보인다는 점에서도 공통점을 지닌다. 바슬리의 '쓰레기 현상'에 의하면 지구는 가까운 장래에 쓰레기장으로 변하게 될 것이며, 지구상에 있는 모든 에너지는 소멸될 것이다. 엔트로피적 비전은 토마스 핀천과 윌리엄 개디스 같은 맥시멀리스트들에게도 마찬가지로 발견된다.

미니멀리즘과 맥시멀리즘은 전통적 모더니즘도 아니고 전통적 리얼리즘도 아니다. 이 두 유형은 후기모더니즘이나 네오-리얼리즘보다는 포스트모더니즘으로 범주화하는 것이 한결 더 정확하다.

포스트모더니즘은 시기로 보았을 때, 처음 시작된 1960년대와 그것이 발전된 1970년대 또는 1980년대의 유형 사이에 중요한 면에서 분명한 차이가 있다. 핫산은 「침묵의 문학」(1967)에서 1960년대 이후 대두하기 시작한 새로운 문학은 침묵을 지향하였으며 분노와 종말의 불안한 징조를 보여준다고 주장한다. 또 다른 저서 『오르페우스의 절단』(1971, 1982)에서는 침묵은 상이한 악센트를 내포하고 있는데 하나는 '부정적인 언어의 메아리'이고 다른 하나는 '긍정적인 성격'이라고 말한다. 전자는 자기 파괴적이고 악마적이며 허무주의적인 침묵인 반면 후자는 자기 초월적이고 성찬적이고 완전한 침묵을 가리킨다.

1960년대의 초기 포스트모더니즘은 파괴적이고 혁신적인 전위성과 실험성에 의하여 특징 지워 진다. 자기반영적 메타픽션이나 서픽션을 통하여 가장 잘 구현되었다. 내용보다는 형식, 언어적인 측면에 더 큰 관심을 기울인다. 1960년대 말엽과 1970년대 초엽에 이르면 포스트모더니즘은 새로운 국면을 맞는다. 파괴적이고 부정적인 실험적 특성이 더 강하게 나타난다. 제로움 클링코위츠(Jerome Klinkowitz)는 『문학적 단열』(1975)에서 이러한 포스트모더니즘 소설을 가리켜 '단열적 픽션'이라 불렀다. 그는 '소설의 죽음' 이론을 주장하면서, 1960년대부터 논의되기 시작한 '소설의 죽음' 문제에 사망을 선고하면서 이제 전혀 새로운 유형의 소설이 탄생되고 있음을 천명했다.

1980년대에 이르러 포스트모더니즘은 파괴적이며 실험적이며 무정부적인 특성을 점차 상실한 채 보다 절충주의적이고 보다 타협적인 특성을 견지하게 되었다. 그것은 전보다 한결 정치적이고 지정학적인 특징을 띠게 되었다. 존 바스는 그의 논문 「재생의 문학」(1980)에서 이합 핫산이 주장한 프리모더니스트와 모더니스트가 서로 종합되고 초월된 것을 포스트모던 소설의 가치 있는 프로그램으로 주장한다. 1980년대 이후의 포스트모더니즘은 1950년대의 네오-휴머니즘, 네오-리얼리즘과 유사한 특징이 있다.

4. 포스트모더니즘의 형식적 특성

4.1. 상호텍스트성

상호텍스트성은 텍스트 상호간에 존재해 있는 유기적 관련성을 가리킨다. 어떤 텍스트도 그 자체로는 자기 충족적인 완전성을 지닐 수 없으며, 따라서 폐쇄된 체계로서는 결코 기능할 수 없다. 작가는 어디까지나 다양한 텍스트의 독자에 지나지 않는다. 즉 모든 작가는 텍스트를 창작하는 사람이 되기에 앞서 먼저 다른 작가들의 작품을 읽는 독자였다. 따라서 불가피하게 어느 한 텍스트는 그동안 저자가 읽어 온 여러 텍스트들의 영향을 받지 않을 수 없다. 상호텍스트성은 텍스트의 창작 행위뿐 아니라 독서 행위와도 밀접한 관계를 맺고 있다. 어느 한 텍스트는 오직 독서 과정을 통해서만 가능하다. 독자가 어느 한 텍스트를 읽을 때 그는 이제까지 그가 읽은 모든 텍스트들을 총동원하게 된다.

포스트모더니즘과 관련하여 상호텍스트성을 문학적 개념으로 맨 처음 도입한 이론가는 불가리아 태생의 프랑스 이론가 쥘리아 크리스테바(Julia Kristeva)이다. 그녀는 「언어, 대화 그리고 소설」(1966)에서 이 개념을 체계적으로 사용하였다. 그녀는 어느 한 발화가 화자(작가), 청자(독자), 다른 발화(문학 작품)와 맺는 상호 관련성을 크게 '수평적' 관계와 '수직적' 관계 두 가지로 나눈다. 수평적 관계는 발화가 화자나 청자와 맺는 관계, 수직적 관계는 발화가 그 이전 또는 동시대의 다른 발화와 맺는 관계이다. 상호텍스트성은 수직적 관계를 가리키기 위하여 사용한 용어이다. 그녀에 따르면 모든 텍스트(발화)는 모자이크와 같아서 여러 인용문들로 구성되어 있다. 모든 텍스트는 다른 텍스트들을 흡수하고 그것들을 변형시킨 것에 지나지 않는다. 또한 그녀는 논문 「텍스트 구조화의 문제점」(1974)에서 '구조화' 개념을 도입하는데 이는 상호텍스트성 개념과 유사하다. 텍스트의 구조는 오직 다른 구조와의 관련성 안에서 생성한다. 구조화란 의미를 생성하고 변형시키는 장치이다. 그러므로 어느 한 텍스트는 구조화에 해당된다. 『시적 언어의 혁명』(1974)에는 상호텍스트성 개

념이 더욱 구체화된다. '모든 텍스트는 다른 언술의 관할 아래에 놓여 있다'는 것이다

상호텍스트성이 가장 잘 나타나 있는 것은 미국의 포스트모더니즘 소설이다. 1960년대 이 후에 쏟아져 나온 미국 소설들은 한편으로는 유럽의 문화유산에서 벗어나려는 탈중심적 입장을 견지하면서도, 다른 한편으로는 여전히 유럽 문화 전통에 굳건한 뿌리를 박고 있다. 토머스 핀천(Thomas Pynchon)은 상당 부분 유럽의 문학 전통에 의존한 채 창작활동을 한다. 그는 《V》(1961, 1963), 《49호 품목의 경매》(1966) 등에서 유럽 문학과 상호텍스트적이다. 존 바스는 《선상의 오페라》(1956), 《연초도매상》(1960) 등에서 미국의 문화적 전통과 상호텍스트적 관계를 맺고 있다. 그가 최근 출판한 《편지》(1979)는 다른 작가들의 작품들을 상호텍스트로 삼는 대신 자신이 이제까지 출판한 작품들을 상호텍스트로 삼고 있다. 바스는 《편지》를 창작하는데 작중인물뿐 아니라 플롯이나 주제까지도 이 소설 이전에 쓰인 자신의 작품들에서 빌려온다.

실비오 개기(Silvio Gaggi)는 바스가 《편지》를 비롯한 몇몇 소설에서 시도하고 있는 유형의 상호텍스트성을 '개인적 상호텍스트성'이라고 부르며, 앤 제퍼슨은(Ann Margaret Jefferson) '메타텍스트'란 용어는 개인적 상호텍스트성과 마찬가지로 주어진 한 작가의 전 작품 안에서 한 텍스트와 다른 텍스트, 특히 동일한 장르 안에서의 한 텍스트와 다른 텍스트 사이의 관계를 가리킨다고 주장한다.

상호텍스트성을 창작 원리로 사용하는 포스트모더니스트들의 창작 행위는 경우에 따라서는 표절 행위나 크게 다를 바 없다. 나보코프(Vladimir Vladimirovich Nabokov)의 《창백한 불꽃》(1962)은 세익스

피어(William Shakespeare)의 《아테네의 타이몬》(1623)에서 취해 온다. 타이몬은 산적에게 "달은 악명 높은 도둑이라네/ 그 창백한 불빛은 태양에게서 훔쳐온 것이니까"(4막 3장)라고 말한다. 나보코프가 소설의 제목에서 의도하는 바는 달이 자신의 빛을 태양에게서 훔쳐오듯이 작가들 역시 자신의 작품을 남의 작품에서 '훔쳐온다'는 말이다. 그런데 선배 작가들의 작품을 자유롭게 '약탈해 오는' 작가들은 이번에는 후배 작가들에 의하여 그들 자신의 작품이 '약탈당한다.' 이는 타이몬이 위의 구절 앞에 "태양은 도둑이라네/그 위대한 인력으로 망망대해를 약탈하니까"라고 말한 데서 알 수 있다. 달이 태양으로부터 빛을 훔쳐오는 것처럼 태양 역시 바다로부터 인력을 훔쳐온다는 것이다. 나보코프의 소설 제목 《창백한 불곶》은 상호텍스트성에 대한 일종의 메타포에 해당된다.

움베르토 에코(Umberto Eco)의 《장미의 이름》(1980)에서 잘 나타나 있듯이 포스트모더니스트들의 작품에서는 도서관이 상호텍스트성을 보여주는 가장 효과적인 메타포로 사용되고 있다. 왜냐하면 유사 이래로 인류의 모든 문화와 문명이 한곳에 집대성되어 있는 도서관이야말로 다양한 시대와 다양한 문화 그리고 다양한 언술의 텍스트들이 물리적으로 서로 만나는 공간이기 때문이다. 도서관의 메타포와 관계된 아드소의 고백은 다음과 같다.

> 그때까지만 해도 나는 각각의 모든 책들이 책 밖에 존재해 있는 (인간적이건 신적이건) 사물들에 대해서 말하는 것으로 생각하였다. 그러나 이제 나는 책들이 빈번히 다른 책들에 대해서 말한다는 사실을 깨닫게 되었다. 즉 책들은 마치 자기들끼리 서로 말을 주고받는 것처럼 보인다. 이러한 관점에서 비추어볼 때 도서관은 나에게는 더더

욱 불안스런 것처럼 보였다. 그러므로 도서관은 수세기에 걸친 속삭임의 장소, 한 양피지와 다른 양피지 사이에서 이루어지는 눈에 띄지 않는 대화의 장소, 살아 있는 어떤 것, 인간 정신에 의하여 지배받지 않는 권력의 요람, 많은 사람들이 간직하고 있는 비밀의 보고였던 것이다.[46]

모든 텍스트들이 작가의 의식에 의하여 창조된 자기충족적인 구성체가 아니고 역사적으로 조건 되어 지고 생성된 것이라 한다면, 따라서 저자는 독창성을 상실한 채 오직 기존의 텍스트에 의하여 텍스트를 생산한다면, 불가피하게 야기되는 것이 '저자의 죽음' 문제이다. 저자의 죽음 문제는 모더니즘에서 '저자의 실종', '저자의 퇴장' 등으로 논의되었고, 포스트모더니즘에 와서는 '저자의 죽음'이라는 슬로건으로 바뀌었다.

롤랑 바르트는 「저자의 죽음」(1968)에서 저자를 텍스트의 기원이고 의미의 근원이며 해석의 권위자로 간주하는 전통적인 이론을 전적으로 거부한다. 바르트는 작가가 사망했을 때 비로소 글쓰기가 시작된다고 말하고 있다. 그에 따르면 "글쓰기는 모든 목소리, 모든 기원을 파괴하는 것이다. 글쓰기는 우리의 주체가 사라져버리는 중립적이고 복합적이며 완곡한 공간이며, 모든 정체성이 상실되는 일종의 음화에 해당된다." 바르트는 '문학'이라는 용어보다는 '글쓰기', '작가'라는 용어보다는 '글 쓰는 사람', 그리고 '문학 작품'이라는 용어보다는 '텍스트'라는 용어를 사용할 것을 제안한다. 저자의 죽음으로 말미암아 작가와 작품의 관계가 대등해졌으므로 저자의 창작 행위

46 Eco, *The Name of the Rose,* trans. William Weaver, New York: Harcourt Brace Jovanovich, 1983, p.105.

는 '수행적 행위'에 지나지 않는다. 그리하여 저자가 전달하고자 하는 메시지보다는 오히려 그것을 전달하는 매체, 즉 언어가 무엇보다 중요하게 간주된다. 언어의 지시적 기능이 약화된 것은 모든 기원에 대한 의문 제기와 관련된다. 저자의 죽음으로 텍스트 또한 종래와는 다른 것으로 변하였다. 더 이상 독창적인 텍스트는 존재하지 않고 작가는 창조자의 위치에서 편집자의 위치로 바뀌었다. 텍스트는 다양한 여러 글이 뒤섞이고 충돌하는 다차원적인 공간이고, 수많은 문화의 중심으로부터 취해 온 인용문의 연속이다.

푸코는 「저자란 무엇인가?」(1969)에서 "글을 쓰는데 문제는 글쓰기 행위를 드러내거나 그것을 고양시키는 것이 아니며, 그것은 또한 언어 안에 어느 한 주체를 고정시키는 것도 아니다. 오히려 문제는 글을 쓰는 주체가 끊임없이 자취를 감추어 버리는 공간을 창조해내는데 있다"라고 말한다. 그는 창조자로서의 저자의 역할을 박탈하고 저자를 단순히 가변적이고 복잡한 언술의 기능으로 간주한다. 다시 말해서 그는 작가의 특징을 그가 부재중에 있다는 특이성에서 발견하고자 한다.

4.2. 메타픽션

소설을 굳건한 문학 장르로 끌어올린 헨리 제임스(Henry James)는 소설 장르를 집에 비유한다. 그는 자신의 소설 《어느 귀부인의 초상》(1988)에서 소설의 집에는 수천 개의 창문이 달려있다고 주장한다. 이는 소설가가 소설 장르를 통해 삶의 경험을 표현할 수 있는 방법은 다양하며, 뿐만 아니라 소설가가 창밖에 떨어져 있는 외부 세계를 조망할 수 있는 시점은 투명한 창문을 통해서 가능하다는 것을 의미한다. 그러나 최근 들어서는 소설이라는 집에는 투명한 유리(창문) 대신에 거울을 설치하고 있는 것처럼 보인다. 즉 많은 현대 작가들은 소설을 통하여 외부 세계를 반영하거나 재현하기 보다는 오히려 소설 텍스트 내부 세계를 반영하는데 관심을 가진다.

메타픽션은 픽션을 대상으로 삼는 픽션, 즉 전반적인 소설 장르의 전통이나 특정한 소설 장르 형식을 포함한 모든 문학 세계를 그 대상으로 삼는 소설을 가리킨다. 그러므로 메타픽션은 곧 '픽션의 픽션'이나 '픽션에 관한 픽션', 또는 존 바스의 표현대로 '저자의 역할을 모방하는 저자가 쓴, 소설 형식을 모방하는 소설'이라 정의내릴 수 있다. 존재론적 회의나 인식론적 불신에 이론적 기초를 두고 있는 메타픽션은 '자의식적 소설'이나 '자기반영적 소설'[47]이라는 용어 외에도 '내향적 소설(존 플레처(John Fletcher), · 맬컴 블래드베리)', '비리얼리즘(제라르 거라드(Gerarld Graff))', '자기도취적 소설(린다 허천)', '서픽션(레이먼드 페드먼)', '수퍼모더니즘(마수드 자바자데(Mas'ud

47 '자의식적 소설'은 작가가 독자들에게 자신의 작품이 어디까지나 허구적 산물에 지나지 않는다는 점을 드러내거나, 또는 허구와 그것이 재현하고자 하는 실재 사이에는 괴리가 존재한다는 점을 과시하는 경향이 있다. 《동키호테》에서 작품이 인위적인 구성물에 지나지 않음을 제시하거나, 《트리스트럼 섄디》에서 주제를 이탈하는 기법과 독자에 대한 나무람, 《숙명론적 자크》에서 저자와 텍스트의 유희, 독자를 텍스트 안으로 끌어들임 등은 이에 해당된다. 한마디로 작가가 생산품보다는 생산 과정, 메시지보다는 매체에 더 관심을 보일 때 자의식은 시작된다 할 수 있다. 포스트모더니즘 소설뿐 아니라 모더니즘 소설과 리얼리즘 소설에도 나타나는 보편적 현상이다. '자기반영적 소설'은 외부의 실제 세계를 반영하기보다는 오히려 텍스트가 창작 되는 과정을 반영하려는 소설 유형을 가리킨다. 거울의 메타포를 빌려 말하자면, 메타픽션 작가들은 실제 세계를 향하여 쳐들고 있는 거울을 향하여 또 다른 거울을 쳐들고 있다. 즉 이들은 허구적 산물이 창조되는 과정 자체에 관심을 갖는다. 포스트모더니즘을 특징짓는 비교적 최근에 대두된 현상이다(김욱동, 앞의 책, 239~246쪽).

Zavarzadeh))', '자기생산적 소설(스티븐 켈먼(Stephen Kelman))', '우화화(로버트 숄스(Robert E. Scholes))', '포스트컨템퍼러리(제로움 클링콜위츠)'라는 모순어법적 용어로 불린다. 이 용어들은 한결같이 전통적인 양식에 심각한 의문을 제기하고 있다. '메타픽션'이라는 용어는 미국의 소설가 윌리엄 개스에 의해 처음 사용되었다.

모방이론에 기초한 재현성이 19세기 중엽의 시대정신이나 세계관 또는 문학적 풍토를 반영하듯이, 자의식성은 제2차 세계대전 이후 20세기 후반의 시대정신과 문화적 풍토를 반영해준다. 자기반영적 텍스트는 20세기 중엽에 들어와 꽃을 피웠다. 그리고 이는 당시 급격히 발전된 매스미디어의 출현과 무관하지 않다. 어떤 의미에서는 메타픽션은 영화나 텔레비전에 대한 반작용에서 비롯되었다고 할 수 있다. 영화나 텔레비전은 소설과 같은 문학보다는 비교적 객관적 진리나 사실을 충실히 전달할 수 있을 뿐 아니라 박진성에 있어서도 매우 뛰어나다. 이렇게 소설이 영화나 텔레비전과 도저히 경쟁할 수 없게 된 이상 소설가들은 다른 대안을 찾게 되었고 그것이 바로 자기반영적 메타픽션이다. 즉 소설 장르는 텍스트밖에 존재해 있는 외부의 실재 세계를 재현하거나 모방하는 대신 텍스트 내부에 더 관심을 갖게 된 것이다.

실재에 대한 새로운 이론은 자기반영적 메타픽션이 발전하는데 이바지하였다. 토머스 루크먼(Thomas Luckmann)은 『실재의 사회적 구성』(1971)에서 실재란 단순히 외부로부터 주어지는 것이 아니라 사회적으로 생성되는 산물이란 점을 지적한다. 그들에 따르면 실재는 무엇보다도 외부의 객관적 사실성, 사회적 인습 또는 개인적 비전의 상호관련성에 의하여 만들어진다. 더욱이 이렇게 생성된 실재는 권력의 특정한 역사적 구조와 지식의 틀 안에서 작용하게 마련이다. 따라서 시대에 따라 지식과 권력 구조가 끊임없이 변화함에 따라서 실재의 모델 또한 불가피하게 변화 과정을 거친다. 또한 현대 물리학에서 베르너 하이젠베르크(Werner Karl Heisenberg)의 '불확정성의 원리'는 고전 물리학의 이론적 기초였던 절대성과 객관성 그리고 인과관계가 허위임을 밝혀내고 변화성과 애매 모호성 그리고 주관성과 상대성에 의하여 관찰 대상이 특징 지워 진다고 하였다. 현대 언어학 이론도 실재의 문제를 점차 텍스트성의 관점에서 논의하기 시작하였다. 인식에 대한 신념을 상실한 포스트모더니스트들은 자기반영적 메타픽션에 등장하는 작중인물들까지 언어적 구성물에 지나지 않는다고 생각한다. 작중인물들은 문자 그대로 책의 페이지 위에 사용된 언어적 기호로서 한 단어나 그 이상의 단어로 구성되어 있는 존재 이외에는 아무것도 아니다. 그러나 포스트모더니스트들은 언어에 깊은 관심을 갖고 있음에도 불구하고 언어의 지시적 기능에는 회의적인 입장을 견지한다. 소쉬르에 의하면 어느 한 기호가 지니고 있는 의미는 오직 동일한 문화적 공동사회 안에서 그 구성원이 만들어낸 언어적 약속에 의하여 생겨난 산물일 따름이다. 따라서 기호와 대상 사이에는 일대일의 상응관계가 성립할 수 없다.

자기반영적 메타픽션은 소설 장르의 죽음과 밀접한 관련이 있다. 소설 장르가 죽음을 맞이한 상태에 있다고 주장하는 작가들이나 이론가들은 자기반영적 메타픽션에서 그 증거를 찾곤 한다. 그들의 관점에서 보면 이제 더 이상 소설은 문학 장르로서의 본래의 기능을 상실한 채 막다른 골목에 도달하였다. 슈케닉의 작품집 《소설의 죽음》(1969)은 소설 장르에 내린 일종의 사망선고에 해당된다.

소설의 죽음은 리얼리즘 전통, 좀 더 구체적으로 말하자면 재현성에 대한 회의나 불신과 관련된다. 그러나 리얼리즘의 재현성이나 반영성은 르네상스 시대의 스페인 예술가로부터 시작하여 현대 프랑스와 미국의 예술가들에 이르기까지 적지 않은 도전을 받았다. 특히 모더니스트들은 리얼리스트들의 입장이 순진하기 이를 데 없다고 생각하였다. 왜냐하면 리얼리스트들이 예술이 지향해야 할 지고의 목표로 삼았던 재현성이나 반영성은 사막의 신기루처럼 헛된 환상에 지나지 않기 때문이다. 모더니스트들의 관점에서 보면 삶의 실재는 고정불변한 상태로 남아있지 않고 항상 유동적으로 변화 과정을 거치게 마련이다. 설령 삶의 실재가 고정 불변한 상태로 남아있다 하더라도, 실재는 그것을 재현하거나 모방하는 예술가의 주관성에 의해 상당 부분 굴절되지 않을 수 없다. 이렇게 모더니즘에 의하여 시작된 재현성에 대한 회의나 불신은 포스트모더니즘에 이르러 한결 더 심화되었다.

자기반영적 메타픽션 작가들은 리얼리스트들과는 달리 자연이나 우주 또는 삶의 실재에 대하여 확고한 신념을 갖고 있지 않다. 소설 작품이란 어디까지나 언어로 구성된 허구적 산물에 지나지 않는다고 믿고 있는 메타픽션 작가들은 소설이 삶의 실재와는 적어도 두 단계나 멀어져 있다는 사실을 누구보다 첨예하게 깨닫고 있다. 소설은 어디까지나 허구적으로 만들어진 언어적 구성물이며, 마찬가지로 언어 또한 실재를 재현하거나 반영하는 기능을 더 이상 담당하지 못하기 때문이다. 메타픽션 작가들은 실제 세계보다 오히려 상상력에 의하여 창조된 세계를 더 중시하며, 따라서 실재를 예술 창조 행위의 방해물로 간주하는 경향이 있다.

레이먼드 페드먼은 다음과 같이 말한다.

> 그러므로 소설의 일차적인 목적은 자신의 허구성의 가면을 벗어버리고 자신의 기만성의 메타포를 폭로하며, 이제 더 이상 실재나 진리 또는 아름다움을 전달하는 것으로 자처하지 않는데 있을 것이다. 결과적으로 소설은 이제 더 이상 삶의 거울, 의사(疑似)사실주의적 문서로 간주되지 않을 것이다. 그것은 또한 사회적 · 도덕적 · 심리적 · 형이상학적 · 상업적 가치나 또는 그 밖의 어떠한 다른 가치를 근거로 평가되지 않을 것이다. 소설은 오직 그 자신의 위치에 따라서만, 그리고 타고난 진리에 의하여 일종의 자율적 예술 형식으로서의 역할에 따라서만 평가받게 될 것이다.[48]

포스트모더니즘에 있어서 '소설의 죽음'은 다른 함의도 갖고 있다. 메타픽션 작가들은 단순히 전통적 리얼리즘 미학을 거부할 뿐 아니라, 더 나아가 소설 장르를 다른 문학 장르와 혼합하고자 한다. 메타픽션 작가들은 흔히 소설 장르를 일종의 비평으로 간주한다. 슈케닉은 '이론은 소설 속에 묵시적으로 나타나지 않으면 안 되며, 시학은 시의 일부가 되지 않으면 안 된다'고 주장하여 일종의 소설의 시학을 정립하고자 하였다. 이들의 경우 문학 텍스트와 비평 텍스트의 구별은 사실상 무의미하게 되었다.

자기 반영적 메타픽션이 비평의 역할을 담당하고 있는 방법은 다음과 같다. 우선 메타픽션은 리얼리즘 전통이나 이론을 거부한다. 앙드레 지드(Andre Paul Guillaume Gide)의 《위조지폐범》(1925)에서 주인공 에두아르는 이 작품의 작가처럼 자기반영적 소설을 집필하고

---

48 Carl Darryl Malmgren, *Fictional Space in the Modernist and Postmodernist American Novel*, Lewisburg: Bucknell University Press, 1983, p.171.

있다. 그런데 에두아르는 소설 장르가 문학사를 통하여 지금까지 전제 군주적 폭압에 시달려왔다는 점을 지적함으로써 지금 자신이 집필하고 있는 유형의 소설을 정당화 시킨다. 여기서 전제 군주적 폭압이란 바로 윤리적 · 도덕적이건, 사회적 · 정치적이건 어떤 특정한 주제를 전달하고자 하는 리얼리즘적 전통을 말한다. 그러나 에두아르는 작품을 집필한다는 사실 이외에 다른 어떤 주제도 갖고 있지 않는 소설을 직접 집필함으로써 소설 장르를 이러한 굴레에서 해방 시키고자 한다. 또한 메타픽션은 허구와 실재의 관련성에 주목한다. 전통적인 소설에서는 허구적인 것과 사실적인 것, 예술과 실재, 또는 상상력과 경험이 서로 엄격히 구분된다. 그러나 메타픽션은 둘 사이의 관계가 얼마나 불완전하며 인위적인가 하는 점을 끊임없이 상기시키고 있다. 경우에 따라서는 소설의 화자나 그의 친구들이 화자가 지금 집필 중에 있는 작품을 비평 대상으로 삼기도 하며 자신의 소설 이론을 주장하기도 한다.

몇몇 이론가들은 메타픽션이 지향하는 비평 행위에서 소설 장르의 위기를 발견한다. 그들은 소설이 본연의 임무를 포기한 채 문학 비평과 경쟁할 때 이미 소설 장르로서의 존재 이유를 상실한다고 주장한다. 비평이 창작과 경쟁할 수 없듯이 소설 또한 비평과 경쟁할 수 없는 것이다.

4.3. 탈장르화

모더니즘은 무엇보다 청교도적인 순수성을 강조하였다. 앤드리어스 후이슨(Andreas Huyssen)이나 클레멘트 그린버그(Clement Greenberg)

는 '배제의 전략'과 '차별화'를 강조하였다. 그러나 포스트모더니즘에 이르러 '탈장르화' 또는 '장르 확산'이 두르러졌고, 레슬러 피들러는 이를 '경계선을 넘고 간격을 좁히는' 작업이라 하였다.

장르와 장르 사이의 유동적인 관계를 가리키기 위하여 '폴리 아트' 또는 '이름 없는 예술'이라는 용어가 쓰인다. 딕 히긴스는 매체와 매체 사이의 유동적인 관계를 가리키기 위하여 '인터미디어'라는 용어를 쓰기도 한다. 폴리아트란 하나 이상의 예술이 복합적으로 서로 결합되어 있는 현상을 가리키며, 인터미디어란 두 개 또는 그 이상의 세계가 서로 개념적으로 혼합되는 현상을 가리킨다.

탈장르화나 장르 확산 현상은 다른 어떤 장르보다 소설 장르의 경우 한결 분명하게 나타난다. 우선 장편소설과 단편소설 사이에 놓여 있던 장벽이 붕괴된 데서 드러난다. 장편소설로 범주화하기도, 그렇다고 단순히 단편소설을 모아 놓은 단편집으로 범주화하기도 애매모호한 형태의 작품들이 많이 창작되었다. 보르헤스 등은 이를 '픽션'이라는 용어로 부른다. 존 바스의 《미로에서 길 잃어》(1968)는 일견 아무런 통일성 없이 단순히 여느 다른 단편집처럼 여러 편의 단편 작품들을 한데 모아 놓은 것처럼 보인다. 이 소설에는 동일한 한 주인공이 여러 작품에 등장하는가 하면, 메타픽션 특유의 자의식이나 자기반영성이 거의 모든 작품을 통하여 지배적으로 사용된다. 이 작품은 작가의 노트에서 밝힌 것처럼 '단편 작품들을 모아 놓은 것도 아니고, 그렇다고 단편 작품들을 선별하여 뽑아 놓은 것도 아닌 일종의 시리즈에 해당된다. …(중략)… 따라서 이 책은 '한꺼번에' 그리고 원래 배열된 순서대로 읽지 않으면 안 된다.' 모더니즘 전통에 속하는 몇몇 작가들도 이러한 유형의 작품들을 많이 창작하였다. 그러나 포스트모더니즘 계열의 작품들과 비교해 볼 때 유기적 통일성이 한결 더 분명하게 보인다.

또한 소설 장르와 시 장르 사이의 경계선 또한 상당히 애매모호해졌다. 시와 소설 사이의 관계가 전보다 한결 유동적인 상태로 변했다. 나보코프의 《창백한 불꽃》(1962)은 인어처럼 한 몸 안에 서로 다른 두 형태를 지니고 있다. 이 작품은 반은 운문형식으로 나머지 반은 산문형식으로 되어 있다. 작가는 책의 겉표지나 속표지에서 이 작품이 소설이라는 점을 명백히 하여 독자들로 하여금 장르를 구분하게 한다. 그러나 《창백한 불꽃》은 소설과 시의 범위를 훨씬 넘어 비평 장르를 지향하고 있는 것처럼 보인다. 이 작품은 찰스 킨보우트라는 미국의 어느 지방 대학의 교수인 작중인물이 〈창백한 불꽃〉이라는 시 작품을 편집하는 형식으로 되어 있다. 첫 번째 부분은 전문적인 학술 저서를 연상시키는 '서문'의 형식으로 되어 있다. 여기에는 장편시 〈창백한 불꽃〉 원고를 입수하게 된 경위, 그리고 그 원고가 단행본으로 출판되기까지의 서지학적 역사가 상세히 기록되어 있다. '코멘터리'라는 제목이 붙은 이 소설의 세 번째 부분은 킨보우트가 이 시에 대하여 자세히 설명을 붙인 현학적 주석의 형태이다. 소설의 맨 마지막 부분은 맨 처음과 마찬가지로 역시 전문적인 학술 저서를 방불케 하는 인용 및 색인 형식으로 되어 있다.

소설 장르에 탈장르화나 장르 확산이 두드러지게 나타나는 것은 소설이 비문학장르나 비예술 장르와 관련을 맺는 경우이다. 포스트모더니즘 소설은 실제 삶의 영역 속으로 깊숙이 침투하여 그것을 '소설화'하고자 한다. 샐먼 루시디(Ahmed Salman Rushdie)의 《수치심》(1983)은 소설과 역사의 구분이 무의미해지게 만들었고, 맥신 홍 킹

스턴(Maxine Hong Kingston)의 《중국의 사나이들》(1980)은 소설과 자서전의 구분을 무의미하게 만들었으며, 존 밴빌(John Banville)의 《코페르니쿠스 박사》(1976)는 소설과 전기의 구분이 불가능해지게 만들었다. 그리고 앤젤러 카터(Angela Carter)의 작품들은 소설과 문화인류학을 결합하였으며, 토니 모리슨(Toni Morrison)의 작품들은 소설과 심리학을 결합하였다.

사실의 허구화 또는 허구의 사실화 작업은 흔히 '논픽션 소설'과 '뉴저널리즘'으로 알려진 장르에서 분명하게 드러난다. 이들은 1960년대 중엽에 처음 시작되어 1970년대 중엽까지 약 10년 동안 미국에서 크게 유행하였다. 많은 작가들이나 저널리스트들은 단순히 허구에 의존하는 대신 오히려 실제 세계에서 일어나는 사건을 토대로 하고 여기에 작가 자신의 코멘트를 가하는 새로운 유형의 장르를 발전시켰다. 따라서 상상력의 산물인 허구의 세계와 일상적인 실제 생활에서 일어나는 객관적 사실의 세계 사이에 명확한 경계선을 긋기가 어렵게 되었다. 이 장르를 지칭하는 용어로는 '팩트(fact)'라는 말과 '픽션(ficton)'을 결합하여 '팩션(faction)'이라는 신조어를, '픽셔널(fictional)'과 '팩추얼(factual)'을 경합하여 '픽추얼(fictual)'이라는 신조어를 창안해내었다. 존 헬먼(John Hellman)은 논픽션과 뉴저널리즘을 엄격히 구별하지 않고 단순히 '포스트모던 저널리즘'이라는 용어를 사용한다. 저널리즘적 주제를 픽션의 형식으로 취급하는 장르는 다 포스트모던 저널리즘으로 범주화된다.

논픽션 소설은 20세기 중엽, 제2차 세계대전 이후 본격적으로 대두되었다. 이 소설은 다양한 기법을 사용하여 비교적 최근의 역사적 사건이나 인물을 사실적으로 묘사하는 장르를 가리킨다. 허구적 형식을 통하여 실제적인 역사를 재현하는데 있어 그들은 역사적 기록이나 문서는 말할 것도 없고 직접 또는 간접적으로 사건에 연루되어 있는 중요한 인물들과의 개인적 인터뷰에 크게 의존한다. 커포우티(Truman Capote)가 처음 시도하였고 노먼 메일러에 의하여 한결 본격적인 궤도에 오른다.

뉴저널리즘은 소설 장르에서 사용하는 기법을 차용함으로써 저널리즘의 영역을 넓히고자 한다. 로널드 웨버(Ronald Webber)는 뉴저널리즘을 가리켜 '문학적 논픽션'이라고 부른다. 문학적 저널리즘을 존 웨버(John Webber)는 '정보 전달의 가치 이외에 언어로서의 가치를 지니는 장르', 존 워노크(John Edward Warnock)는 '내러티브 형식을 통한 진리의 사실적 재현', 크리스 앤더슨(Chris Anderson)은 '개인적이고 사색적인 동시에 정보를 제공해주는 장르', 짐 보일런(Jim Boylan)은 '상당한 문학적 질과 작가가 보는 바의 진리에의 충실을 목표로 삼고 다른 형태의 저널리즘으로는 포착할 수 없는 삶과 문학의 다양한 양상을 포괄하고자'하는 장르라고 정의 내린다.

포스트모더니즘에 이르러 한결 유동적 상태가 되는 것은 창작과 비평이다. 포스트구조주의자들, 특히 해체주의자들은 창작을 '제2의 비평'으로 간주하였다. 해체주의자들은 비평을 의미하는 '크리티시즘(criticism)'이라는 용어와 창작을 의미하는 '픽션(fiction)'이라는 용어를 서로 결합하여 '크리티픽션(critifiction)'이라는 신조어를 만들어 낼 만큼 비평에 창조성을 부여하였다. 로절린드 크라우스(Rosalind Epstein Krauss)는, '패러리터러처(준문학)'라는 용어를 사용하기도 한다. 그는 포스트모더니즘 문학의 형태는 패러리터러리한 형식으로 만들어진 문학적 비평 텍스트가 되어야 한다고 주장한다. 핫산은 이를

'패러크리티시즘'이라 표현하기도 한다.

창조적 비평은 롤랑 바르트에 의하여 처음 주장되었다. 바르트는 말라르메(Stéphane Mallarmé)로부터 시작하여 모더니즘 시인들이 이미 시 장르와 비평 장르의 통합을 시도했다고 주장한다. 문학은 그 자체로서 언어에 대한 일종의 비판이며, 이러한 비판은 문학을 기술하거나 설명할 수 있는 어떤 메타언어도 지니고 있지 않다. 그가 즐겨 사용하는 '글 쓰는 사람'이란 용어는 창조적 작가들과 비평가들을 서로 구별하지 않으려는 의도가 담겨 있다. 비평이 창조적 기능을 담당하는 것은 독자가 텍스트 안에 내재되어 있는 의미를 수동적으로 해독하기보다는 오히려 능동적으로 의미를 창출해내는 점에서도 알 수 있다. 비평은 결코 결과의 도표나 판단의 체계가 아니라 본질적으로 일종의 행위로서 그것을 수행하는 사람의 역사적 주관적 존재에 심각하게 행해진 일련의 지적 행동이다.

미국의 예일학파 중 제프리 하트만(Geoffrey H. Hartman)은 창조적 비평을 주장해온 대표적 이론가이다. 해럴드 블룸(Harold Bloom)도 『영향의 불안』(1973)에서 "해석은 존재하지 않고 오직 그릇된 해석만이 존재할 따름이며, 따라서 비평은 모두 산문시에 해당된다"[49]며 창조적 비평을 주장한다. 그 외에도 많은 비평가들이나 이론가들의 문학 비평은 이제 산문시나 회고록 또는 철학적 단상의 형태를 취하는 경우가 많다.

창조적 비평은 논리성에 근거하여 주어진 작품을 분석하거나 설명하는 전통적인 비평을 거부한다. 즉 종래의 해석학을 거부하는 반

49 Harold Bloom, *The Anxiety of Influence: A Theory of Poetry*, New York: Oxford University Press, 1973, p.95.

해석적 입장을 견지한다. 그들이 비평에서 흔히 사용하는 기술은 콜라주나 몽타주 수법이다. 이는 새로운 의미를 창출해 내기 위해 이미 존재해 있는 작품이나 대상 또는 메시지에서 자료를 취해 온 다음 그것을 작품이나 대상 또는 메시지와 결합시키는 기법을 의미한다. 즉 그것은 어느 한 자료가 주어진 맥락에서 벗어나 다른 맥락으로 전이되는 현상을 가리킨다고 할 수 있다. 또한 알레고리를 매우 핵심적 장치로 사용한다. 의미의 이중적 특성을 강조하는 알레고리는 의미를 보여주는 동시에 감추어 버리는 속성을 지닌다. 이런 경우 확정적 의미를 발견하기란 불가능한 일이다. 포스트모더니즘 비평가들은 의미를 전달하기 위해 글을 쓴다기보다 오히려 의미 전달을 방해하기 위해 글을 쓴다고 할 수 있다.

문학 작품도 비평 장르를 모방하기도 한다. 흔히 예술소설로서 알려진 제임스의 몇몇 작품들은 한결같이 스토리의 구성 원칙을 취급하고 있다는 점에서 일종의 메타 문학이다. 〈진짜〉(1892)에서는 실재의 본질과 그것을 표상하는 재현의 문제를, 〈사생활〉(1892)이나 〈사자의 죽음〉(1894), 〈출생지〉(1903) 같은 작품에서는 저자의 실종이나 부재를 둘러싼 문제를 진지하게 취급하고 있다. 그러나 비평 장르를 모방하는 문학 작품은 포스트모더니스트들의 작품에 이르러 가장 지배적으로 나타난다. 로널드 슈케닉은 그의 소설들에서 픽션과 비평 사이에 가로 놓여 있던 경계선을 모두 무너뜨린다. 대부분의 그의 작품에는 '로널드 슈케닉'이라는 이름을 지닌 등장인물들이 직접 등장한다. 그는 여기서 작가-서술자-비평가-주인공의 네 가지 역할을 동시에 수행한다.

5. 포스트모더니즘과 대중문화

포스트모더니즘 시대의 대중문화 현상은 '억압된 것의 복귀(지그문트 프로이트(Sigmund Freud))', '속물들의 복수(힐턴 크래머(Hilton Kramer))'로 표현되기도 한다. 래슬리 피들러는 「새로운 돌연변종」(1965)과 「경계선을 넘고 간극을 좁혀라」(1970)에서 반예술적이고 진지성에 반대하는 대중 예술의 출현을 열렬히 환영한다. 래쉬(Christopher Kit Lasch)는 모던화가 문화적 차별화 과정이라면 포스트모던은 문화적 탈차별화 과정이라 주장한다. 모더니즘이 언어적인 문화적 형성에 해당되는 반면, 포스트모더니즘은 형상적인 문화적 형성에 해당된다. 그리고 포스트모더니즘은 특정 사회계층과 밀접한 관계를 맺고 있다.

테오도르 아도르노(Theodor Ludwig Wiesengrund Adorno)는 고급문화와 대중문화를 엄격히 구분한다. 그는 고급문화를 선호하고 대중문화를 경멸한다. 그는 문화에 있어서 일종의 청교도적이고 순결주의자적인 입장을 견지하였다. 그가 이것을 높이 평가한 것은 무엇보다도 이러한 유형의 예술에서는 독자성이나 자율성이 보장되기 때문이었다. 아도르노는 '만약 예술이 독자성을 포기한다면 그것은 기존의 질서에 자신을 팔아넘기는 일이 될 것'이라고 말한다. 이 같은 의도에서 아도르노는 예술을 실재 세계에 대한 일종의 '부정적 인식'으로 파악한다. 부정적 인식은 흔히 경제 체제와 공모하도록 강요받고 있는 대중예술보다는 오히려 독자적 자율성이 강하게 나타나는 전위적이고 실험적인 고급 예술에서 한층 강하게 나타난다.

대중문화에 대한 아도르노의 비판은 재즈와 블루스와 같은 미국의 대중음악에 대한 비판에서 잘 나타난다. 지방 예술이나 민속 예술과 같은 대중문화는 실행되는 과정에서 원래 그것들이 지니고 있던 의미가 불가피하게 상실되거나 파괴되지 않을 수 없다. 또한 대중음악은 '감정의 승화물' 역할을 하는 고전 음악과는 달리 인간의 감각적 욕구만 충족시켜 주는 '육체적 자극물'에 지나지 않는다. 그리고 무엇보다도 대중문화는 상부로부터 부여되는 완전한 합물성이므로 엄격한 규격화와 통제로부터 자유롭지 못하다.

아도르노는 대중문화라는 용어보다는 '문화 산업'이라는 용어를 즐겨 사용한다. 이 용어는 막스 호르크하이머(Max Horkheimer)와 함께 집필한 저서 『계몽주의의 변증법』(1944)에서 처음으로 도입된 개념이다. 이 용어에는 대중문화가 대중 자체로부터 자발적으로 생겨나는 문화라는 점을 아예 처음부터 배제시키고자 하는 의도가 나타난다. 문화 산업은 문화적 생산 그 자체보다 오히려 문화적 산물의 표준화, 그리고 그것과 관련된 장려와 분배 기술의 합리화를 가리킨다. 그리고 문화적 생산품은 엘리트주의적 고급문화에서 볼 수 있는 특이성이나 개별성 또는 창조성 대신 획일성을 지니고 표준화 된다.

고급문화의 고답성과 엘리트주의에 대한 공격은 아방가르드에 의해 행해진다. 이때의 아방가르드는 '역사적 아방가르드'이다. 역사적 아방가르드는 포스트모더니즘과 관련된 '네오-아방가르드'와 구별된다. 이 전통에는 독일에서 일어난 표현주의와 다다이즘, 이탈리아를 중심으로 일어난 미래파 예술 운동, 그리고 러시아 혁명 직후에 일어난 프롤레트쿨트, 프랑스의 초현실주의 등이 포함된다. 여기에 포함되는 모든 예술 운동은 모더니즘에 대하여 비판적 입장을 견지하였다. 페트 뷔르거(Peter Bürger)가 『아방가르드 이론』(1974, 1980)

에서 지적하듯이, 이 운동은 무엇보다도 예술을 삶 속에 통합시키는 것을 목표로 삼는다. 아방가르드는 '제도 예술'을 타파한다. 제도 예술이란 부르주아 사회에서 예술이 생산되고 분배되며 소비되는 제도적 틀을 말한다.

프랑스 예술가 마르셀 뒤샹(Henri Robert Marcel Duchamp)은 〈레디-메이디〉(기성품)를 창안하였다. 기성품 예술이란 문자 그대로 주위에서 흔히 발견되는 일상적인 물건을 사용하여 예술 작품을 만들어내는 예술 형태를 말한다. 뒤샹은 남성용 소변기를 사용하여《분수》(1917)라는 조각 작품을 만들었다. 그는 예술의 오브제 개념을 확장시켰으며, 고급문화를 특징짓는 심미성과 영원성, 자율성과 인증성, 창조성 등을 파괴함으로써 예술과 삶을 보다 유기적으로 통합시키는데 획기적인 전환점을 마련하였다.

마르쿠제(Herbert Marcuse)는 대중문화와 포스트모더니즘을 열렬히 옹호한다. 그는 「문화의 긍정적 성격」(1937)에서 '긍정 문화'라고 불리는 부르주아 예술은 무엇보다 유토피아적 성격에 의하여 특징지워지며, 오직 비현실적이고 환상적인 방법을 통해서만 인간의 욕구를 충족시켜준다고 비판한다. '아름다움은 이제 더 이상 진정한 환상으로 재현되지 않고 그 대신 실재 그리고 실재 속의 아름다움을 표현할 때 비로소 새롭게 구현'된다.

발터 벤야민(Walter Bendix Schönflies Benjamin)은 대중문화에 지대한 관심을 보인다. 그는 「생산자로서의 저자」(1934)에서 예술가를 일종의 생산자로 규정한 다음 당대의 생산관계 안에서 예술 작품의 위상을 규정한다. 예술가는 항상 한편으로는 기존의 예술 양식을 변형시키고 다른 한편으로는 혁신적인 매체를 개발해야 한다. 그는 또한 「기술 복제 시대의 예술 작품」(1936)에서 영화나 라디오 또는 축음기와 같은 현대의 기술 혁신이 예술 작품의 위치를 종래와는 전혀 다른 것으로 바꾸어 놓았다고 주장한다. 부르주아 계층의 특권 엘리트들이 주로 향유하던 전통적 예술은 '기(氣)'라고 부르는 영적 분위기를 지니고 있었다. 그러나 현대에 이르러 새로운 매체의 발명과 발달로 예술 작품이 무한 복제되고 이에 따라 신비스런 종교적 분위기는 상실되었다. 그리고 제의적 기능이 상실된 예술은 사회를 변혁시키는 수단으로 사용될 수 있다. 벤야민은 이 논문에서 '다다이즘의 혁명적 힘'을 주장하였다. 그는 다다이즘 예술가들이 전혀 새로운 예술 생산 양식을 사용함으로써 부르주아 미학의 기준을 파괴시키고자 시도한 점을 높이 평가한다.

아방가르드가 일종의 '예술의 세속화' 현상이라면, 포스트모더니즘은 '제2의 예술의 세속화' 현상과 밀접하게 관련된다. 대중문화는 영국과 미국의 팝 아트에서 좋은 예를 찾을 수 있다. 1950년대와 1960년대는 전통적인 기성 문화에 도전하는 반문화 운동이 활발하게 전개되었다. 청년문화운동, '성난 젊은이'세대의 문화, 학생 운동 등은 현존하는 모든 권위와 규범 그리고 계급 질서에 도전하였다.

팝 아트는 '파퓰러 아트'의 준말이다. 그것은 대중문화, 특히 영화와 텔레비전 광고와 같은 매스미디어, 그리고 상업 디자인에서 이미지와 소재를 빌려오는 예술 장르를 말한다. '네오-리얼리즘'이나 '네오-다다이즘'이라고 불리는 팝 아트는 모더니즘의 엘리트주의적인 고급문화에 대한 비판적인 반작용으로 시작되었다.

팝 아트는 모더니즘의 고급 예술과 엄격히 구분된다. 첫째, 비판적 기능을 지닌다. 팝 아트는 모더니즘의 고급 예술에 저항하고 비판할 뿐 아니라 20세기 중엽부터 팽배하기 시작한 상업적 자본주의 사회에 대해 비판한다. 둘째, 팝 아트는 로런스 앨러웨이(Lawrence Alloway)의 지적대로 일종의 '부호와 부호 체계에 대한 예술'이다. 그것은 특징적이고 기호학적이고 상호텍스트적이다. 셋째, 팝 아트는 추상적 표현주의 전통에 뿌리를 박고 있음에도 리얼리즘적 요소에 의하여 특징 지워진다. 무엇보다도 사실적인 실재 세계에 관심을 갖는 팝 아트는 일상생활의 대상이나 이미지들에 관심을 보인다. 넷째, 팝 아트는 리얼리즘의 기본 정신에 입각하여 낙관주의적이고도 휴머니즘적 특징을 지닌다. 팝 아티스트들이 현대 사회에서의 인간의 삶을 궁극적으로 긍정적인 관점에서 접근한다는 점에서 본질적으로 휴머니즘적이라 할 수 있다. 다섯째, 팝 아트는 상당 부분 20세기 과학과 기술, 특히 미디어 기술과 운송 기술에 의존한다. 대중문화는 대량 생산, 대량 소비와 불가분의 관계다. 여섯째, 미국의 경우 팝 아트는 넓게는 로고스중심주의, 좁게는 유럽중심주의에 대한 일종의 비판이다. 제2차 세계대전 이후 미국은 경제, 외교뿐 아니라 문화 분야에서도 유럽을 비롯하여 전 세계를 지배하기 시작하였다. 팝 아트의 기법은 유럽 전통과 아무런 관련성이 없다.

포스트모더니즘 문학은 한편으로는 자기반영성과 같은 고답적인 실험성을 중시하면서도, 다른 한편으로는 보다 대중적이고 민중적인 특성을 강조한다. 이 같은 특성이 잘 나타나는 장르는 공상과학소설, 탐정소설, 서부개척소설, 외설소설 등이다.

공상과학소설은 현실적인 시간과 공간을 초월하는 문학 장르를 말한다. 현세보다는 내세, 지구보다는 외계를 배경으로 한다. 이런 의미에서 '부재의 문학'이나 '불가능성의 문학'이라고 부르기도 한다. 경우에 따라서는 인간의 기억을 초월하는 신화적 과거, 대안적 역사적 세계도 다루지만 본질적으로는 주로 현존하지 않는 미래를 다루는 것이 보통이다. '공상'이라는 용어가 함축하고 있듯이 인간의 상상력이 중요한 지배소로 사용되고, '과학'이라는 용어가 의미하듯 과학이나 유사과학을 가장 핵심적인 플롯이나 배경으로 삼고 있다. 환상적인 형식을 취하고 있으면서도 지식에 기초한 진리를 취급한다. 1960년대부터 시작하여 '뉴 웨이브'라고 부르는 새로운 유형의 공상과학소설이 등장하였다. 이 소설은 자기반영적 특징을 띠기 시작하였으며 기법으로 패러디를 사용한다. 공상과학소설이 탄생되는 과정 자체를 드러냄으로써 과학의 언어와 소설의 언어가 얼마나 허구적인가 하는 점에 주목한다. 또한 상호텍스트적인 성격이 강하게 부각된다. 전통적인 신화와 우화, 기존 작품들을 구성상의 틀로 삼는다.

포스트모더니즘은 탐정소설을 지배적 모티프로 삼는다. 20세기 들어와 탐정소설은 화이트 글로브 탐정소설, 하드보일러 탐정소설, 형이상학적 탐정소설로 발전되어 왔다. 화이트글로브 탐정소설은 주로 영국에서 형성되고 발전되었으며, 보다 문학적인 성격을 지닌다. 살인과 범죄가 중요하게 취급되지만, 살인은 고도의 문학적 분위기에서 발생한다. 범죄의 장소가 옥스퍼드대학이나 하버드대학 같은 명문 캠퍼스나 명문 사립중등학교, 또는 도서관 건물 등이다. 저명한 대학 교수들이나 학자들이 직접 미스터리를 해결하는 경우가 많다. 하드보일러 탐정소설은 반문화적 입장을 견지하며 고급문화를 거부하고 대중문화를 한결 더 높이 평가한다. 미국 유형의 탐정소설에서 많이 볼 수 있으며 구체적 일상적 경험의 세계와 관련을 맺는다. 형이상학적 탐정소설은 최근에 발전된 전통으로, 포스트모더니즘과 관련된다. 전통적인 장르가 사용하는 기본적인 틀을 그대로 받아들이면서도 그 한계를 극복하고 가능성을 확장하고자 한다. 비목적론적인 성격을 지니고 결과보다는 과정을 중시한다. 독자가 작품에 등장하는 탐정 못지않게 사건을 해결하는데 능동적인 역할을 한다. 대개 독자들에게 친근감 대신에 생경함, 확신 대신에 불신을 가져준다. 자기반영성과 상호텍스트성이 지배소로 작용하고, 외설적 특징이 교묘히 결합되기도 한다.

서부개척소설은 미국 서부 지방이 개척되던 시대를 배경으로 하며 그곳에서의 삶의 모습을 주로 재현한다. 남북전쟁이 발발한 시기로부터 시작하여 1980년대 후반에 이르기까지 흔히 '와일드 웨스트'로 잘 알려진 미국 서부 지방의 삶을 다룬다. 존 바스의 《연초도매상》(1960, 1967), 토머스 버거(Thomas Louis Berger)의 《작은 거인》(1964), 켄 키지(Kenneth Elton Kesey)의 《뻐꾸기 둥지 위로 날아간 사나이》(1962), 노먼 메일러의 《우리는 왜 베트남에 와 있는가》(1967) 등이 이에 해당된다.

외설문학을 포스트모더니즘의 특징 가운데 하나로 파악한 사람은 레슬리 피들러이다. 수전 손탁의 '캠프 이론'도 이러한 견해가 잘 피력되어 있다. 프랑스 파리와 미국의 뉴욕에서 외설소설만을 전문적으로 출판하는 출판사가 생기면서 더욱 활기를 띠게 되었다. 블라디미르 나보코프와 노먼 메일러는 외설문학을 발전시킨 대표적인 작가들이다. 나보코프는 《롤리타》(1955)에서 그동안 문학에서 금기시되어 온 근친상간과 같은 주제를 과감하게 취급하였다. 노먼 메일러 역시 정치적 관심을 외설문학으로 돌렸으며, 이는 《미국의 꿈》(1965)과 《우리는 왜 베트남에 와 있는가》 등에 잘 형상화되어 있다.

포스트모더니즘 대중문화는 어느 한 사회가 공인하는 공식적인 문화나 지배적인 문화 자체에 도전하지 않는다. 그것은 문화의 다양성을 억압하는 공식적 문화나 지배적인 문화 규범에 도전한다. 다시 말하면 그것은 획일적이고 단일한 권위주의에 저항함으로써 문화적 영역을 보다 넓게 그리고 보다 다양하게 확충하도록 요구한다. 또한 포스트모더니즘 대중문화는 모더니즘처럼 고답적인 엘리트주의를 표방하지도, 저급한 대중문화에 쉽게 굴복하지도 않는다. 그러므로 포스트모더니즘 대중문화는 드와이트 맥도널드(Dwight Macdonald)가 말하는 '미드컬트'의 개념에 가깝다. 이는 매스컬트와는 달리, 한편으로는 고급문화의 수준을 유지하고 다른 한편으로는 대중문화의 수준을 한 단계 올려놓고자 한다.

6. 결론

본 저서는 포스트모더니즘을 제2차 세계대전 이후 서구 세계에 대두되기 시작한 새로운 예술 전통이나 문화적 지배소를 가리킨다고 논의한다. 즉 포스트모더니즘은 이전 시기의 예술 운동이었던 모더니즘의 논리적 발전이며 계승인 동시에 모더니즘에 대한 비판적 반작용이며 그것으로부터의 역사적 단절이다.

포스트모더니즘은 어떤 면에서 모더니즘의 입장을 그대로 계승하거나 더욱 발전시킨다. 즉 전통과 인습을 단절하고, 불확정성이나 비결정성 또는 상대성이나 다원성을 강조하며, 반리얼리즘과 재현성에 대한 회의와 이에서 비롯되는 비정치적이고 역사적인 특성, 대중에 대한 관심에도 불구하고 여전히 전위적인 실험성을 시도하는 것 등이 이에 해당된다. 그러나 포스트모더니즘은 '포스트'라는 접두어에서 명시적으로 드러나 있듯이 모더니즘과 중요한 면에서 큰 차이가 있다. 포스트모더니스트들은 상호텍스트성, 자기반영성, 탈장르나 장르 확산을 특히 중시한다. 또한 대중문화나 저급문화에 관심을 보이며, 문학을 예술 · 문화의 테두리에서 벗어나 인접 분야로 보다 넓게 확장 시킨다.

본 저서는 연구자들과 독자들을 위한 포스트모더니즘에 관한 이론적 지침서로 유익하다. 포스트모던한 소설 양상이라 할 수 있는 네오-리얼리즘, 누보로망, 초소설, 미니멀리즘과 맥시멀리즘 등을 자세히 소개하며, 이들을 포스트모더니즘 소설에 포함시킬지 제외할지의 여부를 깊이 있게 논의하고 있다. 포스트모더니즘에 대한 논의의 다양성과 모호성 때문에 포스트모더니즘을 이해하는데 어려움을 겪었던 이들에게 좋은 길잡이가 될 것이다.

그러나 한 가지 의문은 1980년대에 나타난 리얼리즘의 한 양상을 어떻게 볼 것인가 하는 점이다. 80년대에 나타난 리얼리즘 소설 가운데는 종래의 리얼리즘과는 달리 불확정적인 현실을 열려진 글쓰기 속에 담으려고 시도하는 소설이 있다. 이 소설들에는 현실이 현존에서 차이로, 즉 의식적인 주체-현실에서 무의식적인 주체-현실로 나타난다. '포스트모던 리얼리즘'이라고 불리기도 하는 이 유형의 소설들은 포스트모더니즘의 한 경향으로 보아야 하는지, 1950년대의 네오-리얼리즘 유와 같이 생각해야 하는지 숙고해 보아야 한다.

제 3 부

《한없이 낮은 숨결》을 포스트모더니즘 이론으로 읽기

메타픽션과 소설의 죽음

1. 서론
2. 자기반영성과 플롯의 해체
3. 설화적 공간과 서술적 공간의 모호
4. 허구의 틀 만들기와 현실의 틀 열기
5. 결론

1. 서론

메타픽션이란 픽션과 리얼리티와의 관계에 의문을 제기하기 위하여 픽션을 가공물로 간주하던 기존의 소설 전통에 반기를 드는 허구적인 글쓰기이다. 이러한 글쓰기들은 구성을 이뤄나가는 자신의 방법들을 비판하면서, 서사소설의 근본 구조를 검토할 뿐 아니라 허구적인 문학 텍스트 외부에 존재하는 세계의 허구성도 검토한다. 이는 '메타'라는 접두어에도 내포되어 있는 의미로서 메타픽션은 픽션 내부의 세계와 픽션 외부의 세계 사이의 관련성을 탐색한다. 언어학자 헤름스레브는 메타언어를 세계 속의 비언어적 사건, 상황, 대상을 가리키는 것이 아니라 하나의 다른 언어를 가리키는 언어로 정의한다. 메타언어는 하나의 또 다른 언어에 대한 시니피앙이며, 그 다른 언어는 그것의 시니피에가 된다.[50]

메타픽션은 소설 장르를 집에 비유한 헨리 제임스의 비유를 통해서도 적절하게 설명될 수 있다. 그는 『어느 귀부인의 초상』(1988)에서 소설의 집에는 수천 개의 창문이 달려있다고 주장한다. 창문은 소설가가 소설 장르를 통해 삶의 경험을 표현할 수 있는 방법이 다양함을 표현할 뿐 아니라, 소설가가 창밖에 떨어져 있는 외부 세계를 조망할 수 있는 것은 시점임을 가리키기도 한다. 그러나 메타픽션은 소설이라는 집에 투명한 유리 창문 대신에 거울을 설치하고 있는 것과 같다. 즉 많은 현대 소설가들은 소설을 통하여 외부 세계를 반영하거나 재현시키기보다는 오히려 소설 텍스트 내부 세계를 반영하는데 관심을 가지기 때문이다. 이것이 바로 1960년대부터 나타난 주요한 소설 현상 중의 하나라 할 수 있는 '자기반영적 소설' 또는 '메타픽션'이다.[51]

메타픽션은 하이젠베르크의 불확정성의 원리를 인식론적 토대로 한다. 불확정성의 원리란 관찰자가 항상 대상을 변화시키기 때문에 객관 세계를 묘사하는 것은 불가능하다는 인식이다. 마치 물질을 구성하는 양자역학에서 불확정성이 나타나듯이 의식의 현존을 생산하는 무의식적 주체에게 현실은 불확정성으로 인식되고, 이는 주체가 세계를 총체화 하는 것이 불가능함을 내포한다. 그러므로 메타픽션적 글쓰기는 리얼리티나 역사에 대해서도 정체성을 가지거나 영원한 것이라는 개념보다는 '일시성'에 초점을 맞춘다. 다시 말해 그것도 더 이상 영원한 진실의 세계가 아니라 일련의 구성이고 가공이며 한정적이라는 것이다. 사실주의 소설이 전제로 한 물질적, 실증적, 경험적 세계관은 더 이상 존재하지 않는다. 또한 모더니즘 소설에서

---

50 퍼트리샤 워(Patricia Waugh) 지음 · 김상구 역, 『메타픽션』, 열음사, 1989년, 15~19쪽.
51 김욱동, 앞의 책, 237~238쪽.

표방하던 파편화되었으나 총체성을 추구하던 세계관도 존재하지 않는다. 메타픽션은 파편적으로밖에 인식할 수 없는 세계를 파편적으로 제시하되 이는 총체성을 추구하지 않고, 파편들의 끝없는 반복이 있을 뿐이다.

본고에서는 이인성의 『한없이 낮은 숨결』에 나타난 메타픽션적 성격을 검토하여, 80년대 후반에 들어와 90년대 이후 우리 문화의 한 양상을 차지하고 있는 메타픽션, 나아가 포스트모더니즘의 이해를 돕고자 한다.

2. 자기반영성과 플롯의 해체

메타픽션이라는 명칭은 윌리엄 개스가 「픽션과 삶의 형태」[52](1970)에서 제일 처음 사용하였다. 모더니즘 소설이 소설의 플롯을 해체시킨 '반서사적' 소설이었다면, 이는 소설의 형식 자체를 전복시킨 '반소설'적 혁명이라 볼 수 있다. 반소설적 혁명은 플롯뿐 아니라 권위를 가진 전지적 작가, 등장인물의 정체성, 표면적 묘사와 심층 사이의 인과적 관계 등을 해체하고 언어적 구성물로서의 허구를 강조한다.

메타픽션은 현실과 허구 사이의 경계를 무너뜨림으로써 소설이 현실의 반영 · 모방, 혹은 환영으로 읽혔던 전통적 관습을 파괴한다.

---

52 William Gass, *Fiction and the Figures of Life*, New York, 1970.

모더니즘 소설까지는 실험적인 성격이 강하더라도 현실과 구분되는 허구의 시 · 공간이 존재하고, 그것은 궁극적인 지시 대상인 현실의 환영으로 수용되었다. 그러나 메타픽션 소설은 확고한 현실을 지시하는 것이 아니라, 소설 쓰기는 '글쓰기'의 과정일 뿐임을 드러낸다.

메타픽션의 자기반영성은 자의식적 특징과 혼동해서 쓰이기도 한다.[53] 그러나 칼대릴 맘그린과 레이먼드 페더만은 이를 구분한다. 맘그린은 두 텍스트의 차이점을 인식론에서 찾는다. 그에 의하면 자의식적 텍스트는 작품에 등장하는 화자의 성격을 규정짓거나, 허구적 환상을 도모하거나,《동키호테》나《트리스트럼 섄디》처럼 다른 문학 장르나 전통 또는 텍스트를 조롱하기 위해 허구성을 강조한다. 다시 말해 자의식적 텍스트는 이 세계를 파악할 수 있는 인식론적 신념에 기초하고 있으며, 작가가 허구성을 강조하는 것은 어디까지나 독자들에게 총체적 비전을 제시해주기 위해서이다. 그러나 메타픽션 작가들은 예술이 삶의 실재를 재현할 수 있다는 신념을 부정한다. 현대 사회에서 볼 수 있는 다양하고 변화무쌍한 삶의 실재를 재현하려는 시도는 불가능하다. 즉 자기반영적 텍스트는 인식론적 회의에 기초하여 '숭고한 인식론적 목적의 기만성'을 폭로한다. 맘그린의 지적대로 자의식적 텍스트는 사려 깊고 신중한 방법으로 그 자체의 과정과 요소들에 대하여 숙고하나 자기반영적 텍스트는 오로지 조롱하고 파괴하고 해체하기 위해서 소설의 요소를 드러낸다. 따라서 자의식적 텍스트와는 달리 자기반영적 텍스트는 어느 한 작품에서 의미나 실재의 총체적 비전을 찾아내려는 독자들의 시도에 가차 없는 조롱

53 각주 47번에서 '자의식적 소설'과 '자기반영적 소설'의 차이점을 설명해 놓았으므로 참고하기 바람.

을 보낸다.[54]

레이먼드는 저자가 텍스트나 독자와 어떤 관계를 맺느냐에 따라 두 유형을 구분한다. 자의식적 소설에는 저자와 독자 사이에 어떤 묵계적인 관계가 수립된다. 작가는 무엇보다 독서 과정을 중시한다. 페더만은 자의식적 소설은 독자를 텍스트 속으로 끌어들이는 일종의 공적인 행위이며, 따라서 외부로부터 텍스트 안으로 열려지는 일종의 창문과 같은 기능을 담당한다고 주장한다. 한편 저자와 텍스트 사이의 관계를 중시하는 자기반영적 소설은 창작 행위를 한결 더 강조한다. 자기반영적 소설은 독자로 하여금 저자와 창조 행위 사이의 상호관계를 주목하도록 허용한다는 점에 있어서는 공적인 행위에 가깝지만 본질적으로 개인적 행위에 더 가깝다. 비유적으로 말하면 자의식적 소설이 창문과 같은 역할을 담당한다면, 자기반영적 소설은 텍스트 안에 놓여 있는 거울과 같다.[55]

메타픽션이 갖는 자기반영적 특성 가운데 가장 먼저 플롯의 해체를 《한없이 낮은 숨결》을 통해 살펴보도록 하겠다. 《한없이 낮은 숨결》은 12편의 단편으로 묶인 연작소설이다. 12편의 단편은 서로 간의 유기적 관련성이 낮다. 수필, 연극, 신문기사, 영화 기법, 분열적 구성, 비평 등으로 쓰인 단편들과 연작소설 전체는 소설 문학에서 흔히 구성 단계를 나눌 때의 주요 요인인 '서사'로 보자면 유기적으로 구성

---

54 Carl Darrl Malmgren, *Fictional Space in the Modernist and Postmodernist American Novel*, Lewisburg: Bucknell University Press, pp.165~166: 김욱동, 앞의 책, 244~245쪽 재인용.

55 Raymond Federman, "Self-Reflexive Fiction", in *Columbia Literary History of the United States*, eds. Emory Eliot et al, New York: Columbia University Press, 1988, p.1145: 김욱동, 위의 책, 245~246쪽 재인용.

되어 있지 않다. 그러나 이는 소설의 창작과 독서 과정을 서술해 놓았다고 할 수 있다. 즉 이는 전통 소설의 기법에서 보면 탈서사의 방식을 취하고 있지만 자기반영적 특성에서 보면 소설 쓰기 과정의 소설이라고 할 수 있다.

《한없이 낮은 숨결》의 12편의 단편은 작가와 독자와의 만남, 작가의 자기 진술, 독자를 향한 물음들, 글쓰기의 불안의식, 소설적 장면 구상, 제재의 원천을 밝힘, 영화적 틀로 마라톤 과정 제시, 인물의 행위에 대한 이유를 제시하지 못함, 자아분열적 구성, 그를 찾아가는 반복적 구성, 에로틱한 행위로서의 글쓰기, 또 다른 독자에 의해 쓰일 '그를 찾아가는 기행'으로 나열되어 있다고 볼 수 있다. 전체 소설을 글쓰기 과정으로 보면 다음과 같이 도식화할 수 있다.

1편~3편	작가와 독자의 만남
4편	글쓰기의 불안의식
5편~6편	소설적 장면 구상과 제재의 원천
7편~8편	마라톤 장면 제시와 인물의 행위 근거를 밝히지 못함
9편~10편	대안세계와 환상
11편	에로틱한 행위로서의 글쓰기
12편	독자에 의해 새로 쓰일 소설

작가는 연작소설의 시작을 소설을 읽을 독자들을 초대하는 것으로 시작한다. 이는 흔히 모더니즘까지의 소설에서는 인쇄된 텍스트에는 존재하지 않던 것이다. 전통적인 소설에서는 소설을 구상하는 단계에서 예상 독자들을 상정하고 구상이 끝난 다음에 실제로 쓰는

텍스트에는 독자를 언급하지 않는다. 간혹 자의식적 소설에서는 화자의 편집자적 논평으로 독자를 의식하는 발언을 하는 경우가 있지만 독자를 등장인물로 삼는 경우는 없다.

1편은 작가가 독자인 당신에게 소설을 어떻게 읽을 것인지 설명한다. 작가는 독자에게 눈을 감고 눈 속의 어둠을 응시하여 참다운 당신이 보일 때까지 눈을 부릅뜨라고 말한다. 그리하여 색깔이 다른 두 마리의 뱀과 같이 독자인 당신과 작가인 내가 낯선 공간을 알마음의 노동으로 빚을 수 있어야 한다. 나는 당신의 대답이 들리지 않아 숨결이 가빠지지만 결국엔 숨결을 멈추고 막 어둠의 집밖으로 나서서 고통스럽게 초점을 찾는다. 당신은 소설을 눈앞에 두고 읽고 있으나 나와 대화를 나누지는 않는다. 그러나 소설읽기의 동력은 또 하나의 당신이다. 당신은 흿보며 소리 없이 말을 되받아 건넬 상대이다. 당신이 당신의 당신 자신과 나의 당신인 당신 자신 사이를 끊임없이 오가며 소설은 펼쳐질 것이다. 그러므로 행간을 띄우는 자리에서만이라도 의식적으로 눈길을 멈추어야 한다.

이어서 작가는 자신이 소설의 이야기꾼이지만, 책 표지에 인쇄된 이인성과는 다른 이름으로 무수히 다른 이야기꾼들 가운데 하나라고 말한다. 이는 나의 분열일 수도, 나의 확산일 수도 있으나 그것은 이미 하나의 실체이고 이미 3인칭 '그'라고 할 수도 있다. 그렇지만 오늘은 그를 고스란히 나 자신으로 품고 구심력을 작용시켜 '나'가 팽팽하게 하나의 폭으로 열리도록 하고 싶다. 그러므로 "나는 이 소설의 작가 이인성이다"라고 했을 때의 '나'는 작가로서의 나를 가장한 별개의 나이다. 이 소설에서 소설가로서의 이인성은 무대 위의 배우와 같은 등장인물로 신상 명세보다는 노래나 연기가 중요하다. 나는 독자 자신이 스스로 느끼고 스스로 꿈꾸고 스스로 반성·비판하는 정신의 영역에 초점을 맞추어 소설을 쓰고자 한다. 문학은 바뀐 사회 현실을 문학적 소통의 출발점으로 삼아야 한다. 즉 글쓰기와 글 읽기의 과정에 개입되는 여러 국면부터 문제 삼아야 하는 것이다. 해방된 사회의 해방된 독자는 주체적인 사고인이자 몽상가이고, 작가란 그 사고와 몽상의 계기를 그답게 주체적으로 마련해야 한다. 한편 당신은 일종의 집합대명사이고 들끓는 복수이다. 객석에 앉아 무대 위의 나를 바라보는 관객이다. 그러나 막노동판의 인부, 재봉틀 앞의 처녀, 문맹자 등은 당신으로 겹쳐지지 않는다. 그들은 나의 관객, 즉 독자가 될 가능성이 희박하며 아마도 신음과 한숨, 울분의 침묵으로 존재할 것이다. 나는 혁명가가 아니라 '소설가로서 무엇을 어떻게 할 것인가'라는 생산적 질문에 작품으로 답할 것이다.

2편은 당신의 심문에 의한 나의 자기 진술을 텍스트화 한다. 당신은 내 가슴으로 들어와 내 안에서 들끓으며 나를 심문한다. 작가로서의 나와 작가가 아닌 내가 내 전체 속에서 균열을 일으키고 작가로서의 나는 작가가 아닌 나의 모습을 지워버리려 한다. 작가로서의 나는 열여섯에 처음 소설을 쓰고, 스물여섯에 문학지로 등단했다. 그리고 일상인으로서의 나는 안전한 삶을 살기 위해 치밀하게 계산한다. 나는 나의 무의식과 당신의 의식을 모른다. 그리고 나의 독자가 될 수 없는 이들을 왜 의식하게 되었는지도 모르고, 해방·분단·전쟁·학생혁명·군사쿠데타·10월유신·광주혁명 등의 역사적 사건 동안에 무엇이 당신과 그들과 나가 모여 삶을 엮어오게 했는지 모른다. 그러나 나는 내가 모른다는 사실과 무엇인가 바뀌어야 한다는 것을 알고 있다. 그리고 그 모색의 하나가 소설적 방법으로 구현되어야 함을 안다. 소설적이란 모든 것들을 함께 언어로 열고 밀고 나갈 수 있으며, 언어로 변모를 시도하는 것이며, 언어 자체의 탐색이므로 구조적 전복의 가능성을 실험해 볼 수 있기 때문이다.

3편은 당신을 향한 물음들로 이루어져 있다. 작가는 독자인 당신에게 허구를 목표로 삼고 언어의 장치로 구상되어 있는 '놀이'를 한판 벌이자고 한다. 놀이는 나와 당신이 당신 자신을 도구로 삼아 벌이는 것이다. 당신은 당신들 각자의 자기 자신으로 이질성으로 무수히 흩어져 있다. 규칙은 당신을 소환하여 질문하는 형식이다. 무대 위 어둠속에서 나는 심문자로, 빛 속에서 당신은 피심문자의 역할을 한다. 이름, 성별, 생년월일, 나이, 주민등록번호, 본관, 주소, 본적, 원적, 현주소, 직업 또는 신분. 학력, 재산, 체격과 건강, 취미, 특기 등의 객관적 기호가 가리키는 의미들 밑에 유보된 개인적 차이들이 연쇄적으로 드러나야 한다. 이는 당신의 꿈, 행복, 인생에 홀로 숨겨 놓은 것 등과 함께 당신을 의미론적으로 구성할 것이다.

작가는 4편 〈글주정〉에서 글쓰기의 불안 의식을 드러낸다. 맨정신은 다른 소설가들처럼 사실주의 소설을 쓰라 하나, 취한 상태에서는 '화끈하게 황홀한 소설'을 갈구한다. 그 소설은 말들이 비틀거리는 술빛 세상에서 모든 것이 허물거리는 형태를 취한다. 그리고 소설쓰기는 성행위와 같이 취급된다. 이는 마치 작가인 나의 펜이 성기와 같이 음부라는 종이 위에 글자를 쓰는 것과 같다. 〈글주정〉은 맘그린이 몇몇 메타픽션 소설에서 알파벳을 소설의 주요한 구성 원리[56]로 삼은 것처럼 한글 자모를 주요한 구성 원리로 삼는다. 주정과 연상되

---

56 Carl Darryl Malmgreen, op.cit, pp.159~195.

는 자음을 'ㅊ, ㅋ, ㅌ, ㅍ, ㅎ'로 정하고 'ㅏ, ㅓ,ㅗ, ㅜ, ㅡ, ㅣ'의 단모음을 결합하여 연상되는 의미들을 나열한다. 자음과 모음의 결합 순서는 'ㅋ, ㅌ, ㅍ'이 동일하지 않고, 자음은 모음과 결합하여 그 단어로부터 연상되는 원심적 의미를 서술한다. 'ㅊ, ㅎ'은 'ㅋ, ㅌ, ㅍ'처럼 모음과 결합하여 연상되는 의미를 서술하는 것이 아니라 'ㅊ'은 모음과 결합한 단어 하나하나를 취한 상태에서 내는 말들의 비틀거림을 흉내내고, 'ㅎ'은 다양한 웃음의 소리를 흉내낸다. 저자가 쓰는 글은 술주정과 성행위와 유사함을 보여주는 글이다.

5편과 6편은 소설적 장면의 구상과 제재의 원천에 관한 소설이다. 5편은 연작소설에 있어 중심 사건이라고 할 수 있는 '마라토너 한구복 이야기'를 소설로 구상하는 과정이다. 허구 속의 소설가 '나'는 마라토너 한구복에 관한 정보를 텔레비전과 신문 기사 둘 다에서 접한다. 텔레비전 중계 방송을 먼저 보게 되는데, 어느 이른 봄의 휴일 날, 지방 도시인 신흥시에서 개최된 마라톤 대회에서 한구복은 20km 지점에서 대열에서 뛰쳐나와 30km 지점까지 독주한다. 그리고는 세 사람의 주자에 의해 추월당하고 아스팔트에 주저앉게 되는데, 나는 그에 대해 의혹을 가지게 되고 그의 존재가 나와 뒤엉키는 착란을 경험한다. 다음 날 신문 기사를 통해 본 그에 대한 6단짜리 기사는 '신기록을 위한 희생의 주자, 한구복'으로 그를 미화시키고 있었다. 그는 마라톤의 기록을 위해 자신을 희생했고, 신흥시의 산 번지에 가난하지만 꿋꿋하게 살아가는 선수였다. 나는 두 기록들 사이에 모순이 있음을 깨닫고 정보전달자들 사이에 속고 있음을 알게 된다. 그리하여 왜곡된 세계를 헤쳐 나가 소설적 의사소통의 방식으로 그다운 한구복을 작품화하기로 마음먹는다. 소설은 그에 대한 완전한 형상을 그려내지 못하고 혼돈 자체를 반영할지라도 소설적인 것은 사실적인 것을 넘어설 것이다. 작가인 '나'는 독자인 '당신'도 생활 속에서 '그'와 같은 인물에 대해 계속 유념하고 애정의 눈길을 가지길 권한다.

6편은 5편의 소설적 제재에 관한 사실의 기록이다. 1983년 3월 21일자 『동아일보』 체육면 기사이다. 기사제목은 '신기록을 위한 '희생의 주자' 이홍식'이다. 허구와 사실에서 제목은 동일하나 강조점의 이동은 미묘한 차이를 낳는다. 사실에서는 '희생'을 강조한 반면 소설에서는 '한구복'이라는 인물을 강조한다. 이는 동일한 역사나 리얼리티도 시대적 · 사회적 환경 등에 따라 달라질 수 있음을 주장하는 포스트모더니즘의 세계관을 드러낸다. 이홍식은 '웅비' 소속으로 희생의 주자로 나와 등위에 초연한 태도를 보인다. 그리고 이는 등위에만 집착하고 소극적 레이스를 펼치는 일부 선수나 지도자들에게 교훈을 주었다. 이홍식의 레이스를 평한 해석자들의 목소리이다.

7편과 8편은 마라톤 장면 제시와 인물의 행위 근거를 밝히는 허구적 글쓰기에 관한 소설이다. 7편은 마라톤의 장면을 카메라적 기법으로 제시한다. 이는 소설 장르에서는 장면 제시적 기법에 해당하는 것으로, 화자의 시선 안에 들어오는 것을 있는 그대로 묘사하는 것이다. 작가는 이 단편의 서두에 빈 틀을 제시함으로써 카메라가 틀로써 작용함을 상징적으로 보여준다. 카메라를 통해 보는 것은 사실의 모양과 흡사하므로 진실인 것처럼 보이나, 카메라를 어디에 갖다 대느냐에 따라 실체는 달라질 수 있다. 소설 또한 마찬가지로 작가가 누구를 통해 보느냐에 따라 진실은 달리 해석될 수 있는 것이다. 우리는 자신들의 창문을 통해 파편적으로 세계를 이해할 수 있을 뿐이다.

8편은 마라토너인 등장인물의 행동의 원인을 〈그는 그럴 수밖에 없었다〉라는 제목 하에 밝히고자 한 소설이다. 작가인 '나'는 〈그는 왜 그럴 수밖에 없었을까〉를 기획했을 때, '그가 그럴 수밖에 없었다'는 것을 당위의 쌍으로 구상했다. 두 소설 모두 쓰이리라는 확신을 가졌으나 앞의 소설이 마무리 되었을 때 예상이 완전히 빗나갔다. 둘은 어차피 하나이므로 뒤를 부재로 남겨두는 것이 '혼돈'으로 가득 찬 세계를 제시하게 될 것이기 때문이다. 앞의 것이 선택되어 뒤의 것이 부재케 되었고, 만약 뒤의 것이 선택되었더라면 앞의 것이 부재케 되었을 것이다. 하나는 실재로 존재하고 하나는 부재로 존재하는 존재의 양태만 다를 뿐이다. 그리고 이야기된 이야기는 과거로 남고 이야기되지 않은 이야기는 미래로 보내질 때 시간이 열릴 것이다. 과거의 〈그는 그럴 수밖에 없었을까〉와 미래의 〈그럴 수밖에 없었다〉 사이로 결코 채워지지 않을 부재를 채우러 가며 채워가야 할 사이를 사이로, 그 사이를 사는 새로운 이야기들이 살아질 것이다.

9편과 10편은 대안세계와 환상을 제시하는 소설적 장치이다. 메타픽션 작가들은 픽션 문학이 언어적 리얼리티에 불과하더라도, 그 자체 내에서 완전한 지시적 위상을 갖는 상상세계를 언어를 통해 구성한다고 주장한다. 허구적 진실들은 존재하며, 그 자체가 창조한 대안세계의 문맥에서 허구적 진술들은 진실하다. 그리고 많은 메타픽션 텍스트들은 리얼리티와 경쟁하는 대안을 자의식적으로 구성하는데, 이는 환상적인 것들이다.[57] 9편은 대안세계로서 환상을 제시하는데, 분열된 자아가 등장한다. 작가인 '나'는 '그'를 찾기 위해 신흥시로 가려고 한다. 나는 분열되어 하나의 자아는 고속터미널로 가고 다른 하

57 퍼트리샤 워 지음 · 김상구 역, 앞의 책, 144~151쪽.

나는 서울역으로 간다. 고속터미널로 간 나는 다시 분열되는데, 하나의 자아는 고속터미널의 창문을 통해 다른 내 육신이 차에 치이는 것을 본다. 이후 고속터미널에 있던 나는 좌석 버스에 올라 대한육상연맹사무국으로 가서 한구복에 관한 자료를 찾은 후 공중전화박스에서 시인이자 독자인 친구에게 전화를 걸어 영안실에서 만나자고 한다, 이후 나는 분열되어 하나의 나는 친구를 영안실에서 만나 함께 미아리 술집에 간다. 다른 하나의 나는 과거 방위병으로 있었던 불광동으로 간다. 불광동에서 권투선수였던 김성기를 만나고, 편물공장 다니던 성기의 동생 성심을 만났던 것을 떠올린다. 그리고 서울역으로 갔던 나는 기차를 타고 신흥시로 간다. 9편에 등장하는 작가인 '나'에게 '그'의 역할을 하는 인물은 과거에는 김성기와 김성심이었다면, 미래에는 미지의 인물로 남는다. 기차를 타고 신흥시로 가서 만날 한구복은 미래의 '그'를 상징하는 인물일 것이다.

10편은 작가인 '나'가 독자인 '당신'에게 '그'를 찾아가는 소설 기행을 함께 떠나자고 권한다. '나'는 이 소설의 이야기꾼이지만 작가 이인성으로부터 특정하고 단일한 기능을 부여받지 않고 여러 가능성으로 존재한다. 나는 소설의 작가 자신인 척 하는 이야기꾼일 수도 있고, 작가로부터 비롯되어 그와 겹쳐 있으면서도 다른 어떤 나들 중의 하나일 수도 있고, 당신으로서의 나일 수도 있겠고, 당신과 함께 찾아가고자 하는 '그'인 나일 수도 있다. 〈이미 그를 찾아간 우리의 소설 기행〉에는 7명의 당신들과 당신들이 만난 그들이 설정된다. 첫 번째 당신은 '나'이며 그를 찾기 위해 가을 새벽 신흥역을 빠져 나와 그의 행적을 그대로 따른다. 두 번째 당신은 회사원이며 그는 야구선수 이성수이다. 세 번째 당신은 대학생이고 그녀는 여공이다. 네 번째 당신은 글 쓰는 여자이고 그녀는 화가이다. 다섯 번째 당신은 카페 주인이고 그는 서울에서 광주로 이주하려는 선생이다. 여섯 번째 당신은 떠돌이이고 그녀는 할머니이다. 일곱 번째 당신은 '그'일 수도 있는 당신이고, 그를 찾아 신흥시를 찾아간다. 여름 새벽 신흥역을 빠져 나와 그날의 그의 행적을 다시 산다. 이 소설은 독자들에게 현실에서 당신의 '그'를 찾으라고 권하고 있다. '그'는 각각 다른 모습을 하고 있지만 '몫을 해내는 사람, 희생을 하면서도 배반하지 않는 사람'[58]이다.

11편은 에로틱한 행위로서의 글쓰기에 관한 소설이다. 작가의 글쓰기 행위가 진행되는 동안의 모든 호흡은 정사 행위와 같다. 그리고 정사 행위의 결과로 말은 탄생되나 이는 채워져야 할 침묵과 부재가 존재하는 불완전한 형태이다. 이를 진술하기 위하여 작가는 말줄임표와 쉼표를 사용하여 문장을 분절하고 의미를 지연시키는 글쓰기 전략을 사용한다. 말줄임표와 쉼표의 사용은 존재의 흔적, 즉 부재하는 존재를 시각화한다. 존재의 자기 촉발적인 음성은 말과 말 사이로, 말과 침묵 사이로, 침묵과 침묵의 사이의 숨결로 존재하며, 현전을 연기한다. 또한 말줄임표와 쉼표에 의해 만들어진 공백은 "확정되지 않은 무수한 욕망이 움직이고 의미들이 꿈틀거리는 생성의 공간"[59]이다. 이는 마치 "주체의 언어가 점차 몸의 언어, 숨결의 언어로 변해가는 과정"[60]과 같다.

---

58 김현숙, 「이인성 소설의 특성」, 『한국문화연구원논총』61, 1992년, 127쪽.

59 진재남, 「이인성 소설의 탈서사성 연구」, 고려대 석사학위논문, 2011년, 72쪽.

60 김인호, 「허구와 현실 사이의 존재론적 성찰」, 『탈이데올로기와 문학적 향유』, 열림원, 2001년, 162쪽.

12편은 독자에 의해 새로 쓰일 소설이다. 허구의 후기 형식을 취하고 있는 이 소설은 소설이 쓰인 연도와 순서를 소개한다. 〈그는 왜 그럴 수밖에 없었을까〉는 1983년 겨울에 처음 쓰였고, 〈한없이 낮은 숨결〉은 1988년 여름에 마지막으로 쓰였다. 이 소설들은 '혼돈'을 담고 있으며, 작가는 글쓰기는 성적 관계와 같다는 인식 하에 소설들을 쓰고 있다. 그리고 독자에겐 독자의 책이 따로 있으며, 그 책들이 펼쳐질 때 작가의 책은 제 형식을 벗고 그 안에 들끓던 작품들을 육체적으로 풀어주게 될 것이다. 그들의 가장 근본적인 욕망은 관계의 무한한 체험을 통해 복수화 되는 것이다. 그들은 어떤 성적 금기도 거부하며, 성적 해방과 평등한 분배, 자유로운 결합을 지향한다.

《한없이 낮은 숨결》의 사건은 '신기록을 위한 희생의 주자, 한구복'의 마라톤 장면과 그를 찾아가는 나의 기행이다. 소설의 전통은 '사건'의 진행에 따라 갈등이 진행되고 최고조에 이르며 이의 해결과 함께 소설이 끝나는 것이 일반적이다. 그러나 이 소설은 주요한 축이 사건에 있는 것이 아니라, 작가가 소설적 제재를 선택하여 구상하고 작품화하는 과정 자체가 주요 축이라는 점에서 자아반영적이다. 더군다나 작가는 물리적 텍스트 바깥에 있는 독자를 작품 서두에서부터 불러들여 소설의 등장인물로 만들며, 〈그를 찾아가는 우리의 소설 기행〉과 〈이미 그를 찾아간 우리의 소설 기행〉은 자아분열적 구성이 원심적 관계를 이루면서 반복된다. 또한 한구복과 관계된 이야기를 시작하기 전과 끝마칠 무렵 위치한 〈글주정〉과 〈한없이 낮은 숨결〉이라는 단편도 글쓰기의 불안의식과 성적 측면을 서술하고 있어 소설의 서사를 방해한다.

3. 설화적 공간과 서술적 공간의 모호

맘그린은 『모더니스트와 포스트모더니스트의 미국 소설에 있어서의 허구적 공간』[61](1985)에서 소설의 공간을 '서술적(내레이셔널) 공간'과 '설화적(내러티벌) 공간'으로 나눈다. 전자는 허구적 세계의 스토리를 서술하는 화자를 특수화하는 기호가 만들어내는 공간을 말하며, 후자는 허구적 세계를 특수화하는 기호가 만들어내는 공간을 의미한다. 그리고 자신의 허구성을 전경화하기 위하여 서술적 공간과 허구적 공간 둘 다를 사용하는 모든 내러티브는 메타픽션이다. 설화적 공간과 서술적 공간을 구체적으로 살펴보면, 설화적 공간은 스토리(플롯), 액턴트(성격 형성, 작중 인물)로 다시 나눌 수 있다, 플롯이 과도하게 사용되거나 실제 삶이 문학 전통으로부터 작중 인물을 빌려오는 경우, 내러티브 자체를 스토리의 주제를 삼는 경우 등은 이에 해당된다. 서술적 공간은 화자의 스피치 행위에 의해 만들어지는 언술적 공간과 스피치 행위가 전달되는 물질적 매체에 의해 만들어지는 성상적 공간으로 나눌 수 있다. 언술적 공간은 작가의 권위에 의문을 제기하며, 성상적 공간은 텍스트의 개념에 의문을 제기한다. 언술적 공간의 경우 화자는 매체 부호 또는 내러티브 행위의 관습을 언급하는 메타언어적 진술을 삽입함으로써 스토리를 중단시킨다. 성상적 공간의 경우 텍스트 물질성을 체계적으로 전경화 시키는데, 이는 알파벳 공간, 어휘 공간, 페이지 공간, 구성 공간 등으로 진술된다. 알파벳 공간은 몇몇 알파벳을 소설의 중요한 구성 원칙으로 삼는

61 Carl Darryl Malmgren, op.cit, pp.159~195: 김욱동, 앞의 책, 273~275쪽 재인용.

다. 예를 들어 애비쉬의 소설은 모두 52개의 부분으로 나뉘어져 있는데, 각 부분은 'A'부터 시작하여 'Z'까지, 그리고 다시 'Z'부터 시작하여 'A'에 이르기까지 알파벳의 순서로 되어 있다. 어휘 공간이란 허구성을 강조하기 위하여 의도적으로 추상적이고 애매모호한 어휘를 사용하거나 다양한 의미를 지니고 있는 다의적 어휘를 선택하는 기술 전략을 가리킨다. 페이지 공간은 '구체시'의 경우처럼 페이지 자체가 일종의 의미상의 기호가 되는 경우에 해당한다. 구성 공간이란 전통적인 소설과는 달리 텍스트 구성 자체를 전경화 시키는 장치를 말한다. 나보코프의 《창백한 불꽃》은 '창백한 불꽃'이라는 시를 비롯하여 이 시를 입수하게 된 경위를 설명하는 서문, 주석의 형식으로 되어 있는 시에 대한 코멘터리, 색인 등으로 구성되어 소설보다 오히려 현학적인 학구적 저서를 방불케 한다.

《한없이 낮은 숨결》의 메타픽션적 성격을 맘그린이 특징으로 제시한 것을 통해 살펴보도록 하겠다. 소설의 공간은 세 겹의 허구로 되어 있다.

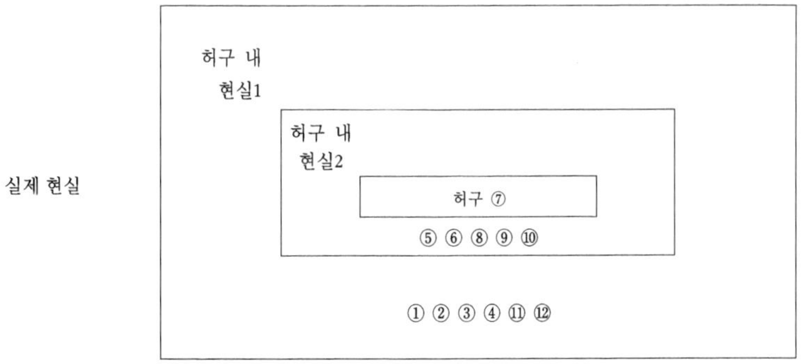

① 〈당신에 대해서〉
② 〈나의 자기 진술, 당신의 심문에 의한〉
③ 〈당신 자신인 당신을 향한 물음들〉
④ 〈글주정〉
⑤ 〈그때 그를 당신도 보았다면〉
⑥ 〈어느 허구에 관한 사실〉
⑦ 〈그는 왜 그럴 수밖에 없었을까〉
⑧ 〈'그는 그럴 수밖에 없었다'고 쓰지 못하다〉
⑨ 〈그를 찾아가는 우리의 소설 기행〉
⑩ 〈이미 그를 찾아간 우리의 소설 기행〉
⑪ 〈한없이 낮은 숨결〉
⑫ 〈다시 그를 찾아갈 우리의 소설 기행〉

중첩된 허구의 구조는 단편 안에 다시 허구와 현실의 구조로 되어 있는 소설들이 있다. ③ 〈당신 자신인 당신을 향한 물음들〉과 ⑨ 〈그를 찾아가는 우리의 소설 기행〉, ⑩ 〈이미 그를 찾아간 우리의 소설 기행〉은 소설 속에 현실 공간과 허구의 공간이 있으며 두 공간은 융합되어 있다. 이 부분은 '4. 허구의 틀 만들기와 현실의 틀 열기'에서 자세히 살펴볼 것이다'

맘그린에 의하면 소설의 공간은 '설화적 공간'과 '서술적 공간'으로 나뉜다. 《한없이 낮은 숨결》을 전체 연작소설을 중심[62]으로 설화적 공간과 서술적 공간으로 나눈다면, 설화적 공간은 가장 안쪽 틀이

62 연작 소설 전체를 중심으로 하지 않고 각 단편만을 살펴본다면, 각 단편 안에 설화적 공간과 서술적 공간으로 나눌 수 있는 소설도 있다. 〈당신 자신인 당신을 향한 물음들〉, 〈그를 찾아가는 우리의 소설 기행〉, 〈이미 그를 찾아간 우리의 소설 기행〉 등이 이에 해당된다.

다. 가장 안쪽 틀에 있는 소설은 ⑦번 〈그는 왜 그럴 수밖에 없었을까〉이다. 이 소설은 카메라 촬영 기법으로 쓴 것으로 3인칭 관찰자 시점에 해당하고 작중에 '나'가 등장하지 않는다. 작가는 이 소설의 틀 바깥에 위치하며 카메라를 이야기꾼으로 구성한다. 카메라는 주인공 한구복이 마라톤 경주를 하다가 주로를 이탈하여 산동네 집으로 간 후 산기슭을 내려와서 운동장의 닫힌 철문에 두 손과 머리를 댄 채 오랫동안 서 있는 모습을 제시한다. 설화적 공간의 주인공 한구복은 서술적 공간에서도 나타나는데, 서술적 공간의 작가는 한구복의 이야기를 소설적 장면으로 구성하게 된 과정과 허구 속의 현실에서 한구복을 찾아가는 분열된 나를 제시할 뿐 아니라 독자인 당신에게도 당신들의 삶에서 한구복과 같은 '그/그녀'를 찾으라고 반복적으로 제시한다.

《한없이 낮은 숨결》에서 서술적 공간은 크게 2가지 층위로 나눌 수 있다. 하나는 가장 바깥 틀로 이야기꾼인 작가 이인성이 독자를 구성한 후 어떻게 읽을 것인가를 설명할 뿐 아니라, 소설을 함께 구성해나가야 함을 제안한다. 작가는 자신이 인쇄된 책의 저자 이인성이지만, 소설 안에서의 '나'는 작가로서의 이인성일 뿐이고, 이 이인성 또한 특정된 것이 아니라 여러 이야기꾼이라 말한다. 이인성이란 실제 인물이 허구 안으로 들어와 허구 속 작가로 역할하며, 허구 속 이인성은 허구 속 현실의 이인성과 동일 인물이라 말한다. 다른 하나는 가운데 틀로 작가가 현실에서 이홍구라는 마라톤의 기사를 읽은 후 소설적 장면을 구상하고 허구화시키는 과정이다. 작가는 허구를 만든 이후에도 허구적 인물을 현실에서 찾아가는 과정을 제시한다.

작가는 언술 공간에서 메타언어적 진술을 삽입한다. 메타언어적 진술은 작가의 권위에 의문을 제기하는 역할을 한다. 《한없이 낮은 숨결》에 실려 있는 단편들은 〈그는 왜 그럴 수밖에 없었을까〉를 제외하고는 이 같은 진술이 보인다. 메타픽션 소설에서 작가는 삶을 이야기하는데 있어서 전능한 신과 같은 존재가 아니라, 자기가 정당하지 않을 수 있다는 것을 보여줌으로써 세상의 허위를 드러내는 자이다. 소설 속의 작가는 전통 소설에서 고수해왔던 작가의 전지성을 깨뜨리는 방편으로 기획했으나 결국은 쓰지 못한 소설에 관한 이야기를 담고 있는 〈'그는 그럴 수밖에 없었다'고 쓰지 못하다〉라는 소설을 쓰기로 한다. 작가는 〈그는 왜 그럴 수밖에 없었을까〉를 기획하면서 〈그는 그럴 수밖에 없었다〉를 당위의 쌍으로 구상했다. 두 소설이 모두 쓰이리라는 확신을 가지고 있었으나 앞의 소설이 마무리 되었을 때 뒤의 예상은 완전히 빗나갔다. 작가는 〈그는 그럴 수밖에 없었다〉를 현존하는 부재로 남겨놓고자 뒤의 소설을 쓰지 못했다. 결국 작가는 전지성을 가지고, 소설을 구상하는 것이 아니라 시간과 공간에 따라 계획을 바꾸기도 하는 이야기꾼에 불과하다.

성상적 공간은 텍스트의 물질성을 전경화하는 데서 찾을 수 있다. 《한없이 낮은 숨결》에는 알파벳 공간과 유사한 공간이 〈글주정〉에 나타난다. 이 단편은 무의미한 음절들이 한 단락의 처음과 끝에 배열되어 있다. '차, 처, 초, 추, 츠, 치, 커'로 시작하는 단락은 '히, 흐, 후, 호, 허, 하'로 끝난다. 맨처음과 끝의 음절군은 자음은 동일하지만 모음의 순서가 거꾸로 된 음절들이 나열되어 있다. 또한 단락의 중간 또한 '크, 쿠, 코, 카, 키', '타, 토, 투, 터, 트, 티', '푸, 프, 파, 퍼, 피, 포' 같은 자음의 차례대로 나열되어 있으며, 각 음절 뒤엔 작가에 의해 연상되는 내용들을 진술한다. 각 음절은 의미들의 원심력으로 작용한다. 《한없이 낮은 숨결》의 어휘 공간은 단편 〈한없이 낮은 숨결〉과 〈다시 그를 찾아갈 우리의 소설 기행-허구의 후기〉를 통해 살펴볼 수 있다. 〈한없이 낮은 숨결〉은 의미가 모호한 어휘들의 나열로 이루어져 있다. 어휘들은 쉼표와 말줄임표 사이에 있으며 혼돈의 상태에서 태어나 사이, 틈새, 결속에, 혹은 침묵 · 부재 속에 살다 사라진다. 〈다시 찾아갈 우리의 소설 기행-허구의 후기〉는 '흩뜨려진 어법'[63]을 사용한다. 소설에서 이야기꾼은 단편들이 창작된 시간적 순서를 창작 연도 · 계절과 접속사 · 부사를 이용해서 표시한다. 그런데 이 두 가지 순서가 엇갈리고 모순된다. 예를 들면 "1985년 봄쯤 〈나에 대해서〉를 쓰려던 것이 〈나의 자기 진술, 당신의 심문에 의한〉으로 쓰이고, 그 바람에 그보다도 먼저인 1986년 봄엔 〈당신 자신인 당신을 향한 물음들〉만을 쓰자니"[64]와 같은 구절을 보자. 시간적인 순서로 보면 1985년이 1986년보다 먼저이다. 그러나 작가는 1985년 봄에 쓴 소설 이후에 '그보다도 먼저인 1986년 봄'이라는 표현을 쓴다. 시간 순서와 '먼저'라는 부사가 어울리지 않는다. 작가는 창작 연도를 제시함으로써 독자에게 객관적인 사실을 제시하는 듯한 인상을 준다. 그러나 이내 작가는 이를 파괴해버림으로써 독자로 하여금 믿지 못하게 하고, 이 또한 진실이 아님을 인식하게 한다.

《한없이 낮은 숨결》의 페이지 공간은 〈그는 왜 그럴 수밖에 없었을까〉라는 단편에 상징적으로 제시된다. 이 소설의 맨 앞부분은 직사각형 틀만이 제시되어 있는데, 이는 직접적으로는 카메라 렌즈를,

63 김태환, 앞의 글, 454쪽.

64 이인성, 〈다시 찾아갈 우리의 소설 기행-허구의 후기〉, 《한없이 낮은 숨결》, 앞의 책, 381~382쪽.

나아가 소설에서의 시점을 의미한다고 할 수 있다. 우리는 아무리 있는 현실을 그대로 묘사한다고 해도 렌즈를 통해 보이는 것만 묘사할 수 있고, 우리의 세계관이 현실을 바라보는 패러다임으로 작용할 수 있다. 《한없이 낮은 숨결》은 텍스트 구성 자체를 전경화 시킨다. 연작 소설은 서론 격에 해당하는 작가와 독자 소개, 소설 속의 소설의 시작과 끝을 유추할 수 있는, 그리고 글쓰기는 에로틱한 행위임을 밝히는 〈글주정〉과 〈한없이 낮은 숨결〉, 전체 소설에 대한 에세이에 해당되는 '후기'로 구성되어 있다. 이는 소설이라기보다는 소설 쓰기 과정을 설명하는 비평서와 유사하다.

4. 허구의 틀 만들기와 현실의 틀 열기

퍼트리샤 워는 『메타픽션』[65](1989)에서 메타픽션과 틀의 파괴에 관해 논한다. 그에 따르면 메타픽션이 가장 문제시하는 것은 '틀이란 무엇인가' 하는 것이다. 틀은 '역사/리얼리티' 개념을 구성할 뿐 아니라, 현실과 허구를 분리시킨다. 그러나 메타픽션 소설은 시작과 경계의 자의적인 본질을 명백하게 논의하면서 시작한다. 그리고 결말의 선택 혹은 결말이 불가능하다는 표지를 남기면서 끝난다.

메타픽션은 소설뿐만 아니라 인생도 여러 가지 틀을 통해 구성되며, 어디서 하나의 틀이 끝나고 다른 틀이 시작되는지 결국 알 수 없다는 사실에 주목한다. 어빙 고프만(Erving Goffman)은 『격자 분석』

65 퍼트리샤 워 지음 · 김상구 역, 앞의 책, 47~54쪽.

(1974)에서 '리얼리티/픽션'(현실/허구)의 단순한 이분법은 존재하지 않는다고 주장한다. 그에 따르면 틀은 어떤 상황에서의 참여와 활동을 촉진한다. 상황은 일어난 사건들, 특히 사회적 사건들은 그 사건에 개입하는 인간의 주관성을 지배하는 원칙들에 일치하여 만들어진다. 그러므로 틀의 분석은 경험 조직의 분석이다. 이를 픽션에 적용하면, 틀의 분석은 소설의 형식상의 관습적 조직의 분석에 해당된다. 모든 픽션에서 틀은 본질적이다. 리얼리즘 양식에서 모더니즘 양식으로 나아감에 따라 틀은 쉽게 감지될 수 있으며, 메타픽션에서는 적나라하게 드러난다.

틀의 개념은 일단의 환자들을 통해 각각의 개별 상자의 리얼리티를 시험해보는 찬합구조(chinese-box structure)를 포함한다. 때때로 공공연한 틀은 명백히 '현실적'인 것과 끝내 구분되지 않는 이상향, 꿈, 망상, 그림 같은 재현들을 혼합함으로써 존재론적 단계들의 혼동을 필연적으로 포함한다. 그리고 텍스트 속에 텍스트가 무한히 나타나는 것은 '틀로 짜인 것'과 '틀로 짜이지 않은 것'의 역설적인 관계, 즉 결과적으로는 '형식'과 '내용'의 역설적인 관계를 끄집어낸다. 그리고 틀과 틀 파괴의 교대반복은 틀을 지각할 수 없도록 만들어서 환상을 구상하고 그리고 틀을 계속해서 노출시킴으로써 환상을 깨뜨린다. 이는 메타픽션의 본질적인 해체방법이다.

고프만은 사람의 현실인식은 사소한 틀 파괴에 대해서도 거부반응을 보인다고 주장한다. 사람은 현실이라는 확고한 틀의 연속성과 생명력을 확신하면서 자신의 현실 의식을 재확인한다. 틀에서 벗어난 많은 행동들을 허용하는 것은 표면에 드러나지 않는 그 틀의 수용력 속에 그것이 내면화되어 있기 때문이다. 모임에 모인 친구들 사이에서 이루어지는 공모는 틀 파괴의 수단이자 곧 틀 속에 머물기 위한 수단이다.

메타픽션 소설들은 관념적이거나 철학적인 견지에서 독자 자신의 현실 의식에 의문을 제기하는 반면, 동시에 일상 세계에 대한 독자의 현실 의식을 더욱 강화시켜 준다. 독자는 메타픽션이 존재의 전통적인 근거를 전복한 결과로 인해 리얼리티(현실)로 간주되는 것의 철학적 위상에 대한 기존의 관념을 수정하겠지만, 아마도 대부분의 독자는 상식과 일상생활로 구성된 현실 세계 속에 살고 있다는 믿음을 고수할 것이다. 롤랑 바르트는 메타픽션은 진실과 픽션(허구)의 상대적인 위상에 대한 우리의 확신을 교란시키는 허구적인 『신화집』(1972)이라고 말한다. 고프만은 속임수를 발견해내는 것에 대한 연구는 부품을 어떻게 조립할 것인가에 대한 연구라고 말한다. 사람은 쉽게 의식되는 것을 검토하여 자신의 평범한 현실 의식이 어떻게 생겨나는지, 즉 어떻게 리얼리티가 모방되며 또 어떻게 리얼리티가 위조되는가를 알 수 있다.

《한없이 낮은 숨결》 전체 연작 소설에 나타나는 허구적 틀과 사실적 틀은 앞 절에서 살펴본 것으로 대신하고 이 절에서는 단편들 중 허구적 틀 만들기와 현실의 틀 열기가 두드러지게 나타나는 것만을 살펴보도록 하겠다. 이 소설들은 허구적 틀을 만들고 이 틀을 파괴함으로써 현실의 틀을 여는 과정이 잘 드러난다. 〈그때 그를 당신도 보았다면〉을 제외한 나머지 단편들에서는 허구적 틀과 사실적 틀의 구분은 잘 보이지 않는다. 소설은 에세이 형태로 진술되며 메타언어들로 기능한다. 그리고 〈그때 그를 당신도 보았다면〉은 작품의 맨 앞에 제시된 틀이 메타 언어적 역할을 하기는 하지만 작품의 나머지 부분에는 허구적 틀만 보인다.

〈당신 자신인 당신을 향한 물음들〉은 소설 속 허구의 역할을 하는 무대가 등장한다. 작가는 소설 속 현실 공간에서 독자인 당신에게 허구의 틀 만들기에 해당하는 '무대 위의 놀이'를 제안한다.

> 어떻습니까? 이 놀이를 받아들이시겠습니까? 당신이 설득될 만큼 내 어조나 음감이 내 뜻을 충분히 전달했는지 궁금하군요. 그게 이 놀이에선 제법 중요하거든요. 그런데 목소리는 못 들었다고요? 그런데 어떻게 소리를 듣느냐고요? 괜찮습니다. 들으십시오. 내목소리를. 당신의 상상으로. 글이므로 듣는 것이 아니라 읽는 것이라는 확고한 의식을 가지고, 동시에 자재로운 상상을 여십시오. 이 놀이를 성취하자면, 당신은 내 목소리를 듣고 대답하는 역할을 맡아줘야 합니다. 이 소설은 인쇄된 문자를 매개로 한 상상적 연극놀이입니다. 아이였을 때 노상 했던 짓, 누구나 경험이 있을 것입니다. 나이가 들어 다소 쑥스럽겠으나, 이제 배우가 되어 나를 해방시켜주십시오. 작가로부터, 나는 벌써, 이 소설의 맨 앞의 '이 소설을 쓰는 나'가 아닌 것 같습니다. 나는 점점, 허물을 벗듯 작가로서의 나를 떨쳐나갑니다. 그래서 몸과 마음이 점점 가벼워집니다.[66]

상상적 연극 놀이에서 배우는 작가와 독자인 당신이다. 당신은 피심문자로, 나는 심문자로 무대 위에 오른다. 무대는 허구의 틀로서 기능한다. 그러므로 무대 위의 작가는 현실의 나를 떨쳐버리고, 당신 또한 허구 속에서 등장인물로 당신 자신을 표현해야 한다.

---

66 이인성, 앞의 소설, 73~74쪽.

픽션문학은 놀이의 한 형태를 취한다. 픽션과 놀이에 공통적으로 나타나는 중요한 자질은 '메시지'의 기호들의 집합과 문맥 또는 메시지의 틀 사이의 관계를 교묘하게 조작함으로써 하나의 대안적 리얼리티를 구성하는 것이다. 픽션의 언어는 일상 세계의 언어를 모방한 것으로 보일 수 있으나, 픽션의 언어가 지닌 의미는 다르다. 하지만 모든 놀이와 픽션은 한 문맥으로부터 다른 문맥으로의 전이를 설명하고 문맥들과 의미들의 계층을 수립하는 메타 단계들을 요구한다. 왜냐하면 메타픽션의 주요 관심사는 현실의 문맥으로부터 허구 문맥으로의 변환이 함의하는 것과 이 두 문맥 사이의 이해하기 어려운 침투에 있기 때문이다.[67]

무대의 설정을 설명하는 것은 메타언어의 역할을 한다. 메타언어는 유희적으로 사용될 때 재문맥화의 과정이 일어난다. 그리고 변환이 현실에서 멀어지면 멀어질수록, 즉 문학적 사실주의에서 문학적 환상으로 나아갈 때 더욱 메타논평적 틀로 작용한다. 이는 전통 소설이 허구의 틀을 만들 때와는 다른 방식이다. 전통 소설의 작가들은 리얼리티를 창조하기 위하여 '인체함' 즉 개연성을 토대로 하나, 메타픽션 소설가들은 자신이 쓰고 있는 소설이 허구임을 분명히 밝힌다. 허구의 틀을 만들면서 그 틀을 전복시키는 것이다.

또한 무대 위의 심문은 심문자가 질문을 던진 후 대답을 기다리는 사이, 허구에서 편집자적 논평에 해당되는 작가의 해설이 끊임없이 첨가된다.

---

67 퍼트리샤 워 지음 · 김상구 역, 앞의 책, 54~58쪽.

당신의 주민등록번호는?-이라는 질문은 던지지 않겠습니다. 그 대신, 당신은 당신의 주민등록번호를 외고 있습니까?

나는, 당신이 당신 자신의 암기력이나 아이큐를 스스로 짐작하도록 하려는 의도를 가지고 있지 않습니다. 기억하십니까, 도대체 언제부터 이 주민등록번호 제도가 생겼었지요? 이 열세 자리 숫자는, 언젠가부터 그렇게 된, 일괄적인 사회의 전형적 기호 체계의 하나가 아닐까요? 이 긴 숫자들을 잘 왼다는 것은 그만큼 재산 관리, 세금 계산, 각종 신상 서류 기입 등등에 그것을 자주 사용한다는 의미이며, 그렇다면 그 말은 또한 그만큼 더욱 통제적인 사회 질서 속에 당신이 몸담고 있음을 드러내주는 게 아닐까요?[68]

작가는 독자의 대답을 기다리는 사이, 주민등록번호에 대한 자신의 생각을 끊임없이 나열한다, 그리고 이 논평은 피심문자인 독자에게 하는 것이기도 하지만 객석에 앉은 독자, 즉 허구 밖에 있는 소설 속 현실의 독자, 나아가 실제 현실의 독자에게 말하는 것이기도 하다. 이는 허구에 몰입하지 못하게 하는 효과를 낳으며 작가의 질문에 피심문자가 집중하게 하지 못하게 한다. 현실에서 허구의 틀을 만드나, 허구의 틀은 다시 열려 현실과의 경계가 모호해진다.

〈그를 찾아가는 우리의 소설 기행〉은 현실에서 허구의 인물인 '한구복'을 찾아 가는 기행이 허구의 기능을 한다. 현실에서 허구의 틀을 열며, 허구에서 다시 현실이 융합되는 과정이다.

이봐, 불광동! 나는 내 짝 당신과 춤을 맞추며, 음악에 막혀 있는 말을 먼 곳의 나에게 전한다. 왜 그래, 미아리? 나는 성기의 집터에서 곧바로 야산 등성이를 가로질러 반대편 기슭을 타고 내리다가 다른 나

68 이인성, 앞의 소설, 83~84쪽.

의 부름에 답한다. (…중략…) 다른 내가 한구복을 찾아 떠난 건 알어? 짐작했어. 구기터널로 뻗는 아스팔트 도로변에, 수은등이 켜지기 시작한다. 나는 도로와 더 깊은 산 쪽으로 난 오솔길 사이의 철망을 따라 걷는다. 한구복, 그가 나를 이곳으로 오게 했어. 그가 너 나를 그곳으로 가게 했고, 아마도 그곳에 있는 나나 그곳에 너 나도 여전히 그를 찾아가고 있는 중이라고. 단연코, 우리는 여기서 그를 찾고 있는 거야.[69]

작가인 '나'는 한구복을 찾기 위해 서울역으로 바로 가고, 분열된 다른 '나'는 고속버스터미널로 간다. 그리고 고속버스터미널의 '나'는 터미널의 창문을 통하여 '나'가 차에 치여 병원 영안실로 가는 것을 본다. 이후 고속버스터미널의 나는 체육회관 근처 공중전화에서 친구에게 전화를 건 후 다시 분열하여 하나의 '나'는 불광동으로 가고, 다른 '나'는 영안실에서 친구를 만난 후 미아리로 간다. 분열된 '나'들은 작가의 여러 가능성들이다. 서울역으로 바로 간 '나'는 이 소설의 작가인 척 하는 이야기꾼일 수 있고, 불광동과 미아리로 간 각각의 '나'는 작가로부터 비롯되었지만 다른 '나'들 중의 하나일 수 있다.

허구의 틀 안에서 미아리와 불광동의 나는 서로 대화하며 현실의 다른 '나'가 한구복을 찾아 떠난 이야기를 한다. 중첩된 허구의 틀 중심에 있는 한구복이 틀 바깥의 허구와 현실 속 인물들을 행동하게 한 것이다.

〈이미 그를 찾아간 우리의 소설 기행〉은 연작 소설의 중심 허구라 할 수 있는 〈그는 왜 그럴 수밖에 없었을까〉에 대한 해체적 소설이

69 이인성, 위의 소설, 284~285쪽.

다. 이 단편에 나오는 당신이라 불리는 독자는 소설 첫머리에 내적 실체로 자리 잡은 당신이다. 당신들은 '그'는 아니라도 당신의 '그' 혹은 '그녀'를 만났음에 틀림없고, 독자는 이제 독자로 머물지 않고 현실에서 허구를 실현시킨다. 또한 소설 속 현실의 독자인 당신은 이제 자신들의 이야기 속 등장인물이 되어 당신들의 그들을 찾는 이야기의 주인공이 된다.

일곱 명의 당신들은 당신들의 그들을 만난다. 당신들과 그들의 만남은 조각 난 채로 다른 만남들 사이에 흩어져 있다. 현실 생활의 조각들이 허구 속에서 부유하는 것과 같다. 당신과 당신의 그들의 만남을 총체화하자면 여기저기 널린 조각들을 짜 맞추어야 한다. 그러나 각 이야기들은 조각들을 다 모아도 그 자체가 다시 이야기들의 조각을 모아 놓은 것이 될 뿐 결말을 필요로 하는 사건이 제시되지 않는다. 이야기의 끝, 뒤의 장면은 가능성만으로 남겨졌을 뿐이다. 이 소설에서 결말은 찌꺼기에 불과하고 과정들 자체가 참다운 결과인 것이다. 그러므로 각 이야기들은 열려 있고 이와 같은 이야기는 누구에게나 반복될 수 있는 잠재태의 역할을 한다.

> (…생략…) 한구복 그와 여기에 나오는 다른 그, 그녀들 사이에 대체 어떤 연관이 있는 겁니까? 확고한 동질성을 확보해야 여러 삶의 국면에 공통으로 드러나는 인간의 모습을 볼 텐데, 여기선 그런 게 존재합니까? 완벽하게 똑같이는 아니겠지요. 사실 그건 제 의도이기도 합니다. 모델을 더욱 선명히 정립하는 게 아니라 모델을 해체시키겠다는 거지요. 수렴이 아니라 확산이란 말입니다. 물론 저는 한구복과 다른 그들 사이에 어떤 공통의 부분이 존재해야 한다는 걸 죽 염두에 두어왔습니다. 하지만 그건 어디까지나 부분이지요. 그 부분을 제외하

면, 나머지는 자기 삶의 몫이 됩니다. 그러면 그 전체가 세계를 구성하겠지요.[70]

작가는 한구복을 해체하여 야구 선수 이성수, 여공, 화가, 선생, 할머니 등으로 확산시킨다. 한구복과 그들 사이엔 '몫을 해내는 사람, 희생을 하면서도 배반하지 않는 사람'이라는 공통점이 있다. 그러나 이들 사이엔 '자신과는 적당히 타협하는 사람', '제도와의 싸움에는 체념적 인물', '시각 대신 청각을 중시하는 인물', '경계를 싫어하는 인물', '삶의 고난 끝에 실성한 인물' 등과 같이 차이가 있다.

해체적 독서는 전통적인 수동적 독서 진술을 사용해 한 작품의 안정된 진리를 해독하는 것을 목표로 하는 동시에 수수께끼 같은 비결정인들을 능동적으로 생산하는 가운데 이와 같은 진리들을 전복시킨다. 그러므로 해체적 독서는 반복하고 훼손시킨다. 텍스트의 전복은 비결정인의 생산을 통해 안정되어 보이는 텍스트와 전통을 불안하게 만든다.

'한구복'이라는 모델의 해체는 감지할 수 없는 어떤 것, 예컨대 보환의 흔적을 생산한다. 한구복과 그들 사이의 공통부분을 제외한 나머지는 보환의 역할을 한다. 그리고 해체의 생산물인 그들은 필연적으로 하나의 텍스트가 된다. 그리고 해체적 독서의 최종 생산은 결코 최종적인 것이 될 수 없고, 그것은 또 다시 지워지기 직전의 최종일 뿐이다.

70 이인성, 위의 소설, 364쪽.

5. 결론

존 바스의 논문 「고갈의 문학」(1967)과 로널드 슈케닉의 작품집 《소설의 죽음》(1969)은 소설 장르에 죽음을 선고한다. 이들이 소설 장르가 죽음의 상태에 이르렀다고 주장하는 근거는 메타픽션과 관계된다. 메타픽션은 리얼리즘 전통, 더 구체적으로 말하면 재현성에 대한 회의나 불신을 텍스트화 하여 전통 소설의 개념을 무너뜨린다. 더 나아가 소설 장르를 다른 문학 장르와 혼합하여 소설과 비평의 경계를 모호하게 한다. 또한 허구와 사실, 예술과 실재, 상상과 경험의 관계가 모호하며 불완전하다는 것을 강조한다.

《한없이 낮은 숨결》에 나타난 메타픽션으로서의 특징을 자아반영성과 플롯, 설화적 공간과 서술적 공간, 허구의 틀 만들기와 현실의 틀 열기를 중심으로 살펴보았다. 자아반영성과 플롯에서는 메타픽션이 소설 쓰기의 과정에 관한 소설이라는 점을 구성 과정을 중심으로 살펴보았다. 《한없이 낮은 숨결》은 12편의 단편으로 구성되어 있고, 이들은 소설 쓰기 과정을 허구화하였다. 작가와 독자의 만남에서 제재 수집과 구상, 글쓰기의 불안의식, 허구적 장면의 제시와 독자의 해체적 읽기, 글쓰기와 성적 행위, 소설의 후기 등의 과정은 소설 전편을 이루고 있다. 전통적인 소설에서 허구에 포함될 내용은 7번 째 단편 〈그는 왜 그럴 수밖에 없었을까〉이고 나머지는 인쇄될 책을 위한 사전 작업 혹은 사후 작업에 해당되는 것이다.

두 번째로 설화적 공간과 서술적 공간에서는 작가 또는 작중인물이 설화적 공간과 서술적 공간 모두에서 기능함을 살펴보았다. 설화적 공간은 허구적 세계의 스토리가 중심이다. 설화적 공간의 주인공 한구복은 서술적 공간에서도 나타난다. 작가는 허구 속의 현실에서 한구복을 찾아가는 분열된 나를 제시할 뿐 아니라 독자인 당신에게도 당신들의 삶에서 한구복과 같은 '그/그녀'를 찾으라고 반복적으로 제시한다. 다음으로 서술적 공간은 크게 2가지 층위로 나눌 수 있다. 하나는 가장 바깥 틀로 이야기꾼인 작가 이인성이 독자를 구성한 후 어떻게 읽을 것인가를 설명할 뿐 아니라, 소설을 함께 구성해나가야 함을 제안한다. 다른 하나는 가운데 틀로 작가가 현실에서 이홍구라는 마라톤의 기사를 읽은 후 소설적 장면을 구상하고 허구화시키는 과정이다.

서술적 공간은 언술적 공간과 성상적 공간으로 나눌 수 있다. 《한없이 낮은 숨결》의 언술적 공간에서는 메타언어적 진술로 작가의 권위에 의문을 제기하고 작가의 전지성을 깨뜨린다. 성상적 공간에서는 텍스트의 물질성을 전경화시킨다. 무의미한 자·모음을 단락의 앞뒤에 배열하거나 무의미한 음절들을 의미들의 원심력으로 배치시키는 것, 말줄임표와 쉼표 사이에 어휘들만 배열하여 부재의 흔적을 남겨 놓는 것, 허구의 맨 앞부분에 카메라 렌즈 혹은 시점을 상징하는 사각의 틀을 제시하는 것, 비평적 글쓰기와 허구를 혼합해 놓은 것 등은 이에 해당된다.

세 번째로 허구의 틀 만들기와 현실의 틀 열기에서는 12편의 단편 중 각 단편 내에 현실적 공간과 허구적 공간이 있는 세 편을 분석하여 현실과 허구는 경계를 가지고 구분되는 것이 아니라 융합된 형태로 있음을 확인하였다. 〈당신 자신인 당신을 향한 심문들〉에는 '무대' 공간이 허구의 틀로 작용하며 심문자인 작가와 피심문자인 독자는 무대 위의 놀이를 한다. 메타언어는 무대의 설정을 설명하여 소설이 허구임을 밝힌다. 이는 허구의 틀을 만들면서 그 틀을 전복시키는 역할을 한다. 〈그를 찾아가는 우리의 소설 기행〉은 현실에서 허구의 인물인 '한구복'을 찾아 가는 기행이 허구의 기능을 한다. 허구의 틀 안에서 미아리와 불광동의 나는 현실의 다른 '나'가 한구복을 찾아 떠난 이야기를 한다. 중첩된 허구의 틀 중심에 있는 한구복이 틀 바깥의 허구와 현실 속 인물들을 행동하게 한다. 〈이미 그를 찾아간 우리의 소설 기행〉은 연작 소설의 중심 허구인 〈그는 왜 그럴 수밖에 없었을까〉에 대한 해체적 소설이다. 작가는 한구복을 해체하여 야구 선수 이성수, 여공, 화가, 선생, 할머니 등으로 확산시킨다. 이들은 공통점이 있지만 이들의 반복은 차이가 있는 반복으로서의 성격을 지니고, 각자의 이야기는 결말이 없는 잠재태로 주어진다.

열린 텍스트와 쓸 수 있는 텍스트

1. 서론
2. 글쓰기의 기원의 파괴와 독자의 출현
3. 무한한 텍스트와 되어감의 과정
4. 열린 텍스트
5. 결론

1. 서론

롤랑 바르트는 《S/Z》(1970)에서 '읽는 텍스트와 쓸 수 있는 텍스트'를 구분한다. 쓸 수 있는 텍스트가 독자가 문필가와 더불어 쓸 수 있는 텍스트라면, 읽는 텍스트는 생산되는 것이 아니고 단지 소비되는 책이다. 전자의 텍스트에서 기표들은 무한을 향해 움직이며 텍스트의 쾌락은 오르가즘 행위에 해당된다. 후자의 텍스트는 기의들의 구조 또는 고정된 의미의 유형들로 존재하여 이 텍스트의 독자는 고립적이며 무능하다.[71]

열린 텍스트가 저자의 의지와 관계된다면 쓸 수 있는 텍스트는 독자의 해체적 읽기와 관계된다. 저자가 절대적이고 완결된 작품의 창조자의 지위를 포기하고 편집자적 위치 혹은 수행자적 위치로 옮아

---

71 Roland Barthes, *S/Z*, Paris, 1970, pp.4~6.

갈 때 텍스트는 열린 결말의 형태를 취한다. 그리고 이는 독자에 의해 쓸 수 있는 텍스트가 되는 것이다.

쓸 수 있는 텍스트는 독자의 독서행위와 관계된다. 바르트는 구조주의자에서 후기구조주의자로 바뀌면서 독자의 지위가 예언가에서 악마적 인물로 바뀌었다고 선언한다. 그는 독자의 독서행위는 '하늘에 지팡이로 표시를 남기는 것과 같다고 생각했다. 자신의 지팡이 끝으로 하늘에 가공의 사각형을 그려 놓고 그에 따르는 어떤 원칙으로 새가 나르는 의미를 알아보는 예언가와 같이 독자는 텍스트의 특정한 독서 지역을 추적하여 의미들의 이동, 약호들의 노출, 인용된 구절들을 발견하고자 하였다.'[72] 그러나 주술적이며 자의적인 해석자가 나눈 경계는 언제나 바뀌는 하늘에 순간적인 표식을 남기는 것과 같다. 그러므로 독자는 예언가에서 해체론적 독자로 탈바꿈한다. 해체론적 독자는 '갖가지 사랑놀이에서 쾌락과 기쁨을 찾는 호색적이며 열망하는 육체와 같다. 그는 성적인 광인으로서 끊임없이 텍스트를 자르고 분할함으로써 주의 깊고 올바른 해석을 하는 강박적인 예언자와 같을 뿐 아니라 자신의 텍스트로 전희의 만족을 지속시키고 연장시키는 물신숭배적 독자와도 같고, 텍스트를 광란적이며 미혹되고 완벽하게 독서하는 편집증 환자와도 같으며, 과다한 진리와 기쁨 속에서 맹목적이면서도 거칠게 텍스트와 와해되는 자아를 떠받드는 히스테리 환자와도 같다. 그러므로 독자는 악마적 인물이다.'[73]

《한없이 낮은 숨결》을 열린 텍스트와 쓸 수 있는 텍스트로 보는 관점은 텍스트의 해체 가능성을 시사한다. 작가는 텍스트의 수행자로

72 Roland Barthes, op.cit, p.14.
73 빈센트 B. 라이치 지음 · 권택영 옮김, 앞의 책, 161~162쪽.

독자와 함께 텍스트를 쓸 뿐 아니라 텍스트는 독자에 의해 완성된다. 그리고 독자는 서로 다른 텍스트를 산출하며 독서 행위가 진행되어 감에 따라 문필가와 텍스트로부터 해방되는 완벽한 자유를 누릴 것이다.

2. 글쓰기의 기원의 파괴와 독자의 출현

〈저자의 죽음〉(1968)에서 롤랑 바르트는 '글쓰기는 모든 목소리, 모든 기원의 파괴'라고 주장한다. 저자는 더 이상 작품 뒤의 유일한 목소리, 언어의 유일한 주인, 유일한 기원이 아니고, 텍스트의 통일성은 기원이 아니라 목적지에 있다. 그러므로 저자는 권위적 지위와 권력을 지니는 자가 아니라 새로운 문필가의 지위를 지녀야 한다. 저자가 책 이전에 존재하며 책을 위해 사유하고, 자신과 작품과의 관계를 아버지와 자식의 관계로 생각한다면, 문필가는 텍스트와 동시에 태어나며 결코 글쓰기에 앞서거나 그것을 능가하는 존재가 아니다. 텍스트는 저자의 과거 경험을 전달하기보다 수행 과정으로 전개되면서 문필가의 삶이나 의식을 향한 접근을 허락하지 않는다. 오히려 독자가 읽어가는 순간에 텍스트를 활성화시키는 것이 중요하다. 그리고 우리가 진리나 기원이 없는 세계와 기호들의 자유로운 놀이를 받아들일 때 우리는 이성 중심적 인본주의를 넘어선다. 텍스트성을 중시하고 저자를 살해하며 역사와 전통을 간텍스트성으로 바꾸어 버릴 수 있다.[74]

「작품에서 텍스트로」(1971)에서 바르트는 텍스트 이론을 구체화한다. 이는 다음과 같다. 첫째, 전통적인 작품과는 달리 텍스트는 전적으로 언어 생산의 활동 가운데 경험된다. 둘째, 모든 장르와 관습적인 위계질서를 넘어서 텍스트는 합리성과 읽을 만한 형태가 취하는 제한과 규칙들에 대항한다. 셋째, 텍스트는 중심을 향하거나 종결될 수 없는, 철저히 파괴적인 기표들의 자유로운 놀이를 통해 기의를 무한히 연기시킨다. 넷째, 이름도 없고 추적할 수도 없는 간텍스트적 인용과 지시, 반향음, 문화적 언어들로 이루어진 텍스트는 피할 수 없이 수많은 의미를 산출하며 진리가 아니라 산종을 낳는다. 다섯째, '저자'의 날인은 더 이상 부성(父性)이나 특전을 상정하지 않고 오히려 어설프다. 저자는 텍스트의 기원도 종결도 아니고 그저 손님으로서 텍스트를 방문할 수 있을 뿐이다. 여섯째, 텍스트는 소화된 것이 아니라 협동의 장에서 독자에 의해 열려지고 숨을 쉰다. 즉 탄생된다. 일곱째, 텍스트는 유토피아와 성적 쾌락과 연결되어 있다.[75] 바르트의 텍스트 이론은 언어를 선행하는 표현을 거부하며, 이는 결과적으로 저자의 권위를 전복하고 독자의 시대를 예고한다.

《한없이 낮은 숨결》에 실린 단편들의 저자는 자신을 소설의 유일한 기원, 유일한 목소리라고 말하지 않는다. 두 번째 단편, 〈나의 자기 진술, 당신의 심문에 의한〉의 작가도 자신을 텍스트의 유일한 창조자라 말하지 않는다.

……"그러니까 우선은, 작가란 삶을 이야기하는데 있어 더 이상 전

74 빈센트 B. 라이치 지음 · 권택영 옮김, 앞의 책, 146~149쪽.
75 빈센트 B. 라이치 지음 · 권택영 옮김, 위의 책, 150~151쪽.

능한 신적 존재가 아니라는 뜻이지요. 즉 당신은, 작가란 자들을 당신이나 마찬가지로 이 세상에서 허둥대며 살아가는, 동등한 인간으로 파악하기 시작한 겁니다. 그렇다면 그가 어떤 사람이며 세계를 어떻게 보고 어떻게 이야기하느냐는 게 숨김없이 드러나야, 그와 참다운 의사소통을 할 수 있지 않겠어요? 그런 의사소통이 이루어져야, '우리'라는 집단적 얽힘이 올바르게 구성될 거고요. 물론 늘 하듯이 단순한 이야기꾼인 척 어떤 소재를 다룰 때도, 당신은 그 작자의 사람됨을 대충 추측해낼 수 있겠지요……[76]

전통 소설과는 달리 작가는 작품 밖에서 신적인 존재처럼 사건을 계획하고. 등장인물을 조종하지 않는다. 작가란 독자인 우리와 마찬가지의 인간이며, 그는 세계를 창조하는 대신 우리와 함께 세계 속에서 살아가는 존재이다. 텍스트는 작가의 경험을 전달하기보다, 작가가 세계를 보고 이야기하는 방식을 구성하는 것이 중요하다. 그러므로 작가는 자기 검증과 반성을 있는 그대로 텍스트화하고, 작가들부터 정당하지 않을 수 있다는 것을 보여줌으로써, 이 세상의 허위를 드러내고자 한다. 그와 같이 할 때 작가와 독자는 참다운 의사소통이 가능하고, 이는 집단적 어울림을 이루어낼 수 있다.

이야기 속의 작가는 '참다운 의사소통'을 희구한다. 그러나 이는 불가능하다. 살아 있는 현존재는 하나의 흔적, 차연으로만 존재하기 때문이다. 차연은 특정 순간에 도처에 있는 우주적 힘, 우주 내의 모든 실체와 개념에 침투하여 본질적인 변별화를 이끄는 원초적 힘이다. 그러므로 우리가 '참다운'이라는 형용사를 희구하는 순간 이 이미지는 소리 없는 붕괴와 분할이 일어난다. 우리가 정지 또는 안정

76 이인성, 앞의 소설, 49~50쪽.

속에서 특별한 관계가 만들어졌다고 생각하는 순간 이는 흔적을 남기고 사라지는 것이다.

작가가 희구하는 '참다운 의사소통'은 순수 존재들의 의사소통이 아니라, 허구가 독자에게서 최종 완성되는 것을 의미한다고 볼 수도 있다. 이는 소극적 의미로는 텍스트가 독자에 의해 읽히고, 해석된다는 뜻으로 보는 것이다. 나가가, 허구는 작가와 독자의 '참다운 소통'으로 쓰인다고 볼 수도 있다. 이는 적극적 의미로, 작가만이 아니라 독자도 함께 허구의 시작부터 텍스트를 써간다고 보는 것이다.

> 글곬이 이렇게 터져버렸으니 말인데, 이 글줄기의 연원을 거꾸로 거슬러 올라가자면, 실은, 애당초 이 소설 자체가 당신 뜻대로 씌어지기 시작했다. 당신 뜻대로 읽혀지고 있는 지금에 앞서. 그러니까 이 소설이 바로, 당신이 나에게 오랫동안 추궁해온 그 소설이다. 그러므로 마지막까지 당신 뜻에 따라, 이 소설은 존재하게 될 것이다. 무슨 까닭인지 아직 불확실한 당신 뜻대로, 당신에 의해 내가 나를 자백하는 형식으로. 언젠가부터 당신은 나에게서 이 소설적 자술서를 받아내려 애써왔었다. 집요하게, 나로 하여금 더 이상 피할 수 없는 지경에 이르도록.[77]

여기서 '당신'은 독자로 해석할 수 있다. 작가는 〈당신에 대해서〉라는 단편에서, '책 읽는 당신'이라는 표현을 쓰며, 독자를 '당신'이라 지칭한다. 그러나 '당신'은 독자로서 분열된 '나'일 수도 있다. 롤랑 바르트는 인칭대명사로 불리는 대명사는 모두 연기(演技)된다고 말하면서, "나의 내부에서 노동자, 제조업자, 글쓰기 산출자를 작품의 주

77 이인성, 위의 소설, 40~41쪽.

체(저자)로부터 떼어내기 위해서 나를 '당신'이라고 할 수도 있다"[78] 고 말한다. 즉 '당신'은 타인으로서든, 나의 분열로서든 '독자'로 볼 수 있다.

작가는 텍스트가 독자의 뜻대로 읽혀지고 있을 뿐 아니라 독자의 뜻대로 쓰였다고 말한다. 그리고 이 소설은 독자가 작가에게 오랫동안 추궁해온 것이므로 독자의 뜻에 따라 소설은 존재하게 될 것이다. 그렇지만 독자에 의해 쓰이는 소설을 실제로 쓰기는 작가인 내가 쓰는 것이다. 그러므로 작가의 텍스트 외에 독자의 텍스트가 존재하게 될 것이고, 이는 독자의 삶의 현장에서 구체화되어 나타날 것이다.

《한없이 낮은 숨결》을 바르트의 텍스트이론으로 읽는 것은 유익하다. 두 번째, 다섯 번째, 여섯 번째 특징을 제외하고- 이 특징들은 다른 장에서 논의될 것이다- 나머지 특징들을 살펴보면 우선 이 소설은 텍스트가 언어 생산의 활동, 즉 언어로 구성된 것임을 분명히 한다. 〈당신 자신인 당신을 향한 심문들〉은 이 소설이 허구를 목표로 삼고, 상상 속에서 무엇인가를 펼쳐 가려는, '언어의 장치'로 구상되고 있음을 밝힌다. 또한 연작 소설 속의 '허구'라 할 수 있는 〈그는 왜 그럴 수밖에 없었을까〉는 '한구복'의 마라톤 장면을 카메라 기법으로 제시하지만, 이는 '언어'에 의해 구성된 것임을 거듭 밝힌다. 카메라 렌즈는 '언어의 눈'이라는 표현으로 제시되며, 언어의 눈이 이동함에 따라 제시되는 모습은 달라진다. 다음으로《한없이 낮은 숨결》은 허구 속 인물 '한구복'을 분열된 자아들, 나아가 독자인 당신들이 '그/그녀'들을 찾아가는 반복 구조로 되어 있다. 그리고 이는 종결되지 않

---

78 롤랑 바르트 지음 · 이상빈 옮김, 《롤랑 바르트가 쓴 롤랑 바르트》, 동녘, 2013년, 264쪽.

고 무한히 반복될 것을 암시한다. '한구복'으로 상징화된 의미는 진리로서 자리하는 것이 아니라 수많은 의미를 산출하며 산종된다.

마지막으로 《한없이 낮은 숨결》은 성적 쾌락과 관련 있다. 〈다시 그를 찾아갈 우리의 소설 기행〉에서 작가는 '작품'을 '육체'를 가진 것으로 묘사한다. 작품은 산출된 이후 각각 자신의 육체를 가지고 살기 시작한다.

> "여기서, 육체는 성적이다." 예컨대, 저 자신에 도취되어 있던 〈당신에 대해서〉는 밋밋하게 저와 닮은 〈나에 대해서〉를 못 본 척 지나쳐, 자학적으로 요염한 〈나의 자기 진술…〉을 대담하게 껴안았었다. 경박하게 가학적인 〈당신 자신인 당신…〉이 질투를 달아 〈나의 자기 진술…〉의 꼬리를 문 것도 그때였다. 때때로 작가는 그 저속함에 역겨워한다. 남의 꼬리를 문 〈당신 자신인…〉의 그 더러운 아가리 같은 것에, 〈글주정〉 따위의 틈을 끼우는 외엔 다른 도리도 없으면서. 작가는 덧붙였다. "이 성적 관계들은 너무도 자율적이다."[79]

작가는 육체를 가진 소설들이 저속하여 역겨워하면서도, 소설들이 이미 쓰여 제 육체를 살기 시작했으므로 존재를 돌이킬 수 없게 되었다고 안타까워한다. 작가와 작품과의 관계는 육체와 육체의 관계이므로, 글쓰기는 성적 유희에 해당한다. 그리고 성적 관계들은 자율적이라 작가가 다시 쓰거나 돌이킬 수 없다. 작가가 다시 쓰기 한 글쓰기는 이미 쓰인 육체의 흔적일 뿐이다. 즉 육체는 변화하여 이전과 동일한 육체는 없다. 작가가 〈당신 자신인 당신을 향함 물음들〉이란 소설을 〈당신 자신인 당신…〉이라 명명했다가 이를 반복하지 않

79 이인성, 앞의 소설, 383쪽.

고 〈당신 자신인…〉이라 명명하는 것도 육체의 이 같은 성질을 나타낸다.

〈당신 자신인 당신…〉은 가학적이다. 이때의 성욕은 사회적 억압, 인간의 더러운 역사적 산물이다. 한마디로 문명의 효과이다. 이때부터 우리들의 성욕은 사회적 해방에 의하여 면제되고 효력을 상실하고 취소되고 억압 없는 것으로 될 가능성이 있다.[80]

> 그렇다면 당신의 생년월일은?
>
> 서력기원 몇 년 몇 월 며칠, 예수의 아버지 하나님이 돌고 도는 둥근 지구를 고르게 굽어보았을 텐데도 웬일이지 은총 줄 사람을 고른게 여우 2백 년밖에 안 되는 이 한국어적 고난의 땅에서, 예수의 탄생을 우리 삶의 시간적 척도를 재는 기준으로 삼아야 된다는 것이 퍽 불공평하게 여겨지지만, 하여튼 도리 없이 우리 삶도 세계사 속에서 자리매김 되어야 하는 이 상황만은 분명한 듯싶습니다. 자기 생일을 댄다는 행위가 그러므로 당신의 삶을 이 세계의 객관적 시간 단위 속에 위치시키는 것과 같다고 말하면 너무 거창할까요? 나는, 그러나, 당신이 그 세계내의 삶을 어떤 주관적 체험의 두께로 당신의 뇌수 깊숙이 저장하고 있는지 의식의 표면으로 떠올릴 것을 요구합니다.[81]

이 텍스트는 독자인 당신과 작가인 내가 무대 위에 피심문자와 심문자의 육체를 담당한다. 작가는 독자의 사회적 지표를 알기 위해 질문하고 독자는 대답한다. '사회적 지표'는 '통념'으로 우리들의 의식 속에 억압적으로 자리한다. 우리는 세계사적 존재로 자리매김하기 위하여 생년월일을 서력을 기준으로 정하나, 작가는 이를 해체하고

80 롤랑 바르트 지음 · 이상빈 역, 앞의 책, 259쪽.
81 이인성, 앞의 소설, 79~80쪽.

해방되어야 한다고 말한다. 그리고 이의 방안으로 세계내의 삶을 주관적 체험으로 의식의 표면에 떠올리라고 한다. 나는 보이고 있는 것으로서의 나를 보게 되고, 이는 나의 언어활동을 통념과는 무관하게 완전히 발가벗은 상태로 보는 것이다.

성적 쾌락은 텍스트와 독자에게서도 나타난다. 독서는 쾌락의 한 형태이기 때문이다. 텍스트는 독자에게 의미와 성의 자유로운 놀이를 허락하며 완벽한 자유를 향해 개방된다. 의미는 무한을 향해 산종하며, 독자에 따라 서로 다른 텍스트가 산출된다. 텍스트가 산종을 시작함에 따라 저자의 자아뿐 아니라 독자의 자아도 와해된다. 〈이미 그를 찾아간 우리의 소설 기행〉은 잠재태인 당신들이 등장한다. 여기서 '잠재태'인 당신은 분열된 당신들과 유사한 역할을 한다. 당신은 그 언젠가 당신들처럼 '그/그녀'들을 찾는 기행을 할 것이다. 소설에는 '나'인 당신을 포함하여 모두 일곱 명의 당신들과 당신들이 만난 그들이 한편으론 모델인 한구복을 정립하고자 하나 다른 한편으로는 이를 해체하고자 한다.

3. 무한한 텍스트와 되어감의 과정

텍스트의 '산종'과 '과정'의 중요성은 바르트의 쾌락적 해체주의와 관련된다. 바르트는 후기구조주의에서 극단적으로 자아를 해체한다. 통합되고 안정된 존재나 의식의 자리에 파편적인 자아들이 들어서고 이는 놀이의 형태를 띤다. 해체적 주체라는 개념은 저자와 독자, 비평가 모두에게 적용된다. 어떤 의미에서 차연과 자유로운 놀이, 산종은 궁극적으로 자아에 영향을 미치고 자아를 텍스트화 한다. 바르트는《S/Z》에서 간텍스트성에 관해 암시하면서 그것을 독자의 자아로 확대시킨다. 독자 혹은 주체 내에 텍스트와 약호들의 복합체가 숨 쉬며 독자의 주체 속으로 침입한 간텍스트성은 그 봉쇄된 자아를 와해시킨다. 또한 바르트는 작품 속에 등장하는 인물들의 안정된 자아도 손상시킨다. 본질적으로 해체론은 주체를 언어의 산물로 본다. 합리적인 구성체라는 자아는 실상 기표들의 놀이로부터 탄생하는 것으로 '나는 모순된 것이 아니라 흩어져 있다.' 바르트는《텍스트의 쾌락》에서 니체를 인용하여, "우리는 해석하는 사람이 누구인가라고 물을 권리가 없다. 그것은 열정으로서 존재하는('존재'가 아니라 과정, 되어감), 권력을 향한 의지의 한 형태인 해석 자체이다."[82] 독서 행위는 열정으로 존재하며, 이 '되어 감'의 과정은 주체(존재)를 넘어선다. 바르트는 이에 대해 주체는 미망이 아니라 허구로서 되돌아오며 자아의식은 하나의 고안물, 즉 가장 진귀한 허구라고 규정짓는다.[83]

자아의 분열과 텍스트의 산종은 다음 글에서 논의하기로 하고, 이 글에서는 독자의 자아와 무한한 텍스트의 관계만을 논하도록 하겠다.

《한없이 낮은 숨결》에서 저자는 독자를 소환하여 텍스트의 구성에 동참시킨다.

---

82 Roland Barthes, *The Pleasure of the Tezt*, trans. Richard Miller(1973 in French; New York: Hill and Wang, 1975), p.62.

83 빈센트 B. 라이치 · 권택영 옮김, 앞의 책, 156~159쪽.

우선, 이 소설을 읽으려는 당신에게, 잠깐 동안이라도 눈을 감도록 권하겠다.

눈을 감지 않고 위의 비어 있는 한 줄을 뛰어넘었다면, 제발 아래의 비어 있는 한 줄을 건너기 전에, 꼭 눈을 감아보기 바란다. 이때, 눈을 감고 무엇을 어떻게 할지는, 전적으로, 또한 기필코, 당신 자신이 깨달아 내야 할 일이다. 그러니 앞에서 눈을 감았더라도 그저 눈꺼풀을 덮어본 놀음에 불과했다면, 이 경우 역시, 다시 한 번 당신 눈 속의 그 어둠과 마주하는 게 스스로 뜻깊겠다. 이번엔 가능한 한 오랫동안, 눈꺼풀 안으로 쫓아 들어온 현란한 빛 무늬가 완전히 암흑의 뒤편으로 스러지도록, 그래서 원컨대, 그 검은 어둠의 응시가 이 소설 읽기를 지탱하도록[84]

저자가 독자인 당신을 호명할 때, 텍스트는 서술자의 목소리를 갖게 된다. 그리고 독자는 자신을 호명한 목소리의 주인이 눈을 감고 검은 어둠을 응시하도록, 그리하여 이것이 텍스트 읽기를 지탱하도록 권하는 소리를 듣는다. 여기서 '어둠의 응시'는 '환상'이 작동하도록 하는 역할을 한다. 토도로프는 픽션의 대안 세계로 '환상'을 언급하는데, 그의 관점에서 환상의 본질은 픽션 외부에 있는 리얼리티에 대한 이해와 정의를 유보시킨다. 많은 메타픽션 텍스트들은 일상 세계의 또는 서로의 리얼리티와 경쟁하는 대안을 자의식적으로 구성하며, 이는 환상적인 것들이다.[85] 환상은 현실의 의식(내가 현재 있는 장소라고 하는 현실)에 따라 공변이(共變異)한다. 환상으로 이중적인 공간, 형으로 떼어낼 수 있고 단계화된 공간이 출현하고, 그 내부에 하나의 성부가 간접적으로 응하는 위치에 선다. 그리하여 펜도

84 이인성, 앞의 소설, 11쪽.
85 퍼트리샤 워 지음 · 김상구 역, 앞의 책, 144~145쪽.

종이도 없는 상태이기는 하나 무엇인가 짜인다.[86]

독자의 읽기는 의미의 산종을 낳는다. 〈이미 찾아간 우리의 소설 기행〉은 '한구복의 이야기'를 읽은 독자들이 자신들의 현실에서 허구 속 인물을 찾아가는 텍스트로 분열된 당신들에 의해 쓰인 해체적 읽기에 해당된다.

> 기어이 당신이 이 앞에 떠오른다. 함께 '그'라는 존재를 찾아 가기 위해 '나'라는 존재가 그토록 만나려 애썼던 '당신'이란 존재가 손끝에 와 닿는 외적 실체는 아니지만, 손끝에서 언어로 풀려나와 그렇게 씌어짐으로써 이 소설 첫머리에 그 무엇보다 뚜렷한 내적 실체로 자리 잡은 당신은, 그런데 이미 그를 만났다고 말없이 말하고 있다. 바로 '그'는 아니라도 당신의 '그'로 챙길 수 있는 어떤 그를. 그러자 앞의 당신과는 다른 어떤 당신도 그로 느껴 마땅한 그를 만났다며, 거침없이 떠올라 다가온다. 그렇다면 미처 떠오르지 않은 또 또 다른 당신도, 또 또 또 다른 당신도 여기에 그로 소설화될 수 있는 그를 만났음에 틀림없다. 다시 그 다음에 나설 어떤 당신도…[87]

독자에 따라 서로 다른 텍스트가 산출된다. 당신들은 작가인 '나'가 함께 찾길 원했던 '그'를 이미 만났다고 말한다. 그리고 당신들에 따라 다른 '그들'과의 만남이 텍스트로 구성된다. 당신들은 무한히 분열할 수 있으며, 이는 무한히 많은 텍스트를 산출할 수 있음을 의미한다. 즉 독자와 의미는 무한을 향해 산종한다. '당신'은 무수한 타인들 각각을 가리킬 수도 있지만 독자인 '당신'의 분열된 자아로 볼 수도 있다. 이 단편의 바로 앞에 실린 〈그를 찾아간 우리의 소설 기

86 롤랑 바르트 지음 · 이상빈 역, 앞의 책, 133~134쪽.
87 이인성, 앞의 소설, 293쪽.

행〉이 작가의 해체를 텍스트화 하고 있다면, 이 단편은 독자의 자아가 해체된 것으로 보아도 좋을 것이다.

이는 고전적 형이상학에서 인격을 분할하는 것과는 다르다. 라신이 말한 '내 속에 다른 두 사람이 있다'와 같은 표현은 이를 표현한다. 그러나 해체비평에서 분할된 주체를 이야기할 때 그것은 결코 단순한 모순이나 이중적 공준계(公準界) 등을 인정하는 것이 아니다. 이는 마치 '분산'과 같은 것으로 거기에는 더 이상 중요한 핵도, 의미구조도 남지 않게 된다. 이때 나는 모순되는 것이 아니라 분산된다. 분산된 '나'는 더 이상 분류 불가능한 것이 되는데, 이는 인격의 과잉에 의해서가 아니라, 스펙트럼의 여러 변경을 답파하기 때문이다. 즉 변별적 특징들을 '내' 안에 거듭 모으나 그 특징들은 더 이상 아무것도 변별하지 않는다.[88]

해체적 독서는 일곱 명의 당신들과 당신들이 만난 그들을 텍스트화 한다.

① 당신은 작가인 '나', 그는 신흥시의 마라토너
② 당신은 회사원, 그는 이성수
③ 당신은 대학생, 그는 여공
④ 당신은 글 쓰는 여자, 그녀는 화가
⑤ 당신은 카페 주인, 그는 선생
⑥ 당신은 떠돌이, 그녀는 할머니
⑦ 당신은 신분을 노출하지 않음, 그는 곧 당신일 수도 있음

88 롤랑 바르트 지음 · 이상빈 옮김, 앞의 책, 224~225쪽.

〈이미 그를 찾아간 우리의 소설 기행〉은 7개의 이야기를 순차적으로 제시하지 않고, 히스테리 환자의 환상처럼 파편적으로 제시한다. 히스테리 환자는 즉석에서 돈을 내고 텍스트를 사는 사람, 끝도 없고 진리도 없는 언어의 희극에 참여하는 사람, 더 이상 어떠한 비평적 시각을 갖지 않는 사람, 그리고 텍스트의 표층 위로 자신을 내던지는 사람으로 이는 텍스트 속으로 자신을 투사하는 것과는 전혀 다르다.[89] 주체의 정체성은 해체되며, 이들이 파편적으로 제시되어 안정된 자아의 형성이나 모형은 없다. 자아는 와해되어 다층적이 되고, 겉에 드러나는 주체의 특징들은 갑옷 속에 뭉쳐 있는 갖가지 자아들에게 굴복되고 만다.

7개의 해체된 텍스트는 이야기의 파편들이 '①,②,③,①,④,②,③,④,①,④,③,②,①,⑤,④,③,④,②,⑥,⑤,②,③,⑤,④,④,①,⑦,②,⑥,③,④,⑥,⑤,①,⑦,④,②,③,⑤,⑥,⑦' 순서로 제시된다. 마치 쾌락의 독자에게 텍스트는 의미와 성의 자유로운 놀이를 허락하듯, 독자의 자아는 와해되어 무한히 펼쳐지는 언어가 된다. 독자의 환상은 이야기의 중층적 공간을 만들고, 자아는 이야기의 경계를 뛰어넘는다.

그러나 7개의 이야기는 '그/그녀'로 표상되는 '한구복'을 찾는 기행으로 반복된다. 한구복은 '희생의 주자이나 그 가운데서도 묵묵히 자신의 일을 하는 사람'이라는 의미를 상징하고 이는 7개의 이야기에 공통적이다. 결국 한구복이라는 상징을 7개의 이야기에서 반복하고 있는 것이다. 그러나 이는 차이가 있는 반복이다. 차이는 복수적, 관능적, 텍스트적이다. 차이는 비산(飛散)하고, 분산하며, 반짝이면서

89 빈센트 B. 라이치 지음 · 권택영 옮김, 앞의 책, 159쪽.

사방팔방에 반사되는 움직임이다. 이는 텍스트에서 여러 가지 형태의 범람, 침식, 누설, 미끄러짐, 위치이동(전위), 옆으로 미끄러짐을 낳는다.[90]

첫 번째 이야기에서는 이야기꾼인 '나'가 '그'를 찾는다. '나'는 신흥시의 로터리에서 자신이 알고 있었던 것이 모두 헛것이 아닌가 하는 생각을 한다. 나는 중앙조경대 가운데 두 노동자 상이 있고, 중앙분리대의 가로수들이 버드나무이며 화성전자대리점이 있다고 생각했는데, 두 노동자 대신 '신흥도약의 탑'이, 버드나무가 아니라 포플라가 있으며, 화성 전자대리점도 없었다. '나'는 〈그는 왜 그럴 수밖에 없었을까〉라는 허구 속 신흥시의 모습을 현실에서 찾았고 이는 허구와는 다른 모습이었다. 결국 허구에서 현실의 해법을 찾고, 현실에서 허구의 모습을 찾는 것은 독자의 해석에 따라 내용이 달리질 수 있음을 의미하는 동시에 우리가 인식하는 내용은 존재의 정체성을 있는 그대로 파악할 수 없음을 간접적으로 시사하는 포스트모던한 세계관을 담고 있는 내용으로 볼 수 있다. '나'는 생각이 여기에까지 미치자 자신이 기억하고 있는 다른 내용조차 의심한다. 아직 확인하지 않은 그의 집도 산동네 무허가 판잣집이 아닐 수 있을 것이라 생각한다.

두 번째 이야기는 회사원인 '당신'이 '그'인 야구선수 이성수를 찾는 이야기이다. 당신은 미국적 자본주의의 상징적 스포츠라 할 수 있는 야구 경기에서 '그'와 같은 인물의 역할을 생각하게 된다. 다 진 게임을 때우기 위해 나와서 공을 던지는 것은 야구가 자본주의에 맞게

---

90 롤랑 바르트 지음 · 이상빈 옮김, 앞의 책, 96~98쪽.

제도적으로 굴러가기 때문이 아닐까 생각한다. 자본주의라는 전체성의 괴물은 이긴 자에게는 즐거움을 주면서 동시에 진 자에게는 희생을 강요한다. 이성수는 전체성에 부합하기 위해 희생을 강요받는 자이며, 이에는 '자기하고의 타협'이 전제되어 있다.

세 번째 이야기에서는 대학생인 '당신'이 '그녀'인 여공을 찾아간다. 당신(들)은 〈이 땅의 사람들〉이란 텔레비전을 보고 프로가 작위적으로 보여 실상을 보고 싶어 그녀(들)를 만난다. '당신'이 문제적 상황으로 본 것은 여공들의 생활 자체가 아니라 '이미지'의 조작이다. TV나 비디오 등이 이미지의 정확한 복제로 대중들이 선호하고 인쇄물의 퇴보를 가져왔던 모더니즘 시대의 양식이라면, 포스트모더니즘 시대에 오면 이들은 이미지를 조작하고 권력에 봉사하게 되는 '시뮬라시옹'이 된다. '시뮬라르크'가 인공물이라면, '시뮬라시옹'은 그 같은 인공물을 만드는 행위이다. 당신은 실제의 그녀를 만나고 그녀에게 사이비 동화 욕구를 느끼지만, 그녀와는 생활양식뿐 아니라, 느낌과 욕망의 방식마저 달라 이를 배설해야 가능함을 알게 된다. 그녀는 후기자본주의의 희생자이다.

네 번째 이야기에서 '당신'은 글 쓰는 여자이고 '그녀'는 화가이다. '당신'은 내가 쓴 허구에서 '그'를 발견하고, 현실 속에서 결국은 '그녀'를 찾았다. 그리고 당신과 그녀는 독자로서 '나'에게 전화를 한다. 당신은 감각 · 감정 · 사유에 대하여 시각이 부정적으로 지배 작용을 한다고 생각한다. 시각은 다른 지각 및 정신 활동을 변질 · 은폐하는 자기 기만적 장치이다. 시각으로 '대표 표현'되는 인간의 총체적 정치 구조 속의 한쪽 기능이 오늘날 권력을 휘두르고 그것은 극복되어야 하는 것이다. 당신은 그녀에게 '소리'를 그리기를 권한다. 사람을 대표하는 신체기관으로 자리하는 얼굴에 집중하기보다 내면에서 나오는 소리를 들어야 하기 때문이다. 그러나 그녀는 '귀'를 그린다. 그리고 '귀'는 마치 여성의 성기를 상징하는 '거기'처럼 보인다. 그녀는 내면의 소리보다 섹스를 갈구하는 인물이고, 당신은 그녀가 '그'가 아닐지도 모른다고 생각한다. 여기서 그녀는 권력의 희생자를 상징한다.

다섯 번째 이야기에서 '당신'은 카페 주인이고 '그'는 수학 선생으로 고속버스 안에서 만난다. 당신은 현실이 허구를 모방하고, 허구는 현실을 그럴 듯하게 해석해낸다고 생각한다. 전통소설의 인식과는 역설적 관계이다. 당신은 텔레비전 공채에 합격한 후 나락으로 떨어진 인물로, 언제나 현실이 가공의 세계인 영화나 신문 연재소설을 흉내 낸다고 생각하며, 자신의 삶을 새롭게 이야기해줄 소설가를 필요로 한다. 그는 서울에서 광주로 이주하려는 선생으로 80년 봄에 환갑 넘은 아버님을 광주에 혼자 내버려두었다. 사물의 경계가 선명한 것을 두려워한다. 경계가 선명한 것은 칼날 같이 여겨지기 때문이다. 그는 분명한 경계 가르기에 의하여 피해를 입은 희생자를 상징한다.

여섯 번째 이야기에서 당신은 '떠돌이'이고 그녀는 '할머니'이다. 당신은 막장, 작은 배, 신축 건물 현장 등에서 일하다 강릉에서 생선회 뜨는 것을 배우고 있다. 당신은 실성하여 호수 앞에서 먼 산을 하염없이 바라보며 앉아있는 '할미'의 마지막 팔자를 고쳐주어야겠다고 생각하며 그녀를 어머니로 부른다. 그리고 자신이 전생의 자식이라 말한다. 당신과 그녀는 둘 다 작가인 '내'가 쓴 소설을 읽지 못하는 인물들일 수 있다. 그러므로 당신으로 불리는 당신은 이제까지의 당신으로 겹쳐지지 않고 신음과 한숨, 울분의 침묵으로 존재한다. 부재로 존재하는 당신은 잠재태의 당신이다. 그녀는 자본의 희생자이다.

마지막에 나타난 당신은 첫 번째 당신처럼 신흥시로 찾아간다. 당신은 그일 수도 있다. 당신은 자신의 신분은 노출시키지 않으나, 그의 화신인 양 그의 그날의 행적을 다시 살고 있다.

이 소설에서 '나'와 '당신'은 구별되지 않으며, '당신'과 '그' 또한 동일인일 수 있다. '나, 당신, 그'가 한데 얽힌 덩어리는 '우리'라고 표현할 수 있다. '우리'는 모든 나들, 당신들, 그들이 한데 엉겨 새롭게 만들 우리이며, 무한히 변형되고 확대될 것이다.

한구복인 '그'가 상징하는 의미는 '몫을 해내는 사람, 희생을 하면서도 배반하지 않는 사람'으로 볼 수 있다. 그리고 이 같은 의미는 '당신'과 '그/그녀'가 반복구조를 취하면서 새로운 의미를 생산해낸다. 첫 번째 이야기에서는 인식에 따라 세계와 사실이 달라질 수 있음을, 두 번째 이야기에서는 자본주의 제도가 강요하는 희생을, 세 번째 이야기에서는 후기 자본주의 시대에 권력에 의해 행해지는 이미지의 조작을, 네 번째 이야기에서는 권력은 사람들의 내면의 소리보다 섹스에 집중함을, 다섯 번째 이야기에서는 현실이 허구를 모방하고, 허구는 그럴 듯하게 현실을 해석하는 포스트모던한 세계에서 경계를 넘나드는 것이 필요함을, 여섯 번째 이야기에서는 부재로 존재하는 당신과 그녀는 잠재태로 있을 것임을, 마지막으로 '나 · 당신 · 그'가 한데 얽힌 우리는 새롭게 변형 · 확대된 우리를 만들 것이라는 의미를 생산한다.

4. 열린 텍스트

텍스트는 독자에게 종결을 연기하며 총체적 해석을 거부하면서 의구심과 투시적 자세를 가지고 해석에 참여하게 한다. 그리하여 텍스트는 독자의 시간적 지평 안에서 발생하는 사건으로 존재하며, 독자의 해석에 따라 무한히 열려 있다. 문학텍스트는 소진 불가능하며, 오독으로서의 문학이 정당화되며, 동시에 '형이상학의 극복'이라는 임무를 갖게 된다.[91]

해체론은 데리다의 「구조, 기호 및 놀이」의 용어들을 사용해 두 개의 해석을 실행한다. 즉 해체론은 전통적인 수동적 독서 전술들을 사용해 한 작품의 안정된 진리를 해독하는 것을 목표로 한다. 또한 그것은 수수께끼 같은 비결정인들을 능동적으로 생산하면서 안정된 진리들을 문제시하고 전복시키고자 한다. 중요한 것은 해체의 재료가 전통 내에 있다는 것이다. 전통적 비평은 이성중심주의의 무수한 기제를 다듬고는 비판적 태도를 취하지는 못했다. 그러나 데리다는 텍스트성 이론을 재검토하여 전기에 그려진 실제 사건, 역사와 현상에 드러나는 진짜 일어난 일, 형이상학적 실체가 보여주는 참모습 등과 텍스트 간의 관련이 희박하다는 것을 찾아낸다. 텍스트에는 풀려지지 않은 수많은 앙금이 남아 있으며, 이는 독자들의 해석으로 의미의 산종을 이루어낸다. 텍스트성과 간텍스트성의 풍부한 가능성에 입각한 텍스트의 전복은 비결정인의 생산을 통해 안정되어 보이는 텍스트의 전통을 불안하게 만든다. 그러므로 데리다는 해체를 일종

91 빈센트 B. 라이치 지음 · 권택영 옮김, 앞의 책, 116~120쪽.

의 '생산'이라고 말한다. 해체는 텍스트와 간텍스트 내에서 작업하며, 거기에서 감지할 수 없는 어떤 것-예컨대 보완의 흔적을 생산한다. 해체적 생산물은 필연적으로 하나의 텍스트이나, 해체적 독서의 최종 생산은 결코 최종적인 것일 수 없으며, 그것은 다시 또 지워지기 직전의 최종 생산일 뿐이다.[92]

《한없이 낮은 숨결》의 작가는 독자의 책이 따로 있음을 선언한다. 작가에 의해 인쇄된 텍스트가 쓰였지만, 이는 독자의 독서 과정에 따라 다른 형태와 의미를 지닌 텍스트가 생산된다. 해석은 독자와 텍스트 관계에서 산출되는 의미를 무한히 열어놓는다.

> '독자'의 '책'이 따로 있다. 그 책들이 펼쳐질 때, '작가'의 '책'은 제 형식을 벗고 그 안에 들끓던 작품들을 육체적으로 풀어주어야 한다. 그 순간에 목숨을 거는 그들이 새로운 관계를 위하여, 그들의 가장 근본적인 욕망은 관계의 무한한 체험, 복수화다. 맨 처음엔 작가와 단둘이, 그 다음엔 작품들끼리 서로서로, 이젠 무수한 독자들과 … 그들은 어떤 성적 금기도 거부하며, 성적 해방과 평등한 분배, 자유로운 결합을 지향한다.[93]

> 아마도 그 때문에, 작가는 다른 육체 속에서 '그'를 추억하며 동시에 새로운 '그'를 찾으리라. 그렇다면 '우리'도 이미, 다시 '그'를 찾아가리라.[94]

텍스트는 육체와 같고, 텍스트를 매개한 관계들은 성적 해방과 평

---

92 본 책, 71쪽.
93 이인성, 앞의 소설, 384~385쪽.
94 이인성, 위의 소설, 385쪽.

등한 분배, 자유로운 결합을 지향한다. 체험은 복수화되고, 새로운 관계들은 무한히 열려 있다. 그리고 이 같은 관계는 작가의 다른 책에서도 가능하다. 작가는 다른 책에서 또 다시 '그'와 같은 인물을 텍스트화 하고, 이전 육체와 상호텍스트적 관계를 맺을 수도 있다. 그리고 우리 또한 '그'와 육체적 관계를 맺고 텍스트의 쾌락을 즐길 것이다.

《한없이 낮은 숨결》에서 안정된 진리의 역할을 하는 것은 '한구복'이다. 한구복은 이 텍스트의 모델로서 작품 전체에 일관되게 관통하는 '상징'이다. 그러나 한구복 외에 여섯 명의 '그들'과 '그녀들'이 등장하면서 비결정인의 역할을 하며 한구복이라는 모델을 해체한다. 그들과 그녀들은 모델을 더욱 선명히 정립하면서 수렴시키는 역할을 하는 것이 아니라 확산시킨다. 한구복이 의미의 중심이라면 그들과 그녀들은 원의 가장자리에 위치한 작은 돌들과 같다. 이는 '나'라는 소우주를 잘게 부수어 둥들게 자신을 펼쳐 놓은 것과 같다. 의미는 '참'의 의미를 향해 나아가는 것이지만, 다른 장소에서 그리고 거의 또 다른 가치가 이 상태에 상응한다. 즉 의미가 비-의미화 속에서 소멸되기 전에 또 떨림을 보이는 것이다. 의미는 존재하고 있지만 그 의미는 잡을 수 있지 않다. 굳지 않고 유채인 채로 가벼운 거품이 일어나 계속 떨린다. 그 의미들은 시니피에로 무거워진 기호의 결정적 형태를 결코 취하지 않고 다만 작열하고, 불꽃 튀는 소리를 내며, 섬광을 내뿜는다.[95] 그러나 나의 지금으로부터 당신들은 시간과 공간의 거대한 좌표 위에 무수히 흩어진 점들이지만 그러나 이 소설이 그

95 롤랑 바르트 지음 · 이상빈 역, 앞의 책, 150~151쪽.

좌표 위의 어느 곳으로도 같은 형체로 다가가듯, 우리의 '지금' 속에서 그 간격을 지울 것이다.

오독으로서의 독서는 '열린 텍스트'를 가능하게 하는 하나의 요인이다. 드만은 오독이 문학 텍스트의 구성물이라고 말한다. 그리고 역설적으로 보면 어떤 텍스트의 오독의 정도와 범위는 그 텍스트의 문학성을 보증한다고 볼 수 있다. 실제로 좋은 오독이라는 말은 흥미 있는 오독으로 보일 수 있는 또 다른 텍스트를 생산하는 읽기, 즉 또 다른 텍스트를 생성하게 만드는 텍스트를 뜻한다. 언어는 수사성의 지배를 받지 않을 수 없고, 이를 놓고 본다면 모든 해석은 오독이다. 어떤 텍스트의 문법 구조가 자의적인 놀이로 일관하고, 수사학적 비유로 가득 차 있을 때 오독은 불가피하다.[96]

《한없이 낮은 숨결》은 오독으로서의 독서를 향해 열려 있다. 〈당신에 대해서〉라는 단편에서는 독자의 해석을 강조한다. 독자는 주체적인 사고인이자 몽상가가 되어 텍스트를 비평해야 하고, 작가는 단지 그 사고와 몽상을 그답게 주체적으로 실천할 수 있는 계기를 마련해주는 자이다. 텍스트는 독자의 해석에 의해 무한히 다르게 읽힐 수 있다. 이 표현에 따르면 오독으로서의 독서는 애초에 성립되지 않으며 독자는 자신의 사고와 몽상에 따라 스스로 반성하고 비판하며 읽으면 된다.

〈당신에 대해서〉는 수사학적 구조가 또한 오독을 가능하게 한다. 수사는 문학 언어의 특수성으로서, 수사학은 문학 연구의 근거를 이루기보다 끊임없는 오독의 위협을 안고 있다. 텍스트는 오독을 허락

96 빈센트 라이치 지음 · 권택영 역, 앞의 책, 250~251쪽.

하고 부추기는 정도만큼 문학적이다. 이에 반해 통제되거나 올바른 독서를 하고자 목표하는 비평이나 해석은 심각하게 기만적이다.[97]

……그건 필경, 뭣도 못 되는 내가 건네주는 시늉만 했던 쬐그만 욕사발을 당신이 지레짐작, 미리 낚아채 얻어 마신 덕분에 토해내는 욕지기일 터이다(그래도 이렇게나마 반발감을 느/낀다면, 역설적이지만 한 줄기 희망이 있다?-라는 애매한 질문이 불쑥 괄호 안에 묶여 튀어 나온다). 여기서(거기서), 추상적으로 역할 그 욕지기의 냄새를 추상적으로나마 직접 맡고 확인할 수 없다고 해서(왜 그런지 언뜻 대답을 구할 수 없는 의문 자체로밖에 구체화될 수 없다고 해서), 나는(당신은), 얼마든지 그럴 수도 있으리라는 투로 한 발자국 물러서는 일종의 자기 속임수를 쓰지는 않겠다(마찬가지로, 생각해보니 그런대로 재미있을 것도 같은 소설인데-하고 슬쩍 얼버무리고픈 함정에서 벗어나야 된다). 차라리 적극적으로(그러면 당연히), 나는(당신은), 그것을 일단 긍정적인 사건으로 받아들이려 하는데(이 태도의 또 다른 위험성에 대해서도 새로운 의혹을 뒤잇게 될 텐데), 왜냐하면 이제 그 비어버린 허구의 욕사발을 물끄러미 응시하는 당신을 상상하면서(왜냐하면 그렇게 당신을 상상하는 나를 상상하면서), 그 모습이 비어 있음을 통해 바로 당신 자신을 보고 있다고 판단하기 때문이다(정말 그러한지, 모든 물음들을 당신 자신에게 되돌리는 의식의 시련 속에 빠져들 수밖에 없겠기 때문이다). 내 상상 속에서, 당신은, 당신 자신을 바라보는 그런 자세로, 이 소설에 대한 순종을 거부하고 있는 것이다(당신은, 얼마나 오랫동안, 당신을 거꾸로 던지는 말사발 속에, 환한 듯 캄캄하게 갇혀들곤 했던가). 어쩌다 입장은 대립되었었지만, 어쨌든 당신도 당신 나름의 길을 따라 '그 언젠가'에 이르고 싶듯이(부디 그러기를!).[98]

---

97 빈센트 라이치 지음 · 권택영 역, 위의 책, 250쪽.

98 이인성, 앞의 소설, 12~13쪽.

윗글은 두 개의 항으로 이루어져 있다. 앞의 항은 '나의 다짐'을 나타내는 내용으로, 뒤의 항은 괄호로 표시되어 '당신에 대한 나의 바람'이 진술되어 있다.[99] 두 항은 대립적 시각을 제시한다. 작가는 자신의 다짐을 제시한 후, 괄호 속에서 그것에 대한 다른 관점-때론 역설적 관점-을 연이어 말함으로써 독자로 하여금 안정된 의미의 꾸러미를 엮어나가기보다는 다른 상황을 생각해보게끔 한다. '당신은 나의 욕을 듣고 욕지기를 토해낸다-반발감은 역설적으로 희망을 나타낸다', '여기서-거기서', '추상적으로-구체화될 수 없다고 해서', '얼마든지 그럴 수도 있으리라-그런대로 재미있을 것도 같은', '적극적으로-당연히', '나는-당신은', '긍정적 사건으로 받아들이려-이 태도 때문에 새로운 의혹이', '허구의 욕사발을 응시하는 당신을 상상하면서-당신을 상상하는 나를 상상하면서', '그 모습은 당신 자신을 보고 있다고 판단-모든 물음을 자신 속에 되돌리는', '당신은 당신 자신을 바라보는 자세로 이 소설에 순종을 거부-당신은 당신을 덮치는 말사발 속에 갇혀 들곤', '당신도 당신 나름의 길을 따라 '그 언젠가'에 이르기를-부디 그러기를'로 이어지는 나의 당신에 대한 바람은 대립 항으로 기능하며, 진정한 의미를 지연시키나 '그 언젠가'로 향하도록 소망한다.

또한 〈당신 자신인 당신을 향한 물음들〉에서는 소설을 매개로 작가와 독자가 한판 놀이를 벌일 것임을 말한다.

> 이 소설을 쓰는 나는, 이 소설을 통해, 이 소설을 읽는 당신과, 당신 자신을 가지고 노는 놀이를 한판 벌였으면 합니다. 여기서 '당신 자신'이란, 문자 그대로 당신들 각자의 자기 자신을 뜻합니다. 되풀이 보태

---

99 정과리, 앞의 글, 396쪽.

자면, 그 '당신 자신'은 이 소설 앞에 다가와 있는 여러 독자들을 모두 하나의 동질성 속으로 묶고자 할 때의 '당신'이 아니라, 서로 얼굴이 다른 만큼 다르게 읽고 다르게 반응하는 이질성으로 무수히 흩어지는 '당신'에 가깝습니다. 요컨대, 이 세상 저마다의 터전에 실제로 살아 움직이는 실존적 개체로서의 당신을 놀이의 소재로 요구하는 거지요. 그러니 이 점이 아주 중요해집니다. 이 소설 놀이는 허구가 아닌 현실 속의 당신을 그대로 허구 속에 불러들이려 한다는 점이. 나는 무엇보다도, 그 때 당신이 내 부름까지도 현실로 착각할까봐 경계하는 중입니다.[100]

작가는 메타논평을 통해 '이 소설은 놀이이다'를 강조한다. 소설이 '놀이'라는 말의 이면에는 '이것은 믿도록 만든 것이다'라는 메시지가 담겨 있다. 픽션과 놀이에 공통적으로 나타나는 중요한 자질은 '메시지'의 기호들의 집합과 문맥 또는 메시지의 틀 사이의 관계를 교묘하게 조작함으로써 하나의 대안적 리얼리티를 구성하는 것이다.

소설 속에는 허구와 현실의 틀이 교묘하게 엉겨 허구 속 현실을 구성한다. 여기에서 작가는 현실 속의 독자를 허구 속으로 불러 들여 놀이를 이어가나, 독자는 작가의 부름을 현실로 착각해서는 안 되고 허구 속의 목소리로 받아들여야 하는 것이다. 독자들은 허구 속 현실에서 진짜 사건이 일어났다고 생각하지 않고, 이를 놀이로 받아들이는 것이다. 그러므로 텍스트는 놀이에 참여하는 독자들의 수만큼, 혹은 독자들에 따라 다른 텍스트가 만들어지는 것이다.

또한 《한없이 낮은 숨결》은 오독의 가능성을 '균열'이라는 측면에서 보여 준다. 텍스트는 '균열'을 일으키고, 이 균열에 의해 생겨난 틈은 독자들의 해석 가능성을 시사한다. 홍정희는 「이인성 소설 《한없

---

100 이인성, 앞의 소설, 71~72쪽.

이 낮은 숨결》의 음조와 어조」에서 《한없이 낮은 숨결》에 나타난 '균열'을 분석한다. 이 텍스트에는 허구와 현실 사이의 균열, 작가와 서술자 사이의 균열, 독자인 '당신'과 작가인 '나' 사이의 균열, 문장과 문장 사이의 균열이 나타난다. 허구와 현실 사이의 균열은 작가가 독자에게 직접 말을 건네거나 독자가 말할 자리를 빈칸으로 남겨 두어, 소설 양식 자체의 허구성에 균열을 가하는 것으로 나타난다. 작가와 서술자 사이의 균열은 작가 자신이 자신의 존재를 밝히고 빈번히 등장하여, 서술자와 충돌을 일으킨다. 작가는 종종 괄호 안에서 자신의 목소리를 드러내어 서술자의 목소리에 독자들이 몰입하지 못하고 사고하도록 만든다. 독자와 작가 사이의 균열은 앞의 균열들과 다른 성격을 지닌다. 왜냐하면 독자와 작가 사이에는 본래 거리가 있기 때문이다. 둘 사이의 균열은 오히려 합체의 성격을 지닌다. 멀리 떨어져 있던 독자와 작가는 이 소설 안에서 만나며, 둘 사이의 거리를 확인한다. 나아가 둘 사이의 간격은 '지금'이라는 시간을 통해 무화됨을 확인한다. 문장과 문장 사이의 균열은 '인위적 간격'으로 나타난다. 문장과 문장 사이에는 문장의 의미와 무관한 지시문, 잘못된 순서, 빈칸, 말줄임표와 쉼표, 말줄임표 등이 의미의 연속을 방해하고 침묵으로 자리하게 한다.[101]

그리고 이 균열은 텍스트에 다성성의 근원으로 자리한다. 이 균열이 열어 놓은 틈새는 새로운 텍스트의 생성 가능성을 시사한다. 소리와 침묵의 언어들이 다가와 육체를 살며 유기적 구조를 이루어 나가는 것이다.

---

101 홍정희, 앞의 글, 414~421쪽.

5. 결론

열린 텍스트가 저자의 의지와 관계된다면 쓸 수 있는 텍스트는 독자의 해체적 읽기와 관계된다. 즉 저자가 창조자적 지위를 폐하고 편집자적 위치 혹은 수행자적 위치로 옮아갈 때 텍스트는 열린 결말의 형태를 취한다. 독자의 독서 행위는 롤랑 바르트에 의하면 예언가의 점술 행위에서 해체적으로 바뀌었다.

《한없이 낮은 숨결》은 글쓰기의 기원을 파괴하고 독자의 시대가 열렸음을 보여준다. 텍스트에서 작가는 자신을 소설의 유일한 기원, 유일한 목소리라고 말하지 않는다. 작가는 세계를 창조하는 것이 아니라 세계를 보고 이야기하는 방식을 구성한다. 그리고 작가가 원하는 것은 독자와의 참다운 소통이다. 이를 위해서는 무엇보다 독자가 함께 텍스트를 써가야 한다. 뿐만 아니라 독자의 뜻대로 텍스트는 쓰이고 읽힌다.

《한없이 낮은 숨결》을 롤랑 바르트의 텍스트 이론으로 읽는 것은 유익하다. 우선 이 소설은 텍스트가 언어 생산의 활동, 즉 언어로 구성된 것임을 밝힌다. 〈당신 자신인 당신을 향한 심문들〉의 작가는 이 소설이 허구를 목표로 삼고 언어의 장치로 구성되었음을 밝힌다. 〈그는 왜 그럴 수밖에 없었을까〉에서 카메라 렌즈는 '언어의 눈'이라는 표현으로 제시되며, '언어의 눈'이 이동함에 따라 제시되는 모습은 달라진다. 다음으로 《한없이 낮은 숨결》은 허구 속 인물 '한구복'을 분열된 자아들과 독자인 당신들이 찾아가는 반복 구조로 되어 있다. 그리고 이 구조는 종결되지 않고 무한히 반복될 것을 암시하고 있다. 세 번째로 《한없이 낮은 숨결》은 성적 쾌락과 관련 있다. 〈다시 그를 찾아가는 우리의 소설 기행〉에서 작가는 작품은 육체를 가지고, 육체는 성적이며, 글쓰기는 성적 유희에 해당한다고 말한다. 〈당신 자신인 당신을 향한 질문들〉은 사회적 억압, 역사적 산물로서의 가학적 성을 나타낸다.

《한없이 낮은 숨결》에는 무한한 텍스트가 산출되며, 되어감의 과정이 텍스트화 되었음을 보여준다. 작가의 자아 분열에 따른 텍스트의 산출은 제외하고 독자의 자아 분열에 따른 텍스트의 산종만을 논했다. 〈당신에 대해서〉에서 저자는 독자를 소환하여 텍스트 구성에 동참시킨다. 독자는 소설의 초반부터 저자의 지시에 따라 눈을 감고 어둠을 응시한 채 이야기를 구상한다. 〈이미 찾아간 우리의 소설 기행〉에서 '한구복 이야기'를 읽은 분열된 독자들은 자신들의 현실에서 허구 속 인물을 찾아간다. 이는 분열된 당신들에 의해 쓰인 해체적 텍스트에 해당된다. 해체적 독서는 일곱 명의 분열된 당신들과 당신들이 만난 그들을 텍스트화한다. 독자로서의 당신인 '작가 나와 한구복인 그', '당신은 회사원, 그는 이성수', '당신은 대학생, 그녀는 여공', '당신은 글 쓰는 여자, 그녀는 화가', '당신은 카페 주인, 그는 선생', '당신은 떠돌이, 그녀는 할머니', '당신은 신분을 노출하지 않음, 그는 당신일 수도 있음'의 7개의 이야기는 순차적이 아니라 파편적으로 제시되며, 독자의 자아는 와해되어 무한히 펼쳐지는 언어가 된다. 독자의 환상은 이야기의 중층적 구조를 만들고 자아는 이야기의 경계를 뛰어넘는다.

《한없이 낮은 숨결》은 열린 텍스트이다. 텍스트는 독자에게 종결을 연기하며 총체적 해석을 거부하고 의심을 가지고 해석에 참여하게 한다. 그리하여 텍스트는 독자의 해석에 따라 소진 불가능하며, 오독이 정당화되며, 형이상학이 극복된다. 《한없이 낮은 숨결》의 작가는 독자의 책이 따로 있음을 선언한다. 작가에 의해 인쇄된 텍스트가 쓰이지만, 이는 독자의 독서과정에 따라 다른 텍스트가 생산됨을 의미한다. 텍스트를 매개한 체험들은 복수가 되고 새로운 관계들은 무한히 열려 있을 것이다.

《한없이 낮은 숨결》에서 안정된 진리의 역할을 하는 것은 '한구복'이다. 한구복은 텍스트의 모델로 작품을 일관되게 관통하는 상징이다. 그러나 한구복에 의해 여섯 명의 그들과 그녀들이 등장하면서 비결정인의 역할을 하며, 한구복이라는 모델을 해체한다.

《한없이 낮은 숨결》은 오독으로서의 독서를 향해 열려있다. 〈당신에 대해서〉는 독자가 주체적인 사고인이자 몽상가로서 텍스트를 비평해야 하고 텍스트는 독자의 해석에 의해 무한히 다르게 읽힌다고 말한다. 또한 이 소설은 수사학적 구조가 오독을 가능하게 한다. 이는 〈당신에 대해서〉에서 대립항으로 구성된 부분에 잘 나타난다. 이 부분에서 앞항은 나의 다짐을, 뒷항은 당신에 대한 나의 바람을 괄호 안에 진술하고 있다. 이는 다른 관점, 때로는 역설적 관점을 제시하는 역할을 하며, 텍스트의 '진정한 의미'를 지연시킨다. 또한 〈당신 자신인 당신을 향한 물음들〉에서는 소설을 매개로 작가와 독자가 한 판 놀이를 벌일 것을 권한다. 즉 작가는 소설이 인위적 '놀이'임을 강조하여 현실과 허구를 교묘히 조작한다. 텍스트는 놀이에 참여하는 독자들에 따라 다르게 만들어진다.

《한없이 낮은 숨결》은 오독의 가능성을 '균열'이라는 장치를 통해 보여주기도 한다. 허구와 현실, 작가와 서술자, 작가와 독자, 문장과 문장 사이의 균열은 틈새를 만들고, 이곳으로 소리, 침묵의 언어들이 다가와 새로운 텍스트를 생산한다.

주체의 소멸과 재현의 불가능

1. 서론
2. 자아의 분열과 복수의 타자
3. 기관 없는 신체와 익명의 중얼거림
4. 결론

1. 서론

포스트모더니즘 문학에서 주체의 상실은 흔히 '작가의 죽음'으로 표현된다. 모더니즘의 주체가 현실과 단절된 채 총체성에의 향수를 드러내는 주체였다면, 포스트모더니즘은 그런 정신적 공간마저 상실한 주체의 죽음과 관련된다. 주체의 죽음은 세계관의 상실을 의미하며 현실세계를 재현하는 것을 불가능하게 만든다. 그러므로 서사는 현실세계의 재현보다 무의식 아래로 이동한다.[102] 주체의 의지에 근거한 목적론적 서사를 배제하면서, 무의식적 주체에 의한 서사적 목표를 설정한다.

포스트모더니즘 문학에 나타나는 주체는 분열한다. 들뢰즈에 의하면 주체는 연상의 사슬로 세계를 에워싼다. 분열된 주체는 세계에

---

102 나병철, 앞의 책, 244쪽.

대한 관점들을 나타내나, 이들은 통일성이나 전체성을 형성하지 않는다. 각각의 관점에 대응하는 각각의 세계들이 있으며, 이 우주들 사이엔 소통이 없고, 좁힐 수 없는 차이가 있다. 관점들은 텍스트 속에서 순수한 상태로 존재하나, 이는 주체보다 상위에 있으면서 개별화 시킨다. 관점은 연상의 사슬과는 무관하나, 연상의 사슬이 나타날 때 이와 '함께 나란히' 등장한다. 이 관점은 막힌 부분 속에서 구현되며, 자기가 내려다보는 대상에 인접해 있고 또 자기가 보여주는 대상에 인접해 있으나, 통합되거나 전체화될 힘이 없다.[103]

들뢰즈에게 주체는 기관 없는 신체와 같다. 이는 생물학적으로 말하면 개체 발생의 원시적 단계 혹은 알의 형태로 볼 수 있다. 기관이란 고전주의 시대의 임의적인 발명품에 지나지 않으므로 그는 기관 없는 신체로 주체를 사유하고자 한다. 기관 없는 신체는 기관에 반대된다기보다는, 우리가 유기체라고 부르는 유기체화에 더 반대된다. 유기체란 생명이 아니라 생명을 가두고 있는 것이다. 즉 기관 없는 신체란 외부와 소통할 수 있는 기관들이 없다기보다 이 기관들이 미리 유기적으로 질서 잡혀 있지 않다는 뜻이다. 감수성이나 기억력 등과 같은 능력들이 유기체의 기관으로 주어져 있다기보다 잠재적인 상태에 있다가, 우연히 마주친 기호의 폭력에 의해 잠재 상태에서 기호 해석을 위해 움직인다. 즉 특정한 기호와 마주칠 때마다 그 기호 해석에 알맞은 특정 능력이 기관으로 발생하는 것이다.[104]

소설에서 화자가 기관 없는 신체로 나타나는 경우, 이는 특정 화자

103 질 들뢰즈 지음, 서동욱 · 이충민 옮김, 『프루스트와 기호들』, 민음사, 2022년(2판 12쇄), 252~253쪽.

104 서동욱, 앞의 책, 230~235쪽.

가 아니라 무수히 파편화된 화자로 나타난다. 소설의 언표는 '누구'의 것도 아닌, 익명의 중얼거림에 불과하다. 주체가 부재하는 기호의 해석 활동은 해석에 있어서 '우리'라 할 수 있으나 이는 텅 빈 '우리'이다. 언표행위의 주체는 어떤 자아가 아니라 구체적인 내용물이 없는 '우리', 익명의 '우리'이기 때문이다. 이때 언표체계는 '말이 있다'라는 명제로 표현될 '익명의 거대한 언표 덩어리'인 익명의 중얼거림이다. 익명의 중얼거림은 해석 활동마다 그것에만 알맞은 기관을 발생적으로 갖추고 나타나는 분열된 자아들이라 할 수 있다.[105]

이인성의 《한없이 낮은 숨결》을 포스트구조주의자라 할 수 있는 들뢰즈의 주체 이론에 따라 분석해보고자 한다. 《한없이 낮은 숨결》에서 자아의 분열과 복수화된 타자, 기관 없는 신체와 익명의 중얼거림으로 나타나는 화자를 확인할 수 있을 것이다.

2. 자아의 분열과 복수의 타자

《한없이 낮은 숨결》에서 자아의 분열은 들뢰즈가 프루스트의 《잃어버린 시간을 찾아서》의 분석을 위해 사용했던 '통'과 '관'의 개념으로 설명할 수 있다. 여기서 통은 용기와 거기에 담긴 내용물 간의 관계에 사용되고, 관은 부분들과 전체의 관계에 보다 많이 사용된다. 사물들, 사람들, 이름들은 일종의 통의 역할을 하는데, 밀봉 · 감쌈 ·

105 서동욱, 위의 책, 246~237쪽.

함축의 형태로 있다. 우리는 이 통들로부터 완전히 다른 형태와 아주 다른 본성을 지닌 어떤 것, 자신을 담고 있는 통을 넘쳐 나는 엄청난 내용물을 끄집어낸다. 예를 들면 고유명사는 그것이 지칭하는 존재에게 그 이름이 가진 성질을 투사하는 살짝 열린 통이다. 화자는 용기와 공통된 어떤 면모도 가지지 않은 내용물을 펼쳐 낸다. 다시 말해 용기 안에 차곡차곡 접혀져 있는 주름을 펼치고 전개하는 것이다. 이에 반해 관의 관계는 복합의 형태이다. 여기서는 불균형적이고 서로 소통되지 않는 부분들이 공존한다. 여기서 화자의 활동은 선택하고 골라내는 것이다. 많은 다양한 힘들은 화자 안에서 복합된 그 자체로, 화자의 거짓 의지를 규정하기 위해서 실행된다. 복합적인 구성물 속에서 화자가 어떤 특정 부분을 선택하게 하거나, 불안정한 대립 속에서 어떤 한 편을 선택하도록 하기 위해서, 예측 불허의 회전판에서 어떤 제비를 뽑도록 하기 위해서 다양한 힘들은 실행된다.[106]

〈당신에 대해서〉에서 고유명사 이인성은 살짝 열린 통이다. 이인성은 작가란 특정 역할을 수행하는 인물일 수도 있고, 작가로서의 이인성을 가장한 별개의 등장인물일 수도 있다. 그러나 이야기꾼으로서의 이인성은 당신이 누구인가에 따라 새로운 '나'가 된다.

> 이 말을, 당신에 대한 또 하나의 당신의 관계와 혼동해서는 안 된다. 물론, 당신에 대해 그렇게 규정하고 난 후, 나에게도 또 하나의 내가 있음이 느껴진다. 무엇보다도 만년필을 쥔 내 손놀림을 통해. (…중략…) 작가와는 다른 이름으로 무수히 가능한 다른 이야기꾼들이란, 새로운 두께로 겹쳐져, 나로 하여금 바로 나와 또 하나의 나 사이

106 질 들뢰즈 지음, 서동욱 · 이충빈 옮김, 앞의 책, 175~178쪽.

를 오가게 하는, 그 사이 속에 개입해 들어오는 타인의 얼굴로 다가오는 것이다. 그래서 소설 쓰기는 언제나 결단을 부른다. 그 낯익으면서도 낯선 무형의 얼굴을 위해 어떤 이름을 붙여줄 것인가? 이름과 함께, 그는 나를 벗어나 독자적인 주체이자 대상이 될 테지. 나로부터의 분열이자 확산이든, 그때 하나의 실체인 그는 이미 그인 것이다. 그렇지만 오늘, 나는 그를 고스란히 나 자신으로 품고 싶다. 원심력의 욕구를 가지고 나로부터 떨어져나가려는 한 의식의 반대편으로 일종의 구심력을 작용시키며. 내가 팽팽하게 하나의 폭으로 열리도록.[107]

〈그를 찾아가는 우리의 소설 기행〉의 '나'는 소설의 이야기꾼이다. 그러나 작가 이인성으로부터 특정하고 단일한 기능을 부여받은 '나'가 아니다. '나'라는 1인칭은 하나의 통일적인 인격 혹은 동일한 화자를 표현하지 않는다. '나'는 언표의 주체에 대해 정보를 주기보다는, 그 '나'가 지시하는 것이 철저히 숨겨져 있다는 사실을 오히려 드러낸다. 언표 주체가 통일적인 화자라는 보장도 당연히 제공해주지 못 한다. 여기서 '나'라는 1인칭 화자는 그저 하나의 어법, 말하는 습관일 뿐이다.[108]

'나' 안에는 많은 '나'들이 함축되어 있다. 〈그를 찾아가는 우리의 소설 기행〉에서 관찰될 수 있는 '나'는 다음과 같다.

1. 소설을 쓰는 '나'-서울역으로 감
2. 고속 터미널에서의 '나'
2.1. 육신이 차에 치임

107 이인성, 앞의 소설, 19쪽.
108 서동욱, 「들뢰즈와 문학 - 『프루스트와 기호들』을 중심으로」, 『프루스트와 기호들』, 앞의 책, 306~307쪽.

2.2. 의식은 좌석 버스에 오름, 버스에서 내림, 체육회관 근처에서 친구에게 대학병원 영안실에서 만나자고 하고, 불광동으로 감

2.2.1. 불광동으로 가는 '나'-방위병 시절의 김성기와 김성심을 떠올림

2.2.3. 영안실로 가는 '나'- 친구를 만나 소극장에서 영화를 보고 미아리 술집으로 감

'나'는 기호의 폭력에 의해 자극받는다. 기호는 '감성에 어떤 강제'를 행사한다. 기호란 그 안에 들어있는 것이 미지의 것이기에 마음의 능력들을 자극하기 때문이다. 즉 인식 활동은 지성의 자발성 혹은 사유의 선의지에 기반을 두기보다는 기호의 강제에 의해 시작된다. 감각적 기호는 우리의 감성에 폭력을 행사한다. 그것은 기억력을 동원하고 영혼을 움직이게 하여, 마치 본질이 사유되어야 하는 유일한 것인 듯이 사유에게 본질에 대해 사유하도록 강요하는 것이다.[109]

〈그를 찾아가는 우리의 소설 기행〉에서 기호의 폭력으로 작용하는 것은 '한구복'이다. 그에 의해 '나'는 '한구복'이라는 기호를 해석하기 위해 활동을 시작한다. 활동은 해석하는 자아를 탄생시키는데, 각각의 활동에는 각각의 자아가 있다. 소설을 쓰는 나는 한구복의 주소를 전화로 알아낸 후 서울역으로 가고, 한구복을 찾기 위해 고속터미널에 앉아 있던 나는 환상 속으로 들어간다. 바르트에 의하면 환상은 어떤 철야나 불면의 시간도 보낼 수 있게 해준다. 환상은 자신이 늘 가지고 다니는 포켓판 소설로 어디에서든 읽을 수 있다. 환상은 현실의 의식, 내가 현재 있는 장소라고 하는 현실에 따라 공변이(共變異)한다. 이러한 방식으로 이중적인 공간, 형으로 떼어낼 수 있고 단계

109 서동욱, 위의 글, 294~295쪽.

화된 공간이 출현하고, 그 내부에 하나의 성부가 간접적으로 응하는 위치에 선다. 무엇인가가 짜이고 그것은 문체의 시작이 된다.[110]

환상 속에서 의식은 육신이 차에 치이는 것을 목격한 후, 의식만이 버스를 탄다. 버스에서 내린 나의 의식은 분열되어 하나의 나는 과거 방위병 시절을 보냈던 불광동으로 가고, 다른 나의 의식은 친구를 만나 미아리 술집으로 간다.

통 안에 함축되어 있던 '나'는 펼쳐지면서 무한 증식한다고 할 수 있는데, 이는 활동에 따라 다른 자아가 탄생하기 때문이다. 나는 차이 자체로서 독립적 존재이다. 그리하여 불광동의 나와 미라아리의 나가 대화하며, 다른 내가 한구복을 찾아 떠난 이야기를 한다. 그리고 각각의 '나'가 해석한 한구복이라는 기호는 신흥시의 마라토너, 김성기와 김성심, 수많은 익명의 2인칭 존재들이다. 한구복 또한 차이를 가진 본질로 새로운 나안에서 스스로 이름을 지우며 나를 부르는 '한없이 낮은 숨결의 그림자'이다.

주체 발생에서 중요한 역할을 차지하는 것은 '타자'이다. 들뢰즈에 의하면 타자는 자아의 공간적 지각과 시간 의식을 가능하게 해준다. 타자는 '타자의 효과'로 나타나는데. 내가 지각하는 각각의 사물과 내가 사유하는 각각의 관념의 주위에서, 내 지각의 변두리의 세계, 즉 배경을 조직한다. 타자는 늘 가시화되지 않는 잠재적인 부분으로 나타난다. 이는 가능성들, 배경, 언저리들이다. 그리고 우리의 의식은 잠재적인 부분, 지각되지 않는 부분까지 종합하여 대상을 체험한다. 즉 우리의 의식은 우리가 지각하지 못하는 부분을 지각하고 있을

110 롤랑 바르트 지음 · 이상빈 옮김, 앞의 책, 133~134쪽.

타자의 존재를 전제하고서만 전체화된 세계를 체험할 수 있다.[111]

〈나의 자기 진술, 당신의 심문에 의한〉은 타자를 통해 발생하는 주체를 보여준다.

> (…) 그래, 공기인 당신은 또한 내 숨결이라서, 내 가슴으로 들어와 내 안에서 들끓으며 나를 심문하곤 했음이 틀림없다. 없는 듯이 부드럽게, 때로는 다가올 행복한 포옹의 예감으로, 그러나 돌연 내 정신의 구석구석을 한꺼번에 들쑤셔대는 고통으로. 이제야 나는 내 불면과 두통과 헛구역질과 줄담배와 폭음을 이해할 것 같다. 바로 지금도, 나는 그렇게 당신을 겪고 있는 모양이다. 심장이 뛰고 호흡이 거칠어지는 증세를, 나는 자각한다. 머릿속이 웅웅거린다. 그것은 당신의 목소리가 될 것이다. 당신이 묻지 않더라도, 나는 당신에게 물음당할 것이다.[112]

타자는 내게 부드럽고 행복한 얼굴로, 때론 고통스런 얼굴로 나타나 내게 행복과 고통이라는 세계 인식을 가능하게 해준다. 나는 타자의 얼굴을 봄으로써 그와 같은 세계를 인식하는 것이다. 그러므로 타자는 나의 세계, 내재성의 구성을 가능하게 해준다. 즉 타자는 인식 가능성의 조건으로서의 내재적인 선험적 구조이다. 타자는 '머릿속의 웅웅거림'이라는 거대한 언표덩어리로 왔다가, 당신이라는 타자의 구체적인 목소리가 된다. 타자의 출현으로 나는 물음당하고, 모든 예정은 바뀔 수 있다. 즉 타자의 출현은 거기에 상응하는 자아를 발생시키고 대상 세계의 출현을 가능하게 한다. 여기서 타자인 당신과 자아인 나는 고정되고 단일한 정체성을 지니지 않고 무한 증식되고

111 서동욱, 앞의 책, 148~149쪽.
112 이인성, 앞의 소설, 36쪽.

분절되어 나타난다.

〈이미 그를 찾아간 우리의 소설 기행〉은 타자의 분열을 보여준다. 타자인 당신들은 막힌 관에 각각 들어 있고 복합적 전체를 형성한다. 전체의 부분들인 각각의 당신이 일곱 개의 막힌 관에 들어감으로써-소설은 당신이 시간과 공간에 따라 무한 증식 가능함을 암시한다- 전체는 분열된다. 각각의 당신들이 있고, 당신들은 당신들의 그를 찾는다. 당신들은 소설 독자라는 틀에 한정될 수 없고, 잠재태인 부재의 당신들도 포함된다.

일곱 명의 당신은 소설가인 '나'(독자로서의 '나'), 회사원, 대학생, 글 쓰는 여자, 카페 주인, 떠돌이, 익명의 당신이다. 당신들은 화자의 머릿속에서 활동한다. 화자인 나는 기호인 '그'를 찾기 위해 당신을 만나려 애써 왔다. 타자인 '당신'과의 만남이 화자로 하여금 당신에 상응하는 나를 선택하게 할 것이며, 당신과 나는 당신의 그를 찾을 것이기 때문이다. 소설가 '나'로 등장하는 당신은 신흥시의 마라토너인 그를, 회사원인 당신은 야구선수 이성수를, 대학생인 당신은 여공을, 글 쓰는 여자인 당신은 화가를, 카페 주인인 당신은 수학 선생을, 떠돌이인 당신은 할머니를, 익명의 당신은 당신일지 모르는 신흥시의 마라토너인 '그'를 만난다. 분열된 나들은 당신들과의 마주침으로 인해 시간의식과 공간의식을 가지며, 한구복으로 상징되는 '그/그녀'라는 기호를 체험한다.

이 단편의 화자는 소설 첫머리에 등장하는 '나'이다. 그러나 이 '나'는 각각의 여행이라는 관에서의 화자는 아니다. 나의 머릿속에서 여행이라는 활동이 시작되는 순간 각 관에 부합하는 자아는 발생되나 이 자아는 부재하는 자아이다. 첫 번째 여행에서 작가인 '나'로 나타나는 자아는 단편 전체의 화자인 '나'의 화신처럼 보인다. 그러나 이는 〈그는 왜 그럴 수밖에 없었을까〉의 독자로서의 '나', 즉 당신에 속한다. 첫 번째 관의 화자는 드러나지 않고, 신흥시로 여행을 가는 당신으로서의 '나'만 있을 뿐이다. 이 여행의 이야기꾼인, 언표의 주체인 화자는 부재한다. 두 번째 관부터 일곱 번째 관까지도 마찬가지다. 타자인 당신과 기호인 그/그녀는 있으나 화자는 부재한다. 그러나 우리는 관으로 역할하는 각 여행이 시작될 때마다 그 여행에 부합하는 자아가 선택되어 타자인 당신과 함께 여행에 동행했으리라 짐작한다. 각 관의 화자와 단편 전체의 화자와의 관계는 다자(多者)들과 이들의 통일인 전체성, 다수성과 이들의 통일인 전체성, 조각들과 이들의 통일체로서의 전체성과의 관계이다. 이때 일자(一者)와 전체는 다자와 부분들을 주관하는 원리가 아니라 반대로 이 다자들로부터 생기는 효과[113]이다.

막힌 관들은 때로는 분리된 부분들로, 때로는 서로 반대되는 방향들로, 때로는 여행이나 잠자리에서처럼 원형으로 편성된다. 하지만 이 원형의 세계에서조차 둘러싸거나 전체화하지 않는다. 축이 중심에서 벗어나 있는 이 원은 왼쪽에 있던 것은 오른쪽으로, 중앙에 있던 것은 귀퉁이로 보내버린다. 여행은 장소들이 소통하게 하지 않고, 장소들을 결합하지도 않는다. 오로지 장소들이 가진 '차이' 자체만을 모든 장소들에 공통적인 것으로 확립한다. 그러나 모든 막힌 관들 사이에는 '횡단선'이라는 통행 체계가 있다. 이 횡단선은 직접적 소통 방식이나 전체화 방식과는 다르다. 이는 다자를 일자로 환원시키지

113 들뢰즈 지음, 서동욱 · 이충민 옮김, 앞의 책, 253~254쪽.

않고, 다자를 하나의 전체로 그러모으지 않는다. 그러나 그것은 다자의 매우 독특한 통일성을 획득하고 전체로 환원할 수 없는 모든 파편들을 합병하지 않은 채로 그 각각을 긍정한다. 횡단선은 파편들을 한 덩어리로 뭉치지도 않고, 도로 붙이지도 않는다. 이 형식은 파편들이 떨어져 나가는 것을 막는 것만큼이나 파편들이 하나의 전체를 형성하지 못하게 한다. 그러면서도 그 파편들을 최고의 상태, 즉 서로 들어맞지 않는 파편들의 모서리가 날카로워진 상태로 안내한다.[114]

〈이미 그를 찾아간 우리의 소설 기행〉은 막힌 관의 형태를 취하지만, 여행이라는 횡단선이 이 소설이 통일성을 갖고 있다는 환상을 갖게 한다. 이 단편은 화자의 머릿속 여행으로, 화자들과 당신들은 신흥시, 서울, 광명시, 대전, 광주, 강릉, 신흥시 등으로 여행을 간다. 각 여행은 각각 막힌 관의 역할을 하고 서로 소통하지 않는다. 여행지 전체를 주관하거나 장소들을 결합하는 통일된 화자도 없다. 환상 속에서 화자들은 여행지를 다니며, 활동은 특정한 순서도 없이 순환하는 형식으로 제시된다. 여행지는 연상의 사슬로 선택된다. 여행지란 기호들은 연상의 사슬을 따라 서로 다른 속도로 전개된다. 여행지의 이미지는 조화가 문제가 아니라 잘 펼쳐지기만 하면 된다.

《한없이 낮은 숨결》에서 '한구복 찾기'는 층위가 다른 계열을 이룬다. 우선 〈그를 찾아가는 우리의 소설 기행〉에서는 분열된 나들이 한구복을 찾는 '나-한구복'의 계열을 이루고, 〈이미 그를 찾아간 우리의 소설 기행〉에서는 분열된 당신들이 당신들의 그/그녀를 찾는 '당신-그/그녀'의 계열을 이룬다. 앞의 층위의 계열이 통 속에 함축되어 있

114 들뢰즈 지음, 서동욱 · 이충민 옮김, 위의 책, 193~194쪽.

다가 펼쳐지는 형태라 볼 수 있다면, 뒤의 층위의 계열은 막힌 관 속의 당신들의 여행이 시작되면서, 각각의 관 속에서 각 세계가 펼쳐지는 것이라 할 수 있다. 그리고 앞의 계열은 시간이 항들 간의 근본적 차이로 작용하면서 한구복 찾기가 반복적으로 제시되는 것이라면, 뒤의 계열은 공간이 항들 간의 근본적 차이로 작용하면서 '그/그녀' 찾기가 반복적으로 제시된다. 두 계열 모두 주체 혹은 타자 속에 함축된 차이 또한 다양성의 지표로 작용하나, 각 항들은 이 차이들을 가로질러 그 계열 전체를 주관하는 법칙으로 점점 수렴된다.

3. 기관 없는 신체와 익명의 중얼거림

《한없이 낮은 숨결》의 화자를 이해하기 위해서 들뢰즈의 주체 발생 이론 중 '기관 없는 신체'를 살펴볼 수 있다. 들뢰즈는 자신의 저작인 『푸코』(1986)에서 현상학자들과 대립하여 눈이라는 기관이 가지는 임의적인 특권을 박탈하고자 하였다. 푸코의 『임상 의학의 탄생』(1963)의 부제는 '의학적 시선의 고고학'이었다. 그런데 푸코는 후에 이 부제를 폐기해버렸다. 폐기 이유는 '시각적인 것에 대한 언표 체계의 우위성' 때문이다. 가시적인 것과 언표적인 것은 각각 환원될 수 없는 고유성을 지닌다. 다만, 가시성은 언표 가능한 것으로 환원되지 않지만 언표 체계에 의해 규정된다. 요컨대 언표만이 규정자이며 보게 하는 것이다. 푸코는 『광기의 역사』에서 현상학적인 방법으로 원초적인 체험을 환기시키려 한 점을 반성한다. 시선으로부터 지식, 지각장, 주체 등이 구성되지 않는다. 오히려 언표가 선행하며 이 언표에 의해 시선은 규정된다. 다시 말해 시선을 통해 나타나는 가시성은 원초적인 것, 야생적인 것이라기보다 언표체계에 의해 규정된 지식이다. 언표는 우리의 시선을 하나의 지식으로 낳아놓는다. 그러므로 들뢰즈는 '눈'이라는 기관이 가진 특권을 부정한다. 눈은 고정된 기관이 아니라 잠재적으로 여러 기능을 가진 미규정적인 기관이 된다. 이는 생물학적으로 말하자면, 개체 발생의 원시적 단계 혹은 '알'의 형태로 볼 수 있으며, 알은 기관 없는 신체에 해당된다.[115]

〈그는 왜 그럴 수밖에 없었을까〉는 카메라의 클로즈업 기법으로 한구복의 마라톤 장면을 제시하면서, 클로즈업 되는 장면의 서두에 '언어의 눈'이라는 표현을 반복한다. 이는 카메라 렌즈와 같이 시선에 포착된 것을 보여주기 방법으로 제시하되, 이는 이미 가시성이 언표 작용에 의해 환원되었음을 의미한다.

> 언어의 눈이 벌어졌던 거리를 조금 좁혀본다. 주자들의 모습만으로 시야가 한정된 화면 속에서, 여전히 제자리를 지키며 뛰고 있는 그, 시선을 오른쪽으로 돌리고 있는 그의 눈밑이 순간적으로 부들거린다. 그 눈밑을, 수건을 감싸쥔 오른손이 떠올라 문질러댄다. 다시 천천히, 고개가 앞으로 되돌아온다. 그 사이에 잠깐, 그는, 짧게 숨결을 깨뜨리고, 입술과 턱을 재빨리 움직여 소리 없는 한두 마디 말을 흘린다. 그리고는 두 눈을 가늘게 가꾸어 자기 앞을 그윽이 가늠해 내다보다가, 순간, 한덩어리로 묶여 있던 주자들의 대형을 박차며, 정면으로 빠르게 뻗쳐나오기 시작한다.[116]

115 서동욱, 앞의 책, 227~229쪽.
116 이인성, 앞의 소설, 141쪽.

한구복이 페이스 메이커의 역할을 하기 위해 비정상적인 속도로 달리기 시작할 때의 장면이다. 이는 시선에 의해 잡힌 장면을 상세히 제시함으로써 마치 사진을 보는 듯한 인상을 준다. 클로즈업된 그의 얼굴을 미세한 변화까지 읽을 수 있다. 그러므로 이 장면은 화자가 개입되지 않고 독자에게 객관적인 장면을 제시함으로써 독자로 하여금 사고하고 판단하게 하는 기능을 한다. 그러나 이 또한 언표화의 과정을 거쳐 독자에게 제시된다. 중요한 것은 시선이라기보다 언표이다. 그런데 언어는 근본 체험이라기보다 일종의 지식이고, 언표화되는 시선은 말할 것도 없다. 그러므로 시선은 근원적인 언표 체계에 의해 규정된 지식에 불과하다.

〈이미 그를 찾아간 우리의 소설 기행〉에서 화자는 글 쓰는 여자인 '당신'과 화가인 '그녀'의 만남을 통해 감각 · 감정 · 사유에 대한 시각의 부정적인 지배 작용에 대해 말한다.

> (…) 당연한 소리로, 우리는 항상 구체적인 것들에 둘러싸여 그것들을 바라보고 산다. 그러나 어떤 것들에 대해서는 그냥 보지 않고 바라보게 된다. 특히 아주 충격적인 광경에 대해서는 새롭게 눈을 뜨고 바라본다. 우리는 학생회관 옥상에서 온몸에 불을 붙이고 뛰어내리는 한 처절한 청춘을 뜨악한 가슴으로 바라보았었다. 그러나 때로는 아주 평범한 것을 새롭게 바라보기도 한다. 우리는 아침이슬을 전혀 황홀하게 바라볼 수도 있고, 장대 같은 빗속의 진흙탕 속에서 필사적으로 공을 차며 맹목적인 젊음을 발산하는 우리 자신의 모습을 갑자기 진저리치며 바라볼 수도 있다. 또 우리는 졸업한 선배가 하얀 와이셔츠에 넥타이를 단정히 매고 나타나서 내미는 명함을 새삼 조금은 씁쓸하게 조금은 부럽게 바라본 적도 있다. (…)[117]

우리가 세상과 관계 맺는 것은 '바라봄'을 통해서이다. 여기서 '바라 봄'은 '시선'이라고 할 수 있다. 우리는 '충격적인 광경', '평범한 것', '친숙한 인물'에 대해서 새롭게 바라볼 때가 있고, 이때 '본다'는 것은 '시선'을 의미한다고 할 수 있다. 여기서의 시선은 시각을 바탕으로 하지만 보는 이의 가치관이 포함된다.

문제는 우리는 보는 것뿐만이 아닌 다른 지각 행위도 상당 부분 '바라보는 것'으로 대체해 왔다는 것이다. 우리는 소리, 맛, 냄새, 촉감, 나아가 감정이나 사유까지 '바라본다.' 예를 들면 '우리는 컴컴한 운동장에 모여 무릎을 꿇고 앉아 기도하거나 찬송가를 부르는 예수쟁이들을 보았다'고 한다. 우리들이 흔히 쓰는 표현은 소리를 듣는 것을 시각으로 대체하고 있다. 이때 시각은 다른 지각 및 정신 활동을 변질시켜 원래적 의미 내용을 박탈 · 삭제해버린다. 그리고 그 과정에서 주체의 진실을 왜곡 · 은폐하는 자기 기만적 장치가 제공된다. 그러므로 시각으로 대표 표현 되는 인간의 총체적 정치 구조 속의 한쪽 기능이 오늘날 권력을 휘두르고 있으므로 그것은 극복되어야 한다. 그리고 이에 대한 방법으로 '시선'이 아닌 '소리', '익명의 중얼거림'이 대신해야 한다고 말한다.

《한없이 낮음 숨결》은 시선을 대신하여 기관 없는 신체로 상징되는 화자가 활동한다. 연작소설에서 화자는 하나의 거대한 기관 없는 신체다. 이 소설의 언표들은 '주인 없는 말들' 이다. 달리 말하면 언표들의 주인이 가변적이라 할 수 있다. 언표와 가변적인 주체와의 관계는 언표 자체에 내재하는 하나의 변수이다.

---

117 이인성, 위의 소설, 302~303쪽.

> 그러는 나는 누구냐고? 글쎄, 이렇게 말할 수 있을까…, 지금 여기의 나는 그저 나라고. 나에게 당신이, 도처에서 시시각각으로 바뀔 수 있는 무수한 당신들 중의 하나 혹은 전체이듯이, 그렇게 무수한 나. 당연히 나는 이 소설의 이야기꾼이지만, 작가 이인성을부터 단일한 기능을 부여받지는 않았다. 아니, 내가 그것을 거부했다고 말하는 게 옳다. 나는 가능한 한 여러 가능성을 위해 나를 풀어 열어놓고 싶었던 것이다.(…)[118]

화자인 '나'는 알 혹은 기관 없는 신체와 같다. 나는 작가 이인성으로부터 특정하고 단일한 기능을 부여받지 않고 도처에서 시시각각으로 바뀔 수 있다. 나는 '가능성'이므로 가변적으로 발생한다. 나는 이야기에 따라 다른 '나'로 기능한다. 나는 이 소설의 작가 자신인 척하는 이야기꾼일 수도 있고, 작가로부터 비롯되어 그와 겹쳐져 있으면서도 다른 어떤 나들 중의 하나일 수도 있겠고, 당신으로서의 나일 수도 있겠고, 당신들과 함께 찾아가고자 하는 그인 나일 수도 있다. 즉 각각의 이야기에 대응하는 나들이 파편처럼 흩어져 있다. 그리고 파편화된 나들이란 유기체적 질서를 가지지 않는 기관 없는 신체를 의미할 수 있다.

《한없이 낮은 숨결》의 화자는 기관 없는 신체이다. 이 소설은 통일적 화자가 부재하는, 혹은 무수하게 파편화된 화자만이 있을 뿐이다. 이 소설의 언표들은 누구의 것도 아닌, 익명의 중얼거림에 불과하다. 주체가 부재하는 기호의 해석 활동은 '우리'에 의해 수행되나, 이는 내용물이 없는 텅 빈 '우리'이다. 언표 행위의 주체는 어떤 화자가 아

---

118 이인성, 위의 소설, 192~193쪽.

니라 내용 없는 우리, 익명의 우리이다. 주체를 대신하는 것은 분열된 자아들이고, 이를 언표 활동의 측면에서 말하자면 '말이 있다'라는 사실로밖에 기록될 수 없는 비인칭적 중얼거림이다.[119]

> 대답 없음의 함정에 거듭 빠져들지 않기 위해, 훌쩍, 나는 자진해서 이 소설 속의 허공으로 뛰어든다. 어둠의 허공 속에 어둠의 풍경이 추상적으로 펼쳐져 있다. 내 시선이 풍경 속을 주의 깊게 뒤적인다. 그러자 어느 순간, 풍경의 한 모퉁이가 부르르 떨리면서 탄식 같은 소리가 들린다. 곧, 낮은 중얼거림이 어둠의 형상으로 드러난다. 그런데 하나가 아니다. 컴컴한 당신의 형체가 세포 분열처럼 증식한다. 중얼거림은 웅성거림이 된다. 순식간에 어둠의 군중이 내 앞에 가득 찬다. 얼굴을 확인할 수 없는 당신들이 저마다 뭐라고 말한다. 말들이 한꺼번에 뒤섞여 알아들을 수 없는 거대한 합창이 된다. 서서히, 당신들은 흉흉한 음색으로 나를 짓밟을 듯이 무리져 다가온다. 나는 뒷걸음친다. "안 돼! 왜들 이러는 거야?" 나는 넘어진다. 기체인 당신들이 한없이 나를 밟고 지나간다. 나는 점점 나른히 기진해져서 맥을 잃는다. 의식이 꺼진다.[120]

〈나의 자기 진술, 당신의 심문에 의한〉에는 나의 꿈속 장면이 나온다. 나의 꿈속에서 분열된 나들은 증식한다. 나의 분열은 타자라는 당신의 분열과 관계있다. 당신들은 분열하고 증식하여 기체로, 성운(星雲)처럼 나타난다. 그리고 당신들은 익명의 웅성거림이고 군중이며 형체가 분명하지 않은 얼굴로 나타난다. 당신들은 타자로서 가능성의 세계이며 지각장의 구조이다. 분열된 당신들에 상응하여 분열

---

119 서동욱, 앞의 책, 236~237쪽.

120 이인성, 앞의 소설, 47쪽.

된 나들이 활동할 것이다. 당신들과 나들로 이루어진 '우리'는 익명으로 존재한다. '우리'는 '나'가 하나의 통일적 인격을 표현하지 않듯이, 통일적 주체가 아니다. '우리'의 언표는 익명의 거대한 언표덩어리인 익명의 중얼거림으로 존재한다.

> 그때, 그는, 바로 여기, 우리 안에 돌연히 뛰어들었다(나는 과감히 '우리'를 내세운다). 그 이전에 그는, 그 어딘가 우리 밖에 저 혼자로만 있었다('우리'는 단순한 대명사가 아니다). 이제 그는 그 어딘가 우리 안팎에, 우리인 그로 있어야 한다('우리'는 스스로 살아 움직이는 존재태다).[121]

위 지문은 〈그때 그를 당신도 보았다면-혹은 보지 못하였다 하더라도〉에서 '우리'가 활동하기 시작하는 계기이다. '우리'는 단순한 대명사, 비인칭인 중얼거림으로 존재했다. 그러나 '그'가 우리 속에 뛰어들어 스스로 살아 움직이는 존재태로 변하여, '우리'는 '그'라는 기호를 해석하는 해석 활동을 시작한다. 이때 '우리'라는 성운은 계열로 나뉘며, 각각의 항들은 각각의 능력들을 발휘할 것이다. 즉 각각의 상황에서 '그'에 해당하는 각 기호들에 대한 여러 해석 활동으로 존재할 것이다. 그러나 통일적인 경험을 연결시켜 주는 주체로서의 '우리'는 존재하지 않을 것이다. 또한 우리가 '그'에 대한 해석활동을 할 때, '그' 또한 '우리'가 될 것이다.

우리의 활동은 '그'라는 기호가 '돌연히' 뛰어듦으로 시작된다. '그'라는 기호는 우연히 뛰어들었지 우리가 선택한 것이 아니다. 휴일 낮 텔레비전에서 방영되는 신흥시에서의 마라톤에서 20킬로미터 지점을

---

121 이인성, 위의 소설, 113쪽.

지나면서부터 대열 앞으로 뛰어나와 30킬로미터를 간신히 넘은 지점까지 독주하던 선수가 나에게 의혹을 불러일으켰다. 그는 기호 18번 한구복 선수로 세 사람의 주자에 의해 추월되자 아스팔트에 주저앉았다. 나는 그를 보고는 자폐의 착란을 일으켰다. 나는 당신이라는 독자와 함께 '우리'라는 성운에서 나온 계열의 한 항이다. '그'가 우연히 뛰어듦으로써 하나의 나와 당신은 활동을 시작한 것이다. 즉 나의 주관적 관념 연상과 인상의 연상이 그의 존재가 나와 뒤엉키게 한 것이다.

> (…) 이 소설의 실제 상황을 앞질러 제목에 '우리'를 걸어놓은 것은, 나는 모호한 여러 나들을 통해 '우리'를, 또는 '우리'를 통해 가능한 여러 나들을 느꼈다고 느낀다. 아직 그 존재를 증명할 수 없는 느낌뿐이지만, 그 느낌은 느낌을 거듭 느끼는 속에서 점점 더 생생하다. 필경 '우리'가 있을 것이다. 보이지 않으면서 실재하는 '우리'가. 혹시, 있는 듯 없고 없는 듯 있는 그 '우리'가. 지금 막연히 부르는 먼 당신과 나 사이에서, 나를 당신에게 당신을 나에게 데려가고 있는 것은 아닐까? 언젠가 당신과 나와 그가 함께 모일 때 만나게 되는 것은, 서로서로라기보다는 서로의 사이에 존재하는 '우리'가 아닐까?(…)[122]

〈그를 찾아가는 우리의 소설 기행〉은 '우리'가 익명의 덩어리로 존재함을 언급한다. 우리는 모호한 나들을 통해 느낄 수 있는 느낌의 덩어리이다. 또한 우리 안에는 나들이 가능성의 형태로 있다. 그러므로 '우리'는 보이지 않으나 실재하며 있는 듯 없고 없는 듯 있다. 그리고 우리는 당신과 나를 서로에게로 데려가며, 당신과 내가 그를 만났을 때 우리는 서로의 사이에 존재하게 될 것이다. 결국 우리는 당신

122 이인성, 위의 소설, 193쪽.

과 나의 활동이 시작될 때마다 계열의 한 항이 될 것이며, 그를 만나게 되면 그와 함께 우리가 될 것이다. 우리는 당신과 나, 혹은 당신과 나와 그를 합한 개념이라기보다, 당신과 나 사이 혹은 당신과 나와 그 사이에 차이 자체인 본질로서 존재하는 우리이다.

소설 기행은 '우리'라는 성운으로부터 뻗어 나온 계열의 항들을 보여준다. 소설에서 화자인 나와 독자인 당신은 그를 찾는 나들과 나의 여행을 모두 보는 덩어리이기도 하지만, 각 항들에서 분열한 나들과 나와 동행하는 분열한 독자로 계열을 형성한다. 단편에서 분열한 독자들은 나와 동행하기만 할 뿐 침묵한다. 여행은 신흥시로 바로 가는 나, 불광동으로 가는 나, 미아리로 가는 나가 분열되어 활동하고, 내가 찾는 그들은 신흥시의 마라토너, 방위병 시절의 김성기와 김성심, 수많은 익명의 2인칭 존재들이다.

〈이미 그를 찾아간 우리의 소설 기행〉은 '우리'로부터 뻗어 나온 계열의 다른 층위를 보여준다. 이 층위는 신흥시로 찾아간 분열된 나의 머릿속 활동이 중심이다. 나의 머릿속에서 당신들은 분열하며 분열한 각각의 당신들은 당신들의 그를 찾는 여행을 한다. 당신들로 인해 활동하는 나들은 부재하는 나이다. 그러므로 계열의 항을 이루는 중심은 독자인 당신들과 당신들이 만난 그들이다. 계열의 각 항들은 나(독자로서의 나)-신흥시의 마라토너, 회사원-야구선수 이성수, 대학생-여공, 글 쓰는 여자-화가, 카페 여주인-수학선생, 떠돌이-할머니, 신분을 알 수 없는 당신-신흥시의 마라토너이다.

〈한없이 낮은 숨결〉은 거대한 언표덩어리인 익명의 중얼거림 자체이다.

어디로부턴가…, 누구로부턴가…, 어디에서나…, 누구에게서나…, 그 숨결…, 와, 닿아…, 아무리, 멀어도…, 옆에, 곁에…, 살아, 있는…, 있어 죽어가는…, 죽어 이어지는…, 이어져 사는…, 그 어떤, 무엇 혹은 누구, 의…, 한없이 낮은, 말결 숨결…, 바싹…, 진하게…,, 살아짐에…, 죽어짐에…, 한, 결로…, 취할 만큼…[123]

익명의 중얼거림이란 언표의 주인은 텅 빈 '우리' 또는 비인칭, 그리고 '누구'이다. 이 소설은 개별자와 인격에 선행하는 비인격적인, 자유롭고 노마드적인 특정성을 지닌다. 특정성의 외연을 이루는 것은 주체, 대상 등 명사적인 것이 아니라, 비실체적이고 비명사적인 사건들이다. 내재성의 구도는 이러한 비인격적인 사건들로 이루어져 있다. 이는 들뢰즈가 타자의 개입을 통한 주체의 발생을 서술하기 전, 주체성과 대상성으로부터 자유로워진 순수 사건을 포착하고자 했을 때 기술하고자 한[124] 것과 유사하다.

윗글에서 문장부호는 비음성적인 것, 즉 음성 언어에 대해 이질적인 것이면서도 음성 언어를 가능케 해주는 대리 보충이다. 다시 말해 스스로의 귀에 현전하는 음성언어는 모순되게도 그 성립 조건으로, 음성 언어에 대해 이질적인 것의 대리 보충을 전제한다.[125] 작가는 이 같은 문장부호로 익명인 우리의 삶의 결, 말결, 숨결을 시각화한다. 그리고 우리의 현전은 흔적을 통해 지연되는 방식으로만, 결의 주름을 펼쳐냄을 통해서만 가능하다.

123 이인성, 위의 소설, 380쪽.

124 서동욱, 앞의 책, 225~226쪽.

125 서동욱, 위의 책, 22쪽.

4. 결론

포스트모더니즘은 세계관의 변화를 기반으로 한다. 이에 따르면 인간은 세계를 있는 그대로 인식할 수 없을 뿐 아니라 인식한 대로 표현하지도 못한다. 그러므로 포스트모더니즘 작가들은 표현할 수 없는 것들에 대하여 보다 강력한 의미를 부여하기 위하여 새로운 표현들을 찾게 되고, 이는 재현원리를 파괴하는 결과를 가져왔다.

재현의 불가능은 작가들로 하여금 분투형의 단독자적 행위자를 작중 인물로 삼는 대신 분산되고 탈중심화한 기능을 가진 인물들을 작중에 설정한다. 이들은 윤리적 본질이나 심리적 내면성이 제거되고 소비, 성관계에 집착하며 대중매체와 불가분의 관계에 놓인다.

이인성의 《한없이 낮은 숨결》은 포스트모더니즘 시대의 주체 발생에 관한 연작소설집이다. 이 소설은 주체의 발생 문제를 포스트모더니즘적 시각으로 다루고 있다. 자아의 분열과 복수의 타자에서는 자아의 분열을 통해 분열된 나들이 한구복을 찾는 '나들-한구복'의 계열과 당신들의 분열을 통해 당신들의 '그들/그녀들'을 찾는 '당신들-그들/그녀들'의 계열을 분석하였다. 앞의 계열은 통으로, 뒤의 계열은 막힌 관으로 각각의 여행들을 해석하였다. 그리고 앞의 계열은 시간이 항들 간의 근본적 차이로 작용하면서 한구복 찾기가 반복적으로 제시되는 것이라면, 뒤의 계열은 공간이 항들 간의 근본적 차이로 작용하면서 '그/그녀' 찾기가 반복적으로 제시된다.

기관없는 신체와 익명의 중얼거림에서는 익명의 언표덩어리이자 잠재태로 있는 '나'와 '우리'를 해석하였다. 《한없이 낮은 숨결》에서 화자인 '나'는 알 혹은 기관 없는 신체와 같다. 나는 특정하고 단일한 기능을 가지지 않고, 가능성으로 존재한다. 나는 우연히 마주친 기호를 설명할 때 가변적으로 발생하므로 이야기에 따라 다른 '나'로 기능한다. 또한 이 소설의 언표들은 누구의 것도 아닌 익명의 중얼거림에 불과하다. 주체가 부재하는 기호의 해석 활동은 '우리'에 의해 수행되나, 이는 내용물이 없는 텅 빈 '우리'이다. '우리'라는 주체의 발생과정, '그'라는 기호의 폭력에 의해 시작되는 '우리'의 활동, '우리'라는 성운으로부터 뻗어 나온 '나의 계열'과 '당신의 계열', 개별적이고 인격적으로 발생하기 전인 '익명의 중얼거림' 자체인 언표덩어리를 해석해 보았다.

탈장르화와 경계의 붕괴

1. 서론

포스트모더니즘은 모더니즘 시대와는 달리 장르와 장르 사이에 놓여 있던 장벽이 무너졌다. 각각의 장르는 서로 혼합되거나 결합되기도 하고, 각 장르의 영역은 전보다 한결 넓게 확충되었다. 그러므로 각각의 장르 사이는 유동적이고 가변적인 관계가 이루어져, 어느 한 장르를 다른 장르와 서로 엄격히 구분한다는 것은 거의 불가능하게 되었다. 이는 바로 '탈장르화' 또는 '장르 확산'으로 부를 수 있다. 그리고 이러한 현상은 탈중심화나 탈정전화 현상에서 비롯되었다. 결국 포스트모더니즘에 이르러 본격적으로 나타나기 시작한 중심의 해체나 권위의 약화 또는 정전의 상실은 문학과 예술 장르의 경우에 장르와 장르 사이의 경계를 넘나들게 하였다.[126]

126 김욱동, 앞의 책, 300쪽.

레슬리 피들러는 이같은 현상을 '경계를 넘어서고 간극을 메우고'[127]라고 표현한다. 60년대 말의 미국 문학계의 상황은 특정하여 설명하기 어려웠다. 왜냐하면 당시의 비평가들이 사용한 언어는 이 시기의 특이한 쟁취와 생기를 표현하기 위하여 노력한 작가들의 작품을 평가하기에 전적으로 부적합했기 때문이다. 새로운 비평은 더 이상 형식주의적인 것이나 본질적인 것이 될 수 없었다. 그것은 텍스트적이라기보다는 공텍스트적인 것으로 일차적 관심은 구조, 어사, 구문에 두지 않았다. 비평가들은 책속의 말이 아니라 세상 속의 말, 더 정확히는 머릿속의 말에 더 관심을 가져야 했다. 텍스트는 사회적·심리적·역사적·전기적 혹은 지리적인 수천의 연관과의 사적인 만남에서, 곧 고독한 독자의 의식 속에서 체험되는 말에 관심을 가지도록 했다. 진지한 소설과 진지한 비평은 후기자본주의 문화에 의해 빛을 잃고 예술가와 향수자, 비평가와 독자 사이에는 간격이 메워지게 되었다.

포스트모더니즘에서 탈장르 현상은 문학의 경우 가장 분명히 드러난다. 특히 소설은 문학의 전통적 양식이라 할 수 있는 시 · 희곡 · 비평과 혼합된 형식으로 나타날 뿐 아니라, 예술과 비예술 세계의 경계선에서 과도기적 형태를 드러내어 경이와 마술의 세계를 소설 세계로 가져오기도 한다.

이인성의 소설 《한없이 낮은 숨결》은 포스트모더니즘 소설이 갖는 탈장르적 특징을 잘 드러낸다. 텍스트의 전체 구조는 탈서사의 구조를 취하고 있으며 텍스트 안에는 연극적 공간, 카메라적 기법, 논픽션의 허구화, 비평적 진술 등의 도입으로 장르 혼합 형태를 잘 보여준다.

---

127 레슬리 피들러 지음 · 신문수 역, 「경계를 넘어서고 간극을 메우며」, 『포스트모더니즘론』, 터, 1989년.

2. 연작소설과 반소설적 혁명

《한없이 낮은 숨결》의 탈장르화 현상을 우선 연작소설 형식과 반소설적 구성에서 확인할 수 있다. 연작소설 형식은 포스트모더니즘 소설을 생산하는 작가들의 텍스트에 많이 보인다. 이들은 장편소설로 범주화하기도, 단순히 단편소설을 모아 놓은 단편집으로 범주화하기도 어려운 작품을 많이 생산한다. 호르헤 보르헤스 등은 이를 '픽션'이라 부르기도 하지만, 존 바스는 '시리즈'로 부른다. 그리고 이는 '연작소설'로 번역된다. 연작소설은 통일성 없이 단순히 여느 다른 단편집처럼 여러 편의 작품들을 한데 모아 놓은 것처럼 보이나, 이 소설에는 동일한 한 주인공이 여러 작품에 등장하기도 하고, 메타픽션 특유의 자의식이나 자기반영성이 거의 모든 작품을 통하여 지배적으로 사용된다. 그러므로 이 책은 '한꺼번에, 원래 배열된 순서대로'[128] 읽어야 한다. 모더니즘 전통의 계열에 속하는 작가들도 이러한 유형의 작품들을 많이 창작하였지만 - 제임스 조이스의 《더블린 사람들》(1914), 셔우드 앤더슨의 《와인스버그, 오하이오》(1919), 어니스트 헤밍웨이의 《우리들의 시대》(1924, 1925) 등- 포스트모더니즘 계열의 텍스트와 비교해 볼 때 유기적 통일성이 한결 더 분명해 보인다.[129]

우리는 발자크의 작품에서, 혹은 예술 작품의 생산 태도에서 새로운 유형의 소설의 특징을 살펴볼 수 있다. 그의 작품에서 통일성은 그의 책들의 '효과'로서 발견된다. 발자크는 자기가 예전에 쓴 작품들을

---

128 John Barth, *Lost in the Funhouse*, New York: Bantam Books, 1969, p.9.: 김욱동, 앞의 책, 321쪽 재인용.

129 김욱동, 위의 책, 319~321쪽.

돌이켜 보다가 갑자기 그 작품을 연작 형태로 결합하여 동일한 인물들을 다른 작품에서 다시 등장하게 한다면 더욱 멋진 일일 것이라고 생각하게 되었다. 그래서 발자크는 예전의 작품들을 이어 맞추기 위해서 펜을 들어 자기 작품에 한 번 더 손을 대었다. 나중에 온 통일성은 작위적인 것도 아니고 허구적인 것도 아니었다. 오히려 나중에 생겨났기 때문에 더 실재적인 것일 수 있을 것이다. 그러나 나중에 온 통일성은 일자(一者) 자체의 본성과 기능을 변하게 한다. 발자크의 일자나 전체는 특별하다. 그것은 부분들로부터 생겨난다. 그리고 이는 그 자체가 다른 부분들과 함께 나란히 있는 부분, 다른 부분들 옆에 나란히 인접한 한 부분으로서 가치를 지닌다. 또한 통일성은 작품 전체에다 유약을 바르는 일이 아니라 마지막으로 펜을 들어 가하는 국부적인 수정으로 나타난다. 발자크는 '전체'를 암시하지 않는 것이 파편화된 상태로 분배된다. 그런데 전체는 그 자신이 이 파편화된 상태로부터 탄생하므로 이 파편화를 입증하기는 하지만 이런 상태를 고치지도 넘어서지도 못한다. 문체는 가장 인상적인 이미지들을 가지고 펼치는 일을 수행하지만, 이 이미지들은 어떤 찌꺼기도 섞이지 않는다. 문체 활동은 조화를 염두에 두지 않고 조화에 개입하지도 않는다.[130]

《한없이 낮은 숨결》은 연작소설이다. 텍스트에는 12편의 단편이 창작 순서대로 배열되지 않았다. 즉 장편소설을 의도하고 쓴 것이 아니다. 그렇다고 이는 단순한 단편집도 아니다. 작가는 이 단편들을 〈그는 왜 그럴 수밖에 없었을까〉(1983년 겨울), 〈당신에 대해서〉(1984년 봄부터), 〈글주정〉(1984년 가을), 〈나의 자기 진술, 당신의 심문에

130 질 들뢰즈 지음, 서동욱 · 이충민 옮김, 앞의 책, 255~257쪽.

의한〉(1985년 봄), 〈그때 그를 당신도 보았다면〉(1985년 여름부터), 〈당신 자신인 당신을 향한 물음들〉(1986년 여름), 〈어느 허구에 관한 사실〉(1986년 내내), 〈그를 찾아가는 우리의 소설 기행〉(1987년 여름), 〈이미 그를 찾아간 우리의 소설 기행〉(1987년 겨울), 〈한없이 낮은 숨결〉(1988년 여름), 〈'그는 그럴 수밖에 없었다'고 쓰지 못하다〉(1988년 겨울까지), 〈다시 그를 찾아갈 우리의 소설 기행-허구의 후기〉(1988년 겨울) 순서로 텍스트화 하였다.

그러나 12편의 단편은 〈당신에 대해서〉(1984년 봄부터), 〈나의 자기 진술, 당신의 심문에 의한〉(1985년 봄), 〈당신 자신인 당신을 향한 물음들〉(1986년 봄), 〈글주정〉(1984년 가을), 〈그때 그를 당신도 보았다면〉(1985년 여름부터), 〈어느 허구에 관한 사실〉(1986년 내내), 〈그는 왜 그럴 수밖에 없었을까〉(1983년 겨울), 〈'그는 그럴 수밖에 없었다'고 쓰지 못하다〉(1988년 겨울까지), 〈그를 찾아가는 우리의 소설 기행〉(1987년 여름), 〈이미 그를 찾아간 우리의 소설 기행〉(1987년 겨울), 〈한없이 낮은 숨결〉(1988년 여름), 〈다시 그를 찾아갈 우리의 소설 기행-허구의 후기〉(1988년 겨울)의 순으로 배열되었다.

작가는 연작소설로 묶으면서 통일성을 염두에 두는 다른 작업은 하지 않았다. 단지 "소설이 거부하지 않는 한에서 말의 살을 오르게 하거나 군살을 빼주고, 부실한 건강에 관한 몇 가지 의견을 제시"하였을 뿐이다. 그러므로 연작소설에서 통일성을 위해 작가가 한 일은 단편들이 책 속에서 '자리잡게'하는 일, 즉 배열이었다.

생산한 순서대로 보면 각 단편들을 텍스트로 만들 당시에는 전체적인 구성을 생각하고 한 부분씩 쓴 것 같지는 않다. 작가는 마치 첫번째 단편을 쓴 후 우연히 떠오르는 생각을 그 다음 단편에서 텍스트화 한 것처럼 보인다. 생산 시기가 앞선 세 단편들인 〈그는 왜 그럴 수밖에 없었을까〉, 〈당신에 대해서〉, 〈글주정〉만 보더라도 이 순서로 생산한 작가의 의도를 짐작할 수 없다. 작가는 소설적 장면이라고 생각되는 한구복의 마라톤 장면을 카메라 기법으로 제시하여 한 편의 단편을 생산하였다. 그리고 이 텍스트를 읽을 독자를 생각하고 〈당신에 대해서〉를 쓴 후, 한글 자음인 'ㅊ,ㅋ,ㅌ,ㅍ,ㅎ'의 순서대로 작가/독자의 머릿속에 떠오르는 단편적인 생각들을 〈글주정〉이라는 제목으로 텍스트화 한다.

그러나 작가는 이 텍스트를 연작소설로 묶으면서는 '의도'를 가지고 묶은 것 같다. 그러나 이 '의도'는 작품 전체의 유기체적 구성으로 작용하지 않고, 각 단편들은 독자적이다. '의도'는 이미 제 육체를 살기 시작한 작품들을 이어 맞추기 위해 작용한 것뿐이다. 연작소설의 배열순서는 텍스트를 함께 생산해 갈 작가와 독자의 만남, 소설의 생산 과정, 해체적 읽기를 통한 새로운 텍스트의 생산이라고 볼 수 있다. 즉 작가는 '자기반영적' 소설을 생산하려는 의도를 가지고 연작소설을 묶은 것처럼 보인다. 여기에는 '한구복'이라는 동일한 등장인물이 여러 단편에 주인공 혹은 배경으로 등장하며, 자의식이나 자기반영성이 거의 모든 단편에 지배적으로 작용한다.

또한 《한없이 낮은 숨결》은 '반소설'적이다. 모더니즘 소설이 소설의 플롯을 해체한 '반서사'적 소설이었다면 포스트모더니즘 소설은 소설의 형식 자체를 전복시킨 '반소설'의 혁명이라고 할 수 있다.[131] 즉 포스트모더니즘 소설은 전통 소설이 추구하던 현실의 모방 혹은 재현

---

131 나병철, 앞의 책, 251쪽.

으로서의 소설 세계를 전복시키고, 새로운 소설 공간을 제시한다. 소설의 시공간은 현실의 재현이 아니라 현실의 환영으로 제시되고, 소설은 현실을 지시하는 것이 아니라 글쓰기의 과정을 드러낼 뿐이다.

이인성의 '반소설'적 혁명은 이야기, 혹은 사실주의 서사에 대한 문제제기를 근간으로 한다. 사실주의 서사는 무질서한 현실에 인과론적 질서를 부여하고, 흩어져 있는 현상들을 일관된 의미 맥락 안에 끌어 담는다. 그리고 인과론적 질서에 의해 제시된 현실은 자기 동일화된 현실이라는 환상을 독자들에게 주입한다.[132] 그러나 이인성의 소설은 서사를 무너뜨리는데 집중하고 소설이 허구임을 폭로하여 '개연성' 있는 허구로서의 소설을 파괴한다.

이인성은 전통 소설 장르의 규범들을 파괴하기 위하여 소설 구조의 총체성을 거부하고 관습적인 언어의 사용을 지양한다. 소설 구조의 총체성은 사건의 유기적 구성과 관계된다. 전통 소설은 사건이 발생하고 진행되며 갈등 상황에 이르다 사건이 해결됨으로써 끝난다. 그러나 포스트모더니즘에 이르면 소설 텍스트는 자기반영적 성격을 띠고, 자기반영적 소설 안에서 사건은 이중적 형태로 나타난다. 소설 텍스트 전체를 관통하는 사건인 작가의 소설쓰기와 작가가 소설쓰기의 제재로 삼은 사건이 겹으로 드러나며, 이는 곧 '겹으로 쓰인 허구'의 형태를 띠게 된다. 그리고 이 과정에서 작가와 독자, 허구와 현실의 제도적 경계는 허물어지게 된다. 작가와 독자가 텍스트 안에서 만나 대화하는가 하면, 허구와 현실 사이에 있는 틀의 파괴를 통해 현실과 허구는 연결되는 것 같으면서도 실제로는 그 틈을 드러낸다.

---

132 박혜경, 「소설, 자기부정의 형식-이인성, 한유주의 경우」, 『오르페우스의 시선으로』, 문학과 지성사, 2007, 386쪽.

(…) 아, 그런데, 저 나의 밖에 있던 이 나도 벌써, 독자인 당신들과 동일한 현실에 살지 못하게 되었다. 나도 이미 이 소설 속에 허구로 씌어진 것이다. 어느새 나는 나보다 더 밖에 존재하는 다른 나의 펜 끝에 놓여, 이 소설 형태의 부분이 되어 있다. 틀 밖에서 틀에 대해 쓰는 순간, 그 밖은 틀 밖의 틀로 껍질이 되어 닫혀 버린다. 아무리 껍질을 벗겨도 껍질 안에 담기는, 아아, 소설 쓰기란 이토록 저주스런 운명을 타고 났는가. 그렇다면 이 운명이, 이 운명의 깨달음이 감당할 역할이란 무엇인가.[133]

작가와 독자는 작품을 사이에 두고 현실에서 만나는 것이 아니라 텍스트 안에서, 즉 허구 안에서 만난다. 작가는 허구 안에서 독자를 만나 당신이라 부르며 대화하고자 한다. 그러나 작가가 허구 안으로 들어서는 순간 허구 세계의 등장인물이 되고, 독자는 허구 속 현실의 인물이 되게 된다. 작가와 독자의 대화는 허구와 현실의 틀을 파괴하고, 허구와 현실 사이의 틈을 만든다. 현실과 허구의 경계는 모호하게 되며, 마치 작가가 허구 자체를 현실적 사실로 현실 속에 끼워놓고자 한 듯한 의문을 갖게 만든다.

이인성 소설의 반소설적 경향은 관습적 언어 사용의 파괴에서도 드러난다. 소설 장르에서 사용하는 언어는 논리적 언어이다. 그러나 이인성은《한없이 낮은 숨결》에서 근대적 언어의 질서를 파괴하고, 언어 이전의 본질에 다가서고자 시도한다. 그리하여 그는 언어를 비틀고 자르고 지연시켜서 거기에 틈새를 만드는데, 이를 위해 휴지와 지연의 방식을 사용한다. 휴지와 지연은 줄표(–), 쉼표나 말줄임표의 사용 등으로 나타난다. 우선 줄표는 문장의 자연스런 맥을 끊고 흐름

133 이인성, 앞의 소설, 352쪽.

을 지연시킨 후, 앞의 내용을 보충 설명할 뿐 아니라 때론 자신이 한 말을 반박하거나 부인하기도 한다. 이는 자동화된 사고를 저지하고 자신의 의식을 반성하는 언어를 조직하게 한다.[134] 다음으로 쉼표와 말줄임표는 문장의 논리적 의미를 전달하기보다, 문장 내부에 수많은 균열을 만들어내며, 그 균열들을 통해 틈새를 열어놓는다.

> 문득…, 그리로, 말, 눈, 감아 뜨면, 그뿐이 아니다 …,, 가령,, 오, 아득하군, 희미하군…,, 언제, 였던, 일건, 가…,, 어디, 끝간, 바닷가 모래밭이었던가, 밀물 철렁이던, 첫 새벽녘…, 황혼 무렵, 잎새, 지붕, 아래, 무거운 바람, 키 큰 풀숲일건가…, 뭔가 끊임없이 스며드는, 끈적이는…,, 자꾸, 더 어디로, 초조히…, 날벌레 풀벌레…, 자욱한, 소리의 틈…, 어디로…, 살은 놔두고, 살의 결, 만…, 자꾸 쓰러지다가…, 숨은 놔두고, 숨의 결, 만…, 그 세상에서…, 흐느적 엉겨, 붙는데…, 돌연…, 뜨는지 가라앉는지, 팽팽한…, 틈, 새, 공, 간…,[135]

쉼표와 말줄임표는 숨결을 시각화한다. 이는 존재의 본질이 지연되는 가능성의 공간이고 틈새 공간이다. 우리는 '살'과 '숨'으로 존재하지 않고 살과 숨의 결만으로 만나며, 존재의 본질은 쉼표와 말줄임표로 형상화되는 숨결로만 현존한다. 언어는 본질을 형상화할 수 없을 뿐 아니라 현상의 정확한 재현조차 불가능하기 때문이다. 그러므로 이인성의 소설 언어는 논리성을 포기하고 쉼표와 말줄임표 등의 사용을 통해 생성의 공간을 드러내고자 한다.

---

134 진재남, 앞의 논문, 67~70쪽.

135 이인성, 앞의 소설, 369쪽.

3. 장르의 혼종화

3.1. 연극적 공간과 주체의 대상화

이인성은 동일성의 원리에 의해 세계를 타자화, 객체화하는 이성적 주체를 불신한다. 소설은 이야기를 창조한 단일한 주체인 작가에 의해 이미 일어난 과거를 서술하고, 독자는 이를 사후에 읽는 양식이지만 연극은 관객의 바라봄과 무대 위 배우의 행위가 동시에 일어나는, 주체와 대상이 동시적으로 존재하는 양식이다. 그러므로 연극성을 빌어 소설을 구성하는 담론의 주체들을 대상화하고 분열시킴으로써 그 고정성을 해체시킨다.[136]

> (…) 그러니까 이건 명백히 허구를 목표로 삼고 있는, 상상 속에서 무엇인가를 펼쳐나가려는, 한 언어의 장치로 구상되고 있습니다. (…중략…) 이 소설을 쓰는 나는, 이 소설을 통해, 이 소설을 읽는 당신과, 당신 자신을 가지고 노는 놀이를 한판 벌였으면 합니다. 여기서 '당신 자신'이란, 문자 그대로 당신들 각자의 자기 자신을 뜻합니다. 되풀이 보태자면, 그 '당신 자신'은, 이 소설 앞에 다가와 있는 여러 독자들을 모두 하나의 동질성 속에 묶고자 할 때의 '당신'이 아니라, 서로 얼굴이 다른 만큼 다르게 읽고 다르게 반응하는 이질성으로 무수히 흩어지는 '당신'에 가깝습니다. (…)[137]

《한없이 낮은 숨결》 속의 단편 〈당신 자신인 당신을 향한 물음들〉에서 소설 속 작가는 독자인 당신을 가지고 노는 '놀이'를 한 판 벌이

136 구지연, 앞의 논문, 24쪽.
137 이인성, 앞의 소설, 71~72쪽.

기를 원한다. 여기서 '놀이'는 '게임'이라고도 할 수 있으며, 연극성을 지닌다. 놀이와 게임, 그리고 연극은 '인체함'이라는 기본적 요소를 동일하게 지닌다.

작가의 이 같은 논평은 메타논평적 성격을 지니는데, 메타논평은 소설에서 한 문맥으로부터 다른 문맥으로의 전이를 설명하고 문맥들과 의미들의 계층을 수립한다. 즉 작가는 소설 속에서 독자를 불러들여 '놀이'를 한 판 벌이고자 하며, 이는 연극적 공간 위에서 행해진다. 작가의 메타논평은 담론의 대상인 독자를 분열된 당신으로 설정한다. '당신'은 독자라는 하나의 동질성 속에 묶이는 당신이 아니라, 다르게 읽고 다르게 반응하는 이질성으로 무수히 흩어지는 당신이다. 그리고 무대 위에 소환되는 대상도 바로 '당신'이다. 무대 위의 당신은 당신을 드러내고 형상화 시키는, 형상화된 당신을 스스로 보는 당신이다. 또 다른 당신은 관객으로, 피심문자인 당신과 심문자인 내가 무대 위에서 벌이는 놀이인 연극을 보는 것이다.

당신이 자백할 내용은 허구인 척 현실의 자신을 솔직하게 표현하는 것이다. 연극은 세계를 볼 수 있는 보편적 카테고리이나, 배우의 육체가 확신을 가지고 연기하는 것을 통해 배우가 세계를 보는 눈이 주는 효과는 모든 것을 변하게 할 것이다. 여기서 확신이란 정념이나 영혼에 관계되는 것이 아니라 즐김에 대해 육체가 맺고 있는 관계이다.

당신이 자백할 내용은 '조합 놀이'와 관계된다. 이탈리오 깔비노는 조합 충동은 문학의 근거가 되어 왔다고 말한다. 즉 고대에는 이야기꾼이 그 자신의 자연스런 이야기 꾸러미 속에 빠져들어, 모든 인물들의 순열과 조합들, 행동들의 내용 종목에서 끌어낼 수 있는 행위와 실재 대상들로 이야기를 꾸며냈다.[138] 〈당신 자신인 당신을 향한 물음들〉의 작가 또한 독자인 당신과 무대에 올라, 당신들의 자백 내용들을 조합하여 이야기를 꾸며낸다. 당신의 이름, 성별, 생년월일, 나이, 주민등록번호, 본관, 주소, 본적, 원적, 현주소, 직업 또는 신분, 학력, 재산, 체격과 건강, 취미, 특기, 꿈 등에 대한 질문은 기존의 낡아빠진 양식들을 재소개한 후 이를 전복하는 사고를 제시한다. 전복은 사회적으로 통용되는 명백한 관점을 제시한 후 그에 대하여 옹호 또는 비판하는 과정에서 일어난다. 예를 들면 관습적으로 중요시되는 본관이나 호주 같은 것은 백 년 전의 양반 족보나 노비 문서를 교묘히 현대적으로 변용시켜 놓은 것에 불과하고 남녀평등, 여성 해방의 문제에 걸림돌이 된다. 그러므로 이는 법적 기록의 자리, 신분 표시의 자리에서 구전의 자리, 무형의 자리, 하다못해 문학의 자리로 되돌려져야 한다.

담론 주체의 분열은 독자에게만 일어나는 일이 아니다.

> (…) 이 소설은 인쇄된 문자를 매개로 한 상상적 연극 놀이입니다. 아이였을 때 노상 했던 짓, 누구나 경험이 있을 것입니다. 나이가 들어 다소 쑥스럽겠으나, 이제 배우가 되어 나를 또한 배우로 무대에 맞아주십시오. 그럼으로써 또한 나를 해방시켜 주십시오. 작가로부터, 나는 벌써, 이 소설 맨 앞의 '이 소설을 쓰는 나'가 아닌 것 같습니다. 나는 점점, 허물을 벗듯 작가로서의 나를 떨쳐나갑니다. 그래서 몸과 마음이 점점 가벼워집니다.[139]

담론의 또 다른 주체인 작가는 분열하여 배우가 되어 무대에 오름으

138 퍼트리샤 워 지음 · 김상구 역, 앞의 책, 65~66쪽.
139 이인성, 앞의 소설, 74쪽.

로써, 작가 또한 주체의 중압감으로부터 해방되고 허물을 떨쳐나간다. 이는 단일하고 권위적인 시점을 배격하고 타자와의 공존을 모색하는 새로운 주체를 가능하게 한다. 주체와 대상 모두 "고정될 수 없는 실존의 편린들로 타자화 되어 서로를 보여주고 서로에게 보여진다."[140]

그리고 무대 위에서의 놀이는 '상상'에 의해 진행된다. 독자인 당신과 작가인 나는 인쇄된 문자를 매개로 상상으로 놀이를 성취해야 한다.

> 이쯤에서 이미 이 글의 평면이 당신의 상상에 의해 입체적 공간으로 일어서 있다면 바람직하겠지만, 그렇지 못한 경우 이 지시문에 의해 상상력을 한번 발동시켜 보기 바란다. 그 공간은 그저 완전한 암흑일 뿐이다.[141]

암흑인 공간에 하나의 상상계를 무대 위에 올리며, 무대 장치를 단계적으로 설치하고, 역할을 분산시키며, 여러 단계의 수준을 설정하고, 마지막에는 무대와 관중석의 경계를 불확실하게 만들어야 한다. 상상계는 주체가 상상하여 만들어낸다. 즉 상상계는 거울과 그 이미지의 표어라 할 수 있는 나와 나의 분열들 아래에 모일 수 있는 모든 것 위로 지나간다. 그리고 상상계가 체험되는 것은 독자에 의해서이고 독자들은 저마다 다른 기호(嗜好)를 가지고 있다. 그러나 상상계는 텍스트가 사랑 받으며 미움 받지 않는다고 믿는 전제에서 출발하며, 호의가 없거나 단순히 쳐다보는 것 같은 주체에 의해 읽혀지는 곤혹을 생각하지 않는다.

---

140 구지연, 앞의 글, 27쪽.

141 이인성, 앞의 소설, 73쪽.

3.2. 카메라적 기법과 재현의 허구성

후기자본주의 시대 대중 미학의 선두에 선 장르는 '영화'라 할 수 있다. 후기자본주의에서는 이제까지 교환가치체계의 지배를 받지 않던 영역에까지 교환가치의 논리가 확대된다. 즉 지식이나 문화와 같은 상부 구조의 영역에서조차 기계화가 이루어짐에 따라 교환가치와 사물화의 논리가 상상력과 정신의 영역에까지 침투한다. 아도르노가 말한 '문화산업'이나 리오타르의 '지식의 상품화'는 이런 현상을 지적한 것이다. 소비사회에서 상품 물신화는 마침내 '이미지'를 지배하게 된다.[142]

이인성은 후기자본주의 시대를 '영화의 시대'라고 말한다. 그리고 어떤 소설을 쓸지 고민한다. 영화를 따라가는 소설을 써야 할지 고민하지만 그가 내린 결론은 "아니다"이다. 영화의 시대이기 때문에 소설은 영화를 따라갈 수 없고, 따라가려 하면 죽는다고 생각한다.[143] 알렝 로브-그리예, 마르그리트 뒤라스 등의 누보 로망 작가들이 소설이 지닌 한계를 극복하기 위해 영화를 제작하기에 이른 것과는 다르다.[144] 그러나 이인성은 《한없이 낮은 숨결》에서 카메라기법을 도입하여 〈그는 왜 그럴 수밖에 없었을까〉를 쓴다.

그는 소설의 서두에 직사각형의 상자를 제시하고, 이것이 언어의 눈이라고 한다. 그리고 이는 카메라 렌즈와 같은 역할을 하며, 피사체를 언어로 그리듯이, 서술자에 의해 보이는 대로 서술하겠다고 말

142 나병철, 앞의 책, 242~243쪽.
143 이인성, 『식물성의 저항』, 열림원, 2000년, 158쪽.
144 구지연, 앞의 논문, 35쪽.

한다. 그리고 이는 시선의 역할을 한다.

시선은 대상을 클로즈업 시켜 묘사한다.

> 조금 더 시선의 각도를 낮추자, 푸른 하늘을 배경으로, 돌연히, 하나의 얼굴이 정사각형으로 변형된 화면을 꽉 채운다. 동시에, 거친 숨소리가 들린다. 얼굴이 아래위로 진동하고 있기 때문에, 그 생김새가 한눈에 들어오지는 않는다. 약간 아래쪽에서 올려다 보이는 막연한 얼굴 형상에, 햇살을 받아 환한 살의 양지와 눈썹 · 코 · 턱밑 살의 음지의 대비만이 우선 확실하다. 매끄럽지 못한 살갗의 그 얼굴은 전체적으로 번들거리고 있다. 땀이다. 거친 숨소리, 연한 구리빛의 얼굴 전체가 온통 땀투성이다.(…)[145]

카메라의 렌즈가 클로즈업 시키듯, 시선 안에 확대되어 들어온 한구복의 얼굴은 '타자의 현현'이다. 시선은 사물들 틈에서 얼굴이라 부를 수 있는, 다른 사물들과는 다른 식으로 존재하는 존재를 발견한다.[146] '얼굴'[147]은 대상화되지 않은, 나와 관계 맺지 않은 상태의 타자를 의미하지만 타자는 시선 속에 들어오며, 시선은 그의 얼굴을 상세히 보고 묘사한다.

〈그는 왜 그럴 수밖에 없었을까〉의 이야기꾼이 한구복의 마라톤 장면을 클로즈업 기법을 통해 제시한 것은 체계화된 통일된 세계를 드러내기보다 유기체적 전체에 대항하여 이질성, 비연속성, 파편화

---

145 이인성, 앞의 소설, 136쪽.

146 서동욱, 『차이와 타자』, 문학과 지성사, 2000년, 178쪽.

147 레비나스는 무한자의 이념을 표현하는 타자의 출현을 '얼굴의 현현'이라 부른다. 얼굴과의 관계는 내가 소유할 수 없는 절대적으로 다른 타자, 무한한 타자와의 관계이다. 얼굴은 나의 어떤 역할도 나의 어떤 힘도 미칠 수 없는 지각 불능, 대상화 불능, 규정 불능, 소유 불능성을 함축한다(서동욱, 위의 책, 178쪽).

를 드러내기 위해서이다. 언어의 눈이 클로즈업 된 장면은 대부분 한구복과 관련된 장면들이다. 한구복의 얼굴, 그의 표정, 그의 눈 밑, 그의 뒤통수, 그의 정면 얼굴과 몸 둘레, 그의 얼굴(고통으로 눈두덩 경련, 땀방울), 그의 얼굴(지쳐 풀어진 표정), 그(잔디에 누웠다 걸어 나옴), 그(그의 옆 꼬마들이 텔레비전 화면을 봄), 텔레비전 속의 주자, 그의 얼굴(막막한 눈빛, 긴장감), 그의 전신(834번의 어깨를 의지해 다시 뜀), 그(834번과 걸음), 그(산동네 그의 집에서 바가지로 물을 머리 위에 부음), 그의 등 뒤(산길을 내려감)' 등이다. 다른 마라톤 주자들의 뛰는 장면이나 주변 환경, 운동장 등은 시선을 멀리하여 묘사한다.

레비나스는 영화에서의 클로즈업 기법이 일상적 비전을 파괴하고 카오스를 산출한다고 말한다. 이는 일반적 퍼스펙티브가 은폐하고 있는 환각적 차원을 드러내주고, 하나의 통일된 전체를 파괴하여 통일성이 없는 파편적인 부분들로 만든다. 즉 예술의 기능은 서로 침투할 수 없는 이질적인 세계들의 공존, 산산이 부서진 세계를 드러내는 것이다.[148]

클로즈업된 한구복의 모습들은 '신기록을 위한 희생의 주자, 한구복'이라는 신문 기사에 혼돈을 준다. 신문 기사는 한구복이 페이스메이커로 희생의 주자가 되었지만, 그는 한국의 마라톤를 14분대로 복귀시켰고, 그는 그것이 그가 해야 할 일이었다고 말했다고 전한다. 그러나 클로즈업 장면들은 기사가 화젯거리를 만들려는 조작이었을지도 모른다는 의구심을 준다. 한구복의 희생이 마라톤 단체의 강요

148 서동욱, 위의 책, 371~372쪽.

때문이었고, 그는 가난 때문에 그들의 명령을 따랐으나 망설인 것도 같다는 생각들을 화면을 보는 독자들에게 심어준다. 그리고 화자는 희생과 달리 자발적으로 보이는 파행에서 본 듯한 그의 넋 모를 광태에 대한 이유를 추적해보고 싶다는 생각을 갖는다.

이인성이 카메라적 기법을 소설의 서술 원리로 차용한 것은 현실에 대한 '재현 가능성' 은 카메라조차 불가능하다는 것을 제시하기 위해서이다. 일반적으로 언어는 현실을 있는 그대로 모방하거나 재현할 수 없을 뿐 아니라, 작가의 의식이나 세계관에 따라 현실은 다른 모양을 하고 나타난다고 생각한다. 그러나 카메라의 렌즈는 사물을 실체 그대로 담을 수 있기 때문에 현실의 정확한 모사가 가능하다고 여긴다.

그러나 이인성은 카메라조차 사실을 있는 그대로 보여주는 것이 불가능하다고 말한다.

> (…) 내 작업의 과정은 나 자신에게 영화와의 유사점보다는 차이점을 더 많이 부각시켰네. 먼저, 매순간의 어떤 전체적 장면을 동시에 즉각적으로 전해주는 영화의 화면과는 달리 언어 촬영은 언어의 순차적 배열에 의해서밖에 이루어질 수 없었고, 게다가 한 장면을 남김없이 묘사해낸다는 것도 불가능했네. 그렇지 않겠나? 그렇다면 이런 의혹이 생기지. 그 배열과 선택 속에 이미 어떤 나의 소설적 틀이 무의식적으로 개입되고 있는 것은 아닐까? (…)[149]

작가는 우선 '배열'에 개입한다. 즉 작가의 배열에 의해서 현실의

149 이인성, 앞의 소설, 236~237쪽.

모습은 달라질 수 있다. 작가가 첫 장면을 하늘로, 다음 장면을 한구복의 얼굴로 배열한 것은 작가의 소설적 틀이 무의식적으로 개입한 때문이다. 또한 한 장면을 남김없이 묘사하지 않고 선택해서 묘사한 것 또한 이와 무관하지 않다. 다른 사람에 의해 배열과 선택이 이루어졌더라면, 또는 다른 '나' 중의 하나가 이를 수행했다면 다르게 서술되었을 수도 있을 것이다.

독자는 작가의 배열과 선택에 의한 의미의 구성 작업에 따라 텍스트를 읽는다. 바르트는 언어가 일상생활을 단순히 반영한다기보다 오히려 구성하며, 의미는 텍스트의 언어가 지시하는 텍스트 외부의 대상들보다 허구적인 문학 텍스트 내의 기호들 간의 관계 속에 있다고 주장한다.[150]

3.3. 신문 · 텔레비전 뉴스와 소설적 상상력

〈어느 허구에 관한 사실〉과 〈그때 그를 당신도 보았다면-혹은 보지 못하였다하더라도〉는 '논픽션 소설'에 속한다. 논픽션 소설은 사실의 허구화와 관계된다. 이는 실제 세계에서 일어나는 사건을 직접 보고하고 기록하는 동시에 여기에 작가 자신의 코멘트를 가하는 새로운 유형의 소설이다.

논픽션 소설은 뉴저널리즘[151]과 더불어 1960년대 중엽에 생겨나게 되었는데, 이유는 우선 공식적인 언술에 대한 불신에서 비롯되었다. 역사의 내용이 대중매체에 의하여 조작되고 텔레비전과 신문이 역

150 퍼트리샤 워 지음 · 김상구 역, 앞의 책, 77~78쪽.
151 본 책, 154~155쪽.

사적 사실을 왜곡하고 오도하여 사실적인 것과 비사실적인 것, 사실과 허구, 저널리즘과 픽션 사이에는 더 이상 뚜렷한 경계선이 존재할 수 없게 되었기 때문이다. 다음으로 이는 포스트구조주의나 해체주의 이론과 밀접하게 관련된다. 특히 해체주의는 이 유형이 발전하는 데 중요한 이론적 틀을 마련해주었다. 그들은 전통적 형이상학, 구체적으로 말하면 '존재의 형이상학'이나 '로고스중심주의'를 붕괴하고 말과 글의 이항대립을 파괴하고자 하였다. 이는 사실과 허구, 역사와 문학, 진리와 허위, 또는 현상과 본질의 이항대립을 파괴하고자 하였기 때문이다. 그리고 이는 소설의 죽음과도 무관하지 않다. 소설의 재현적 기능을 불신하던 작가들은 자기반영적 메타픽션에 관심을 갖거나, 논픽션 소설에서 소설의 가능성을 탐색하였다.[152] 그들은 "개연성과 상식성 그리고 전형성의 그릇된 문제에 자신들을 한정시킬 필요성을 전혀 느끼지 않았다. 그 대신 그들은 보다 심오한 패턴과 의미를 찾는데 그들 자신의 의식이라는 풍부한 자원을 활용"[153]하였다.

〈어느 허구에 관한 사실〉이라는 단편은 「신기록을 위한 '희생의 주자' 이홍식」이라는 1983년 3월 21일자 『동아일보』 체육면의 한 기사를 본 작가가 이를 소설적 소재로 판단하여 거기에 소설적 상상력을 가하여 일련의 작품들을 구상하게 되었다는 소설의 생산 과정에 관한 소설이다. 체육면의 기사와 더불어, 이 기사를 소재로 한 작품들에서 각각의 이야기꾼이 하는 이야기는 현실과 허구의 경계가 애

152 김욱동, 앞의 책, 335~336쪽.

153 Hellman, *Fables of Fact: The New Journalism and the Nonfiction*, Urbana: University of Illinois Press, 1981, pp.52~53: 김욱동, 위의 책, 337쪽 재인용.

매하겠지만 구체적 소설적 실천이 될 것이라는 작가의 논평이 소설의 전부이다. 그러므로 이 소설은 논픽션 소설이자 메타픽션이라 할 수 있다.

〈그때 그를 당신도 보았다면〉은 텔레비전 중계와 「신기록을 위한 희생의 주자, 한구복」이라는 6단짜리 신문 기사를 실증적 자료로 소설 텍스트 속에 가져온다. 나는 현실의 그를 보고 허구의 존재로 형상화 될 수 있을지 의혹을 가지고 탐색한다. 이는 소설의 창작 과정에서 구상된 것으로, 〈어느 허구에 관한 사실〉이 소설적 구상의 바탕이 되었다.

나는 어느 휴일 낮, 텔레비전에서 어느 지방 도시인 신흥시에서의 마라톤 중계를 본다. 20킬로미터 지점을 지나면서 대열 앞으로 뛰쳐나온 한 주자가 있었는데, 18번 한구복이다. 그의 독주는 반환점을 지나 30킬로미터를 간신히 넘어선 지점까지 유지되다가 세 사람의 주자에 의해 추월된다. 한구복은 아스팔트에 주저앉았고, 나는 그에 대해 의혹을 가지게 된다. 그의 존재는 나와 뒤엉키게 되고 나는 자폐의 착란을 경험한다.

마라톤에 대한 다음 날의 기사 내용은 나로 하여금 자폐의 착란에서 출구를 발견하게 해준다. 기사 내용은 원래의 의도를 벗어나 나에게 수용된다. 29살의 한구복은 페이스메이커로 '희생의 주자'이다. 중반의 10km 거리를 홀로 치달아, 한국 마라톤을 14분대로 복귀시키는데 결정적 역할을 하였다. 이는 신흥강철 이지수 감독의 제안에 의한 것이었는데, 한구복은 페이스메이커의 역할을 다한 후 줄을 이탈해 집으로 갔다가 나중에 뒷산을 넘어 운동장에 갔다. 기사는 한구복이 신흥시의 대려동 산 번지에서 가난하지만 꿋꿋하게 사는 인물이라 적고 있다.

작가는 전날의 텔레비전 중계방송과 기사 내용 사이에 패여 있는 건너뛰어지지 않는 벼랑을 직감했다. 그리고는 정보전달자들 사이에 속고 있다고 생각한다. 그리고는 이를 소설로 만들고자 계획한다. 소설적인 것은 매체가 전달하는 '사실적'인 내용 속에 감추어진 진실을 드러낼 수 있을 것이라 생각한다.

> (…) 여기서 또 한 가지 짐작되는 대로 소설적인 것은 사실적인 것을 넘어선다는 의미에서, 바로 그 왜곡된 사실의 세계를 헤쳐 나가기 위해 선택했다고 할 수 있는 소설적 의사소통의 방식으로, 우리는 기어이 그다운 '한구복'을 납득해야만 하는 것이다. 상상 속에서 당신에 대해 열망하듯, 그와도 참답게 만나고자, 무슨 일이 있어도, 납득되지 못해 유폐되어 있는 그를 그 꼴로 내버려둘 수는 없다. 위의 기사에 실려 있던 사진의, 의례적인 포즈를 취하는 그의 무표정! 내가 그로부터 시선을 돌려버릴 때 내 얼굴 위에도 그와 똑같은 무표정이 서려들 것을 생각하면, 끔찍하기 이를 데 없다. 당신도 동의해주리라. 그 무인도 같은 무표정의 표정을 막아야 한다는 데는.[154]

작가는 우리가 사실이라고 믿고 있는 세계 또한 허구일 수 있음을 깨닫는다. 이는 인식의 한계뿐 아니라 사실의 세계를 조작하는 정보전달자들 때문이다. 그러므로 보도된 사실을 넘어서 소설적 의사소통의 방식으로 '한구복'을 만나는 것이 필요하다. 기사에서 볼 수 있는 그의 무표정이 은연중 암시하는 것 같은 '조작'을 소설적 진실로서 텍스트화 하는 것은 텅 빈 기호로 존재했던 한구복이라는 이름을, 어

154 이인성, 앞의 소설, 123쪽.

떤 울림을 지닌 이름으로 바꿀 것이다. 한, 구, 복. 한 자 한 자로, 또는 묶여 이어지면서 그 이름은 나의 느낌을 움직인다. 그리고 그때서야 그의 숨소리, 숨결이 느껴진다.

그의 마라톤 행적 중 '주로 이탈'을 상상해 소설화하는 것도 역동적 반전이 되어, 저 너머에서 여기에 고인 삶의 흐름을 상상 속에 터 줄 것이다. 희생은 자발적이 아니었으나 파행은 자발적이었을 것이다. 폭주하면서 보인 듯한 그의 넋 모를 광태, 그 모습은 작가인 나에게 '그는 왜 그럴 수밖에 없었을까?' 하는 의문을 갖게 한다.

작가는 사실과 허구 사이의 경계가 분명하지 않음을 텔레비전 중계 방송이나 신문 기사에 대한 의혹으로 소설에서 제기한다. 그리고 의혹을 해결하는 과정은 그의 정신 속에서, 혹은 개인의 차원과 집단적 인식의 차원에서 구성해가야 할 수도 있다. 그러기 위해서는 '그 자체'로 돌아가 그로부터 시작하며 모든 가능한 문제를 그에게 수렴시키거나, 사회구조 자체와 그의 삶의 현실부터 밝힐 수도 있다.

〈그때 그를 당신도 보았다면〉은 메타픽션으로 작가가 한구복을 왜 소설적 소재로 삼았으며, 이야기 방식은 어떻게 할 것인지를 이야기한다. 그러므로 이 소설은 그에 대한 완전한 형상은 그려내지 못하고 그렇게 되기를 꿈꿀 뿐인 혼돈 같은 소설이다. 그리고 이는 현재의 우리 꼴을 반영한다.

작가는 텔레비전 중계 방송과 신문기사에서 본 '한구복'과 같은 인물을 생활 속에서 유념해 주길 부탁하는 논평으로 소설을 끝맺는다. 그는 당신 주위의 무수한 그들 속에 산재해 있을 것이 분명하므로, 당신의 생활 속에서 남들을 주의 깊은 애정의 눈길로 더듬어 가길 권한다.

3.4. 비평과 몰입 깨기

《한없이 낮은 숨결》은 텍스트 전체에서 작가의 논평이 작품을 구성하는 주요한 요소 중의 하나이다. 12편의 단편 중 작가의 논평이 보이지 않는 소설은 카메라적 기법으로 서술된 〈그는 왜 그럴 수밖에 없었을까〉뿐이다. 이 단편에서도 작품의 서두에 제시된 직사각형은 작가의 논평, 즉 이 소설 또한 하나의 틀에 의해 쓰인 것이라는 논평을 간접적으로 제시한다. 나머지 11편은 작가가 이야기꾼으로 직접 나서서 독자, 제재, 구성, 인물, 사건, 심지어는 자기 자신에 대해서 논평한다. 그리고 이는 소설과 비평과의 경계를 모호하게 만들어 독자들을 혼란스럽게 만든다.

플라톤과 아리스토텔레스 이래로 서구의 문학과 예술에서 창작과 비평은 상호배타적인 관계였다. 이 두 영역은 엄격히 구분되어 왔는데, 플라톤이 시를 학문이나 기술과 구분한 것이나, 아리스토텔레스가 시와 역사를 엄격히 구분한 것은 이를 뒷받침한다. 이는 모더니스트인 T.S 엘리어트에게 계승되는데, 그는 「비평의 기능」(1923)에서 비평과 창작을 엄격히 구분하자고 주장한다.

그러나 포스트모더니즘에 이르면 창작과 비평 사이의 기능은 한결 유동적이게 된다. 움베르토 에코, 롤랑 바르트, 레슬리 피들러, 로널드 슈케닉, 알랭 로브-그리에 등 몇몇 비평가들이나 이론가들은 비평이나 이론 행위에 안주하지 않고 창작 행위에 관심을 보였다. 이들은 '창조적 비평'을 강조하고, 이를 '제2의 창작' 혹은 '패러리터러처(준문학)'라 불렀다. 창조적 비평은 해체주의자의 창안자인 자크 데리다를 비롯하여 미국의 해체주의자들인 제프리 하트만, 해럴드 블룸 등에 의해 텍스트화 되었다.

문학 작품 또한 비평 장르를 모방한다. 이는 특히 메타문학에서 두드러지는데, 스토리의 구성 원칙을 취급한다든지 작가가 자신의 이름을 가진 등장인물을 내세워 '작가-서술자-비평가-주인공'의 역할을 수행하는 것은 이에 해당된다.[155]

《한없이 낮은 숨결》은 스토리의 구성뿐 아니라 독자에 의한 해체적 텍스트 쓰기의 문제까지 소설화한다. 《한없이 낮은 숨결》의 12편의 단편 가운데 비평적 성격이 핵심적으로 부각된 단편 중 〈'그는 그럴 수밖에 없었다'고 쓰지 못하다〉를 중심으로 문학 텍스트에 수용된 비평텍스트를 살펴보겠다.

〈'그는 그럴 수밖에 없었다'고 쓰지 못하다〉는 바로 앞에 배열된 단편 〈그는 왜 그럴 수밖에 없었을까〉에 대한 메타비평이다. 이 소설은 이야기되지 않은 이야기에 대한 이야기로 간이역 같은 소설이다. 작가는 애초에 〈그는 왜 그럴 수밖에 없었을까〉를 기획할 때 당위의 쌍으로 〈그는 그럴 수밖에 없었다〉를 후속으로 쓰려고 했다. 그러나 앞의 소설이 마무리 되었을 때 예상은 완전히 빗나갔다.

> (…) 그는, 소설적 허깨비랄까, 이야기 부재의 이야기꾼이라는 역설로서나 존재하게 된 것이다. 그 연유와 과정을 곰곰이 따지고 되씹는 일은 내 몫이 아니다. 지나는 길에 다만 한 가지, 앞의 제목이 뒤의 제목을 논리적으로 요구하는 것은 사실이지만 논리적으로 당연한 것은 소설이 되지 못하리라. 언제나 앞뒤를 어긋나게 꿈꾸는 소설적 눈으로 보자면, 그 둘 사이에는 순서가 없어 결국 서로가 서로를 삼키게 되어 있으리라. 비논리적으로, 혹은 소설적 논리로, 혹은 혼

---

155 본 책, 157쪽.

돈의 전체로, 작가가 그 점을 몰랐을 리 없다면 무엇엔가 홀려 있었던 것인지.[156]

〈그는 그럴 수밖에 없었다〉의 이야기꾼인 그는 이야기 부재의 이야기꾼이라는 '역설'로 존재한다. '역설'은 사람들이 의미 속으로, 다시 말하면 단순히 반대 항들을 결합시키는 의미적 연대성 안으로 들어가는 것을 막는다. 작가 또한 의미망에 갇혀 〈그는 왜 그럴 수밖에 없었을까〉를 기획했을 때 논리적으로 〈그는 그럴 수밖에 없었다〉가 후속으로 쓰일 것이라고 생각했다. 그러나 소설가는 의미를 전달하기 위해 글을 쓴다기보다 의미 전달을 방해하기 위해 글을 쓰는 자이므로, 둘 중 하나가 다른 하나를 삼켜 혼돈의 전체가 되도록 하는 자이다. 이는 일반 사람들이 명명되고 세분화된 가치들에 대립하지 않고, 이 가치들을 따라 나가는 것과는 다른 역설적 실천이다. 그러므로 작가는 〈그는 왜 그럴 수밖에 없었을까〉를 쓴 후 당위의 쌍을 폐기한다.

두 이야기는 어차피 하나이므로, 앞의 것이 선택되어 뒤의 것이 부재케 되었다. 만약 뒤의 것이 선택되었더라면 앞의 것이 부재케 되었을 것이다. 하나는 실재로 존재하고 하나는 부재로 존재하는 것이다. 그리고 제목만으로 전부인 그 제목은 텅 빈 부재를 테두리 치는 기호이다. 〈그는 그럴 수밖에 없었다〉는 〈그는 왜 그럴 수밖에 없었을까〉에 완전 내포되어 끝없이 순환되며, 틀과 틀 사이의 구별이 없이 텍스트는 무작위 해체될 것이다. 과거의 〈그는 그럴 수밖에 없었을까〉와 미래의 〈그는 그럴 수밖에 없었다〉 사이로, 시간과 공간이 열려 그 사이를 사는 새로운 이야기들이 살아질 것이다.

156 이인성, 앞의 소설, 188~189쪽.

폐기된 소설의 이야기꾼은 자궁 속의 태아와 같다.

> (…) 〈그는 그럴 수밖에 없었다〉에 그토록 매달려 있었으면서도 실제로는 첫줄조차 써보지 못한, 저 잠재형의 이야기꾼이 지금 매우 위태로운 상태에 빠져 있기 때문이다. 나는 눈뜨고 볼 수가 없다…. 그 소설이 기어이 작가에 의해 폐기 처분되면서부터, 언어의 식음을 전폐하고 마치 절망의 자궁 속에 갇혀 성장을 멈춘 태아인 양 굳어져가는 모습을, 이야기로 존재하는 이야기꾼이 이야기를 할 수 없음에랴.[157]

잠재형의 이야기꾼은 성장을 멈춘 태아와 같아 언표 되지 못한다. 이야기꾼이 이야기하지 못함은 그의 죽음을 의미하지만, '나'는 그의 죽음을 유예시키기 위해 그의 이야기를 한다. 쓰지 못하는 것은 절망 자체지만, 쓰지 못한다고 쓰는 것은 절망을 살며 절망을 비켜나려는 절망적 경주이기 때문이다. 그의 죽음이 유예됨은 데리다의 '차연'과 같은 역할을 한다. 그가 이야기꾼으로 살아있음으로써 변별화된 이야기들이 무수한 가능성으로 살게 될 것이다.

소설과 비평과의 모호한 경계는 독자들이 이야기에 몰입하는 것을 깨뜨린다. 《한없이 낮은 숨결》은 '한구복의 이야기'를 중심으로 텍스트를 생산하는, 소설쓰기에 관한 소설이다. 우리는 전통 소설과 같이 한구복의 이야기에 몰입하기보다는, 이 이야기가 허구임을 끊임없이 상기시키는 작가의 목소리 때문에 소설적 환상을 갖지 않는다. 작가는 허구의 "경계선을 넘어 해석적 설명 특유의 표현적인 힘을 예술 작품 특유의 고무적이고 파괴적인 힘과 결합"[158]하여, 독자에게

---

157 이인성, 위의 소설, 187~188쪽.

158 Harold Bloom, *The Anxiety of Influence: A Theory of Poetry*, New York:

사고의 지평을 넓혀준다.

> … 그것은 이 내가 조화를 부린 탓이다. 이 내가 저 내가 있는 곳을 향해 언어의 성냥불을 그어 던진 까닭이다. 소설 속의 저 나를 쓰고 있는 소설 밖의 이 나에겐 그럴 만한 능력이 언제나, 그리고 충분히 있다. 그러지 않는 것이 이제까지의 소설에서 일반적으로 붙여진 불문율이긴 하지만, 그냥 그렇게 써버리면 그만인 것이다. 이제 막, 나는 그렇게 저질러버렸다. 무엇보다도 저 나 또한 허구라는 것을 확실히 보여주기 위해서. 저 나는 이 소설 속에서 '그'에 대해 씌어진 이 소설 속의 소설-허구의 세계를 설정함으로써, 자신은 이 소설 속의 현실-사실의 세계에서 살고 있는 양 행동해왔다. (…)[159]

〈이미 그를 찾아간 우리의 소설 기행〉에서 분열한 '나'들 중의 하나가 신흥시로 '그'를 찾아간다. '나'는 앞장 서 걸어가는 '그'의 뒤를 걸어간다. 그러다 '그'가 논두렁 짚단 위에 오줌을 누는데, 짚단 반대쪽에서 불길이 일어난다. 그와 내가 불길에서 물러서게 되는데, 이 소설의 이야기꾼인 '나'가 개입하여 그 사태를 설명한다. 그것은 이야기꾼인 내가 언어의 성냥불을 그어 던진 때문에 소설 속 허구에서 불이 났다는 것이다. 이야기꾼은 이제까지의 소설에서는 그와 같이 하는 것이 불가능했지만 자신은 그렇게 함으로써 허구 속 현실에서 허구에 개입할 수 있음을 말하고, 자신이 쓰는 허구가 소설쓰기에 관한 소설, 즉 메타픽션임을 말한다.

나는 이야기꾼이면서 등장인물이고 사건을 해석하는 비평가이

Oxford University Press, 1973, p.95.

159 이인성, 앞의 소설, 351쪽.

다. '나'로 인하여 현실과 허구의 경계는 모호해진다. 나는 허구 속 '나'의 세계를 분열된 '나'의 다른 모습들, 혹은 독자로서의 '당신'들과 어떻게 관계 맺게 할 것인가가 내가 쓰는 소설 양식의 진정성을 확보하는 길이 될 것이다. 그러나 소설쓰기는 틀 밖에서 틀에 대해 쓰는 순간, 그 밖은 틀 밖의 틀로 껍질이 되어 닫히므로, 소설쓰기는 아무리 껍질을 벗겨도 껍질 안에 담긴다.

4. 결론

모더니즘 시대에는 문학과 예술에 있어서 장르와 장르 사이에 엄격한 구별이 있었다. 그러므로 장르와 장르의 경계선을 넘어선다는 것은 거의 불가능한 일이었다. 모더니스트들은 장르와 장르의 혼합을 예술에 있어서 예술적 '저주'나 예술적 '파문'으로 간주했다.[160]

그러나 포스트모더니즘 시대에는 탈장르나 장르 혼합이 예술계, 특히 문학에서 두드러지게 나타났고 이는 탈정전화, 탈중심화 현상에서 비롯되었다. 포스트모더니즘에 본격적으로 나타나기 시작한 중심의 해체, 권위의 약화, 정전의 상실은 문학과 예술의 경우 장르와 장르의 경계를 넘나들게 되었다.

《한없이 낮은 숨결》의 탈장르화는 연작소설의 형식과 반소설적 혁명에서 확인할 수 있다. 《한없이 낮은 숨결》은 12편의 단편으로 된 연작소설이다. 이는 창작 순서대로 배열되지 않았지만 단순한 단편

160 김욱동, 앞의 책, 299~300쪽.

집이 아니다. 작가는 12편을 연작소설로 묶으면서 소설의 생산과정 전체를 단계별로 각 허구의 내용으로 삼았다. 또한 《한없이 낮은 숨결》의 반소설적 혁명은 우선 사실주의 서사에 대한 문제제기에서 볼 수 있다. 소설은 사실주의 서사를 무너뜨리는데 집중하고 소설이 현실의 재현이기보다 허구임을 폭로한다. 다음으로 소설 구조의 총체성을 파괴하여 허구와 현실의 틀이 파괴된다. 허구와 현실은 연결되는 것 같으면서도 그 사이에는 틈이 존재한다. 그리고 관습적 언어 사용을 파괴하여 근대적 언어 질서를 파괴하고 언어 이전의 본질에 다가서고자 한다. 휴지와 지연의 언어는 줄표, 쉼표, 말줄임표 등으로 나타나는데 이는 문장의 논리적 의미를 전달하기보다 문장 내부에 수많은 균열을 만들어 내며, 그 균열을 통해 틈새를 열어놓는다.

《한없이 낮은 숨결》의 탈장르화는 장르의 혼종화를 통해서도 드러난다. 우선 연극적 공간을 소설에서 설정하고 주체를 대상화 시킨다. 〈당신 자신과 당신을 향한 물음들〉에서 소설 속 작가는 독자인 당신을 무대 위로 소환하여 작가인 나는 심문자로 독자인 당신은 피심문자로 서게 한다. 피심문자인 당신의 자백은 조합 놀이와 같다. 주체의 대상화는 독자뿐 아니라, 작가인 나도 분열하게 한 후 배우가 되어 무대에 오르게 하는 것으로 나타난다. 이는 단일하고 권위적인 시점을 배격하고 타자와의 공존을 모색하는 새로운 주체를 가능하게 한다.

다음으로 영화의 카메라 기법을 도입하나 이를 통해서도 재현의 허구성을 밝힌다. 〈그는 왜 그럴 수밖에 없었을까〉는 카메라 기법을 도입한다. 작가는 소설의 서두에 직사각형 상자를 제시하고. 이것은 언어의 눈으로 카메라 렌즈의 역할을 한다고 서술한다. 카메라 렌즈는 한구복을 따라가며 마라톤 장면을 제시한다. 카메라 기법은 보는 이로 하여금 사물을 정확하게 재현한다는 환상을 심어준다. 그러나 작가는 카메라조차 작가가 배열에 관계하고, 배열에 의해 현실의 모습이 달라질 수 있으므로 카메라에 의한 재현 또한 허구적 성격을 지닌다고 말한다.

그리고 신문 · 텔레비전 뉴스를 소설화 한다. 〈어느 허구에 관한 사실〉과 〈그때 그를 당신도 보았다면-혹은 보지 못하였더라도〉는 사실의 허구화와 관계되는 논픽션 소설이다. 〈어느 허구에 관한 사실〉은 「신기록을 위한 '희생의 주자' 이홍식」이라는 1983년 3월 21일자 『동아일보』 체육면의 기사를 가져오고, 이 기사가 소설적 생산 과정을 거쳐 허구화 될 것이라는 논평을 소설화한다. 〈그때 그를 당신도 보았다면-혹은 보지 못하였다하더라도〉는 텔레비전 중계와 신문 기사를 실증적 자료로 소설 텍스트에 가져온 후, 작가인 나는 소설 속 현실에서 그를 보고 허구적 존재로 형상화할 수 있는지를 탐색하는 소설이다.

마지막으로 비평을 텍스트의 주요 요소로 삼고, 이를 통해 독자가 작품에 몰입하는 것을 깬다. 《한없이 낮은 숨결》은 작가의 논평이 작품을 구성하는 주요 요소 중의 하나이다. 특히 〈'그는 그럴 수밖에 없었다'고 쓰지 못하다〉는 바로 앞에 배열된 단편 〈그는 왜 그럴 수밖에 없었을까〉에 대한 메타비평으로 이 단편의 당위의 쌍이다. '그는 그럴 수밖에 없었다'는 이야기 부재의 이야기꾼이라는 역설로 존재한다. 역설은 사람들이 의미 속으로, 다시 말하면 단순히 반대 항들을 결합시키는 의미적 연대성 안으로 들어가는 것을 막는다. 작가의 비평적 개입을 듣는 독자들은 이야기에만 몰입하는 단선적 사고에서 벗어나 사고의 지평을 넓힌다.

상호텍스트성과 저자의 죽음

1. 서론

상호텍스트성은 텍스트 상호간에 존재하는 유기적 관련성을 가리킨다. 롤랑 바르트가 그의 비평 작업에서 사용한 '크립토그라피(암호문)'라는 개념은 상호텍스트의 개념과 유사하다. 그는 다른 사람의 글이나 심지어는 자신의 글을 의식하지 않고 글을 쓴다는 것은 불가능하다고 말한다. 그는 "과거에 쓰인 모든 유형의 글, 그리고 심지어는 자신이 과거에 쓴 글에서 비롯되는 집요한 잔상은 현재 나의 말의 소리를 들리지 않게 한다. 마치 화공 약품의 경우 처음에는 투명하고 순수하고 중립적이며 단순한 지속이 부유 상태에서 점차 모든 과거의 농도를 드러내는 것처럼, 글로 쓰인 모든 흔적은 일종의 암호문처럼 침전한다"[161]고 말한다.

161 Roland Barthes, *Writing Degree Zero,* Trans. Annette Leversand Colin Smith, New York: Hill and Wang, 1968, p.23: 김욱동, 앞의 책, 195쪽 재인용.

포스트모더니즘과 관련하여 상호텍스트성을 문학적 개념으로 도입한 이론가는 쥘리아 크리스테바이다. 그녀에 따르면 모든 텍스트는 다른 텍스트들을 흡수하고 그것들을 변형시킨 것에 지나지 않는다. 즉 모든 텍스트는 다른 언술의 관할 아래에 놓여 있다.

상호텍스트성 이론에 따르면 작가는 불가피하게 그동안 읽어온 텍스트의 영향을 받지 않을 수 없고, 이는 필연적으로 그가 텍스트를 생산할 때도 영향을 미친다. 그러므로 저자는 독창성을 상실하고, 의도적으로 혹은 암암리에 다른 텍스트를 인용한다. 그리고 저자가 독창성을 상실하고 오직 기존 텍스트에 의거하여 텍스트를 생산한다면 불가피하게 '저자의 죽음' 문제를 낳는다.

포스트모더니즘에서 상호텍스트성의 기본 전제는 '발화는 그 대상이 무엇이든지간에 이미 과거에 다른 사람에 의하여 이루어졌다'는 것이다. 즉 포스트모더니즘의 관점에서 보면 모든 텍스트는 어디까지나 그 이전에 이미 존재했던 것을 다시 재결합시켜 놓은 것에 지나지 않는다. 대부분의 포스트모더니즘 작가들은 그들의 작품에서 독창성을 중요하게 여기지 않고, 그들의 이야기를 남에게서 훔쳐온다[162]. 포스트모더니즘에 이르러 글쓰기는 독창적으로 비석에 글을 새긴다는 이미지에서 남의 글을 단순히 옮기는 필경사의 이미지로 바뀌어간다.[163]

《한없이 낮은 숨결》에 나타난 상호텍스트성을 자신의 텍스트와 대화적 관계에 있는 개인적 상호텍스트성, 다른 작가 혹은 문화적 전

---

162 William H. Gass, *Habitations of the Word: Essays*, New York: Simon and Schuster, 1985, p.147.

163 Edward Said, *The World, the TEXT, and the Critic*, Cambridge: Harvard University Press, 1983, p.135.

통과 대화적 관계에 있는 역사적 상호텍스트성의 측면에서 살펴보도록 하겠다. 그리고 저자가 언표행위의 수행자, 다성적 텍스트의 편집자로서 기능함으로써 저자의 죽음을 낳음을 확인할 수 있다.

2. 상호텍스트성과 대화적 관계

상호텍스트성 이론은 바흐친의 대화주의를 근간으로 한다. 줄리아 크리스테바는 상호텍스트성을 모자이크에 비유하였는데, 이는 바흐친과 상호텍스트적 관계에 놓인다. 바흐친은 「소설적 언술의 선사시대로부터」(1940, 1961)라는 글에서 "다른 사람의 말과 우리 자신의 말 사이의 경계선은 가변적이고 애매모호하며 때로는 의도적으로 왜곡되었다. 어떠한 유형의 텍스트들은 마치 모자이크처럼 다른 사람의 텍스트들로부터 구성되어 있다"[164]고 말한다.

바흐친은 언어가 그것이 처음 만들어진 순수 상태에서 벗어나 가치 평가를 담을 수밖에 없음을 밝힌다. 즉 모든 언어는 이미 다른 사람들이 사용한 다음 나에게 전달되므로, 그것은 굴절된 형태로 나에게 온다. 그리고 모든 언어는 사용하는 사람들에 따라 다시 굴절된다. 이에 따르면 언어는 결국 상호텍스트성 없이 사용되어지는 경우는 거의 없다.

164 Mikhail Bakhtin, "From the Prehistory Novelistic Discourse", in *The Dialogic Imagination: Four Essay,* ed. Michael Holquist, trans. Caryl Emerson and Michael Holquist, Austin: University of Texas Press, 1981, p.69.

2.1. 개인적 상호텍스트성

작가에 따라서 문학적 전통, 다른 장르의 텍스트, 다른 작가들의 작품 대신 자신의 작품을 상호텍스트로 삼는 경우가 있는데, 이를 개인적 상호텍스트성이라 할 수 있다. 개인적 상호텍스트성은 실비오 개기가 사용한 용어로, 앤 제퍼슨이 제안한 메타텍스트와 동일한 의미를 내포한다. 메타텍스트란 주어진 한 작가의 전 작품 안에서 한 텍스트와 다른 텍스트, 특히 동일 장르 안에서 한 텍스트와 다른 텍스트 사이의 관계를 가리킨다.

개인적 상호텍스트성, 메타텍스트 등은 제라르 주네트의 '메타텍스트성'을 상기시킨다. 그는 저서 『원텍스트 입문』(1979)에서, 시학은 개별적인 텍스트보다는 '원텍스트', 즉 장르나 주제학과 같이 개별적인 텍스트의 성격을 조건 짓는 일련의 범주를 연구 대상으로 삼아야 한다고 주장한다. 그는 상호텍스트성이란 용어 대신 '통텍스트(트랜스텍스트추앨러티)'라는 용어를 사용하자고 주장하며, '통텍스트성'을 원텍스트성 · 상호텍스트성 · 메타텍스트성 · 패러텍스트성으로 구분한다. 이후 『팰림세스트』(1982)에서는 통텍스트성에 '하이퍼텍스추앨러티(초텍스트성)'을 추가한다. 여기서 '메타텍스트성'은 비평이 논의의 대상으로 삼고 있는 텍스트와 맺고 있는 상호관계를 의미하며, 패러텍스트성은 파스티쉬나 패러디가 모델로 삼고 있는 텍스트와 맺고 있는 상호 모방적 또는 변형적 관계를 말한다. 초텍스트성은 이전의 텍스트들을 다시 새롭고도 다른 의미로 변형시키는 역동적인 기능을 담당한다.[165]

《한없이 낮은 숨결》은 12편의 단편이 상호텍스트적 관계에 놓여 있다. 12편의 단편은 장편소설을 의도하고 순차적으로 쓴 것이 아니라. 각 단편을 쓴 후에 연작소설로 묶었다. 이는 창작 순서대로 구성되지 않았고, 각 단편들은 독립적이고 상호텍스트적이다. 단편들 간의 상호텍스트성은 개인적 상호텍스트성 혹은 메타텍스트의 성격을 띠며, 7번째 단편 〈그는 왜 그럴 수밖에 없었을까〉와 뒤의 단편들에서 잘 드러난다. 이 단편은 8번째 단편 〈'그는 그럴 수밖에 없었다'고 쓰지 못하다〉뿐 아니라, 〈~의 소설 기행〉들과 메타텍스트의 관계에 놓인다. 그리고 〈다시 찾아갈 우리의 소설 기행〉은 《한없이 낮은 숨결》 전체와 메타텍스트 관계에 놓인다고도 할 수 있다.

우선 7째 단편 〈그는 왜 그럴 수밖에 없었을까〉와 〈'그는 그럴 수밖에 없었다'고 쓰지 못하다〉는 작품과 비평과의 관계에 놓인다. 앞의 작품은 한구복의 마라톤 장면을 카메라 기법을 활용하여 소설화한 것이다. 그리고 뒤의 작품에서 작가는 앞의 작품에 대한 논평을 하는데, 앞의 텍스트는 '부재'의 텍스트를 내포한다고 말한다. 즉 〈그는 왜 그럴 수밖에 없었을까〉는 '그는 그럴 수밖에 없었다'는 소설을 내포한다는 것이다. 이야기된 이야기는 과거로 남지만 이야기되지 않은 이야기는 미래로 보내지므로, 우리는 채워지지는 않을 이야기를 채울 것이다. 그러나 결코 부재는 채워지지 않겠지만 두 이야기 사이를 사이로, 그 사이를 사는 새로운 이야기들이 무수히 탄생할 수 있게 된다.

다음으로 〈그를 찾아가는 우리의 소설 기행〉과 〈이미 그를 찾아가는 우리의 소설 기행〉도 7번째 소설 〈그는 왜 그럴 수밖에 없었을

---

165 김욱동, 앞의 책, 205쪽.

까〉와 상호텍스트적이다. 〈그를 찾아가는 우리의 소설 기행〉은 작가가 〈그는 왜 그럴 수밖에 없었을까〉에 대한 메타논평을 다시 한다. 〈그는 왜 그럴 수밖에 없었을까〉는 현상으로 제시하고, '그는 그럴 수밖에 없었다'는 소설적으로 재구성하려고 기획했는데, 이는 어떤 대상을 소설화하는 과정 자체가 객관적으로 드러나길 원했기 때문이다. 그리고 이는 이 시대가 더 요청하는 소설로, 정직하고 올바르게 대상을 사랑하는 소설적 방법이다. 그러나 앞의 작품으로 끝낼 수밖에 없었는데, 기록 자체가 하나의 관점을 구성하기 때문이다. 이 작품이 '한없이' 읽히기 위해서는 뒤의 작품을 버려야 하는 것이다.

〈그를 찾아가는 우리의 소설 기행〉은 부재의 소설에 대한 '나'의 해체적 읽기이고, 이것이 소설화 된 것이다. 작가는 분열된 '나'들의 소설 기행 중간 중간에 몽따주 형태로 '그'의 마라톤 행위를 끼워 넣음으로써 이 이야기들이 그의 이야기와 상호텍스트적 관계에 놓여 있음을 상기시킨다.

> 그 〈그는 왜 그럴 수밖에 없었을까〉라는 언어 촬영은, 햇살이 눈부시게 흩어지는 하늘을 배경으로 '그'의 얼굴만이 클로즈업 되는 화면으로 시작한다. 거친 숨통, 번들거리는 땀기, 아래위로 흔들리는 얼굴의 규칙적인 율동만이 가득해, 그를 둘러싼 아무런 정황도 주어지지 않은 상태에선, 언뜻 대자연 위에서 벌어지는 정사 장면을 상상케 한다. 내 엉뚱한 비약에 불과할지 모르지만, 그런데 혹시 그도 그 질주 속에서 혼자 어떤 상상의 정사를 펼치고 있지나 않았을까?
>
> 그는 뛰고 있었다. 그때 거기서 뛰고 있었다.[166]

166 이인성, 앞의 소설, 215쪽.

〈그를 찾아가는 우리의 소설 기행〉에서 한구복의 마라톤 행위는 총 7번 제시된다. 위 인용문에서 짙게 표현되지 않은 부분은 〈그는 왜 그럴 수밖에 없었을까〉의 언어 촬영 장면이다. 그리고 검게 표현된 부분은 그 장면을 생각하며 '나'가 상상한 내용이다. 한구복의 마라톤 첫 장면을 떠올리며 '나'는 정사 장면을 상상하고 그 또한 질주하면서 어떤 상상의 정사를 하고 있을지도 모른다고 생각한다. 소설 쓰기가 정사 행위와 같다면 언어로 진행되는 그의 마라톤 질주 동안 그 또한 어떤 '이야기'를 떠올리고 있을지도 모르기 때문이다. 마치 이는 '그는 그럴 수밖에 없었다'라는 부재의 소설을 다음 작품에서 써 가는 것과 같다. 분열된 나들이 그를 찾는 기행을 하는 소설을 써 가는 중에, 앞에서 완성하지 못했다고 언급한 부재의 소설을 '나'들의 기행 중간에 쓰는 것이다.

끼어든 생각은 과거에 쓰인 '그의 마라톤 장면', '그 장면에 대한 '나'의 생각', '그는 뛰고 있었다. 그때 거기서 뛰고 있었다'로 구성된다. 〈그를 찾아가는 우리의 소설 기행〉에는 총 7번의 이 같은 부분들이 끼어드는데, 모두 같은 구조를 취하고 있다. 여기서 세 번째 구성 요소인 '그는 뛰고 있었다. 그때 거기서 뛰고 있었다'는 총 7번 차이 있는 반복으로 제시된다.

> 그는 뛰고 있었다. 그때 거기서 뛰고 있었다…[167]
> 그가 뛰고 있었다. 그때 거기서 뛰고 있었다…[168]
> 그는 뛰고 있다. 지금 여기서 뛰고 있다…[169]

---

167 이인성, 위의 소설, 215쪽.
168 이인성, 위의 소설, 230쪽.

그는 뛰고 있다. 지금 여기서 뛰고 있다…[170]

그는 뛰고 있다. 지금 어디선가 뛰고 있다…[171]

그는 뛰고 있을 것이다. 언젠가 어디선가 뛰고 있을 것이다…[172]

그는 뛰고 있을 것이다. 언젠가 어디선가 뛰고 있을 것이다…[173]

'그는 뛰고 있다'는 행위는 과거 · 현재 · 미래라는 시간, 어떤 공간에서도 반복될 것이다. '그때 거기서', '지금 여기서,'지금 어디선가',' 언젠가 어디선가' 라는 시간 부사와 공간 부사, '-었다. -(ㄴ)다', '-을 것이다'라는 시제를 나타내는 어미는 이를 가리킨다.

'그는 뛰고 있었다'라는 과거 사실이자 한구복의 희생의 마라톤은 신흥시에서의 과거 행위로 종결되었으나, 그의 정신은 현재나 미래의 시간에, 어디에서든 새로운 '그'에 의해 실현될 수 있을 것이다. 그러므로 '나'들 또한 '그'들을 찾아 기행을 떠나며, 이는 새로운 이야기가 될 것이다.

〈이미 그를 찾아간 우리의 소설 기행〉은 부재의 소설에 대한 '당신'들의 해체적 읽기이다. 이 소설은 〈그는 왜 그럴 수밖에 없었을까〉와 상호텍스트적일 뿐 아니라, 〈그를 찾아가는 우리의 소설 기행〉과도 상호텍스트적이다. 여기에서 상호텍스트성은 인물에서 두드러지게 나타난다. 이 단편은 한구복으로 상징되는 '그'를 독자인 당신들의 삶의 현장에서 찾아가는 기행으로 구성되어, 〈그는 왜 그

169 이인성, 위의 소설, 241쪽.
170 이인성, 위의 소설, 257쪽.
171 이인성, 위의 소설, 265쪽.
172 이인성, 위의 소설, 275쪽.
173 이인성, 위의 소설, 289쪽.

럴 수밖에 없었을까〉와 동일한 인물이 부재의 중심을 형성한다. 부재하는 한구복은 중심이 되어 구심력으로 자리하고, '그'들은 원심으로 흩어져 한구복이 팽팽하게 열리는 것과 같은 형국이다. 소설은 한구복이란 중심을 향하여 지향되어 있으나, 그는 해체되어 다원적이고 상대적인 특징을 가진 '그들'로 형상화되며, 그는 역동적으로 생성되고 발전한다.

〈이미 그를 찾아간 우리의 소설 기행〉은 〈그를 찾아가는 우리의 소설 기행〉의 분열된 나들 중의 하나가 다시 등장한다.

> 한 낯선 풍경이 이 언어의 시야에 펼쳐진다. 그리고 저기, 내가 보인다. 저기 내가 있다. 그를 찾아 어느 날 무턱대고 밤기차를 타고 떠났던 내가, 지금, 가을의 청회색 새벽안개 속으로 '신흥역' 출구를 막 빠져 나오고 있다. 자욱한 안개 결에 스며 번지는 수은등 빛이, 지은 지 얼마 안 되는 듯한 한식 콘크리트 역건물의 생경함을 그나마 부드럽게 감싸주고 있다. 어깨에 멘 가방을 뒤로 비껴 늘이고 두 손을 주머니에 쑤셔 박은 채 똑바로 걸어 나오던 내가 문득 발길을 잃는다.(…)[174]

〈그를 찾아가는 우리의 소설 기행〉의 분열된 나들 중의 하나는, 〈이미 그를 찾아간 우리의 소설 기행〉에서 그를 찾아 신흥역을 빠져 나오며, 나의 상상 속에서 잠재태의 당신들이 당신들의 그들을 찾는 이야기가 몽따주 형태로 제시된다. '나'는 상상 속에서 대상인 당신이 되며 잠재태의 당신들과 스펙트럼의 변경을 이룬다.

〈다시 그를 찾아갈 우리의 소설 기행〉은 '허구의 후기'라는 부제가

---

174 이인성, 위의 소설, 295~296쪽.

붙은 단편으로서, 앞의 소설들에 대한 메타소설이다. 작가는 11편의 소설들을 총체적 관계로 묶으면서, 그것들이 이미 씌어져 제 육체를 살기 시작했으므로 그 존재를 되돌이킬 수 없게 되었다고 말한다. 즉 각각의 단편을 하나로 묶으려 할 때, 그것들은 자체로 독립적 유기체라서 고칠 수 없었고, 조립만 했을 뿐이라는 것이다.

> 어김없이 회한이 스치리라, "속절없이 보낸 오 년의 세월이여!"라든가, "소설, 왜 그 두 자로만 불릴 수 없는가?"라든가…
>
> 아마도 그 때문에, 작가는 다른 육체 속에서 '그'를 추억하며, 동시에 새로운 '그'를 찾으리라. 그렇다면 '우리'도 이미, 다시 '그'를 찾아가리라.[175]

작가는 다른 소설에서 다시 그를 찾을 것이고, 그때 나와 당신 그리고 그를 포함한 '우리'는 다시 '그'를 찾을 것이라고 예견한다. 그리고 이 같은 작가의 말에서 새로이 쓰일 소설은《한없이 낮은 숨결》과 상호텍스트적 관계를 맺게 되리라는 것을 알 수 있다.

2.2. 역사적 상호텍스트성

텍스트와 텍스트 사이에 일어나는 영향관계뿐 아니라 주어진 텍스트가 한 문화의 언술 공간과 어떤 영향관계에 놓이느냐와 관계된다. 김욱동은 『포스트모더니즘의 이론』(1992)에서 상호텍스트성의 개념을 제한된 의미, 넓은 의미, 포괄적 의미, 가장 넓은 의미로 나누

175 이인성, 위의 소설, 385쪽.

어 설명하고 있다. 제한된 의미의 상호텍스트성이란 인유, 기원, 영향관계 등을 밝히는 것이고, 넓은 의미의 상호텍스트성은 크리스테바가 주장한 것으로, 한 문학적 체계에서 다른 문학적 체계로 뿐만 아니라 비문학적 체계에서 문학적 체계로 전이되는 기호적 과정을 가리킨다. 포괄적 의미의 상호텍스트성은 앞서 언급한 제라르 주네트가 언급한 통텍스트성을 가리키고, 가장 넓은 의미의 상호텍스트성은 특정한 텍스트들의 관련성을 가리키는 것이 아니라 한 작품이 한 문화의 언술 공간에 참여하는 것을 가리킨다.[176] 여기서는 개인적 상호텍스성을 제외한 나머지, 즉 제한된 의미의 상호텍스트성부터 가장 넓은 의미의 상호텍스트성 모두를 역사적 상호텍스트성이라 부르고자 한다.

이인성의《한없이 낮은 숨결》은 프루스트의《잃어버린 시간을 찾아서》(1913~1927)와 상호텍스트적 관계에 있다. 두 텍스트의 상호텍스트적 관계는 두 텍스트 모두 화자의 '머릿 속' 생각들이 서사의 주요 축을 이루고 있는 점에서 찾을 수 있다.

> 당신만의 시간 이편에서, 내 몫으로 머릿속에 떠올라 혼탁하게 뒤척였던 꿈 그림자: 누구일까. 한 아이가 희디흰 햇살의 운동장을 가로지르고 있었다. 주위에는 아무것도 없고, 오로지 빛의 공간만이 아득히 확대되는 거기서, 빛 위를 걸을 수 있는 신발인 양 작은 그림자만을 신은 채. 한없는 걸음. 그러다가 홀연히, 아이는 빛 속으로 사라졌다.[177]

---

176 김욱동, 앞의 책, 202~207쪽.
177 이인성, 앞의 소설, 22쪽.

《한없이 낮은 숨결》의 첫 번째 단편 〈당신에 대해서〉는 화자의 상상 속에서 독자인 당신을 부르며, 당신이 어떻게 책을 읽어야 할지 말한다. 당신은 클로즈업 되는 햇살이 가득한 운동장을 혼자 걷는 어린아이와 같다. 화자의 상상계의 작동은 첫 번째 단편 뿐 아니라 〈나의 자기 진술, 당신의 심문에 의한〉, 〈당신 자신인 당신을 향한 물음들〉에서도 독자인 당신과 대화적 상태에 놓이며 계속된다. 그리고 이는 〈그를 찾아가는 우리의 소설 기행〉에 이르면 자신의 머릿속에서 분열된 나가 각각 미아리, 불광동, 서울역으로 '그'를 찾는 기행을 떠난다. 분열된 자아들은 통합되지 않고 공간에 따라 다르게 나타나며, 이 공간들은 다른 시간대의 그들을 보여준다. 또한 〈이미 그를 찾아간 우리의 소설 기행〉에는 서울역에서 신흥시로 갔던 '나'의 머릿속에 상상되는 7명의 당신들과 그들의 만남이 몽따주 형식으로 제시된다. 자아뿐 아니라 대상의 분열 양상을 보여준다.

이는 《잃어버린 시간을 찾아서》가 화자의 머릿속 생각들이 서술의 주축이 되는 것과 유사하다. 우리는 이 소설의 서술을 따라가면 화자의 머릿속에 들어가 창을 통해 밖을 내다보는 것과 같은 느낌을 갖게 된다. 우리가 알 수 있는 것은 그의 내면의 변화와 그가 감각하는 외부세계이다. 소설의 모든 내용은 마르셀의 사고와 감각이라는 필터를 거치기 때문이다. 또한 이 소설은 시간에 걸쳐서 분산되어 있거나, 공시적으로 한 존재의 내부 속에 분열되어 나타나는 자아가 나타난다. 화자인 마르셀은 알베르틴이라는 하나의 대상을 두고서도 그녀를 생각한 각각의 자아는 그녀를 다르게 인식하였으므로 다른 이름을 붙여야 한다고 말한다. 그리고 그녀 또한 그의 인식에 따라 분열하여, '무한한 계열체'가 된다.[178]

《한없이 낮은 숨결》은《잃어버린 시간을 찾아서》처럼 주된 서술이 화자의 상상계의 작용에 관한 것이고, 주체와 대상의 분열이 나타난다는 점에 있어서 상호텍스트적 관계에 놓이지만 자아와 세계에 대한 인식의 궁극적 목표는 다르다. 전자는 '한구복 이야기'라는 기호의 해석에 참여하는 주체와 대상의 분열이 차이 있는 반복이 지속될 것임을, 그러므로 이는 통합된 하나의 진리로 해석되지 않을 것임을 알 수 있다. 후자는 트라우마를 통해 상처를 입은 주체가, 그 상처를 준 기호가 숨기고 있는 진리를 해석해 내는 과정을 소설화하고 있다. 이 과정에서 자아와 대상의 분열이 보이나 궁극에는 이 파편들을 하나로 통합하는 글쓰기 주체로서의 자아가 상징계로의 진입을 시도한다. 《한없이 낮은 숨결》과《잃어버린 시간을 찾아서》의 이 같은 차이는 포스트모더니즘과 모더니즘의 세계관의 차이라고도 할 수 있다. 포스트모더니즘이 파편화된 세계 인식과 이에 대한 텍스트화를 소설의 지향점으로 하고 있다면, 모더니즘은 파편화된 세계를 제시하나 이의 통합을 궁극적으로 지향하고 있다.

《한없이 낮은 숨결》은 도서관의 메타포를 사용한다. 도서관은 유사 이래 인류의 모든 문화와 문명이 한곳에 집대성되어 있는 곳이다. 여기에서 다양한 시대와 다양한 문화 그리고 다양한 언술의 텍스트들이 물리적으로 만난다. 에코는《장미의 이름》에서 도서관은 수 세기에 걸친 속삭임의 장소이자 한 양피지와 다른 양피지 사이에서 이루어지는 눈에 띄지 않는 대화의 장소라고 말한다. 이곳은 살아 있는 어떤 것, 인간 정신에 의하여 지배받지 않는 권력의 요람, 많은 사람

---

178 신현주, 「프루스트의《잃어버린 시간을 찾아서》에 나타난 자아의 분열과 통합의 양상」, 서울대 석사학위논문, 2017년 2월, 1쪽, 32쪽, 64쪽.

들이 간직하고 있는 비밀의 보고이다. 그리고 도서관에 있는 책들은 책 밖에 존재해 있는 사물들에 대해 말할 뿐 아니라 책들 간에 서로 대화하여, 상호텍스트적 관계를 이룬다.[179]

〈당신에 대해서〉의 작가 이인성도 글을 쓰는 도중 누군가가 대화를 걸어오는 경험을 한다.

누군가는 이인성의 문학적 태도를 의심스러워한다.

> (…) "잠깐 이야기 좀 합시다. 당신 나름의 작가적 순수성이랄지 성실성이랄지 하는 건 인정한다쳐도, 정작 그 문학적 태도 좀 따져봐야만 되겠소. 우선 단도직입적으로 물어, 도대체 이 소설을 가지고 뭘 바라는 거요?" 내가 당신을 '당신'이라 부르듯 누군가가 나를 '당신'이라 지칭하는 게 몹시 기꺼워, 나는 흥분에 휩싸이며 주위를 둘러본다. 그것은 지금 이 소설을 쓰고 있는 방안의 책장에 꽂힌 어떤 책들이 합쳐져 만들어낸 음성이다.[180]

이인성은 소설을 쓰는 도중, 책장의 책들이 건네는 음성을 듣는다. '책'은 선배 작가나 동시대 작가의 상징이다. 그러므로 이인성이 쓰는 소설은 해럴드 블룸이 말한 '영향의 불안'에서 벗어날 수 없다. 텍스트는 선배 작가와 후배 작가 사이에 이루어지는 일종의 정신적 투쟁의 산물이다. 후배 시인들은 선배 시인들에 대하여 부성(父性)을 경험하고 자신의 독창성을 주장하려는 욕망, 즉 오이디푸스적 증오감을 경험한다. 즉 블룸은 텍스트를 생산할 때 어떤 문학 작품도 그 자체로서는 존재할 수 없고 오직 다른 작품과의 관련 아래 존재한다

---

179 본 책, 143~144쪽.
180 이인성, 앞의 소설, 24~25쪽.

고 주장한다.[181]

이인성은 소설을 생산하는 과정에서 선배 작가들과 대화한다. 대화가 진행되면서 선배작가로서 말을 건넨 '당신'은 '그'로 지칭되고, 잠재태의 독자로서의 당신은 '당신'으로서의 자리를 지킨다. '당신'은 '나'와 '그'의 대화에 끼어들 수 없으나 독립된 말자리를 침묵으로 지킨다. '그'와 '나'의 대화를 요약적으로 제시하면 다음과 같다. '당신'은 말없이 텍스트를 읽고만 있다.

> 그: 이 책이 어떤 식으로 인간 해방과 관련을 맺는가?
> 나: 내 소설을 읽는 독자 자신이 스스로 느끼고 스스로 꿈꾸고 스스로 반성, 비판하는 정신적 실천의 영역에서이다.
> 당신: "　"
> 그: 구체적인 현실이 삭제된 소설을 통해 정신적 실천이 행해진다는 건 공허한 관념론으로 들린다.
> 나: 지금 나는 독자의 책읽기라는 구체적 현실을 겨냥하고 있다.
> 그: 내가 지적하는 건 독자의 개체적 현실이 아니라, 그들이 모두 함께 어우러져 사는 사회적 현실이다. 당신은 정태적 개인주의, 자폐적 문학주의에 빠져 있다.
> 나: 사회가 바뀐다는 것은 인간이 바뀐다는 것이다. 진실된 발현을 가능하게 하려면, 문학적 소통의 출발점부터, 즉 글쓰기와 글읽기의 과정에 개입되는 여러 국면부터 정면으로 문제삼아야 한다.
> 당신: "　"
> 그: 당신 소설은 의지와 방향성을 전혀 드러내지 않고 있다. 당신은 난잡한 요설 속으로 도피해 들어간다. 전문가들이나 겨우 알까말까 한 파격을 즐기면서.
> 나: 해방된 사회의 해방된 독자는 최소한 주체적인 사고인이자 몽상

181 김욱동, 앞의 책, 211~212쪽.

> 가이여야 한다. 그때 작가란 단지 몽상의 계기를 그답게 주체적으로 마련해줄 뿐이다.
>
> 그: 당신 소설이 썩은 세계에 안주하는 허위로 전락하지 않기 위해서는 민중으로서의 독자의 실상과 만나야 한다.
>
> 나: 당신 또한 그 단단한 선입관의 틀을 벗어나야 한다.
>
> 당신: "　　"[182]

이인성은 민족·민중문학론이 지배 담론으로 자리하던 1980년대에 대항담론으로서 '전위 문학'을 주장한다. 전위를 해체-해방의 추구로 본다면 제3세계적 적용은 가능하기 때문이다. 이인성은 자신의 소설을 '구체적 현실'이 삭제된 문학적 자폐주의라 폄하하는 선배작가들에 대해서 변화된 사회는 변화된 인간을 요구하며, 이를 위해서는 문학적 소통의 출발점부터 바뀌어야 한다고 주장한다. 그리고 이는 글쓰기와 글 읽기의 과정에 개입되는 여러 국면을 문제 삼는, 열린 결말을 갖는 포스트모던한 소설 쓰기를 필요로 한다고 말한다.

《한없이 낮은 숨결》은 문화적 전통과 상호텍스트적이다. 《한없이 낮은 숨결》의 11번째 단편 〈한없이 낮은 숨결〉에는 '처용설화'가 인용되어 있다.

> (…) 팽팽한…, 틈, 새, 공, 간…, 엿보이자…,, 다리, 포개진, 넷이다…,; 비슷이, 가ᄅᆞ리 네히어라~, 라고…, 앞날인가 뒷날인가…,; 어느 것도, 그랬었다, '나'의 것이, 아닐 것이다…,; 옛날일 훗날, 훗날이었던 옛날…, 둘은 내해엇 고~ 둘흔 뉘해언고~, 라고…, 이름하여 '처용'은…, 본ᄃᆡ 내해다마ᄅᆞᆫ, 이라고…, 아사ᄂᆞᆯ 엇디 ᄒᆞ릿고~, 라고…,[183]

182　이인성, 앞의 소설, 25~29쪽.

『삼국유사』, 〈처용가〉에는 다음과 같은 처용이야기가 노래되어 있다. 서라벌에서 달밤에 처용이 춤추며 놀다가 귀가하자 이불 아래로 다리가 넷이었다. 둘은 내 것인데 다른 둘은 누구의 것일까. 본디 내것이다마는 뺏어 무엇하겠는가. 그리고 『삼국유사』, 「처용랑과 망해사」에는 처용이 노여움을 나타내지 않자 역신이 감동하여 칭송하며 이후로는 처용의 형용을 그린 것만 보아도 그 문에 들어가지 않겠다고 맹세한다는 이야기가 전한다.

'민족적 처용 미학 체계'[184]는 근대에 와서는 사적인 것으로 왜소화되어 김현, 김춘수, 박상룡, 이인성 등에서 계승된다. 이들은 처용이야기를 통해 샤머니즘의 세계화를 시도한다. 그들은 설화와 현실을 동일한 공간에 놓음으로써 동시대적 문제를 해결할 수 있는 탈출구로 삼았다.

이인성의 처용은 '정체성의 혼란'에 빠진다. "제…, 몸에 제…자신을 뺏겼노라, 본디 제…, 것을…,,"[185] 라고 인용문 뒤에 계속되는 서술은 다른 이의 몸에 자신을 투사하는 표현을 하고 있다. 그리하여 처용은 자신이 명확하게 지칭될 수 없는 존재로 존재하게 되었다고 말한다. 이는 처용이 자기 자신으로 존재하는 것이 아니라 전체성을 지닌 개체이자 개별성을 지닌 전체로 존재하게 되었음을 암시한다.[186]

이인성이 처용설화를 텍스트에 차용한 것은, '전위'를 제3세계에 적용한 수단이라 볼 수 있다. 제3세계 문화에서 전위는 곧 반전통성

---

183 이인성, 앞의 소설, 369쪽.
184 김윤식 지음, 앞의 책, 201쪽.
185 이인성, 앞의 소설, 369쪽.
186 이예령, 앞의 글, 57쪽.

이라 부를 수 없으며, 전위적 체제 비판에 전통 양식을 그대로 되살려 쓸 수도 없다. 제3세계 문학 · 문화는 엄청난 삶의 체제와 삶의 회오리를 총체적으로 드러낼 새로운 형태의 창출이 필요하다. 전통이 아니면서도 전통을 감싸고, 서구 정신이 아니면서도 서구 정신을 감싸는 새로운 모습을 띤 것이어야 한다. 처용설화의 차용은 이와 같은 탁월한 전위 의식이 작용된 것이라 할 수 있다.[187]

3. 저자의 죽음과 언술의 기능

상호텍스트성은 텍스트의 생산과 소비의 문제에 국한되지 않고, 텍스트 외적인 문제와도 밀접하게 관련된다. 그 중에서도 '저자의 죽음', '주체의 죽음', '인간의 죽음'의 문제는 언술의 기능과 관련하여 상호텍스트성과 관련된다.

저자의 죽음 문제가 본격적으로 논의된 것은 모더니즘에 이르러서이다. 모더니즘 예술가들은 저자보다는 문학 작품을 한결 중요시 여기며, 작품에서 저자가 퇴장할 것을 주장했다. 헨리 제임스는 작가가 그의 작품 속에 자기 자신의 얼굴을 드러내지 않으면 않을수록 좋으며, 이를 위해 작가는 사건을 이야기하기보다 보여주어야 한다고 주장하였다. 또한 T,S. 엘리어트 역시 「전통과 개인의 재능」(1919)에서 작가는 될 수 있는 대로 작품 속에 자기 자신을 직접 드러내서는

187 이인성, 『식물성의 저항』, 앞의 책, 26~27쪽.

안 된다고 말한다. 그는 '시의 몰개성 이론'에서 시는 감정의 표현이 아니라 감정으로부터의 도피이며, 개성의 표현이 아니라 개성으로부터의 도피라고 주장한다.[188]

포스트모더니즘 작가들은 저자의 퇴장에서 한 발 더 나아가 저자의 죽음을 주장한다. 롤랑 바르트는 「저자의 죽음」(1968)에서 글쓰기는 모든 목소리, 모든 기원을 파괴하며, 주체가 사라지는 공간이고 정체성이 상실되는 음화라고 말한다. 푸코 또한 「저자란 무엇인가?」(1969)에서 바르트와 비슷한 입장을 취하고 있다. 그는 저자의 기능을 다루면서, 저자의 창조자로서의 역할을 박탈하고 저자를 단순히 가변적이고 복잡한 언술의 기능으로 간주한다.

《한없이 낮음 숨결》에서의 저자는 텍스트의 유일한 기원이라기보다 언표행위의 수행자로서 텍스트를 생산하며, 텍스트의 편집자로서 불필요한 이야기들을 제거하기도 하고 이야기를 배열하기도 한다.

3.1. 언표행위의 수행자로서의 저자

저자의 죽음은 작가와 작품 간의 관계에 변화를 가져온다. 리얼리즘 작품에서는 저자가 작품에 선행하였다. 그러므로 저자와 작품의 관계는 수직적 관계를 이루어 마치 아버지와 자식, 신과 인간의 관계와 같았다. 그러나 저자가 사망한 후 저자와 작품의 관계는 대등한 수평의 관계로 변한다. 저자는 세계를 재현하는 기능을 잃고, 단지 수행적 기능을 담당한다. 저자는 전달하고자 하는 메시지에 몰두하기보

188 김욱동, 앞의 책, 231쪽.

다는 그것을 전달하는 매체, 즉 언어를 무엇보다 중요하게 여긴다.

《한없이 낮은 숨결》의 언표행위의 수행자로서 '화자'는 작가로 나타난다. 화자는 작가의 계획과 의도에 따라 구성되어 작품 속에 글의 주체로 기능한다. 그러므로 《한없이 낮은 숨결》은 소설을 쓰는 작가와 소설 속에서 이야기하는 화자(이야기꾼)간의 관계가 중요하다. 소설 속 화자는 작가이자 이인성이라는 이름을 가진 인물이지만, 각 단편의 이야기꾼은 작가의 파편화된 시뮬레이션의 기능을 담당할 뿐 작가 자신은 아니다. 그리고 각각의 이야기꾼은 각 이야기의 화자일 뿐 동일하지 않다. 심지어는 하나의 단편 안에서도 화자는 분열하여, 각각의 활동에 관여하는 '나'들로 나뉠 뿐, 이들을 통합하는 '나'는 없다.

이야기꾼들은 자신의 이야기가 허구를 목표로 삼고 언어의 장치로 구상되었음을 독자에게 환기시킨다. 이건 "명백히 허구를 목표로 삼고 있는, 상상 속에서 무엇인가를 펼쳐나가려는, 한 언어의 장치로 구상되고 있습니다"(〈당신 자신인 당신을 향한 물음들〉). "나는 이 소설의 이야기꾼이지만, 작가 이인성으로부터 특정하고 단일한 기능을 부여받지는 않았다"(〈그를 찾아가는 우리의 소설 기행〉). "손끝에 와 닿는 외적 실체는 아니지만, 손끝에서 언어로 풀려나와 그렇게 쓰임으로써"(〈이미 그를 찾아간 우리의 소설 기행〉) 등은 작가의 상상 속에서 만들어진 이야기가 언어로 쓰였음을 거듭 강조하며, 이는 독자들이 이야기의 환상 속에 동화되는 것을 막는다.

> ……그것은 이 내가 조화를 부린 탓이다. 이 내가 저 내가 있는 곳을 향해 언어의 성냥불을 그어 던진 까닭이다. 소설 속의 저 나를 쓰고 있는 소설 밖의 이 나에겐 그럴 만한 능력이 언제나, 그리고 충분히 있다. 그러지 않는 것이 이제까지의 소설 일반적으로 지켜진 불문율이

긴 하지만, 그냥 그렇게 써버리면 그만인 것이다. 이제 막, 나는 그렇게 저질러버렸다. 무엇보다도 저 나 또한 허구라는 것을 확실히 보여주기 위해서. 저 나는 이 소설 속에서 '그'에 대해 씌어진 이 소설 속의 소설-허구의 세계를 설정함으로써, 자신은 이 소설 속의 현실-사실의 세계에서 살고 있는 양 행동해 왔다.(…)[189]

화자인 '나'는 소설 속 작중인물이 되어 '그'를 찾는 기행을 하는 작가이다. '나'는 그를 찾는 기행이 허구임을, 언어로 구성된 것임을 강조한다. 그러므로 소설은 언어의 감옥에서 결코 해방될 수 없고 언의의 감옥 속에서 절망하든지 아니면 즐거워할 수밖에 없다. 기호의 단계에서 허구적인 실험을 하며, 일상을 근본적으로 교란시킨다. 일상현실을 구성하는데 있어서 언어의 중심성에 주의를 기울이지 않는 태도이다. 이 같은 태도는 리얼리티를 폭로하는 것 같은 역할을 한다.[190]

그러므로 소설을 쓰고 있는 작가 '나'는 소설 밖에서 '언어의 성냥불'을 던져 허구 속에서 불이 나게 할 수도 있다.

(…) 그는 처진 나를 돌아보고는 짚단을 향해 서서 바지춤을 연다. 짚단의 윤기를 세우는 햇살결에 오줌줄기가 반짝이며 쏟아지면서, 김이 모락모락 일어난다. 이때다. 짚단 반대쪽에서 파르스름한 회색 연기가 일더니, 연기의 틈새로 주황색 불길이 날름대기 시작한다. 주위에는 아무도 없다. 그나 내가 담배를 피우고 있지도 않다. 도무지 불이 날 이유가 없는데, 홀연히 불길이 일어 번진다. 마른 짚단에 금방 불길이 활활 소리를 내고, 연기가 자욱 메케해진다. 귀신이 곡할 노릇으로 얼이 빠져 있는 그와 내가, 콜록이며 눈을 비비며 주춤주춤 물러선다.[191]

---

189 이인성, 앞의 소설, 351쪽.

190 퍼트리샤 워 지음 · 김상구 역, 앞의 책, 77~78쪽.

오줌줄기가 떨어지는 짚단 반대쪽에서 주황색 불길이 일어 번진다. 도무지 불이 날 이유가 없음에도 불길이 활활 타는 이유를 작가는 '언어의 성냥불'을 던졌기 때문이라는 것이다. 이는 불문율로 소설 밖의 나는 소설 속에서 그러한 상황을 구성할 수 있다. 그리고 독자들에게 소설이 현실을 재현하고 있다는 환상을 심어주기 위해서 작가는 소설 속에서는 시침을 떼며 현실의 논리를 소설 속 논리로 가져온다. 그러나 이 소설에서 작가는 이 이야기는 언어로 쓰인 허구이므로 작가가 언어의 성냥불이라는 기호를 던지면 기호로써 불이 날 수도 있다고 말하는 것이다.

작가는 '저 나' 또한 허구 속 등장인물임을 강조한다. '저 나' 또한 종잇장에 문자로 쓴 기호, 종잇장 위에다 그가 선택해 놓은 단어들에 지나지 않는다고 말한다. 그러므로 소설은 근본적으로 언어들의 세계이며, 일상세계의 부속품이라기보다는 오히려 자의식적으로 일상세계를 위한 대체품이 된다.[192]

《한없이 낮은 숨결》은 소설이 언어의 구성물임을 카메라기법으로 쓴 〈그는 왜 그럴 수밖에 없었을까〉에서도 강조한다. 이 소설은 거의 시청각적 묘사로 구성되어 있다. 소설의 기법으로 말한다면 보여주기 기법으로만 이루어져 있다고 할 수 있을 것이다.

> 이미, 언어의 화면은 시작되었다: 하늘의 햇살로부터, 비어 있는 공간에 가득한 햇살. 하늘의 푸르름을 흩뜨리는 눈부심. 수직으로 올려다 보이는 시야로 눈부신 햇살이 쏟아져 내리는 어떤 각도에 의해, 하

---

191 이인성, 앞의 소설, 351쪽.

192 퍼트리샤 워 지음 · 김상구 역, 앞의 책, 81~82쪽.

늘은 무수한 빛점들로 하얗게 투명하게 반짝거린다.[193]

소설은 첫 장면에서 카메라 렌즈, 혹은 언어의 틀을 상징하는 사각형을 시각적으로 제시한 후 '언어'의 화면이란 표현으로 장면들이 묘사된다. 첫 장면은 하늘을 묘사한 것이나 이 또한 언어로 제시됨을 이 표현은 드러낸다. 그리고 장면이 바뀔 때마다 '언어의 눈', '언어의 눈길', '언어의 시선' 등의 표현을 전면에 제시한 후 장면들은 카메라에 담기듯 그려진다.

이인성은 「언어의, 언어에 의한, 언어를 위한」이란 글에서 소설을 이 같이 쓴 이유를 카메라에 담기듯 그려진 시청각적 묘사조차도 언어로밖에 환기될 수 없는 것임을 강조하여 독자의 눈길을 언어 내부의 공간으로 옮겨오려 했기 때문이라 말한다. 그는 영화기법을 소설에 가져왔지만 자신의 소설이 영화적이 되는 것이 아니라, 영화적인 것이 소설 속에서 문학화 되기를 바랐던 것이다. 그는 언어를 통해 다른 것을 보는 것이 아니라 언어 자체를 보며, 그것이 상상과 성찰을 빚어내는 과정에 동참하도록 하기를 원했다.[194]

3.2. 텍스트의 다성성과 편집자로서의 저자

바흐친은 소설 언어의 특징으로 '이어성(異語性)'을 든다. 소설 장르에는 흔히 내적으로 분화되고 다양한 언어가 사용되기 때문이다. 즉 소설에서 사용되는 언어는 작가에 의하여 직접 통제되지 않는 독

---

193 이인성, 앞의 소설, 135쪽.

194 이인성, 「언어의, 언어에 의한, 언어를 위한」, 『식물성의 저항』, 앞의 책, 175~176쪽.

립적이고 다양한 목소리나 의식이 포함된다. 바흐친에 의하면 소설의 언어는 내적 분화 현상을 드러낸다. 이는 어느 단일한 국가가 사회적 방언, 특징적인 사회 집단의 행동, 전문적인 언어, 장르적인 언어, 세대와 연령 그룹간의 언어, 경향적인 언어, 권위의 언어, 다양한 서클과 일시적으로 유행하는 언어, 어느 하루, 심지어는 어느 시간 동안의 언어가 다른 양태로 드러날 수 있음을 가리킨다.[195] 그리고 이 같은 소설 언어의 이어성은 소설 텍스트 내에 다성적 목소리를 낳는다. 그러므로 작품의 의미는 저자의 단일한 목소리나 의식에 의하여 완전히 지배되기보다 다성적 목소리에 따라 다르게 해석될 수 있다. 그리고 이는 '저자의 죽음'을 예견한다.

저자의 죽음은 텍스트의 성격에 변화를 가져온다. 저자가 사망하기 전과는 달리 독창적인 텍스트는 존재하지 않는다. 따라서 작가는 창조자의 위치에서 단순히 편집자의 위치로 바뀐다. 바르트는 "어느 한 텍스트는 단일한 어느 한 '신학적' 의미를 표현하는 일련의 언어가 아니다. 텍스트는 이제 어느 것 하나 독창적인 것이라고는 없는, 다양한 여러 글들이 서로 뒤섞이고 중층하는 다차원적인 공간에 해당된다. 텍스트는 수많은 문화의 중심으로부터 취해 온 인용문의 연속이다"라고 말한다.[196]

이인성 또한 한 작품은 다른 작품 혹은 언어적 전통과 상호텍스트적 관계에 놓일 수밖에 없음을 말한다.

---

195 김욱동, 앞의 책, 201~202쪽.

196 Barthes, "The Death of Author", in *Image-Music-Text*, trans. Carl Emerson and Michael Holquist, Austin: University of Texas Press, 1981, p.142: 김욱동, 위의 책, 재인용 234쪽.

(…) 사실, 어떤 위대한 작품도 벼락 치는 듯한 새로운 언어로 하늘에서 뚝 떨어져 내린 것은 없다. 우리가 위대한 작품이라 부르는 것들도, 자세히 들여다보면, 이미 있었던 문학, 함께 있는 문학 사이에서 그것들을 의식하며 헤쳐 나가는 긴 탐색 끝에 겨우 아주 작은 자기 몫의 새로움을 얻었을 뿐이다. 아니, 차라리 그 긴 탐색의 과정 자체가 더 위대한 것이라고 말해야 하지 않을까?[197]

작품마다 새로운 언어로 쓰이지 않을 뿐 아니라, 이미 있었거나 함께 있는 문학을 의식하며 쓸 수밖에 없다면, 새로 만들어진 작품 속에는 그것이 탄생되는 문화와 다른 문학 작품이 어떤 형태로든 들어와 있을 수밖에 없다. 이런 의미로 본다면 새로운 작품을 만드는 것은 창작하는 행위이기보다 구성하는 작업이 될 것이다. 그러므로 작가의 '긴 탐색 혹은 긴 탐색의 과정'은 작가를 편집자로서 역할을 하게 할 것이다.

《한없이 낮은 숨결》은 텍스트의 다성적 성격과 편집자로서의 저자를 잘 보여준다. 텍스트의 다성성은 우선 12편의 단편이 모방하는 장르적 성격에도 잘 드러난다. 〈당신에 대해서〉는 소설 밖의 독자와 대화적 관계를 시도하는 연극적 소설인가 하면, 〈나의 자기 진술, 당신의 심문에 의한〉은 독자들을 위한 작가의 자기 진술서와 같다. 〈당신 자신인 당신을 향한 물음들〉은 연극 무대를 도입하여 서술을 진행하고, 〈글주정〉은 말놀이와 같다. 〈그때 그를 당신도 보았다면-혹은 보지 못하였다 하더라도〉는 텔레비전 장면과 신문 기사의 내용 사이에 있는 모순을 논하는 비평적 성격을 지니고, 〈어느 허구에 관

197 이인성, 「언어의, 언어에 의한, 언어를 위한」, 앞의 글, 177쪽.

한 사실〉 또한『동아일보』 체육면 기사를 싣고 소설적 소재로 적합하다고 논하는 비평적 성격의 소설이다. 〈그는 왜 그럴 수밖에 없었을까〉는 영화적 기법을 도입하여 쓴 소설이고, 〈'그는 그럴 수밖에 없었다'고 쓰지 못하다〉는 쓰지 못한 소설을 근거로 한 소설론이다. 〈그를 찾아가는 우리의 소설 기행〉과 〈다시 그를 찾아가는 우리의 소설 기행〉은 정신분열을 바탕으로 한 기행문의 형태를 띤 소설이다. 그리고 〈한없이 낮은 숨결〉은 눌변의 언어로 쓰인 소설이고, 마지막 〈다시 그를 찾아가는 우리의 소설 기행-허구의 후기〉는 글의 후기 형식을 취하고 있는 소설이다.

다양한 장르를 모방한 소설쓰기는 각기 다른 목소리를 낸다. 〈나의 자기 진술, 당신의 심문에 의한〉, 〈그때 그를 당신도 보았다면〉, 〈'그는 그럴 수밖에 없었다'고 쓰지 못하다〉, 〈다시 그를 찾아갈 우리의 소설 기행〉은 비평의 언어로 쓰인 소설로, 관습적인 논리에 의문을 제기한다. 〈당신에 대해서〉는 대화적 언어를 사용하여 독자와의 관계 변화를 시도하며,〈글주정〉은 유희적 언어로 세계를 풍자한다. 〈그는 왜 그럴 수밖에 없었을까〉는 카메라 렌즈와 같은 언어로 세계를 보여주려 하나 이 또한 재현의 불가능을 드러낸다. 〈그를 찾아가는 우리의 소설 기행〉과 〈이미 그를 찾아간 우리의 소설 기행〉은 정신분열적 언어로 상상계를 드러낸다. 〈한없이 낮은 숨결〉은 말줄임표와 쉼표를 사용한 눌변의 언어로 일상적인 언어에 대항한다.

《한없이 낮은 숨결》의 다성성은 '나-당신', '그', '우리-그'의 세 이야기로 구성된 층위에서 형성된다. 그리고 연작소설을 이루는 각 단편의 다성성은 작가와 독자, 침묵 등으로 이루어진 다양한 목소리들이 만들어낸다. 또한 이 소설에서는 화자가 단일한 이야기꾼으로 나오지 않을 뿐 아니라, 독자 또한 작중 인물 · 피서술자 · 내포독자 · 실제 독자로 분열되어 있으며 때때로 그 역할이 중복되기도 하여 텍스트의 다성성을 만들어낸다. 단편 〈당신에 대해서〉는 작가와 그(책장에 꽂힌 책)가 대화하는 동안, 독자인 당신은 침묵으로 함께 하는 장면[198]이 나오는데, 이때 전위적 언어와 지배적 언어, 관조하는 언어로 소설 언어는 분화된다.

또한 다성성의 다른 양상을 〈나의 자기 진술, 당신의 심문에 의한〉에서 볼 수 있다. 이 소설에서는 독자의 반응과 작가의 진술을 나란히 서술하여 소설 언어를 분화 시킨다. 둘은 역설적 관계에 놓인다.

> 그런데 혹시(그렇다면 필경), 당신은(나는), 그러한 당신 자신을 스스로 의식치 못하고 있을지 모르겠다(당신에 의해 씌어지는 이 소설을 실제로 쓰기는 내가 쓴다는 문제를 의식화시키지 않을 수 없다). 그래서(그러나), 위의 몇 줄만을 읽은 당신은(위의 몇 줄만을 쓴 나는), 그것을 어이없는 속임수로 받아들여(그것을 당신 뜻에 대한 내 뜻의 갈등으로 여겨), 당신 뜻이 내 뜻에 의해 조작되고 있음을 주장할 법도 하다(슬그머니 뒤섞어 얼버무리고 싶은 유혹을 안 받는 것은 아니다). 물론 당신은(그래도 나는), 끝내 그러한 판단을 뒤엎을 어떤 이유도 찾을 수 없을 때(이 어쩔 수 없는 갈등과 정직하게 맞설 때), 이 또한 당신 뜻대로(이것만은 내 뜻대로), 내가 공연히 자기 진술에 당신을 연루시켜 자기합리화의 근거를 삼으려 한다고(이 자기 고백 속에는 필연적으로 당신이 함께 살아 얽혀 있노라고) (…)[199]

이 소설은 '작가와 독자'로 이루어진 권위 관계를 역전시켜 독자

198 본 책, 300 ~301쪽.
199 이인성, 앞의 소설, 41쪽.

의 반응을 앞에 서술하고 작가의 입장을 괄호 안에 묶어 뒤에 서술한다. 독자가 전면에 나서고, 작가는 자신을 괄호 속에 묶어 억제한 형국이다.[200] 작가는 독자의 반응을 염려한다. 독자인 당신은 이 소설을 쓰고 있음을 의식치 못하고, 그것을 속임수로 받아들이고 작가인 나에 의해 조작된, 작가의 자기 진술에 대한 합리화의 근거로 삼으려 한다고 생각할지 모른다. 그러나 작가인 나는 당신에 의해 쓰이는 이 소설을 실제로 쓰기는 내가 쓴다는 문제를 의식화시킬 수밖에 없으나 속임수로 받아들이는 당신으로 인해 갈등하고 얼버무리고 싶은 유혹을 느낀다. 그러나 나의 진술, 즉 펜으로 내가 쓴 소설 속에는 당신이 함께 얽혀 있다고 말할 수밖에 없다.

새로운 관계는 작가 자신의 분열된 자아간의 대화적 목소리로 제시된다. 이는 소설쓰기에 있어서 독자의 중요성을 강조한다. 소설은 작가에 의해 쓰여 독자에게 전달되는 것이 아니라, 작가와 독자가 함께 소설쓰기에 관여하며, 작가의 책과 독자의 책이 따로 있다는 것을 암시한다.

편집자로서의 저자는 이질적인 텍스트를 하나의 텍스트 안에서 조합하거나 삭제한다. 〈'그는 그럴 수밖에 없었다'고 쓰지 못하다〉라는 소설은 작가가 구상은 하였으나 폐기한 소설에 관한 논평이다.

> 이 간이역 같은 소설은 일종의 응급처치를 위한 것이다. 〈그는 그럴 수밖에 없었다〉에 그토록 매달려 있었으면서도 실제로는 첫줄조차 써보지 못한, 저 잠재형의 이야기꾼이 지금 매우 위태로운 혼수상태에 빠져 있기 때문이다. 나는 눈뜨고 볼 수가 없다…. 그 소설은 기

200 이예령, 앞의 논문, 24쪽.

어이 작가에 의해 폐기 처분되면서부터, 언어의 식음을 전폐하고 마치 절망의 자궁 속에 갇혀 성장을 멈춘 태아인 양 굳어져가는 그의 모습을, 이야기로 존재하는 이야기꾼의 이야기를 할 수 없음에랴. 그리고 그만큼은 아니라도, 그 미완의 이야기꾼이 깊은 상처가 된 작가의 몰골 또한 말이 아니다. 이럴 때는, 누군가가 어떻게든 나서야 하는 법. 그래서 나는 그 이야기가 되지 않는 이야기를 이야기답지 않은 이야기로 이야기하는 것이다. (…중략…) 나는 이 발상의 수혈로 그의 죽음을 유예시키고 싶다.[201]

'간이역' 같은 소설은 현재진행형의 소설이다. 작가는 〈그는 왜 그럴 수밖에 없었을까〉를 쓴 이후 〈그는 그럴 수밖에 없었다〉에 매달린다, 이 소설은 부재의 형태로 존재할 수밖에 없음을 깨닫고 〈'그는 그럴 수밖에 없었다'고 쓰지 못하다〉는 소설을 대신 쓴다. 그러므로 이 소설은 애초에 작가가 구상하고 쓴 소설이 아니라, 폐기된 소설에 대한 응급조치이며, 수혈이다. 작가는 미완의 이야기꾼이 언어의 식음을 전폐하고 절망하는 것을 보다 못해 이 같이 나선 것이다.

이인성은 「문학에 대한 작은 느낌들」[202]에서 글은 의도에 따라 완성된 형태를 갖추어야 하는 것이 아니라고 말한다. 글은 첫 순간부터 매순간 제 등뒤의 모든 말-삶을 한꺼번에 미정된 미래로 끌고 가는 과정이다. 그리고 그 과정은, 확신에 차서 하나의 짜맞춤을 이루는 순간, 그 짜맞춤이 의혹과 시련을 가져올지라도 새로 짜맞추며 다시 시작해야 한다. 극단적으로 말해, 최초의 의도대로 쓰이는 것은 글이 아니라 제품이기 때문이다. 글은 비정형의 형태로서 우리도 모르는

201 이인성, 앞의 소설, 187~188쪽.

202 이인성, 「문학에 대한 작은 느낌들」, 『식물성의 저항』, 앞의 책, 14~15쪽.

사이에 우리의 발길을 알지 못할 그 어디엔가로 향하게 하고, 우리는 우리의 움직임을 명명하는 어떤 사유의 언어를 내뱉게 된다.

작가는 작품을 조립한 물건이라고 말한다. 그러나 조립하여 작품이 되는 순간 그것은 유기체의 구조를 갖는다. 이는 포스트모더니즘 작가들이 이야기를 텍스트의 조합을 통해 생산해내나, 생산된 텍스트는 새로운 생산품이 되는 것과 동일하다. 이들에게 위대한 작품을 쓴다는 것은 단순히 기존에 있는 위대한 작품들의 참조 목록의 저장품을 끌어오는 것이다.

> "(…) 작품이 구조라면, 그건 무기체의 구조가 아니라 유기체의 구조야. 내 작품을 내 의도와 다르게 독자가 읽을 수 있는 것도, 내가 조립한 물건을 독자가 자유롭게 다른 모양으로 분해 · 결합시킬 수 있기 때문이 아니야. 그건 내 욕망이 작품의 욕망과 어긋나는 탓이기도 하고, 내 살과 작품의 살이 섞이는 관계가 독자의 살과 작품의 살이 섞이는 관계와 다른 탓이기도 한 거지. 어쩔 수가 없어."[203]

'유기체의 구조'는 고정된 형식으로 존재하는 것이 아니다. 이는 조립한 물건이 스스로 가지고 있는 통일성이다. 그리고 이 구조는 작가, 작품 자체, 심지어는 독자에게 다른 구조적 효과를 발휘할 수 있다. 왜냐하면 이는 이들이 만나는 관계에 따라 달라질 수 있는 구조이기 때문이다. 작가는 〈다시 그를 찾아가는 우리의 소설 기행-허구의 후기〉에서 이미 발표한 단편들을 연작소설로 묶으면서, 편집을 하는 것이 어렵다는 것을 깨닫는다. 그러나 내 살과 작품의 살이 섞이는 관계는 독자의 살과 작품의 살이 섞이는 관계가 다를 것이라 생

---

203 이인성, 앞의 소설, 384쪽.

각한다. 왜냐하면 내가 쓰는 책이 있듯이 독자의 책이 따로 있을 것이기 때문이다. 독자의 책이 펼쳐질 때 작가의 책은 제 형식을 벗고, 독자들의 삶과 섞일 것이다. 그러므로 단편들의 편집은 작가인 나의 입장에서 말의 살을 오르게 하거나 군살을 빼주고 부실한 곳은 보충하고 전체의 틀 안에서 배열하게 하면 될 것이다.

4. 결론

이인성의 《한없이 낮은 숨결》에 나타난 상호텍스트성과 저자의 죽음 문제를 살펴보았다. 상호텍스트성은 개인적 상호텍스트성과 역사적 상호텍스트성으로 나누어 살펴보았는데, 개인적 상호텍스트성은 문학적 전통, 다른 장르의 텍스트, 다른 작가들의 작품이 아니라 자신의 작품을 상호텍스트로 삼는 경우를 말한다. 이는 실비오 개기가 사용한 용어로 앤 제퍼슨의 메타텍스트, 제라르 주네트의 메타텍스트성과 유사하다. 《한없이 낮은 숨결》은 12편의 단편이 상호테스트적 관계이다. 각 단편들은 창작 순서대로 구성되지 않았고, 독립적이나 서로 관련 있다. 8번째 단편 〈'그는 왜 그럴 수밖에 없었다'고 쓰지 못하다〉뿐 아니라 〈~의 소설 기행〉은 〈그는 왜 그럴 수밖에 없었을까〉의 메타텍스트이다. 〈다시 그를 찾아갈 우리의 소설 기행〉은 연작소설《한없이 낮음 숨결》의 메타텍스트이다.

역사적 상호텍스트성은 텍스트와 텍스트 사이의 영향관계뿐 아니라 주어진 텍스트와 한 문화의 언술 공간과의 영향관계를 나타낸다.

《한없이 낮음 숨결》은 프루스트의《잃어버린 시간을 찾아서》와 상호텍스트적이다. 두 텍스트는 모두 화자의 상상계의 작용을 주된 서술로 삼고, 담론 주체들의 분열이 나타난다. 또한 〈당신에 대해서〉에서 도서관의 메타포를 사용하여 텍스트가 생산된 사회공간과 상호텍스트 관계에 놓인다. 도서관은 다양한 문화와 다양한 언술의 텍스트들이 물리적으로 만나는 공간이다. 이인성은 책장의 책이 말을 걸어오는 경험을 통해 선배작가와의 정신적 투쟁의 장을 경험한다. 그리고 〈한없이 낮은 숨결〉은 처용설화를 인용하여 문화적 전통과 상호텍스트적 관계에 놓인다. 이인성은 전위를 제3세계에 적용하는 것을 처용 인용을 통해 시도한다.

상호텍스트성은 텍스트의 생산과 소비뿐 아니라 텍스트 외적인 문제, 즉 저자의 죽음과도 관계된다. 롤랑 바르트는「저자의 죽음」(1968)에서, 푸코는「저자란 무엇인가」(1969)에서 이를 언급한다.《한없이 낮은 숨결》의 저자는 텍스트의 유일한 기원이라기보다 언표행위의 수행자로서 텍스트를 생산하며 텍스트의 편집자로서 불필요한 이야기를 삭제하기도 하고 이야기를 배열하기도 한다.

《한없이 낮은 숨결》의 언표행위의 수행자로서 화자는 작가로 나타난다. 소설 속 화자는 작가이자 이인성이라는 이름을 가진 등장인물이지만 각 단편의 이야기꾼은 작가의 파편화된 시뮬레이션으로 기능한다. 각각의 이야기꾼은 각 이야기의 화자일 뿐 동일하지 않다. 그리고 이야기꾼들은 자신의 이야기가 허구를 목표로 삼고 언어의 장치로 구성되었음을 독자에게 환기시킨다. 〈당신 자신인 당신을 향한 물음들〉, 〈그를 찾아가는 우리의 소설 기행〉, 〈이미 그를 찾아간 우리의 소설 기행〉 등은 이야기가 언어의 세계임을 과시하여 독자들이 이야기의 환상 속에 동화되는 것을 막는다. 〈그는 왜 그럴 수밖에 없었을까〉는 시청각적 묘사조차도 언어로밖에 환기될 수 없는 것임을 강조하고, 독자를 언어 내부의 공간으로 옮겨오려 한다.

저자의 죽음은 텍스트의 다성성과 편집자로서의 저자와도 관계된다. 바흐친은 소설 장르는 내적으로 분화되고 다양한 언어가 사용되므로, 소설언어는 이어성을 지닌다고 말한다. 그리고 이 같은 특징은 소설 내에 다성적 목소리를 낳고 이는 저자의 죽음을 예표했다. 작가는 창조자의 위치에서 단순히 편집자의 위치로 바뀌었다. 《한없이 낮은 숨결》의 다성성은 12편의 단편이 모방하는 장르적 성격에도 잘 드러난다. 〈나의 자기 진술, 당신의 심문에 의한〉, 〈그때 그를 당신도 보았다면〉, 〈'그는 그럴 수밖에 없었다'고 쓰지 못하다〉, 〈다시 그를 찾아가는 우리의 소설 기행-허구의 후기〉은 비평의 언어, 〈당신에 대해서〉는 연극적 언어, 〈글주정〉은 유희적 언어, 〈그는 왜 그럴 수밖에 없었을까〉는 시청각적 언어, 〈그를 찾아가는 우리의 소설 기행〉, 〈이미 그를 찾아간 우리의 소설 기행〉은 정신분열적 언어로, 〈한없이 낮은 숨결〉은 눌변의 언어로 기존의 관습을 전복하고자 한다. 《한없이 낮음 숨결》의 다성성은 '나-당신', '그', '우리-그'의 세 이야기 층위, 작가의 분열과 독자의 분열, 역설적 진술 등을 통해서도 나타난다.

편집자로서의 저자는 텍스트를 삭제하거나 이질적인 텍스트를 조합한다. 〈'그는 그럴 수밖에 없었다'고 쓰지 못하다〉는 작가가 구상하였으나 폐기한 소설에 관한 메타논평이다. 이를 통해 작가는 글 쓰는 과정 가운데 새로운 짜맞춤이 가능하다고 논한다. 〈다시 그를 찾아가는 우리의 소설 기행-허구의 후기〉은 편집자로서의 작가가 단편들을 편집하여 연작소설을 구성하는 것이 어려움을 토로한다.

【참고문헌】

1. 기본자료

이인성,《한없이 낮은 숨결》, 문학과 지성사, 1989년.

2. 참고도서

■ 국내도서

강명구, 『소비대중문화와 포스트모더니즘』, 민음사, 1993년.
강운석, 『한국 포스트모더니즘 소설 연구』, 국학자료원, 2000년.
공명수, 『포스트모더니즘 사회의 이해: 포스트모더니즘과 대중문화』, 대진대학교출판부, 1999년.
권택영, 『포스트모더니즘이란 무엇인가?: 자연주의에서 미니멀리즘까지』, 민음사, 1990년.
______, 『후기구조주의 문학이론』, 민음사, 1990년.
______, 『포스트모더니즘과 문화』, 문예출판사, 1991년.
계 간, 『현대시사상-포스트모더니즘』 3, 고려원, 1989년.
김경린, 『알기 쉬운 포스트모더니즘과 그 주변 이야기』, 문학사상사, 1994년.
김국태, 『현대문화의 포스트모던적 흐름』, 글누림, 2013년.
김성곤, 『미로속의 언어』, 민음사, 1986년.
______, 『포스트모더니즘과 현대미국소설』, 열음사, 1990년.
______, 『소설의 죽음과 포스트모더니즘』, 글, 1992년.
______, 『포스트모던 소설과 비평』, 열음사, 1993년.
김성곤 편, 『탈구조주의의 이해-데리다, 푸코, 사이드의 문학이론』, 민음사, 1988년.
김영한, 『포스트모던 시대의 세계관』, 숭실대학교출판부, 2009년.

김우창 편, 『포스트모더니즘의 이해』, 문학과 지성사, 1990년.
______, 『포스트모더니즘과 포스트구조주의』, 현암사, 1991년.
김욱동, 『대화적 상상력: 바흐친 문학이론』, 문학과 지성사, 1988년.
______, 『포스트모더니즘과 포스트구조주의』, 현암사, 1991년.
______, 『포스트모더니즘의 이론』, 민음사, 1992년.
______, 『포스트모더니즘과 예술』, 청하, 1994년.
______, 『은유와 환유』, 민음사, 1999년.
______, 『포스트모더니즘의 이해』, 문학과 지성사, 2001년.
______, 『포스트모더니즘: 문학 · 예술 · 문화』, 민음사, 2004년.
______, 『모더니즘과 포스트모더니즘』, 현암사, 2004년.
______, 『포스트모더니즘』, 연세대학교출판부, 2008년.
김윤식, 『80년대 우리 소설의 흐름』 Ⅰ · Ⅱ, 서울대학교출판부, 1989년.
김윤식, 『전위의 기원과 행로』, 문학과 지성사, 2012년.
김종건, 『20~21세기, 모더니즘과 포스트모더니즘 문학의 진단』, 어문학사, 2019년.
김진홍, 『포스트모더니즘 원론』, 책과 사람들, 2005년.
김 현, 『전체에 대한 통찰』, 나남출판사, 1992년.
김혜숙, 『포스트모더니즘과 철학: 탈주체, 탈형이상학에 대한 이해와 반성』, 이화여자대학교출판부, 1997년.
나병철, 『근대성과 근대문학: 리얼리즘 · 모더니즘 · 포스트모더니즘』, 문예출판사, 1995년.
______, 『모더니즘과 포스트모더니즘을 넘어서』, 소명출판, 1999년.
문홍술, 『한국 모더니즘과 포스트모더니즘』, 역락, 2006년.
박상선, 『포스트모던의 예술과 철학』, 흙과 생기, 2011년.
서동욱, 『차이와 타자』, 문학과 지성사, 2000년.
신국원, 『포스트모더니즘』, IVP, 1999년.
신승환, 『포스트모더니즘에 대한 성찰』, 살림, 2003년.
신정현, 『포스트모던 시대의 정신: 인본주의 가치의 붕괴와 후기 근대의 디스토피아』, 서울대출판문화원, 2018년.
심상욱, 『포스트모더니즘의 이해』, 전주대학교출판부, 2005년.

원　철, 『포스트구조주의와 문학』, 한국학술정보, 2009년.
이승훈, 『포스트모더니즘과 문학비평』, 고려원, 1994년.
이인성, 『식물성의 저항』, 열림원, 2000년.
이정호, 『포스트모던 문화 읽기』, 서울대학교출판부, 1995년.
이진우, 『포스트모더니즘의 철학적 이해』, 서광사, 1993년.
장시기, 『포스트모던 시대의 문학과 언어: '문예언어'의 중심화와 탈중심화』, 동인, 1996년.
전경갑, 『포스트모던 문화이론』, PNC(피앤씨미디어), 2017년
정정호 · 강내희 편, 『포스트모더니즘론』, 터, 1989년
정정호 편, 『포스트모더니즘과 한국문학-후기산업사회의 문학적 대응』, 글, 1991년.
______, 『포스트모더니즘 개론』, 한신문화사, 1991년.
______, 『포스트모더니즘의 쟁점』, 터, 1991년.
조명래, 『포스트모더니즘과 현대사회의 위기』, 다락방, 1999년.
최문규 외, 『저자의 죽음인가, 저자의 부활인가?』, 한국문화사, 2015년.
허필숙 · 허영은, 『포스트모던 사회에서의 문학의 역할』, 정림사, 2007년.

■ 원서

Brian McHale, *Podtmodernist novel*, London: Methuen, 1987.
Carl Darryl Malmgren, *Fictional Space in the Modernist and Postmodernist American Novel*, Lewisburg: Bucknell University Press, 1983.
Edward Said, *The World, the TEXT, and the Critic*, Cambridge: Harvard University Press, 1983.
Frederick R. Karl, *American Fiction 1940/1980*, New York: Harper and Row, 1985.
Harold Bloom, *The Anxiety of Influence: A Theory of Poetry*, New York: Oxford University Press, 1973.
Jacques Derrida, *Speech and Phenomena*, trans. David Allison, Evandton: Northwestern University Press, 1973.
____________, *of Grammatology*, trans Gayatri C. SpivaK, Baltimore: Johns Hopkin's University Press, 1976.

__________, *Writing and Difference*, trans. Alan Bass(Chicago: University. of Chicago Press, 1978).

John Bath, "The Literature of Exhaustion", in *The Friday Book: Essays and Other Nonfiction*, New York: Putnam, 1984.

________, "The Literature of Replenishment" in *The Friday Book: Essays and other Nonfiction*, New York: Putnam, 1984.

John Hellman, *Fables of Fact: The New Journalism and the Nonfiction*, Urbana: University of Illinois Press, 1981.

Joseph N. Riddel, *The Inverted Bell*, Baton Rouge: Louisiana State University Press, 1974.

Larry McCaffrey, ed. *Postmodern Fiction: Bio-Bibliograpahical Guide*, Westport, Conn: Greenwood Press. 1986.

Mikhail Bakhtin, *The Dialogic Imagination: Four Essay*, ed. Michael Holquist, trans.

Raymond Federman, ed *Surfiction: Fiction Now and Tomorrow*, Chicago: Swallow Press, 1975.

Roland Barthes, *S/Z*, Paris, 1970.

__________, *The Pleasure of the Tezt*, trans. Richard Miller(1973 in French ; New York: Hill and Wang, 1975).

__________, "The Death of Author", in *Image-Music-Text*, trans. Carl Emerson and Michael Holquist, Austin: University of Texas Press, 1981.

Ronald Sukenick, *Death of the Novel and other stories*, FC2/Black Ice Books, 2003.

Timothy Dow Adams, "Obscuring the Muse: The Mock Autobiographies of Ronald Sukenick", *Critique* 20, 1978.

Umberto Eco, *The Name of the Rose*, trans William Weaver, New York: Harcourt Brace Jovanovich, 1983.

William Gass, *Fiction and the Figures of Life*, New York, 1970.

_________, *Habitations of the Word Essays*, New York: Simon and Schuster, 1985.

■ 번역서 · 평론

Albrecht Wellmer, 이주동 · 안성찬 역, 『모더니즘과 포스트모더니즘의 변증법』, 녹진, 1993년.

Alex Callinicos · 이수현 옮김, 『포스트모더니즘: 마르크스주의의 비판』, 책갈피, 2014년.

Andras Gedo, 김경연 · 윤종석 역, 『포스트모더니즘의 도전』, 다민, 1992년.

Brandon Taylor, 김수기 · 김진송 역, 『모더니즘, 포스트모더니즘, 리얼리즘: 미술에 대한 하나의 비판적 시각』, 시각과 언어, 1993년.

Fredric Jameson · 임경규 역, 『포스트모더니즘, 혹은 후기자본주의 문화논리』, 문학과 지성사, 2022년.

Gerald Graff · 김지원 역, 「포스트모더니즘이란 무엇인가」, 『포스트모더니즘론』, 터, 1989년.

Gilles Deleuze, 서동욱 · 이충민 옮김, 『프루스트와 기호들』, 민음사, 2022년(2판).

Harold Bloom · 윤호병 역, 『시적 영향의 불안』, 고려원, 1991년.

Hug Silverman · 윤호병 역, 『포스트모더니즘: 철학과 예술』, 고려원, 1990년.

Ihab Hassan, 정정호 · 이소영 옮김, 『포스트모더니즘 개론: 현대문화와 문학이론』, 한신문화사, 1991년.

__________, 정정호 역, 『포스트모던 문화와 문학』, 신아사, 2007년.

Jacques Derrida · 김성곤 역, 「인문학의 언술행위에 있어서의 구조와 기호 그리고 유희」, 『탈구조주의의 이해』, 민음사, 1988년.

____________ · 남수인 역, 『글쓰기와 차이』, 동문선, 2001년.

Jean-Francois Lyotard · 윤동구 역, 『포스트모더니즘을 구하라』, 앨피 북, 2008년.

Jean-Paul Sartre · 정소성 옮김, 『존재와 무』, 중원문화, 2012년.

Jullia Kristeva · 김인환 옮김, 『시적 언어의 혁명』, 동문선, 2000년.

Leslie Fiedler · 신문수 역, 「경계를 넘어서고 간극을 메우며」, 『포스크모더니즘론』, 터, 1989년.

Madan Sarup · 전영백 옮김, 『후기구조주의와 포스트모더니즘』, 조형교육, 2005년.

Michel Foucault · 김성곤 역, 「대 감호(大監護)」, 『탈구조주의의 이해』, 민음사, 1988년.

Patricia Waugh · 김상구 역, 『메타픽션: 포스트모더니즘 문학이론』, 열음사,

1989년.

Paul Beauvais · 이경호 역, 「포스트모더니즘과 정치」, 『현대시사상-포스트모더니즘』3, 고려원, 1989년.

Roland Barthes · 김화영 옮김, 『텍스트의 즐거움』, 동문선, 1997년.

__________ · 김웅권 옮김, 『글쓰기의 영도』, 동문선, 2007년.

__________ · 이상빈 옮김, 《롤랑 바르트가 쓴 롤랑 바르트》, 동녘, 2013년.

Richard Appignanesi · Chris Garatt, 이소영 역, 『포스트모더니즘: 무엇이 세계를 움직이는가』, 이두, 1996년.

Rinda Hutcheon · 장성희 역, 『포스트모더니즘의 이론과 전략』, 현대미학사, 1998년.

Slavoj Zizek, 김지훈 · 박재철 · 이성민 옮김, 『신체없는 기관-들뢰즈와 결과들』, 도서출판 b, 2006년.

Terry Eagleton · 김준환 역, 『포스트모더니즘의 환상』, 실천문학사, 2000년.

Thomas Altizer, 김용규 외 역, 『포스트모더니즘 백과사전』, 경성대학교출판부, 2007년.

Vincent B. Leitch · 권택영 옮김, 『해체비평이란 무엇인가』, 문예출판사, 1988년.

3. 학위논문

구지연, 「이인성 소설 연구-장르 문법의 혼종성을 중심으로」, 중앙대 석사학위논문, 2013년.

송선령, 「한국 현대소설의 환상성 연구」, 이화여자대학교 박사학위논문, 2009년.

신현주, 「프루스트의 《잃어버린 시간을 찾아서》에 나타난 자아의 분열과 통합의 양상」, 서울대 석사학위논문, 2017년.

이길화, 「이인성 소설 연구 - 80년대 작품을 중심으로」, 중앙대 석사학위논문, 2009년.

이예령, 「마조히즘적 글쓰기의 수사학적 특성 연구-이인성의 《한없이 낮은 숨결》을 대상으로-」, 서강대 석사학위논문, 2015년.

조향숙, 「비의도적 기억을 통해 나타난 시공간 표현」, 홍익대 박사학위논문, 2012년.

지용신, 「1970,80년대 한국 소설의 글쓰기 의식 연구」, 한남대 박사학위논문, 2014년.
진재남, 「이인성 소설의 탈서사성 연구」, 고려대 석사학위논문, 2011년.
유현성, 「이인성 소설의 해체주의 연구-1980년 문학 담론과 관련하여」, 건국대 석사학위논문, 2018년.
한정현, 「이인성 소설 연구」, 동국대 석사학위논문, 2017년.
홍정희, 「이인성 소설에 나타난 환상 연구」, 한양대 박사학위논문, 2019년.

4. 소논문·평론

강동호, 「소설이 아닌 소설들: 최근의 메타픽션들에 대한 단상」, 『문학과 사회』 통권 90호, 문학과 지성사, 2010년.
고지문, 「메타픽션의 수용과 의의」, 『영어영문학』34권 4호.
고　원, 「사이와 차이: 이인성의 장편 소설에 대한 실험적 정신 분석」, 『세계의 문학』84호, 민음사, 1997년.
권성우, 「존재론적 고독에서 '당신'과의 만남으로-이인성론」, 『비평의 매혹』, 문학과 지성사, 1993년.
권오룡, 「'사이'의 시학 혹은 타자에의 지향: 이인성론」, 『문학과 사회』 48, 1999년.
김동식, 「몸-바꿈의 환상성과 탈/경계의 운동성」, 『작가세계』, 2002년 겨울호.
김상태, 「포스트모더니즘의 특성」, 「현대소설연구」1, 1994년.
______, 「포스트모더니즘과 한국의 문학」, 『구보학보』 1, 2006년.
김석준 · 홍미희, 「포스트모더니즘이 현대 영상에 미친 영향에 관한 연구」, 『시각디자인학 연구』 10, 2002년.
김성곤, 「포스트모더니즘에 대한 몇 가지 이론적 성찰」, 『세계의 문학』, 민음사, 42집, 1982년.
______, 「해체이론과 해체적 글읽기」,『세계의 문학』, 민음사, 48집, 1988년.
______, 「모더니즘과 포스트모더니즘」, 『현대시사상-포스트모더니즘』3, 고려원, 1989년.
______, 「섭 장르소설(Sub-Genre Fiction)의 부상」, 『문학사상』, 2015년 가을호.
김양호, 「포스트모더니즘과 해체」, 『한국현대소설과 비평의 만남』, 한불출판,

1993년.

______, 「포스트모더니즘 이후의 문화 현상 고찰-장르 문학에 대한 접근-」, 『한국문학과 예술』 16, 2015년.

김윤식, 「이인성의 〈그를 찾아가는 우리의 소설 기행〉」, 『80년대 우리 소설의 흐름』 Ⅱ, 서울대학교출판부, 1989년.

______, 「한국문학과 포스트모더니즘」, 『현대시사상』 3, 1989년.

김인호, 「허구와 현실 사이의 존재론적 성찰: 이인성의 《한없이 낮은 숨결》론」, 『현대비평과 이론』 18, 1999년.

김창래, 「저자란 무엇인가」, 『철학』 제112집, 2012년.

김치수, 「우리의 새로운 소설 어디까지 왔는가」, 『문학사상』, 1990.3.

______, 「새로운 소설의 시대를 위하여」, 『공감의 비평을 위하여』, 문학과 지성사, 1993년.

김태환, 「이야기꾼의 자의식」, 《한없이 낮은 숨결》, 문학과 지성사, 1989년.

김　현, 「이인성에 대한 두 개의 글」, 『김현 문학 전집』 5, 문학과 지성사, 1992년.

김현숙, 「이인성 소설의 특징」, 『한국문화연구원논총』 61, 1992년.

나병철, 「미완의 계몽과 포스트모더니즘 논쟁」, 『한국현대문학연구』 56, 2018년.

노대원, 「이인성 소설 《한없이 낮은 숨결》의 수사학적 연구-〈당신에 대해서〉의 대화적 담화를 중심으로」, 『비교한국학』 21, 2013년.

______, 「이인성 소설에 나타난 소통의 불안-《한없이 낮은 숨결》과 《미쳐버리고 싶은, 미쳐지지 않는》을 중심으로」, 『문학치료연구』 45, 2017년.

민병기, 「포스트모더니즘과 한국소설」, 『현대소설연구』 1, 1994년.

박　엽, 「메타픽션의 이론과 실제」, 『영어영문학』 34호, 1988년 가을.

박혜경, 「소설, 자기부정의 형식-이인성, 한유주의 경우」, 『오르페우스의 시선으로』, 문학과 지성사, 2007.

박희관, 「포스트모더니즘, 우리에게 무엇인가」, 『경남전문대학 논문집』 24집, 1996년.

서동욱, 「들뢰즈와 문학-『프루스트와 기호들』을 중심으로」, 『프루스트와 기호들』, 민음사, 2022

서종택, 「해체와 실험」, 『한국현대소설사론』, 고려대출판부, 1999년.

신문수, 「메타픽션의 위상」, 『외영』4호, 1986년.

신정현, 「포스트모더니즘 이해를 위하여」, 『문예중앙』54호, 1991년 여름.
______, 「포스트모더니즘과 포스트모던 문학」, 『미국학』 13호, 1990년.
신항식, 「초국적 기업의 문화로서 포스트모더니즘」, 『일러스트레이션 포럼』 49, 2016년(2판).
안남현, 「한국문학에서의 포스트모더니즘 고찰: 포스트모더니즘 작가의 작품 분석을 중심으로-」, 『어문학』 61, 1997년.
오지은, 「위안의 서사와 불화의 서사: 1980년대 교양소설의 두 가지 문법-이문열과 이인성의 소설을 중심으로」, 『한국현대문학회』56, 2018년.
우찬제, 「청중은 있는가?」, 『한국문학이론과 비평』29, 2005년.
______, 「서사도단의 서사-조하형 · 최제훈 소설의 경우」, 『문학과 사회』 22, 2009년.
이경호, 「서평: 개인으로서의 독자, 집단으로서의 독자: 이인성 소설집 《한없이 낮은 숨결》, 김남일 소설집 《일과 밥과 자유》」, 『작가 세계』, 1986년 6.
______, 「관계맺기로서의 소설 형식-이인성론」, 『문학과 현실의 원근법』, 민음사, 1992년.
이상화, 「포스트모더니즘: 우리사회의 가능성」, 『철학과 현실』, 1993년 3월.
이수형, 「그는 왜 말할 수밖에 없었을까: 이인성의 《낯선 시간 속으로》와 《한없이 낮은 숨결》을 중심으로」, 『문예중앙』111호, 랜덤하우스중앙, 2005년.
이정호, 「포스트모더니즘」, 『현대비평과 이론』2호, 1991년 가을.
장석주, 「이인성, 또는 실험 소설의 현 단계」, 『20세기 한국문학의 탐험』 4권, 시공사, 2000년.
전동열, 「포스트모더니즘과 대중성의 문제-한국의 포스트모더니즘 수용 양상에 대한 비판적 고찰」, 『독일언어문학』 18집, 2002년.
전승화, 「사뮈엘 베케트의 〈나는 아니야 Pas moi 〉와 이인성의 〈한없이 낮은 숨결〉의 문장부호를 통해 살펴본 두 텍스트의 유령성」, 『외국문학연구』 83, 2021년.
정과리, 「겹으로 놓인 허구」, 《한없이 낮은 숨결》, 문학과 지성사, 1989년.
______, 「이인성, 또는 실험소설의 현 단계」, 『20세기 한국문학의 탐험』 4권, 시공사, 2000년.
정규희, 「1990년대 포스트모더니즘 소설에 나타난 소외와 극복 양상 연구-아노미와 동학의 후천개벽 사상을 중심으로」, 『동학학보』 32, 2014년.

정은경, 「'처용' 모티브의 현대소설변용을 통해 본 '처용'의 문학적 의미 연구: 김소진의 《처용단장》과 이인성의 〈강 어귀의 섬 하나〉를 중심으로」, 『한국문예창작』11, 2012년.

정정호, 「메타픽션과 한국적 수용의 문제」, 『현대소설』8호, 1991년 가을.

조남현, 「메타픽션의 외로움과 보람-이이성론」, 『우리소설의 판과 틀』, 서울대학교출판부, 1991년.

차봉희, 「독일 포스트모더니즘 소설과 90년대의 한국 소설-'현대' 소설 미학과 '포스트모더니즘' 소설 미학의 분기점을 중심으로」, 『한신논문집』 제15집 2권, 1998년.

차원현, 「해체와 구성의 변증법: 이인성의 80년대 소설을 중심으로」,『작가연구』15호, 깊은샘, 2003년.

최병일, 「포스트모더니즘과 한국 현대 서사문학(Ⅰ)」, 『외대어문논총』 8호, 1997년.

최혜실, 「소설의 소통 구조에 대한 검증이 갖는 의미」; 〈한없이 낮은 숨결〉」, 『한양어문연구』13, 1995년.

한석준, 「관계와 정체성-포스트모더니즘 관점에서」, 『독서치료연구』 제8권 1호, 2016년.

허상문, 「혼돈과 좌절: 포스트모더니즘 시대의 소설들」, 『오늘의 문예비평』, 1992년 6월.

홍정희, 「이인성 소설 《한없이 낮은 숨결》의 음조와 음악 미학을 경유하여-」, 『한국언어문화』68, 2019년.

【색인】

ㄹ

ㅁ

ㅂ

ㅅ

ㅇ

ㅈ

ㅊ

ㅋ

ㅌ

ㅍ

ㅎ

#【포스트모더니즘 관련 용어】

계보학(Genealogy)[204]

푸코(Michel Foucault)가 「니체, 계보학, 역사」에서 새로 제시한 역사 인식 방법이다. 계보학은 고고학의 이론적 바탕을 이어받아 역사적 분석의 방법을 넓힌다. 계보학의 장점은 갖가지 사회 기관들, 예를 들어 형무소, 병원 등의 출현과 발전 그리고 사회적 실천행위를 강화시켜 주는 기술과 규율의 형성과 발전을 살펴볼 수 있다는 것이다.

계보학은 우선 기존의 역사가 품고 있는 기원에 대한 갖가지 환상을 무너뜨린다. 그것은 거창한 개념은 물론 사소한 사실까지도 철저히 역사적 움직임 속에서 파악한다. 형이상학에 대한 믿음을 버리고 절대적 의미, 제도, 권위의 계보를 추적함으로써 실상을 적나라하게 드러낸다. 이들은 절대적이며 보편적인 것이 아니라, 허상이며 가면에 불과하다. 또한 기원은 불가피한 상실의 장소에 놓여 있으며, 진리는 역사의 오랜 과정 동안 구워져서 변경할 수 없는 형태로 굳어져 버렸기 때문에 거부할 수 없는 과오에 불과하다는 것을 밝힌다.

계보학은 고고학의 작업-역사에서 배제되거나 주변으로 밀려난 국부적 사실들을 찾아내고 분석하는 방법-을 토대로 이제까지 종속되어 온 지식을 이용하는 전술이다. 그 전술의 목적은 이성적이고 파괴적인 진리 혹은 지식이라는 것의 기원이 사실은 지배, 종속, 여러 세력 사이의 관계 즉 권력에 뿌리박고 있음을 보여 주는 것이며, 또한 억압된 지식이 지배전략의 지식에 대해 반대하고 투쟁할 수 있도록 만드는 것이다.

계보학은 '효과지향의 역사'이다. 이론이나 체계성을 염두에 두기보다는 지식체계와 결부된 권력의 행사 양태를 드러내는 일의 효율성에 염두를 두었기 때문이다. 그것은 또한 매우 비판적인 작업이다. 계보를 더듬어 기원에까지 거

204 김성곤, 「미셸 푸코의 역사관」, 『탈구조주의의 이해』, 민음사, 1988년, 103~116쪽.

슬러 올라가는 것은 사물의 본질이나 부동의 형태를 찾아서가 아니라, 오히려 거기에는 본질이나 본래적인 단일체가 없다는 것을 확인시켜 주며 지배전략에 의해 버려진 우연하고 사소한 사실들을 일구어내기 때문이다.

고고학(Archaeology)[205]

푸코는 『지식의 고고학』(1969)에서 기존의 역사를 '전체 역사'로, 고고학을 '일반 역사'로 명명한다. 기존의 역사는 하나의 중심을 상정하고 그 둘레로 모든 현상들을 끌어다 붙이는 전체화하는 역사이다. 그것은 연속성, 인과율, 목적론 등의 개념에 깊이 물든 역사를 의미하는 것으로 사상사를 대표적인 예로 들 수 있다. 헤겔은 역사를 절대, 혹은 정신의 질서정연한 자기 발전으로 본다. 그러나 고고학은 방산의 공간이다. 갖가지 현상들이 어느 한 곳을 향해 결집되거나 유사한 구조를 드러내지 않고 단지 흩어져 있을 뿐이다. 즉 파열과 불연속의 현상들이 흩어져 있다.

분석 대상은 한 학문 분야의 규제된 담론을 이루는 한정된 범위의 텍스트들이다. 고고학은 한 시기의 담론 행위를 지배하는 규칙들의 보편 체계를 명시할 수도 있다. 또한 고고학은 어떤 시기와 어떤 사회가 표현 가능성, 보존, 기억, 재생, 도용의 한계와 형태를 규제하기 위해 어떤 규칙들을 가졌는가를 기술한다.

고고학은 불연속성을 방법론의 축으로 채택하는데 불연속성은 역사에 관한 낡은 개념과 이론들을 전복시킨다. 고고학은 역사적 과정과 운동 속에서 발생하는 수많은 방해와 제한을 전면에 드러내고, 파편화를 낳는다. 푸코는 고고학자로서 서구 문화의 안정된 기반에 그것의 균열과 불안정성, 틈새를 다시 드러내고자 한다.

푸코는 학문의 주체가 지닌 욕망, 언어 형태, 행위, 신화의 규칙들을 탈중심화 시킴으로써 주체를 해체한다. 고고학은 인간이 자신의 담론이 어떻게 형성되었고 변형되었는가, 즉 인식소의 작동 규칙을 해명할 수 없다는 것을 보임으로써 인류 역사의 알려지지 않은 통제와 불연속성을 드러내 '인간'을 탈중심화

205 빈센트 B. 라이치 · 권택영 역, 『해체비평이란 무엇인가』, 문예출판사, 1988년, 198~217쪽.

시킨다. 고고학은 의식을 물리치고자 한다.

고고학의 중요한 또 하나의 분석 자료는 '차이'이다. 푸코는 자신의 전체 방법론적 실천을 '차이'의 분석이라 칭한다. 푸코는 인식소를 지식의 집합도 아니고 통일된 사유 양식도 아니며 빗나감, 틈새, 분산의 공간으로 묘사하면서 자신의 문화 모델을 차이들의 적극적인 상호작용 한가운데 놓는다. 그는 전통적인 역사 안에서 주어진 시기에 지식의 가능한 산종을 규정하는 동시적 차이의 분야와 변형, 그것의 위계질서, 종속성, 차원 모두를 결정하는 연속적 차이들에 대한 분석을 대치시킨다. 차이는 공간과 시간 (동시적인 것과 연속적인 것) 이론 저변에 깔려 있다. 차이는 또 탐구와 분석방법들을 지시한다. 마지막으로 차이는 전통적인 역사 기록을 조직하는 변증법적 이분법을 파괴하기 위한 도구로 기능한다. 차이를 풀어놓기 위해서는 모순, 변증법, 부정 없는 사상, 빗나감을 받아들이는 사상, 분열이 그 도구인 긍정적인 사상, 다중 사상, 어떤 교육적 모델(준비된 답의 속임수)에 순응하지 않고 미해결의 문제들에 달려드는 사상이 요구된다.

「고갈의 문학」(Literature of exhaustion)(1967)[206]

존 바스(Jhon Barth)의 논문으로 「소생의 문학」(1980)과 더불어 1960년대와 1970년대의 포스트모더니즘 유형을 각각 천명하는 글이다. 존 바스는 「고갈의 문학」에서 전통적인 소설 양식이 이제 고갈되었으며 더 이상 현실을 묘사할 수 없으므로 새 시대에 맞는 새로운 소설 형식과 상상력이 필요하다고 주장한다. 이를 위해 현대 작가들은 리얼리티와 처절한 사투를 벌여 리얼리티를 붙잡고 시름을 계속해야 한다. 이러한 지적 싸움이야말로 현대 작가들이 수행해야 할 영웅적 작업이다. 즉 이 논문은 1960년대라는 상황 하에서 작가로서의 날카로운 현실인식과 거기에 부응하지 못하는 자신의 현실 묘사 도구인 내러티브에 대한 위기위식을 천명한다.

206 김성곤, 「포스트모더니즘과 내러티브의 위기-리얼리즘, 모더니즘, 포스트모더니즘에 대한 한 성찰」, 『포스트모던 소설과 비평』, 열음사, 1993년. 15~40쪽.
김욱동, 『포스트모더니즘의 이론』, 민음사, 1992년, 183쪽.

공상과학 소설(Science fiction)[207]

공상과학 소설은 현실적인 시간과 공간을 초월하는 문학 장르를 말한다. 현재보다는 내세, 인간이 살고 있는 지구보다는 외계에 더 관심을 갖는다. 이런 의미에서 '부재의 문학'이나 '불가능성의 문학'이라고 부르기도 한다. 경우에 따라서는 인간의 기억을 초월하는 신화적 과거, 대안적 역사적 세계도 다루지만 본질적으로는 주로 현존하지 않는 미래를 다루는 것이 보통이다.

'공상'이라는 용어가 함축하고 있듯이 인간의 상상력이 중요한 지배소로 사용되고, '과학'이라는 용어가 의미하듯이 과학이나 유사과학을 가장 핵심적 플롯이나 배경으로 삼고 있다. 환상적인 형식을 취하고 있으면서도 지식이나 지식에 기초한 진리를 취급한다.

1960년대부터 시작하여 '뉴 웨이브'라고 부르는 새로운 유형의 공상과학 소설이 등장하기 시작하였다. 이 소설은 자기반영적 특징을 띠기 시작하였으며 기법으로 패러디를 사용한다. 공상과학 소설이 탄생되는 과정 자체를 드러냄으로써 과학의 언어와 소설의 언어가 얼마나 허구적인가 하는 점에 주목한다. 또한 상호텍스트적인 성격이 강하게 부각된다. 전통적인 신화와 우화, 기존 작품들을 구성상의 틀로 삼는다.

논픽션 소설(Nonfiction novel)[208]

20세기 중엽, 제2차 세계대전 이후 본격적으로 대두되었다. 다양한 소설 기법을 사용하여 비교적 최근의 역사적 사건이나 인물을 사실적으로 묘사하는 장르를 가리킨다. 허구적 형식을 통하여 실제적인 역사를 재현하는데 있어 그들은 역사적 기록이나 문서는 말할 것도 없고 직접 또는 간접적으로 사건에 연루되어 있는 중요한 인물들과 개인적 인터뷰에 크게 의존한다. 커포우티(Truman Capote)가 처음 시도하였고, 노먼 메일러(Norman Kingsley Mailer)에 의하여 한결 본격적인 궤도에 오른다.

객관적 사실에 기초를 두고 있으면서도 여전히 소설 장르의 테두리에서 크

207 김욱동, 위의 책, 386~404쪽.

208 김욱동, 위의 책, 325~337쪽.

게 벗어나지 않는다. 기존의 소설 장르를 확충하고자 하며, 소설의 전통에서 파생되어 나온 것으로 통일성과 일관성을 지닌다.

누보로망(Nouveau roman)[209]

프랑스의 로브-그리예(Alain Robbe-Grillet)는 『누보로망을 위하여』(1963)에서 누보로망은 과거의 모든 문학 전통과 결별하고자 하는데 특성이 있다고 주장한다. 그는 새롭게 대두되기 시작한 유형의 소설을 누보로망, 즉 '새로운 소설'로 부르며, 누보로망 작가들이란 제2차 세계대전 이후 변화한 새로운 인간관계를 표현하는데 가장 적합한 새로운 형식을 추구하는 소설가들을 말한다고 주장한다.

누보로망은 19세기 중엽의 부르주아 리얼리즘, 19세기 말엽의 비판적 리얼리즘, 1930년대와 1940년대의 사회주의 리얼리즘과 전혀 다른 특성을 지녀야 한다. 누보로망은 문학적 영원성을 거부하며, 창작행위와 비평행위를 변별적으로 구분하지 않는다는 점에서 모더니즘과 다르다.

누보로망은 뤼시엥 골드만(Lucien Goldman)의 『소설 사회학을 위하여』(1964)에서 제시하는 서구 자본주의의 세 단계인 자유주의적 자본주의, 제국주의적 자본주의, 소비 사회적 자본주의 중 세 번째 단계와 관계된다. 포스트모더니즘은 1945년 이후 비로소 시작된 소비 사회적 자본주의의 특징이 심미적 지배소가 된다. 세 번째 단계의 자본주의는 모든 가치가 오직 교환 가치로 축소되고 대상 세계가 인간 세계를 지배하는 이른바 물화 현상이 최대한으로 발전하는 단계로 비정치적이고 비인간적인 특성을 지니고 있다.

골드만은 로브-그리예를 반휴머니즘적 특징을 지닌 작가로 분류한다. 로브-그리예 작품은 그 자체의 구조와 법칙을 지니고 있는 반자율적인 사물 세계의 출현으로 특징 지워진다. 그는 인간 심리와 인간의 상호관계보다 물화된 사물 세계에 더 관심을 갖는다. 로브-그리예의 경우 '실재는 오직 사물의 구조와 속성을 통하여 표현될 때만 다시 발견될 수 있다.'

린다 허천(Linda Hutcheon)은 누보로망과 서픽션 등을 포스트모더니즘에서 제외시키지만 누보로망이나 서픽션이 전통적인 플롯이나 내러티브를 모두 해

209 김욱동, 위의 책, 138~153쪽.

체하고 일상생활에서 쉽게 볼 수 있는 작중인물에 별다른 관심을 갖지 않는 점에서 반휴머니즘적이므로 포스트모더니즘에 포함시키는 것이 적합하다.

눈멂과 통찰(Blindness and insight)[210]

폴 드 만(Paul de Man)은 비평가란 눈멂을 통해서만 통찰력을 가질 수 있다고 말한다. 마치 눈을 뜨고도 질실을 보지 못하던 외디푸스가 눈멂을 통해 마음의 눈으로 진실을 보게 되기를 원했듯이, 비평가의 통찰도 어떤 눈멂을 통해서만 가능하다. 루카치(Georg Lukács)나 블랑쇼(Maurice Blanchot)나 폴레(George Poulet) 또는 루소(Jean-Jacque Rousseau)나 훗설(Edmund Husserl) 같은 비평가들도 모두 자신들이 발하는 빛에 눈멀었으며 따라서 원래 자기들이 말하려는 것과는 다른 무엇인가를 말하게 되는 운명을 갖고 있었다.

이는 글쓰기에 대한 그의 회의와 깨달음을 나타내 준다. "일상 언어의 해석은 마치 끝도 없고 진전도 없는 시지프스의 작업과도 같다. 왜냐하면 기호나 의미 중 하나는 언제나 그가 원하는 것을 그가 원한다고 말하는 것과 다르게 만들 수 있기 때문이다."

그에 따르면 모든 언술행위는 가면이고 거짓이며 해석은 불가능하다.

뉴저널리즘 소설(new journalism novel)[211]

소설 장르에서 사용하는 기법을 차용함으로써 저널리즘의 영역을 넓히고자 한다. 로널드 웨버(Ronald Weber)는 뉴저널리즘을 가리켜 '문학적 논픽션'이라고 부른다. 문학적 저널리즘을 존 웨버(Jhon Weber)는 '정보전달의 가치 이외에 언어로서의 가치를 지니는 장르', 존 워노크(Jhon Warnock)는 '내러티브 형식을 통한 진리의 재현', 크리스 앤더슨(Chris Andersson)은 '개인적이고 사색적인 동시에 정보를 제공해 주는 장르', 짐 보일런(Jim Boylan)은 '상당한 문학적 질과 작가가 보는 바의 진리에의 충실을 목표로 삼고 다른 형태의 저널리즘으로는 포착할 수 없는 삶과 문화의 다양한 양상을 포괄'하고자 하는 장르라고 정의 내린다.

---

210 김성곤, 「탈구조주의의 문학적 의의와 전망」, 『탈구조주의의 이해』, 앞의 책, 11~43쪽.
211 김욱동, 앞의 책, 325~337쪽.

뉴저널리즘은 뉴욕에서 발행되는 잡지 『뉴요크』를 중심으로 1960년대 중엽부터 본격적으로 대두되기 시작하였다. 객관적 보도라는 전통적 리얼리즘의 기본 입장에 도전하여, 정보 못지않게 정보가 전달되는 스타일, 즉 언어적 측면이 중시된다. 육하원칙에 입각하여 기사를 쓰는 종래의 저널리즘에 대한 비판적 반작용이다. 뉴저널리즘의 저변에는 종래의 리얼리즘으로는 제2차 세계대전 이후 지극히 복잡다단한 양상을 띠고 있는 현대인의 삶의 모습을 제대로 묘사할 수 없다는 전제가 깔려 있다. 몰개성적이고 객관적인 묘사를 지양하고 의식의 흐름 수법 같은 전위적 소설 기법을 포함하여 소설 장르에서 주로 사용되는 관점이나 시점 · 상징 · 극적 장면 · 배경 · 대화 · 내러티브 패턴 등을 과감하게 사용한다.

1970년대 말엽과 1980년대 초엽을 분수령으로 삼아 뉴저널리즘 문학은 새로운 국면을 맞는다. 미디어 이론가 노먼 심스(Norman Sims)는 이를 '문학적 저널리즘'이라 부른다. 문학적 저널리즘은 다음과 같은 특징을 지닌다. ①문학적 저널리스트들은 그들이 집필하고자 하는 주제를 철저히 이해하기 위하여 주어진 환경이나 직업에 깊이 몰두한다. ②문학적 저널리스트들은 작품에 질서와 균형 그리고 통일성을 부여해 주기 위하여 새로운 건축학적 구성 방법에 따라 스토리를 전개한다. 경우에 따라 과감히 비연대기적 서술 방법을 사용하기도 한다. ③문학성을 강조하면서도 정확성을 강조하여, 구체적인 사회적 공간과 역사적 시간을 제시한다. ④그들의 자료를 표현하는데 적합한 목소리를 발견하고자 한다. ⑤누구보다도 자신들의 작업에 대하여 책임성을 느낀다.

1980년대 초엽부터 '신(新)뉴저널리즘'이라는 유형이 등장한다. 실제 사건이나 상황과는 아무런 관련이 없이 완전히 날조된 저널리즘에 관심을 갖는다.

네오 리얼리즘(Neo realism)[212]

제2차 세계대전 이후의 미국소설에서 가장 두드러지게 나타났다. 이 당시 출판된 미국 소설들은 한편으로는 1910년대와 1920년대에 풍미하던 모더니즘의 실험성을 점차 극복하였다. 다른 한편으로는 1930년대와 1940년대의 경제공황을 맞으면서 새롭게 각성된 사회의식이나 이데올로기적 확실성을 지양하기 시작하였다.

212 김욱동, 앞의 책, 130~138쪽.

대니얼 파크(Daniel Park)는 「솔 벨로우와 현대적 전통」(1974)에서 벨로우(Saul Bellow)를 비롯한 미국의 유태계소설가들이 보다 리얼리즘적 소설 형태로 복귀하고 있음을 주목한다. 벨로우는 구체적인 역사성에 기반을 둔 채 휴머니즘적 측면을 강조하였다. 그는 허무주의를 거부하고 될 수 있는 대로 삶으로부터 예술을 만들어내고자 하였다. 이러한 경향은 1960년대 유행한 메타픽션이나 미니멀리즘에서도 계승된다. 블래드베리(Malcolm Bradbury)는 포스트모더니즘적 실험성이 가미된 리얼리즘 소설 유형을 '新네오-리얼리즘'이라 불렀다.

네오 아방가르드(Neo avant-garde)[213]

초기 포스트모던 전위문화를 가리킨다. 모더니즘의 아방가르드에 비해 보다 지적이고 체계적인 성격을 띠고 있다. 로브 그리예 등의 프랑스 누보로망, 과학자 막스 벤제(Max Bense)이 이끄는 슈투르가르트 구체시 그룹, 영국과 미국의 50년대 비트 운동, 리버풀의 팝시, 리빙 시어터, 존 케이지(John Milton Cage Jr.)의 음악 등이 새로운 아방가르드를 대표한다.

네오 아방가르드는 반목적론적이고 무정부주의적인 충동을 내포하고 있었다. 가령 제라르 쥬네트(Gerard Genette)는 현대시들이 의미의 초월을 배제하고 문자와 의미 사이에 거리가 생기는 것을 두려워하지 않는다고 말한다. 그러나 네오 아방가르드의 충격의 미학은 곧 독자들에게 익숙해졌고, 이에 따라 오래 지속될 수 없었다. 아방가르드가 상습화('낯설게 하기'의 자동화)되면서 '구 아방가르드'가 지녔던 위대한 호소력을 견지할 수 없었다.

뉴 웨이브(New wave)[214]

'뉴 웨이브'란 용어는 1960년대 초에 사용되던 영화 비평 용어를 차용한 것인데, 장 뤽 고다르(Jean-Luc Godard)와 프랑소아 트뤼포(François Truffaut) 감독의 실험적 작품을 가리키는 누벨바그(nouvelle vague)를 영어로 번역한 것이다. 누벨바그는 장 뤽 고다르, 에릭 로메르(Éric Rohmer), 클로드 샤브롤(Claude Chabrol),

213 나병철, 『근대성과 근대문학』, 문예출판사, 1995년, 250~256쪽.

214 한국문학평론가협회 편, 『문학비평용어사전』 상, 국학자료원, 2006년, 419~420쪽.

자크 리베트(Jacques Rivette) 같은 1950년대 후반부터 1960년대 초반에 걸쳐 활약한 영화감독들의 작품을 뜻한다. 이들은 모두 1950년대 프랑스의 영화잡지 『카이에 뒤 시네마(Cahiers du Cinéma)』의 비평가로 출발했고 작가주의 태도를 지향하였다. 한편 SF 문학에서 뉴웨이브란 1960년대 영국에서 시작된 새로운 흐름을 일컫는다. '뉴 웨이브'가 최초로 구심력 있는 운동 형태를 갖추게 된 계기는 영국의 SF 작가 마이클 무어콕(Michael Moorcock)이 1964년 잡지 「뉴 월즈(New Worlds)」의 편집장을 맡게 되면서부터다.

뉴 웨이브의 선두 주자는 고도의 상징성과 시각 이미지를 사용한 전위적인 작품으로 잘 알려진 J.G. 발라드(James Graham Ballard)이다. 그는 1930년에 중국 상하이의 영국인 조계에서 태어나 태평양 전쟁 발발 후에는 중국에 있는 일본군의 적성 외국인 수용소에서 억류생활을 해야 했다. 억류되었을 당시 12세에 불과했던 발라드는 후식민주의의 모순과 전란 속에서 살아남기 위해 고투해야 했고, 그의 뇌리에 아로새겨진 소년 시절의 트라우마는 자전적 소설인 《태양의 제국》을 통해 재구성되었다.

전통적인 SF가 우주공간으로 대표되는 외우주 지향의 문학이었다면, 무어콕이 발굴한 작품들은 인간의 내면에 펼쳐지는 의식, 무의식과 외부 환경의 상호작용에 초점을 맞추고 있다. 내용면에서는 심리학과 기호학으로 대표되는 인문과학적 주제의 도입이 눈에 띄었고, 주제 전달 매체로서의 스타일이 강조되었다. 무어콕은 매호마다 발라드와 그의 라이벌이었던 브라이언 올디스(Brian Aldiss)의 작품과 평론을 게재함으로써 창작과 비평을 활성화시켰다. 이들 작가의 비평적 성공이 침체의 늪에 빠져 있던 SF계 내부에 일종의 공명(共鳴) 작용을 일으켜 아메리칸 뉴 웨이브, 혹은 포스트 뉴 웨이브라고 불리는 미국 SF의 르네상스를 유발하게 되었다.

대중문화(Popular culture)[215]

포스트모더니즘 시대의 대중문화 현상은 '억압된 것의 복귀'(지그문트 프로이트(Sigmund Freud)), '속물들의 복수'(힐턴 크래머(Hilton Kramer))로 표현되기

215 김욱동, 앞의 책, 355~416쪽.

도 한다. 레슬리 피들러(Leslie Aaron Fiedler)는 「새로운 돌연변종」(1965)과 「경계선을 넘고 간격을 좁혀라」(1970)에서 반예술적이고 진지성에 반대하는 대중예술의 출현을 열렬히 환영한다. 그는 엘리트 문화와 대중문화 사이의 차이를 좁히는 것이 오늘날 소설이 담당해야 할 기능이라고 주장한다. 래쉬(Scott Lash)는 모던화가 문화적 차별화 과정이라면 포스모던은 문화적 탈차별화 과정이라 주장한다. 모더니즘이 언어적인 문화적 형성에 해당되는 반면, 포스트모더니즘은 형상적인 문화적 형성에 해당된다.

포스트모더니즘에 이르러 본격적으로 대두되기 시작한 대중 문화에 대한 관심은 그동안 모더니즘에서 무시되어 왔거나 소홀히 취급되어 온 장르들이 새로운 가치를 인정받으면서 중심부로 부상하는 데서 잘 드러난다. 1950년대를 분수령으로 일반 대중들이 즐길 수 있는 대중예술이 중요한 위치를 차지하였다. 문학의 경우 그동안 주변 장르로만 인정받았던 공상과학 소설, 첩보 소설, 로맨스 소설, 서부개척 소설, 또는 탐정 소설 등이 중심적이 문학 장르로 새롭게 부상하였다.

대항문화(Anti-culture)[216]

대항문화란 한 사회의 지배문화에 순응하지 않고 이에 반대하거나 충돌을 일으키는 하위문화(subculture)를 의미하며, 반문화(contraculture)와 동일한 개념으로 사용되기도 한다. 대표적인 예로는 1960년대 기성사회의 주류 문화에 대안적 삶의 방식과 의미 체계를 제시한 사회운동들, 즉 비트 세대의 등장, 록 문화, 성혁명, 약물 문화, 히피문화 등을 들 수 있다. 대항문화라는 용어는 1960년에 J.M. 잉어(J. Milton Yinger)에 의해 일반적인 하위문화와 구별되는 개념으로 도입된 바 있으며, 1968년 로작(Theodore Roszak)에 의해 본격적인 연구가 이루어졌다. 로작은 『대항문화의 형성』에서 대항문화를 기본적으로 청년문화로 규정하고 소외심리, 동양적 신비주의, 환각 약물, 공동체적 실험에 대한 젊은이들의 관심을 포함한 다양한 문화양식으로서 주류의 지배적 가치 질서로부터 이탈하려는 문화적 충동과 그 결과를 의미하는 것으로 파악했다.

대항문화는 어떤 집단, 즉 자신들만의 독특한 의미체계, 감정, 행위양식을 가

216 한국문학평론가협회 편, 앞의 책, 상, 470~471쪽.

진 집단 구성원들의 가치 체계가 전체 사회의 규범 체계와 갈등을 빚게 될 때는 언제든지 출현한다. 지배 문화의 입장에서 본다면 대항문화는 일탈적이고 비정상적, 병리적 현상으로 간주되지만 대항문화는 의도적으로 지배 문화의 규범을 위반하고 그 의미 체계의 정당성을 거부하는 것이다. 그리고 이러한 대항 문화적 실천 행위는 자신의 행동이 옳다는 것을 가정함으로써 지배 문화에 대한 우월성, 정당성을 전제로 한다. 또한 대항문화는 지배 문화를 비판하면서 이에 반대되는 의미 체계와 가치 질서를 통해 문화적 청사진을 제공한다는 점에서 일종의 대안문화(alternative culture)라고도 할 수 있다. 대항문화는 지배 문화에 대한 비판과 대안을 제시함으로써 전체 사회 문화의 역동성에 기여하는 한편, 문화의 변화를 유도하여 문화적 다양성을 유지해주는 역할을 한다. 나아가 일상생활의 가치 질서를 소중히 여기고, 각 계층 · 인종 · 성 · 세대 간의 다양한 문화를 인정하는, 즉 다문화주의의 지적 · 문화적 뿌리가 되었다는 의의를 가진다.

독자반응비평(Reader response criticism)[217]

기원을 보면, 멀리는 언어를 해석되어져야 하는 기호라기보다는 행동하는 힘으로 파악했던 론자이너스(롱기누스, Longinus)로부터 시작하여 가깝게는 독자의 감정적 반응을 중시했던 I. A. 리차즈(Ivor Armstrong Richards)에게서 찾아볼 수 있다. 체계적인 비평으로 등장하기 시작한 것은 1967년 미국의 독서이론가인 스탠리 피시(Stanley Eugene Fish)가 『죄에 놀라서: 《실락원》속의 독자』라는 비평서를 출간하면서부터였다. 피시는 1970년에는 독자반응비평의 선언문이라 할 수 있는 「독자 속의 문학: 감정적 독서이론」을 발표했다.

독자반응비평은 주관적이고 감정적일 수밖에 없는 독자의 반응에 우선적 가치를 둔다. 독자들은 더 이상 텍스트를 이해하기 위한 기구가 아니라 텍스트와 같은 비중을 가진 존재가 되며, 문학적 의미와 가치의 근원이 된다. 이에 따라 상대적으로 저자의 권위가 하락하게 되었고 독서행위가 저술행위와 동등한 위치를 차지하게 되었으며, 또 독자가 비평가가 되는 현상이 일어났다.

문화권에 따라 독서에서 독자의 역할이 조금씩 다르다. 조르주 풀레(Georges

217 김성곤, 「독자반응비평의 문제점과 전망」, 『포스트모던 소설과 비평』, 앞의 책, 175~186쪽.

Poule)는 프랑스 문화권의 특징을 잘 드러낸다, 독서행위란 작품의 구조적 · 형식적 요소에 대한 인식을 의미한다기보다는, 저자의 경험세계에 독자가 빠져 들어가는 것을 의미한다. 볼프강 이저(Wolfgang Iser)는 독일문화권의 특징을 잘 드러낸다. 그에 의하면 독자는 텍스트의 의미산출에 적극 참여하는, 그래서 저자와 동일한 위치를 갖는 공저자가 된다. 독자는 텍스트 속에 암시되어 있는 부분-간격 또는 불확정-을 자신의 상상력을 통해 채우고 창조해 나간다. 해석이란 독자의 창조적 행위의 결과로 이루어지는 것이며 그것은 곧 텍스트의 무한한 가능성을 향해 열려 있다는 것을 의미한다. 스탠리 피시는 영미문화권의 특징을 잘 드러낸다. 그에 따르면 비평의 관심은 텍스트로부터 독자에게로 바뀌어야 한다. 그의 독서이론의 핵심은 독자의 독서경험을 슬로우 비디오로 포착하여 보여주는 것으로 집약된다. 그는 텍스트에 대한 독자의 순간순간의 반응을 주시하며, 독서행위란 마치 자동정지장치가 부착된 슬로우 모션 카메라가 우리의 언어적 경험을 촬영하여 보여 주는 것과도 같다고 말한다. 따라서 '텍스트의 의미'란 호두를 까듯이 텍스트 속에서 뽑아내는 것이 아니라 독서과정에서 생성되는 독자의 경험에 의해 산출되는 것이다. 문학은 독자의 마음속에서 드러나는 일련의 사건이나 경험이지 고정된 대상이 아니다.

문제점은 첫째, 만일 텍스트에 결정적인 의미가 없다면 자칫 비평의 주관성은 무정부상태나 유아론적이 되어 버릴 수도 있고 둘째, 비평이 개인의 사적 경험의 기록이 될 때 어떻게 그것을 만인에게 공감을 줄 수 있는 공적 경험으로 승화시킬 수 있는가 셋째, 독자의 각각 다른 수준과 배경을 어떻게 처리할 것이며 넷째, 독자반응비평이 형식주의에 반발해서 일어난 것이라고 하지만, 궁극적으로 그것은 형식주의의 틀에서 크게 벗어나지 않는다는 것이다.

마술적 리얼리즘(Magic realism)[218]

이 용어는 프란츠 로(Franz Rho)에 의해 조합된 것으로서 "*Nach-expressionismus, magischer Realimus: Problem der neuesten europäischer Malerei*(1925)"라는 책의 제목에서 처음 사용되었다. 그는 당대 독일 화가들의 작품에서 어떤 초현실주

218 한국문학평론가협회 편, 앞의 책, 상, 579~580쪽.

의적 경향들을 지칭하는 것으로 이 용어를 사용하고 있다. 후에 1940년대 초에 이 용어는 미국에서 발견되는데 뉴욕의 현대예술박물관은 전시회를 열면서 "American Realists and Magic Realists"라는 표현을 사용하고 있다. 이후에 점차 이 용어는 특정한 종류의 허구들을 지칭하는데 사용되기에 이른다.

문학에 있어서 이 용어가 활발하게 사용된 것은 주로 아르헨티나 등 중남미 지역에서 생산된 일련의 문학 경향을 설명하기 위해서라 할 수 있다. 우리 문학에서는 1990년대 이후 포스트모더니즘 논의와 더불어 관심의 대상이 되었다. 즉 포스트모더니즘이 다분히 현대세계에 대한 서구적인 문화의 대응 양상이라면, 마술적 리얼리즘은 이에 대한 제3세계적인 성찰과 밀접히 관련된다. 이러한 경향의 글쓰기를 보여준 대표적인 작가 보르헤스는 『또 다른 심문(Otras inquisiciones)』에서 "서구인에게 세계는 제대로 작동하는 코스모스이지만 아르헨티나인에게는 혼돈이다"라고 밝히고 있는데 마술적 리얼리즘은 이러한 문제의식을 통해 전통적 리얼리즘을 해체·재구축하는 측면이 강하다. 이때 강조되는 것이 바로 환상성인데, 그것은 이들에게 서구 세계가 구축한 전통적인 재현의 법칙과는 다른 법칙 위에 기초한 또 다른 현실로 인식된다. 이밖에도 대표적인 작가로는 《백 년 동안의 고독》 등으로 알려진 가브리엘 가르시아 마르께스(Gabriel Garcia Maerquez)나 마리오 바르기스 요사(Mario Vargas Llosa) 등과 이탈로 갈비노(Italo Calvino)나 존 바스, 귄터그라스(Gunter Wilhelm Gras), 엠마떼넹, 안젤라 카터(Angela Carter), 살만 루시디(Salman Rushdie) 등을 들 수 있다.

대체로 환상성이 짙게 드러나면서도 현실성이 느껴지는 것으로, 이러한 종류의 소설들의 주된 특징은 사실적인 것과 환상적이거나 마술적인 것, 시간적 흐름 기법, 꼬인 미로형의 서사와 구조, 꿈과 신화와 요정이야기들의 다양한 사용, 표현주의적이거나 심지어는 초현실주의적인 기술, 불가해한 박학다식함, 경이와 느닷없는 충격, 공포와 불가해함 등을 뒤섞고 병치한다는 점이다. 1990년대 이후 우리 소설 속에서도 이러한 경향이 짙게 나타나고 있는데 대표적인 작품으로는 김영하의 《검은꽃》이나 황석영의 《손님》 등을 들 수 있다. 물론 이 이전의 소설들에서도 이러한 경향을 찾아볼 수 있는데 1930년대 이상의 작품들에서 최인호, 조세희, 박상륭의 경우들이 그러하다. 당연히 단순히 판타지·환상소설과는 구별되어 쓰인다.

말중심주의(Phonocentrism), 로고스중심주의(Logocentrism)[219]

서구의 형이상학은 언제나 글보다는 말을 더 중요시했다. 말은 사고의 근원에 더 가까우므로 직접적인 현존의 속성을 갖고 있지만, 글은 반복(인쇄나 중판)을 통해 그 의미가 달라질 수도 있는 말의 오염된 상태이다. 루소는 말을 직접적인 생산적인 성관계에, 글을 간접적이고 비생산적인 자위행위에 비유하면서 글은 말의 타락한 형태이며 위험한 보충이라고 주장했다. 그러나 데리다(Jacques Derrida)는 자위행위야말로 대상에 대한 강렬한 상상과 이룰 수 없는 대상에 대한 강렬한 욕망으로 인해 글쓰기의 속성을 잘 나타내 주는 것이라고 주장한다. 또한 언어란 말이나 글 모두 현존의 완전한 재현이 불가능한 일종의 글쓰기 즉 본원적 글쓰기라고 말함으로써 '말/글'의 서열제도를 없애버렸다.

로고스중심주의는 '로고스'라는 개념을 중심으로 서구 형이상학의 전통이 전개되어왔음을, 즉 로고스가 서구의 사회 · 문화 · 사상 등 모든 영역을 지배해왔음을 의미하는 것으로 자크 데리다(Jacques Derrida)가 처음으로 사용한 용어이다. 이때 로고스는 단지 언어 · 논리뿐 아니라 이성 · 질서 · 합리성 등의 의미를 내포하고 있으며, 불변의 본질적 · 절대적 권위를 의미한다고 볼 수 있다. 데리다는 로고스 중심적인 사고방식을 비판하고 이른바 해체를 위해 반로고스중심적 사고를 지향한다.

로고스중심주의는 무엇보다 음성중심주의와 불가분 연관되어 있는데, 여기에서는 글보다 말에 우선권을 주어 글을 말의 표상에 불과하다고 이해한다. 형이상학에서 말이 특권화 되는 것은 이것이 현존하는 발화, 즉 특수한 의미의 고정을 보증하는 것처럼 보이는 상황 속의 발화이기 때문이다. 그러나 데리다는 어떤 결정적 의미의 현존이라는 추정적 관념이 사실은 환상적이라는 것을 보여주고자 노력한다. 먼저 그는 글이 음성적 발화의 기생적 파생물이 아니라, 음성적 발언이 글의 파생물이라고 볼 수 있는 것을 증명함으로써 글에 대한 말의 우위성을 역전시킨다. 이어서 말해졌거나 쓰인 한 언어의 기표와 기의는 그 자체의 실증적, 객관적 특색에서 기인한 것이 아니라 다른 기표 혹은 기의들과의 차이에서 비롯된 것이라는 소쉬르(Ferdinand de Saussure)의 견해를 끌어온다.

---

219 김성곤, 「탈구조주의의 문학적 의의와 전망」, 『탈구조주의의 이해』, 앞의 책, 11~41쪽. 한국문학평론가협회 편, 앞의 책, 상, 551~552쪽.

여기에 데리다의 '차연(différance)'이라는 용어가 도출되는데, '차연'은 '차이'와 '지연'이라는 두 가지 의미를 포함한다. 이는 어떤 발화에 있어서건 의미의 효과는 무수한 대안적 의미들과의 차이에서 발생되며, 동시에 이 의미는 어떤 절대적 현존에 의존할 수 없기 때문에 끝없이 연기된다는 것이다. 결국 언어는 부단한 차연일 뿐이므로 우리가 말하거나 쓰거나 해석하는 어떤 발화에서 결정적인 의미, 심지어는 최종적인 일련의 대안적 의미들조차 규정할 수 없게 된다. 결국 데리다는 해체 전략을 적용하여 이러한 모순을 극복하고자 한다.

맥시멀리즘(maximalism)/메가소설(mega-fiction)[220]

'더 많은 것이 더 많다' 또는 '큰 것이 아름답다'는 심미적 원칙에 기초를 두고 있는 전통이다. 맥시멀리즘은 긴 역사적 퍼스펙티브를 지니고 있다. 그러나 독자적인 소설 유형으로 발전한 것은 미니멀리즘과 마찬가지로 제2차 세계대전 이후, 특히 1960년대와 1970년대에 크게 유행하였으며, 1980년대까지도 그 힘을 떨치고 있다. 프레드릭 칼(Frederick R. Carl)이 『연결』(1985)에 기고한 평론에서 현대 미국 소설을 '메가-소설'이라 명명했다. '빅 북'이나 '토탈 소설' 또는 '메가-소설' 등으로도 불려왔으며, 광범위한 분야에 걸쳐 폭넓은 지식을 지향한다. 일종의 백과사전적 성격을 띠며, 과학과 기술 · 심리학 · 인류학 · 철학 · 역사 · 종교 · 문화 등 사실상 거의 모든 지식이나 학문 분야를 취급하는 경향이 있다. 최근 개디스(William Thomas Gaddis Jr.)의 《인식》과 핀천(Thomas Ruggles Pynchon, Jr.)의 《중력의 무지개》의 이해를 돕기 위한 독자지침서도 출간되었다. 이는 이러한 작품들이 인접 학문 분야와 밀접한 상호텍스트적 관련성을 맺고 있음을 보여준다.

맥시멀리즘 소설은 무엇보다도 물리적인 면에서 상당히 길이가 길고 규모가 크다. 확대 지향적 성격을 띠고 있기 때문이다. 플롯은 미로와도 같이 복잡다단하다. 하나 이상의 플롯이 사용되며, 신화의 사용에 있어서도 하나 이상의 신화가 서로 복합적으로 뒤얽혀 사용되는 경향이 있다. 등장인물의 수효는 미니멀리즘 소설과는 비교도 할 수 없을 만큼 많다. 그리고 작중 인물의 성격형성이 대단히 복잡하고 미묘하게 이루어진다. 사건이 전개되는 시간적 · 공간

220 김성곤, 「최근의 영미소설에 대하여」, 『포스트모던 소설과 비평』, 앞의 책, 283~290쪽. 김욱동, 앞의 책, 153~168쪽.

적 배경도 미니멀리즘 소설에 비해 한결 구체적이다. 언어는 장식적이고 수사적인 스타일을 즐겨 사용한다. 18세기와 르네상스 시대 그리고 고대 희랍시대의 풍자가들로 거슬러 올라가는 '해박한 재사' 전통에 기초하고 있다. 맥시멀리즘 작가들의 어휘는 라틴어나 희랍어에서 파생된 말, 통사론에 있어서는 복문이나 중문을 자주 사용하고 고양된 표현이나 길이가 길고 난해한 문장이 강조된다. 바슬미(Donald Barthelme)가 일상어의 특징어로 파악하는 '무한정적인' 특성과 '진흙과 같은' 특성, 즉 언어의 '쓰레기 현상'을 가장 핵심적 장치로 사용한다.

메타비평(Meta-criticism)[221]

기본적으로 메타(meta)는 '사이에, 뒤에, 넘어서'를 뜻하는 접두어로 어떤 대상에 대한 상대적 위치를 나타내는 의미로 여러 분야에서 쓰이고 있는 개념이다. 그 중에서도 메타비평은 '비평에 대한 비평', 실제적인 작품이 아닌 그에 대한 비평의 논리와 이론의 적용에 있어서의 문제들을 제기하는 형태의 비평으로 주로 문학에서의 현상을 가리키는 표현이다. 메타비평의 목적은 개개의 형태의 비평으로 주로 문학에서의 현상을 가리키는 표현이다. 메타비평의 목적은 개개의 비평들을 종합, 분석하여 체계적인 형태의 비평이론을 정립하려는데 있다. 그러므로 메타비평은 '실천적 · 실제적' 비평의 범주와 구분하여 '이론적 비평' 혹은 비평 이론의 다른 표현에 불과한 것으로 판단될 수도 있다. 이러한 메타비평의 이론 중심적 성격에 대하여 그것을 문학의 한 장르로 받아들일 것인가 아닌가의 문제 역시 제기되고 있다. 그러나 현재에 있어 메타비평은 문학과 영화를 비롯한 문화 전반에 걸친 이론 연구로 폭넓게 진행되고 있다.

한국에서 메타비평이 본격적으로 진행된 것은 1990년 중반이다. 포스트모더니즘의 등장으로 다양한 이론에 대한 연구가 시작된 1990년대 중반 이후 한국의 문화 이론은 메타비평, 즉 비평이론을 중심으로 하여 진행되었다. '이론이 아니라 이론화에 대한 노력이 비평의 힘을 만드는 것'이라는 주장 하에 비평 이

221 한국문학평론가협회 편, 앞의 책, 상, 539쪽.

론과 메타비평에 대한 문제가 제기된 것은 2000년대 들어 문학의 위기와 함께 제기된 문학 권력, 비평 권력에 대한 논의에서이다. 이 논의에서 논자들은 위와 같은 1990년대 메타비평에 대한 지지들이 어떻게 비평을 권력을 양산해 내는 도구로 이용하고 있는지를 분석 · 비판하고 있다. 이론에 대한 연구라는 미명 아래 대상을 추상화시켜 그 실체를 쉽게 파악하지 못하게 하는 측면에서의 메타비평이 여기에서 문제의 대상으로 인식되는 것이다. 즉 메타비평의 유행은 문화 전반에 있어 실천성의 부족과 추상화를 통한 권력의 양산이라는 측면에서의 부정적 성격을 동반한다.

메타픽션(Metafiction)[222]

1971년에 나온『픽션과 인생의 양태들』이란 책에서 미국의 소설가인 윌리엄 개스(William Howard Gass)가 처음 사용했다. 가장 보편적인 의미는 '소설을 어떻게 쓰는가에 대한 소설'이다.

메타픽션이 등장하게 된 사회적, 문화적 배경은 픽션과 리얼리티 사이의 구별이 모호하고 문학적 재현 기능에 대한 회의, 언어의 위기의식, 그리고 쓴다는 행위에 대한 자의식적 성찰 등 새로운 인식이 자리 잡고 있다.

퍼트리샤 워(Patricia Waugh)는 "메타픽션이란 픽션과 리얼리티 사이의 관계에 대해 의문을 제기하기 위해 인공품으로서의 스스로의 위치에 자의식적이고도 체계적인 주의를 기울이는 소설을 지칭한다. 스스로의 소설작법에 비판을 가하는 그러한 소설은 내러티브 픽션의 근본적인 구조를 점검할 뿐만 아니라 픽션의 외부에 존재하는 세계의 허구성까지도 탐구하게 한다"라고 주장한다. 그리고 이런 이유로 메타픽션은 필연적으로 두 가지 특성, 자아 반영적 성격과 형식적인 불안정성을 갖게 된다. 그것은 끊임없는 자아반영을 통해 스스로의 저술행위와 픽션 메이킹의 의미를 점검하고 또 형식적인 불안정을 통해 끊임없이 새로운 실험을 시도하고 이 과정을 통해 생성되는 창작의 의미를 탐색하고 창출한다.

---

222 김성곤, 「포스트모더니즘에 대한 몇 가지 이론적 고찰」, 『포스트모던 소설과 비평』, 앞의 책, 41~64쪽.

메타픽션이 취하는 텍스트의 전략 중 가장 두드러진 것은 '유희'이다. 유희는 단순한 장난기나 실험이 아니고 사실은 창작과정의 신비를 벗기고 작가에게 절대적 자유를 부여함으로써 독선적이고 억압적인 기존의 예술적 · 문화적 · 사회적 도그마를 해체하기 위한 전략이다. 따라서 이는 독자들로 하여금 모든 기존의 사고체계와 예술체계를 재점검하고 비판하도록 허용해 준다.

그러나 메타픽션 작가들은 외부 현실에 눈을 돌리기보다는 픽션의 내부로 침잠해 들어간다. 그들은 스스로의 표현매체 속으로 들어가 소설의 형태와 사회적 현실 사이의 상관관계, 그리고 인생과 픽션의 상관관계를 점검하면서 소설의 내부에서 저항을 한다. 워는 "픽션이 어떻게 가상의 세계를 창조하는가를 우리에게 보여줌으로써 메타픽션은 우리의 일상 리얼리티가 어떻게 그와 비슷하게 창조되고 쓰이는가를 우리가 이해할 수 있도록 도와 준다"고 말한다. 로버트 스콜스(Robert E. Scholes) 역시 메타픽션이 "리얼리티로부터 돌아서는 방편이 아니라 사실은 픽션인 리얼리티와 리얼리티인 픽션 사이의 미묘한 교류를 찾아내려는 시도이며 비록 리얼리티에 도달하지는 못할망정 끊임없이 그것을 지향하는 태도"라고 지적한다.

뭉크의 〈비명〉[223](Munch's 〈The scream〉)

에드바르트 뭉크(Edvard Munch)는 〈비명〉에서 소외, 아노미, 고독, 그리고 사회적 분화와 격리라는 거대한 모더니즘적 주제를 표현한다. 그러나 이 그림은 단순히 그러한 정서에 대한 표현을 형상화한 것으로보다는 본격 모더니즘에서는 지배적이었지만 포스트모더니즘의 세계에서는 실제적 혹은 이론적 이유로 사라져버린 것으로 보이는 표현의 미학 자체에 대한 실질적인 해체로서 이해될 수 있다.

뭉크의 작품 〈비명〉은 자체의 표현 미학 속에 갇혀 있으면서도 분명히 그것을 교묘하고 정교한 방식으로 해체하고 있다. 이 작품에는 부재한 비명이 표현해 내야만 하는, 지독한 고독과 불안으로 되돌아온다. 이러한 폐쇄회로는 울리

223 프레드릭 제임슨 · 강내희 역, 「포스트모더니즘-후기자본주의 문화논리」, 『포스트모더니즘론』, 터, 1989년, 139~202쪽.

는 진동이 물의 표면에서처럼 결국 드러나고야 마는 커다란 동심원의 형태로 그림의 표면 위에 각인되어 있다.

미결정성(Undetermined)[224]

데리다의 중요 개념 중의 하나인 '미결정성'은 괴델(Kurt Gödel)의 고등수학론에서 차용된 용어이다. 괴델은 형식적 공리 체계는 필연적으로 불완전하며, 그것은 결정 불가능을 의미한다고 본다. 괴델의 이론은 어떤 공식 체계에서든 문제의 요소가 체계에 속하는지 속하지 않는지 결정할 수 없는 경우들이 공리에서 파생될 것이라는 점을 제시한다. 미결정성은 체제가 확장될 수 있다는 징표이며, 완결 과정은 결코 완결될 수 없다는 의미이다. 체제를 만들 수는 있지만 체제 자체도 확장의 필요성을 지닌 연속 과정에 속하며 연속 과정이 있는 한, 연속 과정을 완벽한 요약적 형식으로 환원하는 일체의 최종적인 범례적 단일 체계는 반드시 불완전하며 잠재적으로 자체 모순적이게 된다. 과학과 논리학의 경우도 근본적으로 마찬가지이다.

데리다는 미결정성의 원리를 이용하여 삶의 모든 국면과 순간들을 만족시키고 세상만사에 궁극적 해답을 주는 단일 토대를 설정할 수 있다는 철학적 가설을 비판하고, 아울러 세상의 진리나 의미를 완벽하게 설명하는 형식적 · 논리적 공리 체계를 구축할 수 있다는 가설도 비판한다. 마르크스주의와 해체론을 비판적으로 접목시키고 있는 마이클 라이언에 의하면 미결정성이란 시간적 · 공간적 반복 작용, 차이 작용, 보충 작용, 관계 작용 등의 원리에 의하여 다양한 요소들이 복잡하게 얽히고 설켜서 구성되는 물적 현실의 복합적 결정 관계를 단일한 방법이 아닌 구체적이고 복합적인 방법으로, 즉 지배적 요소에만 입각하여 다른 요소들을 생략 내지 배제하는 방법이 아니라 다양한 구성 요소들을 잘 헤아려 고려하는 방법으로 설명하는 것을 말한다. 라이언(Michael Ryan)은 해체론이 제시하는 미결정성의 개념이 인식론적 허무주의와 정치 포기주의를 의미하는 것이 아니라 권위를 실제적 차원보다 기능으로 생각하고 실천해야 할 것이라는 점을 시사한다고 본다.

---

224 한국문학평론가협회 편, 앞의 책, 상, 710쪽.

미니멀리즘(Minimalism)[225]

'더 작은 것이 많다' 또는 '작은 것이 아름답다'는 심미적 원칙에 기초를 두고 있는 예술을 말한다. 존 바스는 1970년대부터 유행하기 시작하였으며 주로 사실주의적 전통에 입각한 채 간결하면서도 완곡한 수법을 사용하는 새로운 유형의 미국 단편소설의 경향을 가리켜 미니멀리즘이라 부른다.

미니멀리즘은 최소한의 노력으로 최대한의 효과를 얻는다는 경제원칙에 입각한다. 절제와 응축, 그리고 경제성을 가장 핵심적인 서술 전략으로 삼으며 흔히 '부재의 소설'로 불린다. 미니멀리즘 작가들은 어휘나 문장 구조 또는 수사학에 있어서는 말할 것도 없거니와 작중인물이나 플롯 또는 행위 등에 있어서도 경제원칙을 적용한다. 프레드릭 R.칼은 미니멀리즘 작가들은 불필요하다고 생각되는 부분을 과감하게 생략함으로써 더 많은 효과를 얻고자 시도한다고 주장한다. "흔히 작가는 그가 전개하는 노선이 아니라 그 노선을 초월하여 존재해 있는 것, 즉 현재 상태처럼 그렇게 지배적이지는 않지만 어쩌면 그보다 더 의미 있는 것을 참조점으로 삼는다…… 플롯은 물론이고 연속적인 내러티브 전개, 틀에 박힌 일상적인 성격형성이 약화되거나 또는 전적으로 파괴된다."

플롯의 측면에서 보면 플롯은 없거나 매우 빈약하다. 즉 미니멀리즘 작가들은 구체성이 결여되어 있는 추상적이고 막연한 이야기를 즐겨 구성한다. 따라서 미니멀리즘 작품에서는 인과관계에 따른 논리적이고 짜임새 있는 플롯보다는 오히려 에피소드에서 흔히 볼 수 있는 산만하고 느슨한 플롯을 많이 사용한다. 또한 중심적인 내러티브에서 일탈하는 곁 플롯이 중심적 플롯보다 오히려 더 중요하게 취급된다. 플롯과 관련하여 신화가 복합적으로 사용되는 대신 단일한 신화가 일관성 있게 사용된다. 그리고 이러한 플롯이 전개되는 시간과 공간 역시 최소한으로 축소되어 나타난다. 바슬미의 《죽은 아버지》나 《백설공주》(1967), 그리고 브로티건(Richard Gary Brautigan)의 《미국의 송어낚시》(1967)에서 찾아볼 수 있다. 작중인물이나 성격형성의 경우에도 축소 지향적 성격이 나타난다. 작중인물들의 수가 적거나, 아예 이름도 없이 우화처럼 별명만 사용되는 경우가 적지 않다. 배경도 예외가 아니다. 공간적 배경은 미국에서 잘 알려

225 김욱동, 앞의 책, 153~168쪽.

져 있지 않은 서부나 남부의 작은 주에 위치해 있는 소읍들이나, 도시의 초라한 교외들이 작품의 중심적인 지리적 배경으로 등장한다. 또한 시간적 배경도 최소화한 채 주로 당대에 일어나는 일상적 사건을 취급한다. 현재시제를 주로 사용하는 것은 이와 관계된다. 언어의 사용은 최대한 경제적으로 절제한다. 경우에 따라서는 오히려 침묵을 지향한다. 어휘는 추상적 단어보다 짧고 친근한 단어를 사용하고, 형용사구나 부사구와 같은 수식어, 또는 의미를 한정하는 표현을 될 수 있는 대로 억제하여 사용한다. 뿐만 아니라 통사적 측면에서 보면 생략구문이나 파편적인 문장을 사용하고, 복문이나 중문보다 단문을 즐겨 사용한다. 그리고 단순하고 소박한 비유나 수사법이 사용되며 등장인물들이 주고받는 대화 역시 스타카토와 같은 반복적이고 단속적인 표현이나 상투적인 표현이 많다.

바슬미는 《백설공주》에서 작중 인물 댄을 통하여 '일상어의 포괄적 효과'에 대해 말한다. 일상어의 포괄적 효과는 '말하자면'이라는 표현처럼 말과 말 사이에 끼워 사용하는 표현에서 비롯되는 효과를 말한다. 이 표현은 '잡동사니'나 '속임수'라고 불리는 '끼워 넣기'나 '채워 넣기' 수법으로 '무한정한' 특성과 '진흙'과 같은 특성을 지닌다. 바슬미에 의하면 인간이 사용하는 언어는 '쓰레기 현상'의 전형적인 모델로 간주할 수 있다. 바슬미의 관점에서 보면 미니멀리스트들은 쓰레기 현상을 거부한 채 오직 필요불가결한 최소한의 언어만을 효과적으로 사용하고자 한다.

미니멀리즘은 단순히 장르적인 측면보다는 오히려 기법적인 측면에서 정의되어야 한다.

반기억(Counter-memory)[226]

프랑스의 철학자 미셸 푸코(Michel Foucault)의 역사 기술 방법인 고고학 또는 계보학의 특징을 구명하려는 시도로서 사용된 용어이다. 접두사 'counter'와 기억을 뜻하는 'memory'를 합성하여 만든 말이다. 전통적인 역사 연구는 연속성을 강조하고 인간의 삶을 단일한 집합적 기획으로서 파악한다. 이러한 점에

226 한국문학평론가협회 편, 앞의 책, 상, 766~767쪽.

서 종래의 역사 기술 방식은 자기 정체성을 유지하게 하는 개인의 기억과 유사하다. 오랜 세월 동안 인간 집단의 정체성을 그 집단의 특수한 관념과 함께 정립하려는 역사 저술의 의도는 개인의 일생 동안 안정된 자기 정체성을 갖게 하는 기억의 작용과 동일하다. 그러한 점에서 종래의 역사 기술은 안정된 정체성을 지향하는 기억에 해당한다.

푸코는 인간의 삶을 특정한 기획으로서 파악하려는 이러한 역사 기술에 반대하며, 그러한 담론의 허구성을 증명하려 한다. 그는 기원에 대한 탐구, 사물의 본질과 동일성을 지향하는 태도를 비판하며 미시적인 사건의 유대와 발생 과정을 추적한다. 이러한 시각은 프리드리히 니체(Friedrich Niezsche)가 그의 계보학에서 사용했던 반체제적인 방법에 의해 시도되었는데, 역사의 단절과 불연속성에 주목하였다. 푸코의 계보학은 역사 발전의 연속성과 패턴을 발견하려는 태도를 지양하고, 역사상의 차이를 강조하며 성(性)이나 광기와 같은 특수성을 강조하는 관점에서 기술되었다. 푸코의 「지식의 고고학」, 「광기의 역사」, 「성의 역사」 등은 이러한 반기억적인 입장 위에서 기술된 역사 저술들이라고 할 수 있다. 연속적이고 통일적인 정체성에 반하는 반기억은 주체의 내면이나 의식에 집중하는 문학 작품들에서 빈번하게 발견된다. 이러한 작품들은 사유의 과정이나 순간적인 인상, 조각난 회상 등을 형상화하며, 체계적이고 뿌리 깊은 기억 대신 대상을 따라 끊임없이 떠다니는 의식의 표면을 기술한다. 그것은 원근감이 배제된 평면화 된 기억으로 자기 정체성을 떠받치는 일관된 기억의 체계와 무관한 파편적인 것이라 할 수 있다.

반서사(Anti-narrative)[227]

시간에 따라 연속적으로 전개되는 이야기에 반하는 변화된 서사양식을 이르는 말이다. 전통적인 서사 양식은 이야기의 선(線)적인 전개 속에 객관적인 현실을 재현하고 미래를 전망한다. 그러나 반서사적인 전략을 취하는 작가들은 객관적인 현실은 재현할 수 없으며 이를 재현하려는 의도는 나쁘다고 보았다. 그들은 현실을 파악할 수 있다는 시각은 환상이며 역사에 대한 허구화이자 전체주

227 한국문학평론가협회 편, 앞의 책, 상, 770~771쪽.

의라고 공격한다. 선적 계기에 의해 전개되는 서사는 복잡한 세계를 단순화 시키고 인간 역사를 특정한 지점을 향해 진행되는 질서정연한 것으로 믿게 만든다고 보았다. 이는 현실에 대한 조작이며 왜곡이라는 것이다. 반서사를 지향하는 문학은 현실 세계에 의미를 부여하는 일체의 전략을 부정한다. 따라서 반서사, 혹은 탈서사적인 성향을 띠는 작품은 필연적인 계기에 따라 진행되는 소설과 달리 우연적 · 일회적인 성격의 사건들을 묘사한다. 플롯의 부재, 산만한 에피소드, 사상(事象)에 대한 극사실적인 묘사, 계속되는 반복, 신체 경험에 대한 집중적인 묘사, 순환적인 구조, 문장의 다양한 변주 등 다양한 실험성을 보이는 이러한 소설들은 서사를 지배하는 관념을 배제하고, 종래의 소설 개념을 벗어나려는 특징들을 보인다. 아울러 이러한 소설들은 글쓰기에 대해 자의식적이다. 기존의 소설들이 사회적 현실을 서사 속에 재현하려는 욕망을 보이는데 반해, 반서사적인 작품들은 서사의 허구성을 드러냄으로써 소설의 기만성을 폭로하려 한다. 따라서 이 소설들은 사회적 현실을 대상으로 하기보다 글쓰기 자체 혹은 작가 자신을 대상으로 하는 메타소설적인 성격을 띤다. 아울러 작품을 통해 독자와 직접적인 소통을 시도하며 자기 노출을 감행하려 한다. 이는 전통적인 관점에서 작가의 죽음이라 할 수 있다. 프랑스의 소설가 로브리그예나 S. 베케트(Samuel Beckett)가 이 계열에 속하며 우리나라의 대표적인 반소설 작품으로는 하일지의 《경마장 가는 길》이나 이인성의 《한없이 낮은 숨결》 등이 있다.

보환(Supplement)[228]

데리다가 『기술학』에서 제시한 루소 읽기 전략, 즉 혁신적 독서 전략이다.

많은 저술가들과 학자들은 '자연/문화'라는 대립된 개념을 상정하거나 사용한다. 머지않아 문화는 자연의 자리를 차지하게 된다. 문화는 두 가지 방식으로 보환된다. 즉 문화는 자연에 첨가되며 자연을 대치한다. 동시에 그것은 잠재적으로 유해하면서도 한편으로는 해롭다. '자연/문화'라는 대립구조는 다른 전통적인 대립들인 '건강/질병', '순수/오염','선/악', '대상/재현', '동물성/인간성', '말/글' 등에서 되풀이 된다. 각 쌍에서 첫 번째 개념이 시간적으로 앞선다. 두 번째

228 빈센트 B. 라이치 · 권택영 역, 앞의 책, 230~241쪽.

실체는 첫 번째 것에 대한 보환물로 나타난다. 첫 번째 개념이 특권적이거나 더 나은 상태 또는 실체를 이룬다.

데리다는 보환되지 않은 본래의 자연이란 없다고 말한다. '자연/문화'라는 대립을 역전시키고 전복시킴으로써 보환이라는 개념의 발생과 이것이 루소의 텍스트에 어떻게 작용하는가를 추적한다. 자연과 문화를 해체시키며 문화가 자연을 보환하는 것이 아니라 자연이 언제나 이미 보환된 실체라는 것을 보여준다. 데리다는 '자연'이라는 개념을 '삭제 하에 두는-지우면서도 보존하는', '언제나 이미-형이상학적 개념에도 보환이 이미 존재했음' 아래 두는 전략을 택한다.

자연인에게는 어떤 결핍이 있으며 그것을 훈육과 학습으로 극복한다. 글쓰기 역시 말하기의 한계를 보완한다. 루소는 그의 텍스트들에 침입하는 무수한 보환들에 대해 모호한 태도를 취한다. 교육은 기원에서부터 작용한다.

보환은 인성의 상황이다. 보환의 작용은 인간의 전제조건이다. 보환이란 본질적 우연성 띠는 근원적 부속물이라고까지 할 수 있다. 사회와 교육, 말하기, 성, 인간 본질의 가능성, 경제학, 정치, 역사 등은 보환적인 가능성들이다. 보환은 본질성을 갖지 않는다. 동물성이란 보환성의 놀이를 내세우지 않고 동시에 그에 의해 침입되지 않는 삶, 그러니까 차연이 없는 삶이다. 보환이란 차연의 또 다른 이름이다. 보환은 현존도 부재도 아니며 무(nothing)이다. 보환의 과정은 이미 현존에 침투해 있는 것이다. 보환성의 도식은 제 언어들의 기원이다. 보환물을 통해 무한한 연쇄의 필연성이 생긴다.

보환이란 틈새를 비집고 들어가는 '나의 것'이다. 여러분들이 글로부터 어떤 형식이나 의미를 찾아낸다면 그것은 나를 보충하는 것이며 하나 또는 그 이상의 층을 더 얹어 놓는 것이다. 보환은 무한한 연쇄를 가져온다. 우리는 이미 보환된 총체를 다시 한 번 보환한다. 따라서 순수 실체, 오염되지 않은 사물, 직접적인 현존, 원래의 대상, 분열되지 않은 기원 등은 필연적으로 허구이다.

보환의 곤혹스러운 면은 그것이 실체와 본질성을 결하고 있다는 점이다. 보환 자체는 흔적, 차연, 글쓰기와의 친연성을 보인다. 보환 역시 결정 불가능한 것이기 때문이다. 보환은 인지되지 않은 채 작가와 철학자들의 텍스트 내에서 작용한다. 비결정적인 철학과 문학의 이항대립 속으로 편입되는 것을 피하면서도 그러한 대립물들 속에 거주하고, 제3항으로 포함되는 것을 거부하면서도 그런 대립 구조를 거부하고 파괴한다.

부재(Absence)/현존(Presence)[229]

해체주의 철학자인 자끄 데리다(Jacques Derrida)는 기존 서구 철학이 주장한 모든 진리를 우상으로 보고 철저히 파괴하고자 하였다. 데리다는 우상을 현전(현존)의 형이상학이나 로고스중심주의로 부르고, 그 우상을 공격 · 파괴하는 철학을 정립하고자 한다. 데리다가 볼 때 역사적으로 서구철학은 비이성에 대한 이성, 차이에 대한 동일성, 부재에 대한 현전(현존)을 진리 근거로 주장했다. 서구 철학은 본질/현상의 이원적 대립 구조를 근저에 두고 진리 · 권력의 전략을 펼친 것이다. 본질을 현상에 대해 우선적인 것으로 보고 현상을 본질로부터 파생된 이차적인 것으로 설명함으로써 본질에 특권을 부여하고 그 특권이 그 대립항을 지배하는 것을 정당화 시켜 왔다. 본질은 현상을 배제하고 동일성은 차이를, 현존은 부재를 배제함으로써 진리가 되었기 때문에, 서구 형이상학의 진리 자체는 억압을 내포하고 있는 폭력적인 것이 된다. 데리다는 '이성', '동일성', '현존'에 대비되는 '비이성', '차이', '부재'라는 타자들을 해방시키고자 한다. 이것은 억압적이고 기반적인 이성에 대한 비판에 그치는 것이 아니라, 경제적 착취 · 성적 불평등 · 인종적 차별 등에 대해 부정하는 것이다.

그러나 데리다는 우상을 공격 · 파괴하지만 기존의 철학자들처럼 앞선 우상을 대체할 새로운 진리를 내세우지 않는다. 다시 우상으로 전락할 자신의 진리를 제시하지 않기 때문에 자신은 비판받지 않는 유리한 입장을 확보하지만, 한편에서는 허무주의적 철학이라는 비판을 받기도 한다. 데리다의 '현존'과 '부재'의 개념도 서로를 대체하는 이분법적 개념이 아니다. 현전적 존재가 존재할 수 있는 것은 현전적 존재자를 현전화 시키는 존재(부재)이며, 이 존재가 현전적 존재자와 관계할 때 존재론적 차이가 발생한다. 따라서 모든 '현존' 개념은 '부재'에 필연적으로 이르게 된다. 데리다에 의하면 '이것' 아니면 '저것'의 부재가 아니라 '현존'으로 나타나는 모든 것이 '부재'인 오직 순수한 '부재'만이 영감을 주고 영향을 미친다.

---

229 한국문학평론가협회 편, 앞의 책, 상, 842~843쪽.

부친 부재의 시대(The age of absence of father)[230]

오든(Wystan Hugh Auden)은 미국에 귀화한 영국 시인이다. 그는 「허크와 올리버」(1953)에서 미국문학은 부친과 가정으로부터의 떠남으로 이야기가 끝나는 반면, 영국문학은 부친과 가정으로 돌아옴으로 이야기가 끝난다고 논한다. 이는 유럽의 모더니즘과 미국의 포스트모더니즘의 차이에도 적용된다. 조이스(James Augustine Aloysius Joyc)의 《율리시스》가 정신적 아버지를 찾아 헤매는 젊은 예술가 스티븐과 역시 정신적인 아들을 찾아 헤매는 블룸의 방황과 조우를 그린 소설이라면, 포스트모더니스트 작가들의 소설은 부자간의 '찾음'이나 '만남' 대신 오직 부친의 죽음과 부재만이 있는 소설이라 할 수 있다.

작가들이 부친의 죽음에 관심을 갖고 있는 것은 지금이 바로 '부친의 부재' 시대라는 것을 말해 준다. 즉 지금은 '부친'으로 표상되는 모든 것-예컨대 전통, 관습, 권위, 모범, 보호, 신뢰, 안내 등-이 무너져 버리고 사라져 버린 시대라는 것이다. 물론 부친은 그냥 사라져 버린 것이 아니라, 끊임없이 다시 돌아와 아들을 괴롭힌다. 그런 의미에서 부친은 현존하면서 동시에 또 부재한다. 이들은 부친의 죽음과 부재의 의미를 깨닫기 위해 노력하며, 혼자 남은 세상에서 고독과 해방감 그리고 부친에 대한 애정과 증오를 동시에 느낀다.

비트세대(Beat generation)[231]

1960년대 미국 저항정신의 뿌리이다. 비트세대에 대한 일반적 의미는 대체로 비트닉(Beatnik), 즉 비트족으로서 상궤를 벗어난 행동과 옷차림을 하는 사람들을 지칭하지만, 실제로 비트세대란 1920년대 대공황이 있었던 '상실의 시대'에 태어나 제2차 세계대전을 직접 체험한 세대로서, 전후 50년대와 60년대에 삶에 안주하지 못하고 사회로부터 '매정한 대접'을 받았던, 특히 동시대의 사회와 문화구조에 저항한 특정한 문학가와 예술가의 그룹을 말한다.

비트세대에 의한 비트문화운동은 1950년대에 시작되었으며, 샌프란시스코

230 김성곤, 「부친 부재의 시대-도널드 바셀미」, 『포스트모던 소설과 비평』, 앞의 책, 307~311쪽.

231 한국문학평론가협회 편, 앞의 책, 상, 883쪽.

의 노스비치, 캘리포니아의 베니스 웨스트, 뉴욕 시의 그리니치빌리지 등지의 보헤미아 예술가 그룹들이 그 중심이 되었다. 이 운동의 지지자들은 자신들의 스타일을 '비트'(원래는 '기진맥진한'이라는 뜻인데 후에는 '행복에 넘친'이라고 해석되는 경우도 있었음)라고 자처했으나 사람들은 그들을 비트닉스(beatniks)라는 조롱의 명칭으로 불렀다. 그들은 자신들이 관습적이고 획일적인 사회에서 벗어났다는 것을 보여주기 위해 한결같이 허름한 옷과 태도, 그리고 재즈 음악가들에게서 빌려온 히피 어휘를 받아들였다. 일반적으로 정치와 사회적 문제에는 관심을 두지 않았으며 마약, 재즈, 섹스, 선불교의 수양 등으로 생기는 고도의 감각적 의식을 통한 개인적인 해방 · 정화 · 계시를 주장했다.

『부조리하게 자라다』(1960)의 저자 폴 굿먼(Paul Goodman)을 비롯한 비트족의 옹호자들은 현대사회가 즐거움도 목적도 없으므로 도피와 반항이 충분히 정당하다고 여겼다. 비트 시인들은 시를 까다로운 강단에서 해방하여 '거리로 돌려보내자'고 했다. 그들의 시는 대개 혼란스럽고 외설스러운 표현투성이였지만, 때로는 앨런 긴즈버그(Allen Ginsberg)의 〈울부짖음〉(1956)과 같이 강한 힘과 감동을 지닌 작품도 있었다. 긴즈버그를 비롯해 소설가 잭 케루악(Jack Kerouac) 같은 비트운동의 주요 인물들은 일종의 자유롭고 비구성적인 창작을 지지했다. 이것은 작가가 즉각적인 경험을 전달하기 위해 자신의 사상과 감정을 아무런 구상이나 수정 없이 적어 내려가는 방법이었다. 그러한 방식으로 인해 비트족의 모방자들은 전혀 규율이 없고 앞뒤가 맞지 않는 장황한 요설을 늘어놓게 되었다. 비트 운동은 그 일시적 유행이 사라지기 시작한 1960년대까지 흥미롭고 유망한 작가들을 여러 명 배출했는데 예를 들면 퍼링게티(Lawrence Ferlinghetti), 그레고리 코르소(Gregory Nunzio Corso), 필립 웨일런(Philip Whalen), 게리 스타이더(Gary Sherman Snyder) 등이다.

산종(La Dissémination)[232]

데리다가 만들어낸 신조어이다. '텍스트'나 '의미'에 의해 파종되었으나 수태하지도 못하고 텍스트나 의미에 의해 회수되지도 못한 채 흩어져 있는 '요소'나

232 김성곤, 「탈구조주의의 문학적 의의와 전망」, 앞의 글, 11~43쪽.

'말'의 상태를 가리킨다.

말해지는 언술행위에 있어서나 쓰인 언술행위에 있어서 그 어떤 요소도 현존하지 않는 또 다른 요소와 연결되지 않고서는 기호로서의 기능을 발휘할 수 없다. 이러한 내적 연결은 각 요소-음소와 구조소-로 하여금 다른 요소들과 연쇄적 연결이나 체계를 내부에서 추적하도록 해준다. 이러한 내적 연결, 이러한 피륙의 결은 곧 또 다른 텍스트의 변형과정에서 생겨난 텍스트가 된다. 요소들 중에서 또는 체계 내부에서의 그것은 단순히 현존하거나 부재하지 않는다. 거기엔 어디에나 다만 자취의 흔적과 차이만이 있을 뿐이다.

상호텍스트성(Intertextuality)[233]

이 용어는 일차적으로 텍스트와 텍스트의 관계, 즉 텍스트들 사이의 관계를 의미한다. 여기서 텍스트는 둘일 수도 있고, 그 이상일 수도 있다. 프랑스의 기호학자 줄리아 크리스테바(Julia Kristeva)가 1966년에 소련의 문학이론가인 바흐친(Mikhail Bakhtin)에 관한 한 논문에서 처음 이 용어를 사용하였는데, 롤랑 바르트(Roland Gérard Barthes) 등이 사용함으로써 널리 쓰이게 되었다.

가장 일반적인 의미는, 문학적 텍스트의 의미와 해석은 어떤 한 작가의 독창성이나 특수성에 귀속되는 것이 아니라, 기존의 개별적인 텍스트들 및 일반적인 문학적 규약과 관습들에 의존해 있다는 것을 말한다. 크리스테바는 상호텍스트성에 대하여 "모든 텍스트는 인용구들의 모자이크로 구축되며 모든 텍스트는 다른 텍스트를 받아들이고 변형시키는 것"이라고 언급한다.

여러 이론가들에 의해 사용된 상호텍스트성의 개념은 다양한 의미로 사용되기도 하는데, 가장 제한적인 의미에서의 상호텍스트성이란 '주어진 텍스트 안에 다른 텍스트가 인용문이나 언급의 형태로 명시적으로 드러나 있는 경우'를 말하며, 가장 넓은 의미에서는 '텍스트와 텍스트, 혹은 주체와 주체 사이에서 일어나는 모든 지식의 총체'를 가리킨다. 후자의 경우 주어진 텍스트는 단순히 다른 문학 텍스트뿐만 아니라 다른 기호체계, 더 나아가서는 문화 일반까지 포함한다.

또한 크리스테바는 텍스트를 기능 작용면에서 현상텍스트와 생성텍스트로 구

233 한국문학평론가협회 편, 앞의 책, 하, 155쪽.

분하는데, 그녀에 따르면, 현상텍스트는 "구체적인 진술구조에서 그 자체로 나타나는 언어적인 현상"을 가리키고, 생성텍스트는 "언표 행위 주체의 구성에 적합한 논리적 작용을 위한 터전"으로서의 "현상텍스트를 구성하는 장소"를 뜻한다.

한편, 이 텍스트의 이론은 매우 다양한 갈래를 보이며 전개되는데, 프랑스의 문학평론가인 제라르 주네트는 상호텍스트 그리고 그것과 중요한 관계를 맺는 텍스트를 함께 지칭하기 위하여 '하이퍼텍스트'와 '히포텍스트'라는 용어를 사용하기도 한다.

서부개척소설(Wild west novel)[234]

미국 서부지방이 개척되던 시대에 그곳의 삶의 모습을 주로 재현하는 문학 장르를 말한다. 남북전쟁이 발발한 시기로부터 시작하여 1890년대 후반에 이르기까지 흔히 '와일드 웨스트'로 잘 알려진 서부 지방의 삶을 다루는 유형을 말한다. 존 바스의 《연초도매상》(1960, 1967), 토머스 버거(Thomas Louis Berger)의 《작은 거인》(1964), 캔 키지(Kenneth Elton Kesey)의 《뻐꾸기 둥지 위로 날아간 사나이》(1962), 노먼 메일러(Norman Kingsley Mailer)의 《우리는 왜 베트남에 와 있는가》(1967) 등이 이에 속한다. 여기서 '서부'라는 말은 막연히 문명사회에 반대되는 개념을 가리키기 위한 일종의 제유적 표현이다. 신화적 모험이나 추적을 중심 모티프로 사용한다.

서부개척 소설은 좁게는 유럽문학, 넓게는 유럽 문명, 그리고 더 나아가서는 서구 기독교적 휴머니즘에 대한 일종의 도전이며 반작용이라 할 수 있다. 필립 라브(Philip Rahv)는 서부개척 소설을 '창백한 백인 문학'을 배격하는 '북아메리카 토인 문학'을 대변하는 장르라고 주장했다. '창백한 백인 문학'은 헨리 제임스(Henry James)나 나다니엘 호손(Nathaniel Hawthorne)으로 대표되는 엘리트주의적 고급 문학을 가리키며, '북아프리카 토인' 문학은 월트 위트먼(Walter Whitman)이나 마크 트웨인(Mark Twain)으로 대표되는 대중적 저급 문학을 가리킨다.

국부적인 면에서 서부개척 소설은 미국 내의 소수민족에 대한 관심을 환기시키는데 크게 기여하였다. 전통적인 서부개척 소설에서는 흔히 백인들은 '좋은 사

---

234 김욱동, 앞의 책, 386~404쪽.

람들', 그 밖의 다른 종족들은 이 세상에서 제거되어야 할 '나쁜 사람들'로 상투적 방법으로 분류되어 왔다. 그러나 최근 들어 몇몇 작가들은 백인종보다 오히려 이들 소수 민족들의 편에 서서 그들의 입장을 대변하고 그들의 우월성을 강조했다.

서픽션(Surfiction)[235]

'초소설'이라고도 한다. 전통적인 소설 양식을 거부한 채 허구적 위치를 과시하고 자의식적 입장을 견지한다는 점에서 포스트모더니즘의 기본 이론과 상당히 비슷하다. 미국의 서픽션 소설은 자서전적 요소가 분명하고 일관성 있게 드러난다.

레이먼드 페더먼(Raymond Federman), 「서픽션 선언문」에서 서픽션이란 '소설의 가능성을 탐색하고자 하는 소설, 소설을 지배하고자 하는 전통에 도전하는 소설, 인간의 왜곡된 실재의 비전 대신에 인간의 상상력에 대한 신념을 끊임없이 새롭게 해주는 소설, 인간의 합리성보다는 비합리성을 드러내 주는 소설'을 가리킨다고 주장한다.

래리 맥카프리(Larry McCaffery)는 서픽션 소설에서 흔히 나타나는 현상 중의 하나는 '작중인물의 탈허구화'라고 말한다. 서픽션 작가들은 흔히 자신의 작품에 작중 인물로 등장함으로써 자서전적 요소를 사용하거나, 친구들이나 동료 작가들을 작중 인물로 사용하기도 한다. 즉 작가는 흔히 허구적 인물로 변모한 반면, 작중 인물들은 자주 허구적 위치에서 탈피하여 보다 현실적인 실제 인물들로 변모한다.

허구화된 작가의 개인적 삶은 진정한 의미의 자서전과는 상당히 거리가 멀다. 슈케닉(Ronald Sukenick)의 작품과 관련하여 티머시 다우 애덤스(Timothy Dow Adams)가 지적하고 있듯이 삶의 인위성과 소설의 인위성을 강조하기 위하여 전통적인 자서전의 재현적 모방을 사용하는 대신에 허구적 구성물 안에서 개인의 사실적 삶을 사용하고자 하는 생각은 슈케닉의 소설 이론에서 없어서는 안 될 필수적인 요소이다. 서픽션 작가들은 어디까지나 애덤스의 표현대로 '모방 자서전 작가'에 지나지 않으며, 그들의 작품은 '모방 자서전'에 지나지 않는다. 그들은 소설이라는 허구적 공간의 테두리 안에서 유희를 즐기고 있을 뿐이다.

---

235 김욱동, 앞의 책, 275~286쪽.

세속적 비평(Secular criticism)[236]

에드워드 사이드(Edward W. Said)가 쓴『세계와 텍스트와 비평가』(1982)의 서문 제목이다. 그는 서문에서 "오늘날 미국이나 유럽의 문학이론은 명백히 불간섭의 원칙을 받아들이고 있으며, 주제를 선택하는 그것의 독특한 양태는 (알뛰세이(Louis Althusser)의 공식을 빌리면) 세속적이거나 상황적이거나 또는 사회적으로 오염된 것은 결코 주제로 선택하지 않는다고 해도 과언은 아닐 것이다. 그 대신 '텍스트성'이 문학이론의 다소간 신비스럽고 살균된 주제가 되었다. 그러므로 텍스트성은 역사라고 불릴 수 있는 것의 축출과 배제가 되어 버렸다. …… 하지만 내 입장은 텍스트란 세속적인 것이며, 다소간은 사건이고, 스스로 그것을 부정하는 것처럼 보일 때까지도 텍스트는 사회와 인간세계의 일부이며 물론 그것이 위치하고 해석되어지는 역사적 순간이라는 것이다"라고 주장한다.

사이드는 문학비평을 텍스트의 미궁으로부터 끌어내어 사회현실과 역사적 상황 속에 위치시키려고 노력한다. 그리하여 비평가를 텍스트의 단순한 해석자가 아닌, 현실과 상황의 창조자로, 그리고 비평을 지배문화에 대한 하나의 반대행위, 발견행위 또는 인식의 시작 행위로 파악하도록 도와준다. 사이드는 지배문화가 임의로 정해 놓은 신성화된 고전이나 매스터 텍스트를 거부하며, 오히려 지배문화가 제외시켜 온 것들의 가치를 재평가한다.

소설의 죽음(The death of novel)[237]

소설의 죽음에 대한 논의는 1963년 레슬리 피들러가「소설의 종말」에서 직접적으로 언급했다. 그리고 같은 해에 수잔 손탁(Susan Sontag)이「해석에 반(反)하여」에서, 노먼 포도레츠(Norman Podhoretz)가『행위와 행위취소』에서 논의

---

236 김성곤,「탈구조주의의 문학적 의의와 전망」, 앞의 글, 11~43쪽.

237 김성곤,「포스트모더니즘과 내러티브의 위기-리얼리즘, 모더니즘, 포스트모더니즘에 대한 한 성찰」,『포스트모던 소설과 비평』, 앞의 책, 15~40쪽.
김성곤,「픽션, 리얼리티, 역사의식의 새로운 렌즈」,『포스트모던 소설과 비평』, 위의 책, 329~334쪽.
한국문학평론가협회편,『문학비평용어사전』하, 국학자료원, 2006년, 243쪽.

한다. 1966년에는 루이스 루빈(Louis Rubin)이 「소설의 이상한 죽음」이라는 에세이에서 또 한 번 소설의 죽음을 진단하고, 1967년에는 존 바스가 「고갈의 문학」에서 소설의 죽음에 대한 논의를 펼쳤다. 1969년에는 로널드 수케닉(Ronald Sukenick)이 〈소설의 죽음〉이라는 소설을 썼다.

소설의 죽음에 대한 논의는 과거에도 빈번하게 등장해 왔는데, 1923년 "플로베르(Gustave Flaubert)와 헨리 제임스로 소설은 끝났다"는 엘리어트(Thomas Stearns Eliot) 언급이나, 1948년 "예술의 비인간화와 중산층으로부터의 괴리로 인해 소설의 죽음이 임박해 있다"는 오르테가 이 가세트(José Ortega y Gasset)의 선언 등은 그 대표적인 사례이다. 하지만 피들러(Leslie Aaron Fiedler)의 진단은 이전 것과는 다른 양상을 띤다. 즉 그는 작가를 지탱해주던 예술적 신념이 붕괴되고 독자들을 다른 이야기 매체가 흡수해버린 현상을 소설의 죽음이 초래된 원인으로 본다. 18세기에는 소설 장르가 현재의 텔레비전이나 만화처럼 대중적인 양식으로 사랑 받았다. 이후 미학적 엘리트주의의 소설, 소위 예술소설들이 성행하게 되면서 대중과 유리되고, 결국 죽음에 이르게 되었다는 것이다. 이처럼 소설의 죽음이라는 문학적 현실은 60년대 미국의 사회적 · 문화적 양상의 변화와 관련이 있다. 즉 이제 독자들에게 있어서 소설은 TV나 영화 같은 영상매체와 경쟁할 수 없는 고루한 양식으로 인식되는 것이다.

피들러가 강조한 소설의 죽음은 특히 마르셀 프루스트(Marrel Proust), 프란츠 카프카(Franz Kafka), 제임스 조이스(James Augustine Aloysius Joyce) 등 모더니즘 소설가들의 난해한 예술소설들을 겨냥하고 있다. 그는 "인쇄되고 장정된 소설들은 제2의 인생들을 살고 있거나 아니면 두 종류의 삶을 살고 있다. 한편으로는 중 · 고등학교나 대학의 강의실에서 교재로 채택됨으로써 재미로 보다는 의무와 요구사항으로 읽히게 되었고, 다른 한편으로는 책 속의 언어를 이해하지 못하는 독자들을 위해 TV나 영화 스크린 속의 시각적 이미지로 변환되었다"고 말한다. 대중문화의 옹호자인 그는 60년대 이후 본격화된 대중문화의 시대에서 상류문화층의 기호만을 만족시키는 귀족소설은 살아날 길이 없다고 믿었다. 기존의 소설 방식을 혁신했던 의식의 흐름 기법, 혹은 누보로망의 작품들은 비록 타락한 방법이나마 일정한 가치를 추구하던 문제적 인물마저 소멸시켰고, 그 결과 독자들에게 외면 받게 되었다. 결국 피들러는 20세기 예술소설들이 소설의 대중적인 역할을 도외시하고 상아탑 속으로 침잠해 가고 있으며, 예전에는 소설이 담당하던 대중적인 역할을 다른 영상 매체들이 충족시키고 있는 현실을 심각하게 인식한 것이다.

존 바스(John Barth) 역시 1967년「고갈의 문학」에서 소설의 죽음 논의를 펼쳤다. 그는 기존의 소설 양식으로는 현재의 복잡하고 다변적이고 불가해한 리얼리티를 담아낼 수가 없으며, 모더니즘 소설은 이미 그 시효가 고갈되었다고 선언했다. 특히 인쇄매체의 몰락과 전자매체의 도래를 예견한 마샬 맥루헌(Mashall McLuhan)에 영향을 받아, 이제 새로운 상상력으로 새로운 소설쓰기를 모색해야 한다고 주장하였다. 그리하여 그는 그러한 새로운 소설 양식의 한 가능성을 아르헨티나 소설가인 보르헤스(Jorge Luis Borges)의 소설에서 찾고자 하였다.

1960년대 미국 문학계에서 다루어졌던 소설의 죽음 논의는 뉴저널리즘 소설과 자기반영적인 메타픽션을 통해 소설의 새로운 방향을 모색하려는 움직임으로 이어졌고, 이는 1970년대에 이르러 포스트모더니즘을 출발시킨 하나의 동인이 되었다. 단적으로 말해 포스트모더니즘 소설은 이미 진부해지고 관습적이 되어버린 모더니즘 소설에 대한 부정과 함께 이루어진 새로운 형태의 소설 운동이라고 할 수 있다. 바스 역시 1980년「소생의 문학」을 통해서 자신이 말한 것은 '모더니즘 미학의 고갈'이며, 포스트모더니즘 소설이 소생의 문학을 이룰 것을 확언하고 있다.

숭고(Sublime)[238]

칸트(Immanuel Kant)에 따르면 숭고한 감정은 하나의 강력하면서도 모호한 정서이다. 그것에는 쾌감과 고통이 따른다. 이 모순된 정서는 어떤 주체에 대한 기능들, 즉 무엇인가를 느끼는 기능과 무엇인가를 표현하는 기능 간의 상충으로서 발전된다. 즉 숭고는 하나의 개념에 어울릴 수 있는 대상을 상상력이 표현해주지 못할 때 생긴다. 우리는 무한히 큰 것, 그리고 무한히 강력한 것을 인식할 수는 없지만 그러한 것들을 보이게 할 수 있는 대상에 대한 모든 표현은 고통스럽게도 부적합한 것으로 여긴다. 이러한 것들은 어떠한 것으로도 표현할

238 장 프랑소아 료따르 · 김지원 옮김, 「질문에 답하며: 포스트모디니즘이란 무엇인가?」, 『포스트모더니즘론』, 앞의 책, 123~138쪽.

수 없는 관념이고, 사실성(체험)에 대한 어떤 지식도 제공하지 못하며, 미의 감정을 불러일으키는 능력들 간의 자유로운 통합을 방해한다. 즉 이러한 것들은 표현할 수 없는 것이다.

모더니티가 사실적인 것으로부터 탈피하고 표현할 수 있는 것과 인식할 수 있는 것 사이의 숭고한 관계에 따라 생겨난다면, 이 관계 내에서 두 가지 방식을 구분할 수 있다. 첫째는, 표현기능의 무력함, 즉 인간 주관에 의해 느껴지는 존재에 대한 향수에 강조점을 둔다. 둘째는 인간이 지니고 있는 모호하고도 부질없는 의지, 아니 그보다는 인식하는 기능의 능력, 이른바 비인간성을 강조할 수 있다. 전자는 우울로, 후자는 혁신으로 나타난다. 전자에는 독일 표현주의자들이 후자에는 리씨스키(El Lissitzky)를, 전자에는 키리코(Giorgio de Chirico)를 후자는 뒤샹을(Henri Robert Marcel Duchamp) 들 수 있다.

프루스트(Marcel Proust)의 작품과 조이스의 작품은 모두 존재화 할 수 없는 어떤 것을 암시한다. 프루스트는 구문화 어휘 속에서 불변하는 언어에 의해, 그리고 많은 언어용법들에 있어서 소설적인 서술의 장르에 여전히 속해 있는 글에 의해 표현할 수 없는 것들을 환기시킨다. 조이스는 표현할 수 없는 것들을 자신의 창작, 즉 기표 속에서 지각할 수 있게 한다. 서술과 문체의 모든 용법들이 전체의 통일성에 개의치 않고 사용된다. 문학 언어의 문법과 어휘는 더 이상 주어진 대로 받아들여지지 않는다. 모던한 미학은 비록 향수적이기는 하지만 숭고의 미학이다. 그것은 표현할 수 없는 것을 그릇된 의미로써만 나타나게 해준다.

포스트모더니즘은 모더니즘 안에서 표현할 수 없는 것을 표현 그 자체로 나타내는 것이다. 표현할 수 없는 것들에 대한 보다 강력한 의미를 부여하기 위해 새로운 표현들을 찾는 것이다. 포스트모던 예술가나 작가는 철학가의 입장이다. '쓰는 텍스트', 즉 그가 만드는 작품은 기존의 규칙에 의해 원칙적으로 통제받지 않는다. 규칙과 범주들은 예술작품 스스로 찾아내는 것이다. 예술가와 작가는 무엇을 해낼 것인가에 대한 규칙을 형성하기 위한 규칙도 없이 작업을 한다. 또한 사실성을 제공하려는 것이 포스트모던 작가들의 임무가 아니라 표현할 수는 없지만 인식할 수 있는 것에 대한 암시를 찾아내는 것이 포스트모던 작가의 임무이다. 포스트모던 작가들은 전체성에 대항해 싸우고 표현할 수 없는 것에 대한 증인이 되어 차이를 명백히 하고자 한다.

※ 숭고[239] 1세기경에 쓰인 것으로 추측되는 롱기누스(론자이너스, Longinus)의 『숭고에 관하여』는 수사학 저서로 간주되지만, 미학 · 철학 · 문학비평 같은 현대의 예술 영역에서 매우 중요한 의미를 차지한다. 비록 아리스토텔레스(Aristotles), 호라츠(Horaz) 같은 서구의 위대한 시학의 그늘 속에 가려져 있었지만 아마도 롱기누스의 『숭고에 관하여』야말로 문학과 미학을 이해하는데 있어서 가장 근본적인 시학으로 간주될 수 있을 것이다.

롱기누스에게서 숭고는 인간의 숭고한 의식과 관련된 것이 아니라 '말의 힘'과 관련된다. 롱기누스는 숭고를 모든 문학과 담화의 척도로 삼고 있는데, 그것은 언어를 사용하는 문학과 담화의 근본적인 특성은 진리나 도덕을 전달하는 데 있는 것이 아니라 청자(혹은 독자)를 압도하는데 있기 때문이다. 『숭고에 관하여』의 다음과 같은 대목은 그 점을 잘 보여주고 있다. "친구여, …(중략)… 나는 숭고란 말이 특정한 절정이나 클라이맥스라는 사실을 더 이상 확인해 볼 필요가 없다고 보네. 위대한 시인과 작가들은 바로 이것을 통해서, 오로지 이것만을 통해서 상대방을 이겼고 불멸의 명성을 얻는다네. 압도하는 것은 청자에게 확신을 주는 것이 아니라 도취를 가져다준다네. 우리를 놀라게 하고 전율을 가져다주는 것은 설득적인 것과 호의적인 것보다 더욱 강력한 영향을 끼치게 마련이네. 우리의 확신과 불확신은 대개 우리 자신에게 달려 있지만, 우리를 압도하는 것은 저항할 수 없는 힘과 위력을 청자에게 가하고 그럼으로써 청자를 완전히 지배한다네. …(중략)… 숭고는 적시에 나타나서 번개처럼 모든 사물을 파괴하면서 즉각 연설자의 간결한 위력을 보여준다네."

여기서 숭고는 상대방을 압도하며 도취를 야기하는, 아울러 순간 같은 시간성의 양식을 취하는 말의 힘을 뜻한다. 그러한 숭고의 예를 롱기누스는 다름 아닌 문학에서 찾고 있다. 상대방을 압도하는 언어의 힘을 숭고로 파악하고 있는 롱기누스의 시각은 설득이나 진리 전달에 초점을 맞춘 아리스토텔레스의 『수사학』과는 거리를 취하고 있는 셈이다.

롱기누스의 『숭고에 관하여』는 이후 서구 시학 및 미학에서 망각되어 왔지만 17세기 서구 문학계에서는 필독서로 간주된다. 그것의 기폭제는 브왈로(Nicolas Boileau)의 불어 번역본(1674)이었는데, 특히 브왈로의 번역본은 감성

---

239 한국문학평론가 편, 앞의 책, 하, 276~277쪽.

을 중시하였던 영국에서 크게 인기를 끌었다. 에드먼드 버크(Edmund Burke)는 숭고함에 관한 저서인 *Philosophical inquiry into the orign of our ideas od the sublime and beautiful*(1756)을 새롭게 집필하게 된 데도 브왈로의 영향이 컸다고 할 수 있다. 그러나 버크의 숭고함은 롱기누스의 그것과 다른 특징을 지닌다. 버크의 숭고는 언어적 힘이 아니라 어둡고, 불확실하고, 전율을 불러일으키는 현상과 관계한다. 이러한 측면은 파괴적인 위력을 지닌 화산, 격앙하는 듯한 거대한 대양, 거대한 홍수 같은 자연 현상과 관련하여 숭고를 분석한 칸트의 『판단력 비판』에서 반복된다. 칸트의 경우 무섭고 거대한 자연 현상이 불러일으키는 인간의 정서와 관련한 도덕적 의미가 숭고로 해석되고 있다. 이 밖에도 쉴러(Johann Christoph Friedrich von Schiller), 헤겔(Georg Wilhelm Friedrich Hegel) 같은 이상주의적 철학에서도 숭고가 분석되었지만 그것은 롱기누스의 숭고와는 근본적으로 다른 특징을 지닌다.

숭고는 포스트모더니즘과 해체론에서 다시 전성기를 맞았다. 장 프랑수아 리오타르(Jean-François Lyotard)의 경우 이성적이고 합리적인 의식이 정지된 상황(특히 예술작품)과 직면할 때의 감정을 숭고로 지칭하고 있으며, 문학비평에서는 폴 드 만이 마치 롱기누스를 의식한 듯 일종의 '수사학의 이데올로기'를 강조하고 있다. 드 만의 경우 모든 문학 작품이나 철학에서 엿보이는 이상화, 도덕화 같은 언술은 일종의 이데올로그로서의 '말의 힘'으로 해체되고 있다.

『시작: 의도와 방법(Beginings: Intention and Method)』[240]

에드워드 사이드의 새로운 문학이론을 제시한 저서이다. 사이드는 서구의 사고 체계가 낙관적으로 상정해 놓은 절대적 '근원(origin)'의 개념에 도전하여, 새로운 '시작(beginning)' 개념을 제시한다. '시작이론'이 갖는 중요성은 그동안 인류역사를 주도해 온 지배적 언술행위, 즉 우리가 진실, 근원, 기초, 센터, 그리고 절대라고 믿어 온 것들의 군림과 횡포에 저항하여, 그것과 다른 언술행위를 찾아내고 인정하며 또 창조해낸다는데 있다.

사이드에 의하면, 현재 우리의 상황은 '구심점이 없는 원, 출구가 없는 미로'

240 김성곤, 「탈구조주의의 문학적 의의와 전망」, 앞의 글, 11~43쪽.

이다. 그리고 이는 우리로 하여금 근원에 대한 신뢰나 향수를 버리고 새로운 '시작'을 시도하도록 해준다. '근원'이 신적 · 불변적 · 억압적 · 권위적 · 특권적 · 절대적 · 고정적 · 전통적이고 신성한 것이라면 '시작'은 인간적 · 가변적 · 해방적 · 저항적 · 평등적 · 상대적 · 주기적 · 혁신적이고 세속적인 것이라 할 수 있다.

사이드는 "언어의 시작은 결국 창조적 행위이자 동시에 비평적 행위이다. 마치 우리가 훈련받은 방식으로 언어를 사용하기 시작하는 순간, 비평적 사고와 창조적 사고 사이의 구분이 무너지듯이, 시작은 일종의 행위만은 아니다. 그것은 정신의 틀이자 일종의 일이고 태도이며 의식이다. ……시작은 기본적으로 단순한 연속적 성취보다는 궁극적인 회귀와 반복을 암시하는 행위라는 것, 근원이 신적인 반면 시작과 재시작은 역사적이라는 것, 그리고 시작은 창조일 뿐 아니라 의도를 갖고 있으므로 해서 그 자체가 스스로의 방법이 된다는 것이 나의 관점이다. 즉 시작은 차이를 만들거나 산출해내는 것이다"라고 말한다.

아방가르드(Avant-garde)[241]

아방가르드는 20세기 초 프랑스와 독일을 중심으로 자연주의와 의고전주의(擬古典主義)에 맞서 일어난 예술 운동이다. 기성의 예술 형식과 관념, 유파를 부정하고 새로운 것을 이룩하려 했던 입체파, 표현주의, 다다이즘, 초현실주의 등의 혁신예술을 통틀어서 일컫는 말이다. 아방가르드는 사회적 저항, 심미적 행동주의, 예술의 역사적 사명의식 등을 특징으로 한다. 사회적 저항은 당대의 지배적인 문화의 미학, 윤리, 그리고 정신적 가치에 대한 저항을 의미한다. 심미적 행동주의란 예술에 있어서 의식, 의미, 그리고 행동을 변화시키는 매개체가 되는 예술적 혁신을 의미한다. 예술의 역사적 사명의식이란 새로운 예술형식을 통한 이상적 미래의 구현 등으로 대변된다.

아방가르드는 모더니스트들뿐 아니라 초기의 포스트모더니스트들에게서도 나타난다. 찰스 러셀(Charles Russell)에 의하면 모더니스트들의 아방가르드 정신은 예술과 예술가의 특권의식, 곧 예술가는 지배적인 이데올로그의 외부에

241 김성곤, 「포스트모더니즘에 대한 몇 가지 이론적 고찰」, 『포스트모던 소설과 비평』, 앞의 책, 41~63쪽.

존재해 있는 실험가, 혁명가, 또는 예언자로서 미래를 위한 새로운 언어와 새로운 의식을 창출해 낼 수 있다는 특권의식에 기초한다. 따라서 모더니스트들은 예술가와 사회 사이의 대립에 보다 많은 관심이 있었으며 더 나아가 예술가는 사회발전의 변화에 근본적인 책임이 있다고 믿음, 모더니스트들의 특권 의식은 집단적 문화의 흐름에서 완전히 벗어나는 특권을 가진 개인적 언어에 대한 신뢰, 당대의 사회와 문화로부터의 의도적 소외와 차이의식으로 인해 생성되는 예술가 개인의 특권 의식에 대한 인정, 그리고 그러한 특권 예술에 의한 미래사회의 조망과 설계에 대한 신념을 포함한다. 그러나 포스트모더니스트들은 모더니스트들의 특권 의식을 그 근원에서부터 부정하고 해체한다. 물론 포스트모더니즘 역시 지배적인 문화체계에 대한 반발에서부터 출발하고 있다. 그러나 그것은 스스로 국외자의 위치를 추구하고 있지는 않지만 사실은 결코 완전한 국외자가 될 수 없다는 인식, 레이먼드 올더만(Raymond Olderman)에 의하면 "시스템 안에 갇혀 있으면서 밖으로 나가기를 원하는 인사이드 아웃사이더들"로서의 의식에 근거하고 있다. 이는 모더니스트들이 순수한 국외자의 존재를 인정한 것과는 본질적으로 다르나. 더 나아가 포스트모더니스트들은 모더니스트들처럼 당대의 사회와 문화로부터의 차이를 인식한다기보다는 오히려 그 차이를 초월하여 개인적 특권 문화 속에서의 은둔 대신 집단적 문화 속에서의 동참을 추구한다. 그러므로 포스트모더니즘은 지배적인 문화체계에 반발하면서도 동시에 역사의 주된 언술행위(discourse)의 내부에서 그 언술행위를 분석하고 검증한다. 그리고 그런 이유로 해서 그것은 필연적으로 '자아 반영적' 또는 자아성찰적인 태도를 갖게 된다.

포스트모더니즘의 아방가르드 정신도 복합적인 차원에서 사회 참여적이고 현실참여적인 것처럼 보인다. 왜냐하면 진정한 의미에서의 사회비판은 모더니즘의 경우에서처럼 고립되고 반항적인 자아에서 나온다기보다는 포스트모더니즘의 태도에서처럼, 자아와 사회 또는 개인적인 텍스트와 집단적 언술행위 사이의 역동적인 상호갈등과 충돌에서서부터 비롯된다고 보는 것이 더 타당하기 때문이다.

포스트모더니즘이 지배적인 문화체계를 전면 부정하지 않고 그 내부에서 혁신을 찾는 것은 패러디 기법과도 연관된다. 포스트모더니스트들은 작가들로 하여금 기존의 문화체계를 패러디 한 다음, 그 탈신비화 된 틀 속에서 새로운 모형을 만들어 내도록 유도한다. 이들의 주요 전략인 '자유로운 유희를 통한 패러디'는 기존의 가치체계와 기존의 절대적 진실에 대한 불신뿐만 아니라 그것을 대신할 새로운 가치체계나 새로운 진실의 존재에 대한 회의까지도 동시에 암시한다. 이를 존 바스는 '유쾌한 허무주의'라고 한다.

억압된 것의 회귀(Return to the repressed)[242]

신경증을 규정하는 근본적인 기제는 억압이다. 신경증은 정신병의 폐제(foreclosure)와 달리 억압의 임상구조를 갖기 때문에 '억압된 것'이 완전히 지워지지 않는다. 프로이트가 어떤 현실(예를 들어 부모의 성교장면에 대한 자각)이 억압되려면 먼저 정신에 의해 긍정되어야 한다고 이야기했듯이, 정신병이 처음부터 현실을 폐제시키고 축출하는 경우라면 신경증은 그 현실을 긍정한 상태에서 의식으로부터 밀어내는 것이다. 다시 말해, 무의식 내부에 축적된 '억압된 것'은 지연된 만족을 실현하기 위해 의식으로의 진입을 시도하는데, '억압된 것'이 의식에서 인식되는 것은 말할 수 없는 불쾌를 유발하기 때문에 의식에서는 끊임없이 '억압된 것'의 진입을 통제한다. 이와 같이 분출하려는 힘과 억압하려는 힘이 충돌하고 의식으로 진입해 정상적인 방법으로 만족을 추구할 수 없을 때, '억압된 것'은 신경증자의 증상을 통해 우회적으로 만족의 길을 모색한다. 따라서 증상은 통제하는 힘과 분출하려는 힘 사이의 타협결과이며, 억압과 '억압된 것의 회귀' 사이의 변증법적 운동의 산물이다. 이것은 '억압된 것의 회귀'가 억압의 일부분으로 이해되어야 함을 의미한다.

이러한 맥락에서 라캉(Jacques Lacan)은 억압과 '억압된 것의 회귀'는 하나이자 동일한 것이라고 말했다. 억압된 생각은 프로이트가 말한 망각이나 말실수 혹은 우연치 않게 병을 깨는 것과 같은 위장된 형태로 표출된 생각과 동일한 것이다. 실제로 '억압된 것'이 존재한다는 증거는 그것의 회귀, 즉 그것이 증상이나 말실수를 통해 되돌아온다는 사실에 있다. 얼굴 경련과 같은 증상이 존재한다는 것은 정신분석이 억압에 관해서 가시적으로 확인할 수 있는 유일한 증거이다. 이와 관련하여 프로이트는 다음과 같이 말한 적이 있다. "우리는 무의식

242 한국문학평론가협회 편, 하, 435쪽.

을 그 존재를 인정할 수밖에 없는 어떤 정신 과정이라고 부른다. 어떻게든 우리는 무의식의 효과로부터 무의식을 추론해 낼 수 있기 때문이다." 아마도 얼굴 경련은 억압되어 버린 혐오스런 생각이나 더 많은 것을 보고자 하는 억압된 것의 소망으로부터 온 것일 수도 있다. "신경증의 증상은 언어의 역할을 하며, 억압은 바로 그 언어를 통해 표출된다." 증상은 곧 타자를 향한 메시지인 것이다.

언술행위(Discourse)[243]

푸코에 의하면 언술행위는 지식과 권력이 담합하여 만들어 놓아 우리의 사고 체계를 지배하는 말하기와 글쓰기다. 언술행위는 지식사와 문화사 속에서 자신을 형성해 온 법칙들과, 자신과 권력과의 관계 등을 감추고 있으며 저술과 텍스트의 형태로서만 나타난다.

당대의 지배 이데올로그와 영합한 공식적인 언술행위와 그것의 억압에 대한 관심은 공식적인 언술행위가 오랫동안 제외해 온 또 다른 '소외된 언술행위'로 눈을 돌리게 하였다. 인류역사를 통해 스스로 이성적이고 정상적인 것을 규정하는 법칙들은 자신들과 상치되는 다른 모든 것들을 제외시키고 침묵시켰다. 즉 사람들은 누구나 정상이라고 법이 정해 놓은 체제 내에 들어 있기를 강요당했으며, 거기에서 벗어나는 사람은 사회로부터 제외 당했고 비정상으로 규정되었다. 그러므로 사람들은 누구나 지배체제의 언술행위 속에서, 그리고 보이지 않는 법칙들과 규제들의 '보관소(archive)'가 내리는 지시 속에서 글을 쓰게 되며 그것을 거부할 경우엔 제도적 권력에 의해 제외되고 침묵당해 왔다.

역사적 아방가르드(Historical avant-garde)[244]

포스트모더니즘과 관련된 '네오-아방가르드'와 구별된다. 독일에서 일어난 표현주의와 다다이즘, 이탈리아를 중심으로 일어난 미래파 예술 운동 그리고 러시아 혁명 직후에 일어난 프롤레트쿨트, 프랑스의 초현실주의 등이 포함된다. 여기에 포함되는 모든 예술 운동은 모더니즘에 대하여 비판적 입장을 견지하였다.

---

243 김성곤 편, 「탈구조주의의 문학적 의의와 전망」, 앞의 글, 11~43쪽.

244 김욱동, 앞의 책, 370~377쪽.

페트 뷔르거(Peter Bürger)가 『아방가르드의 이론』(1974, 1980)에서 지적하듯이, 이 운동은 무엇보다도 예술을 삶 속에 통합시키는 것을 목표로 삼는다. 아방가르드는 '제도 예술'을 타파한다. 제도 예술이란 부르주아 사회에서 예술이 생산되고 분배되며 소비되는 제도적 틀을 말한다.

프랑스 예술가 마르셀 뒤샹은 '레디-메이드'(기성품)를 창안하였다. 기성품 예술이란 문자 그대로 주위에서 흔히 발견되는 일상적 물건을 사용하여 예술 작품을 만들어내는 예술 형태를 말한다. 뒤샹은 남성용 소변기를 사용하여 《분수》(1917)라는 조각 작품을 만들었다. 그는 예술의 오브제 개념을 확장시켰으며, 고급문화를 특징짓는 심미성과 영원성, 자율성과 인증성, 창조성 등을 파괴함으로써 예술과 삶을 보다 유기적으로 통합시키는데 획기적인 전환점을 마련하였다.

엔트로피(Entropy)[245]

열역학 제2법칙으로 이에 따르면 물질과 에너지는 한 방향으로만 움직인다. 즉 우주의 모든 것은 사용 가능한 에너지로부터 사용 불가능한 에너지로, 또는 질서로부터 무질서로, 또는 삶으로부터 죽음으로 향하는 일방통행의 과정이며, 그 과정의 끝은 엔트로피가 극에 달한 상태이다. 이로 본다면 새 물질이 낡아져 가고 인간이 나이 들어가며 역사가 진행되어 가는 과정도 물리학적으로는 모두 엔트로피가 증가되어 가는 과정을 의미한다. 종국에는 무질서가 극에 달해 붕괴와 파멸과 죽음만이 우리를 기다리고 있다. 이러한 세계관은 뉴턴의 기계적 · 과학적 패러다임을 전면으로 부정하는 한편, 우리로 하여금 고대 희랍인들의 뛰어난 성찰과 지혜를 다시 한 번 깨닫도록 해준다.

엔트로피적 세계관은 현대인에게 과학과 기술의 발달, 공업화와 산업화가 보다 질서 있고 보다 풍요한 세계를 창조하거나 미래를 보장해 준다는 단순한 낙관론을 버리게 한다. 왜냐하면 역사란 결국 진보의 과정이 아니라 붕괴의 과정이며, 엔트로피 법칙에 의하면 새로운 질서는 언제나 더 큰 무질서를 수반하기 때

245 김성곤, 「토머스 핀천의 '엔트로피'적 비전-《제49호 품목의 경매》」를 중심으로」, 『포스트모던 소설과 비평』, 앞의 책, 227~253쪽.

문이다. 즉 엔트로피를 감소시키려는 시도는 어떤 경우에도 예외 없이, 그 과정에서 원래보다 더 많은 엔트로피를 필연적으로 증가시킨다. 엔트로피가 증가하는 과정은 혼란이 증가하는 과정이기도 하지만 그와 동시에 에너지 분자들이 점점 동질화되어 가는 과정이기도 하며, 엔트로피가 극에 달한 상태는 곧 모든 분자들이 동질화되어 완전히 운동이 정지되어 버린 상태가 된다. 이는 유기체의 죽음과 파멸을 의미한다. 엔트로피 현상은 '닫힌 체계'에서만 일어난다.

엔트로피 이론은 수학이나 물리학에서는 19세기에 논의의 대상이 되었지만, 경제학자들과 문화비평가들의 논의의 대상이 된 것은 1970년대 초의 세계 에너지파동 때부터였다. 그러나 이보다 앞서 토마스 핀천은 1960년대에 〈엔트로피〉라는 단편을『케년 리뷰』지에 발표한다. 엔트로피 이론은 '정보이론'과 밀접한 연관을 맺는다. 정보이론은 "정보의 전달과정에서 어떤 우연에 의해 정보가 왜곡되거나 첨삭 혹은 전달되지 않는 가능성에 대한 이론"이다. 미국의 수학자 샤논(Claude Elwood Shannon)에 의하면 정보의 양은 무질서의 척도에 비례한다. 바꾸어 말하면, 한 체계 속에 엔트로피(무질서)가 증가하면 할수록 그 체계를 묘사하는 데에는 더 많은 정보가 필요하게 된다는 것이다.

제레미 리프킨(Jeremy Rifkin)은『엔트로피』에서 다음과 같이 말한다. "오늘날의 인간은 정보의 홍수 속에서 살고 있다. 대중매체들은 매일 엄청난 양의 정보를 사람들에게 선전으로 퍼붓는다. 아침에 눈을 뜬 시간부터 저녁에 눈을 감을 때까지, 갖가지 정보들이 사람들을 문자 그대로 폭행하고 있다.……벨(Daniel Bell)과 같은 경제 역사학자는 ……후산업 형태에서는 통신과 정보가 경제활동을 지배하게 될 것이다. 정보의 이와 같은 증가는 에너지 소비의 증가를 의미한다. 이에 따라 무질서는 늘어나고 집중화와 전문화, 또는 엔트로피 과정을 촉진시키는 다른 여러 현상들이 속출된다. 이미 정보와 통신 기관-개인이든 회사든-은 거대한 관료체제로 변하여 사람들의 생활에 엄청난 영향력을 행사하고 있다. 정보를 수집하고, 교환하며, 버리는 과정은 엄청난 속도로 빨라지고 있다. 이른바 정보혁명이라는 증가된 에너지 흐름 때문에 사회의 에너지 수송통로 여러 곳에서 무질서가 커가고 있다. 정보기관과 통신체제를 유지하는 비용이 자꾸 증가하니까 에너지가 다른 분야에서 이쪽으로 몰렸기 때문이다."

오독(Misreading)[246]

오독이란 용어의 개념화는 미국의 문학평론가 헤럴드 블룸(Harold Bloom)에 의해 제기되었다. 블룸은 시에서의 영향 관계를 다루고 있는 자신의 주저 『시적 영향의 불안』이라는 책에서 한 시인이 선배들의 작품을 수정하여 받아들이는 태도와 방식에 대해 설명하고 있는데 그에 따르자면, 열정적인 시인은 선구자의 힘과 권위를 흡수하거나 변형시킬 뿐만 아니라 때로는 파괴를 통해 영향력을 수용한다. 이러한 블룸의 주장은 한 명의 시인이 자신의 선배에 대한 투쟁을 통해 자신의 세계를 정립해나가는 측면을 강조하고 있는 경우이다.

이러한 생각으로부터 블룸은 독서과정에 대한 새로운 개념을 이끌어냈다. 블룸은 선배들에 대한 시인의 영향 관계가 "항상 과거의 시인을 오독함으로써, 즉 잘못된 해석으로 볼 수 있는 창조적인 교정 행위를 통해 이루어진다"고 주장한다. "시인들의 잘못된 해석 혹은 시는 비평가들의 잘못된 해석 혹은 비평보다 격렬하다. 그러나 이것은 종류의 차이가 아니라 정도의 차이다. 해석이란 없으며 다만 잘못된 해석만이 있을 뿐이다." 오독의 개념화는 이와 같은 의미의 오류 이론을 일반 독자와 문학비평가의 독서과정에 그대로 적용시킨 데서 비롯된 것이다. 블룸은 오독이란 말을 통해 독서행위에 있어 열정적인 시인에 버금가는 외디푸스적인 저항이 요구됨을 강조한다. 『오독의 지도』 등 다른 책에서 블룸은, 평판을 얻고 있는 시 해석들이란 단순한 실수 이상의 의미를 가진 '창조적 오독'에 해당하는 경우이며 모든 독서행위 또한 클라나맨, 즉 시적 오독에 속한다는 자신의 주장을 반복하고 있다.

드 만은 읽을 수 없음이라는 자신의 경험을 오독이라는 이론으로 정립한다. 오독은 문학 비평의 필연적이고 불가피한 구성물이기 때문에 비평의 역사는 스스로를 조직적인 실수의 서사로 구성한다. 비평가뿐 아니라 어떤 저자에 의한 어떠한 독서도 궁극적으로 그 텍스트를 통제하거나 한정지을 수 없다.

언어의 수사성을 결정하는 문법이 자의적으로 작용할 때 저자의 전적인 계몽이나 통제는 있을 수 없다. 해체 작업에서 텍스트가 자기 해체적이라 할 경우

---

246 빈센트 B. 라이치 · 권택영 역, 앞의 책, 247~255쪽.
한국문학평론가협회 편, 앞의 책, 상, 503~504쪽.

그 말은 저자도 스스로를 해체한다는 뜻이다. 텍스트는 저자(또는 비평가)가 의식하든지 못하든지 간에 언제나 이미 해체되어 있다.

외설소설(The pornography novel)[247]

포르노물은 최근 중앙무대로 급격히 진출하였다. 이는 빅토리아시대 이후 가장 본질적 형태의 대중문화의 한 형식으로 모든 하위문학 가운데 가장 비속한, 예술이라기보다는 악에 가까운 오락물로 이해되어 왔다. 포르노물을 지하에서 지상으로 끌어올리는데 기여한 모든 작가들은 실제로는 포르노라는 개념 자체를 청산하고자 했다. 왜냐하면 예술의 한 끝은 다른 한편으로는 포르노의 한 끝에 닿아 있기 때문이다. 포르노의 본질적 특성인 자위행위와 같은 개인적 환상 소설은 소설 분야에서 현저하게 나타난다. 포르노 책들은 독서 대중, 특히 젊은 독자들이 예술성과 진지함을 종종 멸시하면서, 선량하고 정결한 성이 아니라 새디즘, 배저키즘, 호모섹스, 분변음란증, 시간증을 경험하도록 자극한다.

노먼 메일러는《나자와 사자》에서 음란한 장면을 삽입하였고, 이후 그의 후속 작품들은 사회적 발언보다 외설스러운 것들이 중심적인 내용을 이루었다.《왜 우리는 베트남에 와 있는가》는 상스러운 말과 분변음란증에 노골적으로 집착하여 그 자체가 목적인 것으로 간주된다. 필립 로쓰(Philip Milton Roth)는 메일러보다 훨씬 노골적이다. 그는 본격 포르노라 불리던 것이 더 이상 존재할 수 있는지에 대해 의문을 제기하며, 자위행위와 구강섹스의 대가로 자처하고, 최소한의 내면성만을 허용하는 얇은 소설의 대가임을 입증한다. 따라서 그의 소설은 성적 흥미, 감질남과 우스꽝스러움의 되풀이 외엔 의미를 찾을 수 없다. 그의 소설《포트노이씨의 병》이전의 유태계 미국 소설은 허장스럽고 보수적이고 반복적이며 불모적인 상태에 빠져있었으나《포트노이씨의 병》이후 소설 장르는 포르노와 팝이라는 신세계로 나아갔다. 업 다이크(John Hoyer Updike)도《부부들》발표 이후 고독한 엘리트로서의 유폐생활에서 벗어나 베스트셀러의 세계로 옮겨 앉았다.

247 레슬리 피들러·신문수 역,「경계를 넘어서고 간극을 메우며」,『포스트모더니즘론』, 앞의 책, 29~61쪽.

읽을 수 있는 텍스트(Readerly text)/쓸 수 있는 텍스트(Writerly text)[248]

바르트(Roland Gérard Barthes)는 『S/Z』에서 읽히는 텍스트와 씌어지는 텍스트를 구분한다. 읽히는 텍스트에서 독자는 고정된 의미를 단순히 소비하는 수동적인 입장에 놓인다. 반면에 씌어지는 텍스트에서 독자는 텍스트의 생성에 생산적으로 참여하는 능동적인 입장에 서게 된다.

읽히는 텍스트와 쓰이는 텍스트 중에서 바르트는 쓰이는 텍스트에 긍정적인 가치를 부여한다. 읽히는 텍스트는 낡은 것이고, 규칙적인 것이며, 따분한 것이다. 쓰이는 텍스트는 새로운 것이고, 예외적인 것이며, 도피적인 것이다. 『롤랑바르트가 쓴 롤랑바르트』에서 바르트는 읽히는 텍스트와 쓰이는 텍스트에 대해 간단히 언급한 뒤 이에 더해서 '받아들일 수 있는 텍스트'에 대해 말한다. "읽을 수 있는 텍스트란 내가 다시 글 쓸 수 없는 텍스트이다. 쓸 수 있는 텍스트란 나의 독서 체재를 완전히 바꾸지 않는 한 힘들여서 읽어야 하는 텍스트들이다.…(중략)… 받아들일 수 있는 것이란 읽을 수 없는 도발적인 것으로써, 타오르는 텍스트이며 진실임직한 모든 것의 밖에서 산출하기를 끊임없이 계속한다. 그 기능은 저작물을 둘러싼 상업적 제약에 대해서 이의를 제기하는데 있는 것이다." 이처럼 바르트는 『S/Z』에서 밝힌, 읽히는 텍스트와 씌어지는 텍스트의 대립관계를 넘어설 수 있는 것으로 받아들일 수 있는 텍스트에 대해 이야기하고 있는 것이다.

바르트 연구자인 뱅상 주브(Vincent Jouve)는 바르트가 결국 텍스트를 ① 하나의 의미로만 쉽게 읽을 수 있는 것(대중문학) ② 다의적으로 쉽게 읽을 수 있는 것(라신느(Jean Baptiste Racine), 사드(Donatien Alphonse François, marquis de Sade), 발자크(Honoré de Balzac) ③ 쓸 수 있는 것(말라르메(Stéphane Mallarmé), 솔레르(Philippe Sollers), 바타이유(Georges Bataille), ④ 받아들일 수 있는 것(출판 불가능의 것)의 네 가지 유형으로 구분하고 있다고 설명한다. 여기서 문학적 가치는 하나의 의미로만 쉽게 읽을 수 있는 것이 가장 작으며 받아들여질 수 있는 것이 가장 크다. 뱅상 주브의 설명에도 드러나는 것처럼 바르트는 새로움과 쾌락을 주는 텍스트에 긍정적인 가치를 두고 있으며, 특히 텍스트가 지니는 생성적인 측면에 많은 관심을 기울이고 있음을 알 수 있다.

248 한국문학평론가협회 편, 앞의 책, 하, 699~700쪽.

자기반영적 텍스트(Self-reflecting text)[249]

자기반영적 소설은 외부의 실제 세계를 반영하기보다는 오히려 텍스트가 창작되는 과정을 반영하려는 소설 유형을 가리킨다. 거울의 메타포를 빌어 설명하자면, 메타픽션 작가들은 실제 세계를 향하여 쳐들고 있는 거울을 향하여 또 다른 거울을 쳐들고 있다. 다시 말하면 메타픽션 작가들은 허구적 산물이 창조되는 과정 자체에 관심을 갖는다.

자기반영적 소설은 소설 장르에 속해 있는 하부 유형을 가리킨다. 포스트모더니즘 문학을 특징짓는 비교적 최근에 대두된 현상이다.

자의식적 텍스트(Self-conscious text)[250]

자기반영적 소설에 비해 한결 포괄적이다. 자의식적 작가는 독자들에게 자신의 작품이 어디까지나 허구의 산물에 지나지 않는다는 점을 드러내거나 또는 허구와 그것이 재현하고자 하는 실재 사이에는 괴리가 존재한다는 점을 과시하는 경향이 있다. 《동키호테》에 나타나는 작품의 인위성(인위적 구성물)에 대한 제시, 《트리스트럼 샌디》의 주제 이탈기법과 독자에 대한 나무람, 《숙명론적 자크》의 저자와 텍스트의 유희, 독자를 텍스트 안으로 끌어들임 등은 자의식적 소설에 해당한다. 한 마디로 작가가 생산품보다는 생산과정, 메시지보다는 매체에 더 관심을 보일 때 자의식은 시작된다 할 수 있다.

자의식적 소설은 소설 장르 안에 내재되어 있는 경향이나 속성을 가리킨다. 포스트모더니즘 소설을 포함하여 모더니즘 소설과 리얼리즘 소설 등 거의 모든 소설 장르를 통해 보편적으로 나타나는 현상이다.

「저자란 무엇인가?」(What is the Auther)(1969)[251]

푸코는 "글을 쓰는데 문제는 글쓰기 행위를 드러내거나 그것을 고양시키는 것이 아니며, 그것은 또한 언어 안에 어느 한 주체를 고정시키는 것도 아니다.

249 김욱동, 앞의 책, 239~246쪽.
250 김욱동, 앞의 책, 239~246쪽.
251 김욱동, 앞의 책, 230~236쪽.

오히려 문제는 글을 쓰는 주체가 끊임없이 자취를 감추어 버리는 공간을 창조해내는데 있다"라고 말한다.

그는 창조자로서의 저자의 역할을 박탈하고 저자를 단순히 가변적이고 복잡한 언술의 기능으로 강조한다. 다시 말해서 그는 작가의 특징을 그가 부재중에 있다는 특이성에서 발견하고자 한다.

「저자의 죽음」(The Death of the Author)(1968)[252]

롤랑 바르트는 저자를 텍스트의 기원이고 의미이자 근원이며 해석의 권위자로 간주하는 전통적인 이론을 전적으로 거부한다. 바르트는 작가가 사망했을 때 비로소 글쓰기가 시작된다고 말하고 있다. 그에 따르면 "글쓰기는 모든 목소리, 모든 기원을 파괴하는 것이다. 글쓰기는 우리의 주체가 사라져버리는 중립적이고 복합적이며 완곡한 공간이며, 모든 정체성이 상실되는 일종의 음화에 해당된다." 바르트는 '문학'이라는 용어보다는 '글쓰기', '작가'라는 용어보다는 '글 쓰는 사람', 그리고 '문학 작품'이라는 용어보다는 '텍스트'라는 용어를 사용할 것을 제안한다. 저자의 죽음으로 말미암아 작가와 작품의 관계가 대등해졌으므로 저자의 창작행위는 '수행적' 행위에 지나지 않는다. 그리하여 저자가 전달하고자 하는 메시지보다는 오히려 그것을 전달하는 매체, 즉 언어가 무엇보다 중요하게 간주된다. 언어의 지시적 기능이 약화된 것은 모든 기원에 대한 의문 제기와 관련된다. 저자의 죽음으로 텍스트 또한 종래와는 다른 것으로 변하였다. 더 이상 독창적인 텍스트는 존재하지 않고 작가는 창조자의 위치에서 편집자의 위치로 바뀌었다. 텍스트는 다양한 여러 글이 뒤섞이고 충돌하는 다차원적인 공간이고, 수많은 문화의 중심으로부터 취해 온 인용문의 연속이다.

중간소설(Middlebrow fiction)[253]

'중간소설'은 문학이론가이자 비평가인 레슬리 피들러가 주창한 개념으로, 모더니즘 계열의 예술소설도 아니고 저급한 통속소설도 아닌 그 중간에 위치

252 김욱동, 앞의 책, 230~236쪽.

253 한국문학평론가협회 편, 앞의 책, 하, 880~881쪽.

한 소설을 지칭한다. 전자매체와 영상매체가 대중문화의 확산을 불러오기 시작한 1960년대에 주석서가 필요한 난해한 예술소설의 죽음을 선언한 피들러는 누구나 이해할 수 있는 수준 높고 감동적인 중간소설이야말로 대중문화 시대를 대표하는 문학 장르라고 선언했다..

피들러는 시대를 초월해 사람들에게 감동을 주고 있는 소설들-예컨대 메어리 셸리(Mary Wollstonecraft Shelley)의 《프랑켄슈타인》, 해리엣 비처 스토우(Harriet Beecher Stowe)의 《톰 아저씨의 오두막》, 코난 도일(Arthur Conan Doyle)의 《셜록 홈즈》, 브람 스토커(Abraham "Bram" Stoker)의 《드라큘라》, 라이더 해거드(Henry Rider Haggard)의 《타잔》, 프랭크 바움(Lyman Frank Baum)의 《오즈의 마법사》, 그리고 마가렛 미첼(Margaret Munnerlyn Mitchell)의 《바람과 함께 사라지다》, 하퍼 리(Nelle Harper Lee)의 《앵무새 죽이기》 등을 '중간소설'이라 칭한다. 그래서 그의 중간소설에는 SF나 추리소설, 또는 판타지 소설이나 모험 소설 등, 모더니즘 시대에 소외되고 배제된 하류장르들이 포함된다. 동시에 중간소설에는 넓은 의미에서 소위 국민 작가로 불리는 마크 트웨인, 어니스트 헤밍웨이(Ernest Miller Hemingway), 커트 보네것(Kurt Vonnegut Jr.), 리처드 브라우티건(Richard Brautigan), 레이먼드 카버(Raymond Clevie Carver) 같은 미국작가들과 찰스 디킨스(Charles John Huffam Dickens), 로버트 루이스 스티븐스(Robert Louis Stevenson), H.G. 웰스(Herbert George Wells) 같은 영국 작가들도 포함된다.

'중간소설'은 고급예술과 대중예술 사이의 경계가 급속도로 해체되고 있는 포스트모던 시대의 대표적인 소설로서, 교육받은 독자들과 일반 독자들 모두가 즐길 수 있는 재미있고도 유익한 소설을 의미한다. 또한 그것은 문학과 타 매체와의 경계가 모호해지고 소멸되어 가는 장르 해체 시대에, 문학에 대한 대중의 관심을 전자매체로부터 불러올 수 있는 좋은 소설을 의미한다. J.K. 롤링(Joanne Kathleen Rowling)의 《해리포터》 시리즈나, J.R.R. 톨킨(John Ronald Reuel Tolkien)의 《반지의 제왕》 같은 것들은 그런 의미에서 대표적인 중간소설이 된다. 수준 높은 판타지 소설이나 추리소설, 또는 SF 소설이 바람직한 중간소설로 부상하는 그것도 바로 그런 맥락에서이다.

전통적으로 한국문단은 예술소설과 통속소설 사이의 구분이 확연해서 중간문학이 성장하기 어려웠으나, 최근에는 이인화나 김영하, 김영욱의 일부 소설들이 중간소설의 범주에 속할 만 하고, 양귀자의 《천년의 사랑》도 고급문학과 대중문학의 경계 선상에 위치해 왔다고 볼 수 있다. 또는 이문열처럼 순수문학 작가들이 《삼국지》 같은 대중고전을 평역하거나 《초한지》를 새로운 시각으로 다시 쓰는 것도 중간소설의 새로운 시도라고 볼 수 있을 것이다.

존 혹스의 인터뷰(Jhon Hawkes's interview)(1965)[254]

존 혹스는 1965년 미 『현대문학』지 여름호 인터뷰에서 다음과 같이 말한다. "내 소설에는 플롯은 별로 없지만 정교한 구조는 있다. 나는 플롯, 등장인물, 배경, 그리고 주제야말로 소설의 진정한 적이라는 가정 아래 소설을 쓰기 시작한다. 소설에 대한 그러한 낯익은 사고방식을 포기하고 나자 남는 건 다만 비전 또는 구조의 총체성뿐이었다. 그리고 구조는-즉 언어적 그리고 심리적인 일관성-지금도 작가로서 나의 가장 큰 관심사가 되고 있다. 서로 연관되거나 상통하는 사건, 반복되는 이미지나 행동-이러한 것들이 내 글쓰기의 필수적인 본질과 중요한 비중을 이루고 있다. 그러나 이런 종류의 구조란 미리 계획되어질 수 없으며 단지 글쓰는 과정에서 그때그때 발견될 수 있을 뿐이다. 이러한 노력의 성공 여부는 무의식으로부터 완전히 해방된 소재들을 표출하는 의식의 질과 정도에 달려 있다. 나는 시적인 방법과 소설적인 방법의 균형을 유지함으로써 소설을 더욱 정당하고도 즐거운 경험이 되도록 노력하고 있다."

그는 구조의 총체성을 위해 반복되는 강렬한 이미지로써 플롯을, 신경쇠약과 광기의 상징들로 등장인물을, 타락과 붕괴의 어두운 환각이 주제를, 그리고 폭력과 공포와 파멸의 풍자가 배경을 대신하며 작품의 구조에 질서 아닌 질서를 부여하게 한다.

주체의 죽음(The death of the subject)[255]

포스트모더니즘 문화 이론에서 등장한 말로, 합리적 이성을 지닌 근대적 주체의 종언을 의미하는 용어이다. 주체(subject)란 그리스어의 '휘포케이메논

254 김성곤, 「악몽의 현실과 언어의 힘-존 혹스」, 『포스트모던 소설과 비평』, 앞의 책, 335~340쪽.

255 한국문학평론가협회 편, 앞의 책, 하, 874~875쪽.

(hypokeimenon)'의 번역어로 원래는 '모든 것을 자기에게로 모으는 것', 즉 '복종시키고 종속시키는 것'을 의미했다. 근대 이전의 서양의 형이상학은 주체(자아, 마음, 정신, 영혼 등으로 불림)보다 세계와 신의 문제를 주로 다루었다. 주체가 철학적으로 중요한 위치를 점하게 된 것은 근대 이후이며, 이는 데카르트(R. Descartes)의 '나는 생각한다. 고로 나는 존재한다'는 명제에서 알 수 있다. '생각하는 주체'는 '모든 것을 자신의 발아래 복종시키는' 근대적 주체의 탄생을 의미한다. 이러한 주체 개념은 경험론자들의 비판(수용 주체 혹은 관념의 다발)에도 불구하고 칸트와 헤겔(Georg Wilhelm Friedrich Hegel)로 이어지며 체계화·절대화되었다. 칸트는 인식 능력을 감성(외부 대상을 수용하는 능력)과 오성(능동적 자발적인 개념)으로 나눈 후 이를 다시 종합(선험적 구상력)하였고, 헤겔은 주객통일체로서의 '절대정신'을 설정함으로써 칸트가 미해결의 과제로 남겨 두었던 물자체(物自體)의 문제를 해결하였다.

주체의 절대성과 보편성에 위기를 초래한 인물로는 마르크스(Karl Marx)와 니체, 프로이트 등을 들 수 있다. 이들은 주체를 물적 토대, 힘에의 의지, 무의식에 복종하는 존재로 규정하였다. 한편 푸코, 라캉, 데리다 등은 각기 '주체의 탈중심', '주체의 도치', '형이상학의 해체'를 통해 '역사적으로 구성된 주체', '자기소외의 과정을 통해 형성된 주체', '언어 속에 기록된 주체'의 개념을 이끌어냈다. 이러한 일련의 과정을 통해 이성에 대한 믿음과 총체성, 장소의 고정성과 역사의 권위, 가치의 확실성이 부정되고 '주체의 죽음'이 현대 철학가의 중심 주제로 부각되었다.

90년대 이후 우리 문학은 모더니즘과 리얼리즘에서 벗어나 주체의 다양한 측면들을 포착하였는데, 작품 속 인물들은 대개 사회·역사적 사건이나 흐름과 무관한 단자적이고 파편화 된, 혹은 분열적인 모습으로 등장하곤 한다.

차연(Différance)[256]

프랑스의 철학자 자크 데리다(Jacques Derrida)가 독자적으로 만들어 사용한 비평용어로, 그의 독자적인 비평작업인 해체비평의 관건이 되는 비평 용어이

256 한국문학평론가협회 편, 위의 책, 하, 551쪽.

다. 자크 데리다에 따르면 'différance'는 프랑스어 'difference(차이)'의 어미 '–ence'를 '–ance'로 바꾸어서 만든 것으로, 그의 해체적 반인식론에 결정적으로 중요한 관련어들을 지칭하기 위한 독특한 조어이다. 이 관련어에는 '다르다(differ)'라는 의미와 '연기하다 · 지연시키다(defer)'라는 의미를 모두 가지고 있는 프랑스어 'differer'가 포함되어 있다. 즉 'différance'는 동의어인 'differe'가 결합되어 만들어졌음을 알리기 위해 어미 '–ence'를 '–ance'로 바꾼 것이다.

그래서 차연은 차이(변별성)라는 개념뿐만 아니라 연기 또는 지연이라는 의미도 나타낸다. 자크 데리다에게 있어서 단어도 아니고 개념도 아닌 이 용어는 두 가지 의미(차이 · 지연)를 모두 작동시키며, 어떤 순간에도 어느 한쪽만의 의미로는 환원되지 않는다. 즉 'difference'의 'e'에서 'différance'의 'a'로의 미묘한 이동은, 결과적으로 텍스트의 의미는 궁극적으로 결정되어 있거나 확정할 수 있는 것이 아니라 언어의 의미작용의 연쇄 속에서 하나의 대체 가능한 언어해석으로부터 다른 해석으로 지연된다는 자크 데리다의 주장을 시각적으로 보여주는 것이다.

소쉬르는 기호가 차이에 의해 의미를 발생한다고 했지만, 데리다는 그 의미가 항상 지연된다고 생각한 것이다. 또한 기표가 기의를 불러온다는 소쉬르의 견해에 대해 데리다는 기표가 또 다른 기표를 부르는 기표의 연쇄 작용이 나타난다고 보았다.

차연이 내포하고 있는 두 가지 의미가 어떻게 작용하는가는 사전에서 단어의 정의를 찾는 원리로서 설명할 수 있다. 즉, 어떤 단어는 그것이 아닌 다른 단어에 의해, 즉 단어들 간의 차이에 따라 정의되고, 그러한 정의는 의미의 가능성에 한계를 가지게 한다. 그리고 의미의 가능성은 필연적으로 지연될 수밖에 없다. 왜냐하면 단어는 그와 댜른 단어에 의해서만 정의되는데, 그 다른 단어 역시 또 그와 다른 단어로 이루어진 정의를 필요로 하게 되는 등 이런 식으로 끝이 없기 때문이다.

이 차연은 현존 자체를 현재에도, 그리고 그 누구에게도 드러내지 않는다. 이 자체를 보유하지만 결코 스스로 밖으로 내보이지 않는 채, 어느 결정적인 순간에 진리 체계를 능가하면서, 가장 일반적 형식으로 차연은 지식 아닌 것을 지식으로 변화시키는 요술로, 비결정적인 경계의 구멍을 구멍이 아닌 것으로 위장하면서 신비한 현존이 된다. 그러므로 모든 기호는 지연 연기 유보된 존재이다. 이것은 기호가 현존을 대신한다는 견해에 정면으로 도전하는 사고이다. 이

'차연'의 사유에 기초하여, 데리다는 인류의 역사 속에서 지금까지 만들어진 이성의 산물들이 본질적 진리를 중심으로 지연의 역사를 형성하는 것으로 보고, 그것들을 해체하고자 시도하게 된다.

사실, 차연이라는 용어 자체도 자크 데리다의 용법에서는 불안정하게 쓰이고 있다. 이 용어를 확정된 개념으로 고정시켜 사용한다면 이 용어가 지닌 효력과 불확정성에 대한 강조가 사라지기 때문이다.

청년문화(Youth culture)/청년하위문화(Youth subculture)[257]

청년문화라는 개념은 젊은 사람들, 특히 10대와 20대 초반에 있는 젊은 사람들의 문화가 그들 부모들의 문화와 구별된다는 사실을 인식하게 됨에 따라 1950년대와 1960년대의 사회학에서 등장한다. 청년문화는 다음과 같은 일정한 조건하에서 출현하는 것으로 보인다. 첫째, 젊은이들이 충분히 큰 동기 집단을 형성해야 한다. 둘째, 급속한 사회적 변화, 예를 들면 전통적인 직업들을 없애거나 단순히 실업을 야기하는 산업계 내의 변화들을 통해서 젊은이들이 성인세계에 통합되어 들어가는 것을 중단시킬 수 있다. 셋째, 사회에서 증가하는 다원주의는 새로운 생각들과 라이프 스타일에 대한 자극을 제공할 것이다.

그러나 청년문화라는 개념은 청년 문화가 대체로 동질적이라고 가정하고 있다는 비판을 받게 되었다. 이것은 특히 계급, 성, 그리고 종족적 분할에 따라 일어나는 청년문화의 파편화에 대해 인식하고 있는 청년하위문화 이론들에 의해 도전을 받았다. 또 한편 하위 문화적 설명들이 젊은이들의 일상생활의 이국적이고 주변적인 면들을 지나치게 크게 강조하는 것으로 보임에 따라, 청년문화 이론들로 원상 복귀하는 움직임이 감지될 수도 있다.

청년문화 또는 청년하위문화의 연구에서 다뤄지는 몇몇 요소들을 살펴보자. 먼저 안젤라 맥로비는 춤이 청년하위문화의 풍부하고 중요한 부분일 뿐만 아니라 특히 젊은 여성문화의 한 부분임을 지적했다. 그래서 문화 연구들에서 춤이 외면된 것은 하위문화에서의 여성적 관여에 대한 일반적 외면의 증후로 여겨진다. 맥로비(Angela McRobbie)에 따르면 춤은 여가 활동, 확산된 성적 쾌감

257 한국문학평론가협회 편, 위의 책, 하, 944~945쪽.

의 근원, 운동 형식 등으로 다양한 수준에서 접근할 수 있다. 또한 춤은 여성성의 사적 문화가 공적 공간으로 확장되는 것일 수 있다. 다음으로 펑크를 살펴보자. 하위문화로서 펑크는 1970년대 전반에 걸친 청년 실업의 증가에 대한 반응이었다. 헵디지(Dick Hebdige)는 펑크 스타일이 근본적으로 다른 문화의 단편들을 함께 엮지만 이들 요소들로부터 어떤 새롭고 응집력 있는 의미를 생성시키려는 시도는 하지 않는 것으로 해석한다. 역설적으로 펑크의 의미는 거부와 전복에 있다.

그런데 하위문화, 청년문화에 대한 강조는 대다수 젊은이들과 관련된 더욱 평범한 형태들을 무시하고 화려한 것을 강조하게 만들 수 있다. 순응적인 청년문화와 급진적 하위문화 사이의 노골적인 대립은 이 두 문화가 합류하는 지점을 인식하는데 실패하기 때문에, 그 자체가 적절한 것은 아니다.

측면의 춤(The lateral dance)[258]

힐리스 밀러(Joseph Hillis Miller)는 독서과정 전체를 이와 같이 표현한다. 밀러의 생각으로 모든 해석은 잘못된 해석이다. 텍스트는 많은 잠재적인 오독을 허락한다는 점에서는 읽어낼 수 없고 결정될 수 없다. 텍스트를 읽는 밀러의 전략 중 하나는 더 중요한 단어의 의미를 그 어원적인 뿌리까지 추적해 들어가는 것이다. 그는 주개념의 표면적인 안정성을 닫힌 체계로부터 계속 엇갈리는 미로 속에 옮겨 놓는다. 이러한 의미론적 산종의 효과는 텍스트의 뿌리를 뽑아 무한한 해석의 가능성과 논리적, 변증법적 질서 짓기의 무용성을 드러내는 것이다.

밀러는 독서행위의 생산물을 '나락 속에 눕기' 라 이름 지으며, 독서 과정 전체를 '옮겨가는 춤 혹은 측면의 춤'이라 말한다. 이미 자리바꿈이 일어난 비유의 지점으로부터 다른 지점으로 끝없이 옮겨가는 이 운동의 이름은 '알레고리'이다. 이야기하기 즉 삶의 경험을 말로 옮겨 놓기는 그 경험에 생긴 균열을 읽거나 쓰는 것이다. 서사는 직접성으로부터 영원한 균열을 시간에 따라 옮아가며 행하는 알레고리화 작용이다. 드 만에게서 빌려 온 알레고리 이론은 모든 독서와 글쓰기에 있어서 차이와 거리두기의 역할이 중요함을 주장한다. 이 같은

258 빈센트 B. 옮김, 앞의 책, 256~266쪽.

미끄러짐은 끊임없이 흐르는 시간과 수사성(또는 텍스트성) 때문이다.

밀러가 말한 측면의 춤은 해석의 과정에서 드러나는 움직임에 대한 비유이다. 텍스트는 수평으로 이루어진다. 다시 말해 어떤 것도 특권을 부여받지 못한다. 어떤 기원이나 종말, 초점, 우선적 요소, 권위적 원칙도 없다. 텍스트의 참된 해석이나 의미란 없으며 오직 좀 더 중요하거나 덜 중요한 연결이 있을 뿐이다. 따라서 해체의 춤은 반복의 구조를 갖는다. 하지만 이런 반복은 차이에 의해 풀려나고 아무것도 남지 않는다.

캠프(Camp)[259]

수잔 손탁이 1961년부터 1965년까지 발표했던 문화비평론들을 모은 책인 비평서 『반해석』 에는 「'캠프'에 관한 노트」라는 글이 수록되어 있다. 여기서 그녀는 '캠프'라고 부르는 반전통적, 반귀족적 문화/문학의 존재와 그 중요성을 인정한다.

그녀는 또한 비평서의 타이틀 글인 「반해석」에서 모두 58개의 항목으로 나누어 캠프의 특성을 논한다. '캠프는 어떤 것을 좋고 나쁨으로 나누는 일반적인 미학적 판단에 등을 돌린다. 그것은 좋은 것을 나쁘다고 또는 나쁜 것을 좋다고 주장하지는 않는다. 캠프가 하는 일은 예술/인생에게 일련의 다른 규범들을 제시하는 것이다'(34), '캠프의 핵심은 진지하고 순수한 것을 무너뜨리는 것이다. 캠프는 유희적이고 진지하기를 거부하고 순수를 표방하지 않는다'(41).

'우리가 성실한 것만으로는 충분치 않다는 것을 깨달을 때 우리는 캠프에 가까이 가게 된다. 성실이라는 것은 속물근성일 수도 또는 지적 편협일 수도 있기 때문이다'(42), '켐프는 세상을 희비극 비전으로 보기를 제안한다. 만일 비극이 고도 참여의 경험이라면 희극은 과소참여의 경험 또는 분리의 경험이다'(44). 그렇다면 캠프의 의미는 안정된 도시의 집으로 대변되는 기존의 전통적 문화에 반발하여 광야에 임시로 세운 반전통적 · 반항적 문화의 캠프를 상징한다고 볼 수 있다.

---

259 김성곤, 「소설의 죽음과 '캠프'의 등장-수잔 손탁」, 『포스트모던 소설과 비평』, 앞의 책, 347~352쪽.

컨텍스트(Text and context)[260]

컨텍스트는 우리말로 '문맥', '맥락','연관관계'를 뜻한다. 텍스트와 연관되는 모든 주변상황을 말한다. 로트만은 텍스트란 저자와의 연관을 배제하고 의미를 산출하는 기호체계라고 규정한다 하더라도 역사 사회적 컨텍스트를 고려할 때만 텍스트란 무엇인가에 대한 물음에 대해 해명이 가능해진다고 하였다. 예를 들어 글의 화용론적 기능을 근거로 어떤 메시지 X가 문화적 컨텍스트 A에서는 텍스트로서 읽혀지는 반면, 컨텍스트 B에서는 그 의미가 근본적으로 바뀌거나 심지어는 전혀 텍스트가 아닌 어떤 것으로 되어버릴 수도 있다고 하였다. 따라서 텍스트에 대한 비평과 이해는 하나의 텍스트와 그것을 둘러싼 다양한 텍스트간의 상호 과정에서 출발해야 한다. 따라서 텍스트와 컨텍스트에 관한 논의는 여러 종류의 텍스트들이 가공에 의해 생산되는 의미라는 차원에서 상호텍스트성에 대한 고찰로 이어진다.

탈구조주의(Poststructuralism)[261]

탈구조주의는 구조주의의 내부에서 1960년대에 시작된 문예사조로서, 데리다의 해체이론과 밀접하게 관련된다. 털구조주의는 구조주의의 여섯 가지 특성을 해체하면서 여섯 가지 명제를 선택한다. 첫째, 전체적인 구조보다는 개체의 존엄성과 자유를 인정한다. 둘째, 사고의 경직화 및 문학과 학문의 과학화를 배격하며 열린 사고와 열린 태도를 지향한다. 셋째, 역사의 중요성을 인정하고 역사에 대한 관심을 표명하며 과거를 향수가 아닌 탐색의 대상으로 취급한다. 넷째, 자아와 주체를 중요시 한다. 다섯째, 절대적인 진리나 중심 또는 근원의 독선과 횡포를 거부하며 이분법적 사고방식으로부터 탈피하여 타자를 인정하고 포용한다. 여섯째, 모든 기호와 그것들의 재현 능력을 불신한다.

하라리(Josué V. Harrari)는 탈구조주의와 구조주의의 가장 기본적인 차이를 '재현' 개념에 대한 차이로 든다. 그는 언어체계를 그 기본으로 하고 있는 구조

260 한국문학평론가협회 편, 위의 책, 하, 1011~1012쪽.

261 김성곤, 「탈구조주의, 푸코, 사이드, 예일학파」, 『포스트모던 소설과 비평』, 앞의 책, 109~132쪽.

주의는, 언어를 포함한 모든 기호들의 재현 능력과 그것들이 지칭하는 대상의 현존, 그리고 기호와 대상 사이의 연계성을 믿는 이상주의적 가정 위에 세워진 것이다. 그러나 탈구조주의는 바로 구조주의의 그러한 이상주의적 가정에 회의를 표명하고 구조주의가 제시하는 안정을 뿌리째 뒤흔들면서 시작한다.

탈구조주의자들은 기호란 더 이상 확실한 것이 아니고 의미 역시 유동적이고도 일시적인 유보 상태일 뿐이며, 따라서 지시기호와 지시대상 사이에는 이을 수 없는 단절이 있다고 주장한다.

바르트는 구조주의자에서 탈구조주의자로 탈바꿈하였다. 그의 글 「저자의 죽음」(1968), 『S/Z』(1970), 『텍스트의 즐거움』(1975)은 탈구조주의적 특성을 보여준다. 바르트는 독자는 저자의 의도를 무시한 채 자유롭게 텍스트의 의미 형성에 참여할 수 있다고 주장함으로써 텍스트의 절대적인 근원이나 의미의 존재를 부인했다. 그것이 가능할 수 있는 이유는 지시기호나 지시대상 사이의 단절과 기호의 불확실성 때문이다.

대표적인 탈구조주의자로는 푸코, 사이드, 미국의 예일 학파인 폴 드 만(Paul de Man), 밀러, 헤롤드 블룸, 제프리 하트만(Geoffrey H. Hartman) 등을 들 수 있다. 프랑스의 탈구조주의자로는 줄리아 크리스테바, 자끄 라깡을 들 수 있다.

탐정소설(The detective novel)[262]

포스트모더니즘은 탐정 소설을 지배적인 모티프로 삼는다. 20세기에 들어와 탐정 소설은 화이트 글로브 탐정 소설, 하드 보일러 탐정 소설, 형이상학적 탐정 소설로 발전되어 왔다. 화이트 글로브 탐정 소설은 주로 영국에서 형성되고 발전되었으며, 보다 문학적인 성격을 지닌다. 살인과 범죄가 중요하게 취급되지만, 살인 행위는 고도의 문학적 분위기에서 일어난다. 범죄의 장소가 옥스퍼드대학이나 하버드대학 같은 명문 캠퍼스나 명문 사립중등학교, 또는 도서관 건물 등이다. 저명한 대학교수들이나 학자들이 직접 미스테리를 해결하는 경우가 많다. 하드 보일러 탐정 소설은 반문학적 입장을 견지하며 고급문화를 거부하고 대중문화를 한결 더 높이 평가한다. 미국 유형의 탐정 소설에서 많이 볼

262 김욱동, 앞의 책, 386~404쪽.

수 있으며 구체적 일상적 경험의 세계와 밀접한 관련을 맺는다. 형이상학적 탐정 소설은 최근에 발전된 전통으로, 포스트모더니즘과 관련된다. 전통적인 장르가 사용하는 기본적인 틀을 그대로 받아들이면서도 그 한계를 극복하고 가능성을 확대하고자 한다. 비목적론적인 성격을 지니고 결과보다는 과정을 중시한다. 독자가 작품에 등장하는 탐정 못지않게 사건을 해결하는데 능동적인 역할을 한다. 대개 독자들에게 친근감 대신에 생경함, 확신 대신에 불신을 가져준다. 자기반영성 · 상호텍스트성이 지배소로 작용하고, 외설소설이 교묘히 결합되기도 한다.

텍스트(Text)[263]

일반적으로 문학비평에서 텍스트는 구체적인 문학 작품, 혹은 모든 쓰인 문서나 인쇄된 문헌을 지시하는 용어로 사용된다. 그러나 해체주의 혹은 포스트모더니즘 비평 전통에서 텍스트라는 용어는 전혀 새로운 위상을 가지게 된다. 1971년에 발표된 「작품에서 텍스트로」라는 논문에서 롤랑 바르트는 작품과 텍스트를 엄격히 구분한다. 그리고 총 7항에 걸쳐 텍스트의 본질을 규정짓는다.

1 전통적인 작품과는 달리 텍스트는 전적으로 언어 생산의 활동 가운데에서 경험된다. 2 모든 장르와 관습적인 위계질서를 넘어서 텍스트는 합리성과 읽을만한 형태가 취하는 제한과 규칙들에 해당한다. 3 텍스트는 중심을 정하거나 종결될 수 없는, 철저히 파괴적인 기표들의 자유로운 놀이를 통해 기의를 무한히 연기시킨다. 4 이름도 없고 추적할 수도 없는 상호텍스트적 인용과 지시, 반향음, 문화적 언어들로 이뤄진 텍스트는 피할 수 없이 수많은 의미를 산출하며 진리가 아닌 산종(散種)을 낳는다. 5 저자의 날인은 더 이상 부성(父性)이나 특전을 상정하지 않고 오히려 어설프다. 6 텍스트는 소화되는 게 아니라 협동의 장에서 독자에 의해 열려지고 숨을 쉰다. 7 텍스트는 유토피아와 (성적) 쾌락에 연결되어 있다.

이러한 의미 규정을 통해서 바르트는 문학 작품을 작가의 사상과 감정의 표현으로 보거나, 혹은 세계의 반영물로서 작품을 대하고, 마치 자신이 심판관이

263 한국문학평론가협회 편, 하, 앞의 책, 1010쪽.

된 듯 작품의 의미를 결정하려는 태도를 비판한다. 텍스트는 그러한 단일한 의미가 오고 가는 매개체가 아니라 다양한 해석의 유희가 펼쳐지는 장으로 규정되는 것이다. 이렇게 텍스트 개념을 재정립한 것을 보면, 바르트의 텍스트 이론이 데리다의 해체론, 그리고 해체론에 이론적 자양을 공급해주는 니체주의에 그 기반을 둔 이론임을 알 수 있다.

텍스트성(Textuality)[264]

일반적으로 텍스트성은 쓰여 있는 문헌이 가지는 외형적 성질을 가리킨다. 그러나 자끄 데리다나 롤랑 바르트의 맥락에서 텍스트성은 이와는 다른 복합적인 의미를 지닌 용어이다. 텍스트성의 개념은 문학과 언어를 통하거나 혹은 언어를 통하지 않고 행해지는 기호 활동 사이의 경계를 무너뜨린다. 또한 이 개념은 어떤 텍스트가 일관되고 자기 충족적인 의미를 지니는 완결된 대상으로 존재한다는 원칙을 전복한다. 즉 텍스트성은 언어가 언어 외부에 있는 어떤 사물 혹은 관념과 확고한 대응 관계를 맺는다는 전제를 붕괴시키며, 언어가 독서(혹은 독해) 과정을 거치면서 의미를 생성시키는 효과를 일으킬 잠재성을 지닌 것이라는 점을 함축한다.

이러한 텍스트성의 개념을 받아들이면, 해석 행위에 있어 종결은 있을 수 없게 된다. 따라서 신비평 계열의 비평가들이 전제하는 텍스트의 자율성과 자족성은 허구로 전락한다. 그 결과 텍스트와 세계 사이의 대립 역시 거부된다. 텍스트와 세계가 구분되지 않음으로써 텍스트의 생산자인 작가, 텍스트를 읽는 주체인 독자, 그리고 텍스트 사이에는 경계가 사라진다. 따라서 텍스성의 개념에는, 세계란 끊임없이 꼬리를 무는 해석의 연쇄로만 채워져 있다는 이념이 포함되어 있다. 이는 줄리아 크리스테바의 상호텍스트성 개념으로 이어지며, 또한 일반적으로 포스트모더니즘 비평의 이념과 관련되는 다양한 개념들의 원천으로 작용한다.

264 한국문학평론가협회 편, 하, 위의 책, 1011쪽.

텔켈 그룹(Groupe Tel Quel)[265]

텔켈 그룹은 1960년 필립 솔레르(Philippe Sollers)가 줄리아 크리스테바, 장르네 위그냉(Jean-René Huguenin)과 장 에던 알리에(Jean-Edern Hallier)와 함께 잡지 『텔켈』을 창간하고 텔켈 운동을 일으키면서 형성된 그룹이다. 텔켈은 1980년까지 프랑스에서 문학 전위 운동의 선봉장으로서 1968년 5월 프랑스 학생혁명에 엄청난 영향력을 행사하며 지식인 사회를 이끌었다. 그룹의 창립 선언에서 주장한 바에 의하면 시를 정신의 가장 높은 위치에 놓고자 하는 것이었으나 텔켈은 문학적 생산과 지식의 영역에만 한정된 것이 아니라 철학, 과학, 정치의 영역까지 포함하게 된다. 1963년 텔켈 구성원들은 『전체이론』이라는 공동 저서를 통해서 전통적인 문학을 '글쓰기'라는 새로운 과학으로 대체하고자 하는 의지를 표명하고 글쓰기란 글쓰기 이외의 다른 방법으로 연구될 수 있는 대상으로 만들 수 없다고 주장한다. 그것은 텔켈 그룹의 텍스트는 옛날의 문학적 분류로 환원시킬 수 없다는 것이고 현실의 이데올로기적 절단으로 환원시킬 수 없다는 것이다. 왜냐하면 문학과 비평 사이의 구분이 불가능해졌고 이론과 실천 사이의 대립도 불가능해졌기 때문이다. 솔레르에 의하면 글쓰기란 다른 수단에 의한 정치의 연속이다. 잡지 『텔켈』은 1982년 말에 『엥피니』라는 이름으로 바뀌어서 나오고 있으나 옛날의 영향력은 거의 잃어버렸다.

파놉티콘(Panopticon)[266]

푸코는 『감시와 처벌』에서 간수가 자신의 모습은 보이지 않으면서 각 감방 안의 죄수들을 감시하는 장치를 파놉티콘이라 말한다. 이는 중앙의 탑에 간수를 배치하고 광인, 환자, 죄수, 노동자, 학생을 독방에 가두어 감시하여 죄수들을 관찰 상태에 두면서 규율에 신체를 순종시키도록 하는 것이다. 이 새로운 감옥은 공장, 학교, 병영, 병원과 흡사한 구조를 갖는다.

근대 감옥의 감시 장치는 다양한 규율 중심적 기관들의 모형이 되는 순수한 형식을 보여준다. 권력과 지식은 상호 연관 되면서 근대적 규율기관을 중심으

265 한국문학평론가협회 편, 앞의 책, 하, 1015쪽.

266 나병철, 앞의 책, 293~302쪽.

로 인간을 감시하고 주체성을 박탈한다. 푸코의 논의에 따르면 후기자본주의 시대의 '파놉티콘'은 정보사회라고도 확장 해석할 수 있다.

파생과 제휴(Filiation and affiliation)[267]

에드워드 사이드가 개인과 사회에 대한 특별한 관계를 성찰한 이후 제시한 이론이다. 파생은 태생으로 인한 자연적인 결속을, 즉 순종 · 공포 · 사랑 · 존경 같은 자연적 형태의 권위를 말하고, 제휴는 조합의식 · 동의 · 동료의식 · 직업적 경의 · 계급 · 지배문화의 헤게모니 같은 후천적이고 초개인적인 결속을 의미한다. 파생에서 제휴로 가는 과정은 자연에서 문화로 전이해 가는 것과 같다. 제휴의 경우 자칫 또 하나의 지배문화를 형성할 가능성이 있다.

포스트모던 리얼리즘(Postmodern realism)[268]

80년대 들어서면서 포스트모더니즘 소설이 불확정적인 현실을 열려진 글쓰기 형식 속에 담으려는 경향을 말한다. 그러나 포스트모더니즘 서사성은 리얼리즘의 그것과 매우 다르다. 리얼리즘의 서사성이 '총체성의 획득'과 긴밀한 관계를 갖는데 비하여, 포스트모더니즘 서사성은 총체성 대신에 현실의 불확정성을 받아들인다.

'불확정성의 인식'이란 문제의 소재지가 현존에서 차이(차연)로, 즉 의식적인 주체-현실에서 무의식적인 주체-현실로 이동함에 따라 생겨난다. 의식의 현존을 생산하는 무의식적 주체에게 현실은 불확정성으로 인식된다. 또한 그러한 불확정적인 체계는 총체화할 수 없는 다원적 영역으로 이루어져 있다. 이전에는 현실에서의 폭력과 착취에 맞서는 일이 주요 과제였지만 이제는 문화, 지식, 자연, 무의식, 상상력의 종속화에 대한 해방이 핵심과제가 되었다. 과거에는 본질적 모순(자본-노동, 제국주의-식민주의)을 중심으로 총체적 인식이 필요했지만 지금은 세분화된 각 영역에 대한 다원적 인식이 요구된다. 즉 탈중심화된 다원적 영역에 대한 복수적 전망의 계기가 필요하다.

---

267 김성곤, 「탈구조주의의 문학적 의의와 전망」, 앞의 글, 11~43쪽.

268 김성곤, 『포스트모더니즘과 현대미국소설』, 열음사, 1990년, 168쪽.
나병철, 앞의 책, 256~271쪽.

하위문화(Subculture)[269]

한 사회 안에서 통용되는 가치관과 행동양식을 전체 문화라 할 때, 그 문화의 내부에 존재하면서 독자적 특징과 정체성을 보여주는 소집단의 문화를 하위문화라 한다. 하위문화라는 개념은 원래 1950년대 후반 미국 사회학계에서 비행 청소년 연구의 일환으로 처음 시작되었다. '하위(sub)'라는 접두사에서 이미 암시되듯이, 하위문화의 주체는 계급 · 인종 · 세대 등의 측면에서 사회적으로 소외된 계층이나 소집단이며, 사회 구조 안에서 '낮은' 또는 '종속적인' 위치에 처해 있는 경우가 일반적이다. 계급적으로는 하층 프롤레타리아, 세대적으로는 청소년층, 성애적으로는 동성애자, 인종적으로는 유색 인종 등이 하위문화의 대표적인 담당 주체이며, 이들에 의해 노동자 문화, 청년문화, 소수민족 문화 등 하위문화의 구체적인 범주들이 생겨나게 된다. 이러한 발생 배경 때문에 하위문화는 대체로 헤게모니를 장악하고 있는 주류 문화 · 고급문화에 대비되는 비주류 문화 · 저급 문화의 속성을 드러내게 되지만, 다른 한편으로는 기존 질서의 정당성과 주류 문화의 가치를 의심하는 새롭고 이질적인 문화라는 적극적인 의미도 갖고 있다.

하위문화의 가장 주요한 기능은 그 구성원들에게 집단적 결속감과 고유한 정체성을 제공해 주는 것이다. 지배 문화의 주변적 위치에 자리 잡은 하위문화의 구성원들은 자연스럽게 자기들만의 새로운 아이덴티티를 추구하게 되며, 언어 · 복장 · 외모 · 음악 · 행동 방식 등에서 독자적인 스타일을 만들어냄으로써 자신들의 소속감과 연대감을 한층 강화하려는 경향이 있다.

하위문화의 활력과 역동성이 가장 잘 드러나는 경우는 지배적 문화의 압력에 저항하는 대항문화로 기능할 때라고 할 수 있다. 현대의 문화 연구는 일찍이 하위문화가 자본주의 사회의 지배 문화에 대한 상징적 저항 형식이라는 사실에 주목한 바 있다. 하위문화는 일반적인 정치 운동처럼 기성 질서와 지배 문화의 전면적 타도를 목표로 삼지는 않지만, 스타일의 자율성을 추구하거나 상징적 '의미작용 내부의 싸움'을 수행함으로써 지배적 문화 구조의 동요와 변화를 유도하고 새로운 문화 형성의 계기가 될 수 있다는 것이다. 하위문화의 대항 문

269 한국문학평론가협회 편, 앞의 책, 하, 1015~1016쪽.

화적 사례로는 1960년대 미국의 히피를 비롯한 1960~1970년대의 서구의 청년 문화 운동 등이 자주 거론된다.

그러나 하위문화를 독립된 존재로 취급하거나 하위문화가 보여주는 저항을 이상화한 것은 위험한 결과를 가져올 수도 있다. 예를 들어 스킨헤드(skinhead)족에서 볼 수 있는 것처럼 하위문화는 종종 지배 문화의 부정적인 요소, 가령 인종차별주의나 여성 혐오증을 그대로 받아들이거나 확대 재생산하는 경우가 있다. 또한, 자신만의 개성적인 스타일에 대한 하위문화의 집착은 자본주의적 상품 판매 전략의 주요한 목표가 되기도 한다. 특히 소비자본주의의 단계로 접어든 1980년대 이후 계급 · 성 · 인종 · 세대 등 전통적인 기준이 약화되는 대신 하위문화의 중심이 소비 행위로 넘어가고 하위문화의 정체성은 스타일의 추구로 좁혀지는 변화가 일어나면서, 하위문화의 저항성이나 전복적 성격은 점점 더 의심스러운 것이 되고 있다.

한국 사회는 유교적 전통의 잔존, 식민지 지배의 유산, 오랜 독재 정권의 경험 등으로 사회구조적인 획일성과 통일성이 강해 하위문화의 성장 기반 자체가 취약한 편이다. 이에 따라 한국의 하위 문화적 현상들은 계급적 · 세대적 갈등과 사회적 정체성의 동요를 표상하기보다는, 서구 하위문화의 피상적인 모방에 그치거나 상업화의 경향이 지배적이었다고 평가되기도 한다. 1970년대 젊은이들의 이른바 '통기타 문화'나 1990년대의 '신세대' 문화를 통해 하위문화의 한국적 양상을 확인할 수 있다.

해체이론(The deconstruction theory)[270]

1966년 10월 18일에서 22일까지 미국의 존스 홉킨스 대학에서 열린 국제 심포지엄에서 프랑스인 데리다는 구조주의와 레비스트로스(Claude Lévi-Strauss)를 비판하는 「인문학의 언술행위에 있어서의 구조, 기호, 그리고 유희」라는 논문을 발표하였고 이는 해체 시대의 서막을 열었다.

데리다의 해체이론은 니체, 프로이트, 마르크스주의에 영향을 받았고, 소쉬르, 루소, 레비스트로스, 훗설을 해체한다. 해체이론은 신비평에 대한 회의와

270 김성곤, 「해체이론에 대한 논의」, 「해체이론과 해체적 책 읽기」, 『포스트모던 소설과 비평』, 앞의 책, 65~85쪽, 87~108쪽.

불만 가운데 새로운 것을 찾고 있던 미국의 비평가들에게 즉각 소개되어 예일학파, 예를 들면 폴 드 만, J. 힐리스 밀러, 제프리 하트만, 해롤드 블룸 등으로부터 큰 호응을 받았다. 해체주의는 크게 보아 탈구조주의에 속하고 해석학과도 밀접한 관계를 갖는다. 또한 '글쓰기'와 '책읽기'와 '해석'에 대한 묵시론적 이론이다.

데리다의 해체이론은 서구의 형이상학적 기초인 '말중심주의(logocentrism)'를 비난한다. '말중심주의'는 말은 자연스럽고 직접적인 의사소통 방법인데 반해, 글은 인위적이고 간접적인 재현에 불과하므로 말을 우위에 두는 것이다. 글에 대한 서구사상의 편견은 첫째, 글에서와는 달리 말에 있어서는 의도와 의미 사이 또는 지시대상과 지시기호 사이에 거리가 없다는 것을 믿고 있으며 둘째, 음성이라는 기호를 통해 표현할 수 있는 절대적 진실의 존재를 믿는다는 것이다. 데리다는 우선 '글'뿐만 아니라 말의 의도와 의미 사이에도 거리와 차이와 단절이 있음을 주장할 뿐 아니라 절대, 진실, 근원 혹은 중심의 부재를 주장함으로써 서구 형이상학의 낙관주의를 뿌리에서부터 해체한다. 그리고 언어로 표현할 수 있는 절대적 진리, 또는 데리다의 용어인 '초월적 지시대상'이 사실은 부재하기 때문에 우리가 존재한다고 믿는 것은 하나의 환상, 자취, 또는 유사일 뿐이라고 말한다. 따라서 언어가 포착하고 표현하고 성취하려고 하는 절대적인 진실 또는 의미는 언제나 유보되어 있으며-여기에서 '차이(difference)'와 '유보(deferment)'의 이중적 의미를 가진 데리다의 신조어 '차연(différance)'이 나온다-, 그렇기 때문에 텍스트는 그 부재하는 진리의 자취를 추적하는 끝없는 언어의 유희를 계속하게 된다.

데리다는 철학이나 문학이 우리에게 제시해 주고 있는 경험이나 관념의 '현존'이 사실은 어쩔 수 없는 '부재'라고 폭로한다. 예컨대 리얼리티라고 제시된 것도 사실은 픽션이며, 사실이라고 제시된 것도 실은 은유일 뿐이라는 것이다. 또 현존하는 직접적인 커뮤니케이션이라고 우리가 믿고 있는 '말' 또는 '음성'도 사실은 그 자리에 부재해 있는 글이 기본을 이루고 있기 때문에 실제로는 부재한다는 것이다. 데리다는 또 서구사상이 지시기호/지시대상, 표면구조/심층구조, 야생/순치, 말/글, 근원/파생, 중심/주변, 실제/상징, 그리고 안/밖 등 이분법적 사고에 근거하고 있다고 말하며, 이 두 가지 요소들은 상반되면서도 동시에 내적으로는 긴밀하게 연관되어 있기 때문에 이 같은 이분법적 태도는 오류라고 주장한다. 이 오류는 부지불식간에 작가들에 의해 작품 속에 주입되기 때문에 성실한 책읽기를 통해 그와 같은 오류, 즉 현존에 대한 착각과 이분법적 사고방식을 찾아내고 그것이 사실은 불안정하며 전도될 수도 있다는 것을 보여주는 것이 해체이론의 기본전략이 된다.

혼성모방(Pastish)[271]

개별 주체가 소멸되고 개인 스타일이 비효율적으로 취급되자, 혼성모방이 보편적으로 실천되었다. 혼성모방의 개념은 토마스 만(Thomas Mann)의 《파우스트박사》에서 빌려왔다. 혼성모방은 패러디와 마찬가지로 어떤 특별한 가면의 모방이며 죽은 언어로 된 말이다. 그러나 혼성모방은 그러한 흉내내기를 중성적으로 수행한다. 패러디가 가진 궁극적인 동기는 하나도 가지고 있지 않고 풍자적인 충동이 잘려나가 버렸고, 웃음이 결여되어 있으며, 비정상적인 언어활동 속에도 아직 어떤 건강하고 정상적인 언어 형태가 남아 있지 않다고 하는 확신이 없다. 그리하여 혼성모방은 공허한 패러디, 눈 먼 동자를 가진 동상이다.

271 프레드릭 제임슨 · 강내희 역, 앞의 글, 139~202쪽.

포스트모더니즘과 소설 읽기

- 이인성의 《한없이 낮은 숨결》을 중심으로 -

초판 1쇄 인쇄 2022년 10월 24일
초판 1쇄 발행 2022년 10월 28일

저 자 김희숙

표지디자인 박정원
내지디자인 박지현

발 행 인 차정인
발 행 처 부산대학교 출판문화원
주소 - 부산광역시 금정구 부산대학로63번길 2(장전동)
전화 - (051) 510 - 1932~3
전송 - (051) 512 - 7812
홈페이지 - https: //press.pusan.ac.kr/
메일 - pnupress@pusan.ac.kr
등록 - 제1983-000001호 1983. 11. 10.

* 잘못된 책은 구입처에서 교환해 드립니다.

ISBN 978-89-7316-757-9 93810 정가 18,000원

이 저서는 2021년 대한민국교육부와 한국연구재단의 지원을 받아 수행된 연구임(NRF-2021S1A5B5A17047227)